지역 개발론

강명구 · 구교준 · 기정훈 · 박승규 · 박종화
배정환 · 성현곤 · 소진광 · 이영성 · 이종화
이태동 · 최충익 · 황지욱

한국지역개발학회
THE KOREAN REGIONAL DEVELOPMENT ASSOCIATION

박영사

지역개발은 지역주민들의 삶의 질을 향상시키기 위한 일련의 노력과 과정을 말한다. 목표는 도시, 농촌, 산촌, 어촌 어느 곳에서든지 기본적인 삶의 질을 누릴 수 있는 지역, 개인이 추구하는 가치를 완성시킬 수 있는 지역, 행복한 삶을 누릴 수 있는 지역으로 발전시키는 것이다.

지역개발에 대한 관심은 선진산업국에서는 1930년대부터 시작되었고 1960년대와 1970년대에는 주로 개발도상국가의 개발문제로 주목받았다. 1990년대 이후에는 유럽연합(EU)의 확대와 더불어 나타난 유럽연합 회원국 간의 지역격차 문제, 그리고 세계화 흐름으로 국경의 개념이 완화되면서 지역에 대한 관심과 중요성은 더 커지고 있다. 이제 지역은 국가의 한 영토단위나 역사적 단위 혹은 문화적 틈새로서가 아니라 국가의 역할을 대신하는 대안적인 구조로서, 세계경제에서 지역적 정체성과 경제적 매력을 지닌 반독립적인 단위로 부상하고 있다. 지역개발 이론도 국가와 정부의 역할을 강조하는 하향적, 외생적발전론에서 지역의 역할과 물적 사회적 자원을 중시하는 상향적, 내생적발전론으로, 그리고 경제성장 우선 개발론에서 경제발전 사회발전 환경보전을 동시에 보장하는 지속가능발전론으로 진화하고 있다.

우리나라의 지역개발 역시 세계적 흐름과 같은 맥락 속에서 발전해 왔다. 우리나라에서 지역개발은 경제성장에 초점을 두고 경제성장을 위한 수단으로 주로 사용되어 왔다. 양적성장의 개념이 중시되었고 거점성장방식으로 농촌보다 도시, 중소도시보다 대도시가 중심이 되었다. 지역과 주민의 의견이 상향적으로 수렴되는 방식보다 중앙정부 주도의 하향식접근이 주가 되었으며 총량적 경제성장과 지역균형은 상충적 관계에 있다는 정책논리가 지배하였다. 그 덕분에 우리는 세계에서 유례없이 가장 짧은 시간에 가장 급속한 경제성장을 이루었고 무역규모 세계 10위권대의 경제대국으로 성장하였다. 그러나 양적 경제성장위주의 지역개발은 여러 문제를 발생시켰다. 거점성장방식을 따른 수도권 우선 개발은

수도권 인구집중→ 토지가 상승→ 생산비 상승, 도시서비스 한계비용상승→ 임금
상승→ 인구유입→ 주택난과 주택가의 상승→ 더 많은 주택의 건설→ 추가적인
인구유입→ 교통난, 환경오염, 혼잡비용 등 사회적비용의 상승→ 경쟁력 약화→
제조업 해외이전→ 수도권 비수도권의 경제적, 사회적, 문화적 격차확대→ 도시
와 농촌격차의 확대→ 지역감정의 악화 등의 문제를 연쇄적으로 야기하였다. 이런
누적된 지역문제에 대응하는 지역개발이 노무현정부의 국토균형개발이었다. 지역
균형개발을 위한 국정과제 정책들—행정수도이전, 혁신도시, 기업도시 건설정책—
이 대규모로 시행되었다. 효율성보다 형평성을 우선적인 이념적 가치로 하고, 수
도권보다 비수도권에 대한 공간적 우선순위를 부여하였다는 점에서 노무현정부
의 지역균형개발정책은 괄목할 만한 패러다임의 변화였다. 그러나 지역균형발전
을 위한 노무현정부의 노력도 많은 문제를 낳게 된다. 균형개발정책의 정책적
일관성이 부족하였고 논리적인 모순을 노출시키게 된다. 당시 저금리 정책의 기
조가 이어지는 상태에서 신도시 개발 추진은 토지보상비로 풀려나간 돈이 다시
수도권으로 역류해 들어오면서 부동산 가격을 급등시키고 경제적 경쟁력기반을
악화시키고 소득격차의 확대, 사회적형평성 하락, 개발위주의 환경파괴라는 역
설로 이어지게 되었다. 더구나 균형발전에서 가장 중요한 지방분권은 기업도시
와 혁신도시를 비롯한 중앙집권적 하향식 개발정책으로 타격을 입게 된다. 경쟁
력향상과 지역균형개발을 위한 이 두가지 모델의 지역개발정책은 앞으로 보수와
진보 정치의 주기에 따라 정책적인 순환과정을 거쳐나갈 것으로 보인다. 그러나
지역개발의 큰 흐름은 이제 균형개발과 불균형개발을 벗어나 지속가능한 지역개
발이라는 새로운 방향으로 진화하고 있다. 지속가능한 지역개발은 현세대는 물론
미래세대도 같이 높은 삶의 질을 누리고 행복할 수 있는 지역개발을 의미한다.
지속가능한 지역개발은 사용가능한 자연자원에 한계가 있다는 점을 인식하고 자
원을 최대한 아끼고 효율적으로 이용하며, 자원을 사용할 수 있는 기회를 모두
가 공평하게 나누어 가지고, 정책결정 과정에 지역주민의 참여가 보장되며, 자원
의 사용으로 이익을 본 지역은 그렇지 못한 지역과 같이 더불어 성장할 수 있는
포용적 성장이 이루어지는 지역개발을 지향한다. 이러한 흐름은 2015년 UN의
지속가능한 발전목표(Sustainable Development Goals, 2016–2030), 2016년 UN 해
비타트 Ⅲ 회의 아젠다의 포용적 성장의 흐름과 맥을 같이하고 있다.

이 책은 이상과 같은 맥락을 지닌 지역개발에 대한 종합적인 소개서이자 지역개발 정책과 계획의 지침서로서, 지역개발의 이론과 정책 그리고 부문별 지역개발정책을 검토하고 지역개발의 발전방향을 가늠해 보기 위하여 편찬되었다. 이를 위해 총론에서 지역개발 이론을 소상히 소개하고 각론에서 분야별 지역개발을 소개하는 순서로 전체적인 논리를 구성하였다. 특히 각 장 끝부분에 연습문제를 삽입하여 각 장에 대한 이해를 보다 심화시킴과 동시에 관련 이슈에 대해 함께 토론할 수 있는 계기를 마련할 수 있도록 기획하였다.

총론은 모두 5장으로 이루어져 있으며 1, 2장에서는 지역개발 관련 기초이론의 변화를 고전적 이론부터 최근의 대안적 이론까지 상세히 설명하고 있다. 그리고 3, 4, 5장에서는 지역경제 분석모형, 지역개발전략, 인구문제 등을 충실하게 소개하여 지역개발 정책과 지역개발계획에 대한 이론적인 이해를 높이고자 하였다.

각론은 지역개발의 이론적 특성에 기초하여 관련 정책과 제도를 소개함으로써 분야별 정책에 대한 현실적인 이해를 높일 수 있도록 구성하였다. 그리고 각 장별로는 이론을 소개하되 이론의 실제 적용사례와 문제점들을 같이 제시하여 지역개발에 대한 이론과 현실의 종합적인 이해도를 높이고자 노력하였다. 세부적으로 살펴보면 6장 지역개발과 거버넌스, 7장 지역개발과 주택, 8장 지역개발과 농촌, 9장 지역개발과 환경 및 에너지, 10장 지역개발과 안전, 11장 지역개발과 교통, 12장 지역개발과 재정이 다뤄진다. 마지막 13장에서는 우리나라 지역개발의 구조적인 문제와 한계를 역사적인 관점에서 검토하면서 지역개발정책을 평가하고 지역발전 패러다임 변화와 지역개발정책의 방향을 전망하고 있다. 특히 21세기 지역발전의 주요 요소들을 기존의 금전과 건물 등 부동산을 포함한 전통적인 자본, 경제적 환경적 사회적 문화적 지속가능성, 협치, 사회적 자본들을 모두 포함하는 것으로 규정하면서 21세기 발전의 핵심용어는 협치, 사회적자본, 지속가능성으로 요약될 것이라 전망하고 있다. 아울러 앞으로의 지역개발은 발전의 척도가 물리적 척도로부터 인간척도 중심으로, 하향식 접근에서 상향식 접근으로, 공급자 중심에서 수요자 중심으로, 장소중심의 발전에서 주민중심의 발전으로, 열린사회로의 지역발전이 새로운 흐름을 형성할 것으로 전망한다.

한국지역개발학회는 2018년 2월로 창립 30주년이 된다. 지역개발학회는 그간 우리나라 지역개발의 역사와 함께 발전해 왔다. 학회 창립 30주년을 맞이하면서 국내에서 내로라 하는 최고의 지역개발 전공 학자들이 집필한 지역개발론을 발간하게 된 것은 매우 반갑고 감사한 일이다. 이 자리를 빌어 지역개발론 책자의 발간을 위해 집필진으로 기꺼이 참여해 주신 박종화 교수님, 기정훈 교수님, 구교준 교수님, 이종화 교수님, 박승규 박사님, 이태동 교수님, 강명구 교수님, 황지욱 교수님, 배정환 교수님, 성현곤 교수님, 이영성 교수님, 소진광 교수님 등 모든 편찬위원님들께 깊이 감사드린다.

지역과 지역개발에 대한 관심이 높아지는 상황에서 지역개발학과라는 명칭이 대학에서 사라지고 있는 것은 안타까운 현상이다. 그러나 경제학, 정치학, 행정학, 지방자치, 사회학, 도시계획학, 지리학, 부동산학 등 인접한 학문분야의 학자들을 살펴보면 지역개발 전문가들이 여러 전공분야에서 다양한 형태로 포진하여 활동하고 있음을 알 수 있다. 정부와 지방자치단체의 정책적인 노력도 모든 부분에서 지역주민의 행복과 삶의 질을 높이는 데로 모아지고 있다. 지역개발이 모든 학문영역과 정책영역에 녹아들어가면서 확산되고 있는 것이다.

본서는 대학의 교재로, 공무원 시험 등 취업준비생들의 수험서로, 국가 및 지방자치단체의 지역개발 공무원들을 위한 지침서로서, 그리고 다양한 분야의 연구자들에게 지역개발에 대한 종합적 시각을 제시하는 요긴한 전공 서적으로 활용될 수 있을 것으로 확신한다. 끝으로 〈지역개발론〉이 지역개발의 중요성에 대한 인식을 제고시키고 우리나라 지역개발 정책과 지역개발 학문의 발전에 도움이 되기를 바란다.

2017. 12. 1

한국지역개발학회 도서편찬위원장 **최충익**
한국지역개발학회장 **문태훈**

CONTENTS
차 례

제4장   지역개발 전략   83

» 이종화

제 5 장   지역개발과 인구   133

» 박승규

제 6 장   지역개발과 거버넌스   163

» 이태동

제 7 장   지역개발과 주택   183

» 강명구

제 8 장   지역개발과 농촌   217

» 황지욱

지역개발의 의의

- 박종화

지역개발(regional development)이란 용어가 현재 우리 모두에게 친숙한 용어가 되었지만, 그 연륜은 아직 채 한 세기도 되지 못한다(Mackaye, 1928: 43). 선진산업사회의 경우에도 이론적 차원과 전략적인 측면에서 지역개발이 주목받게 된 것은 대략 1930년대 이후부터이다. 개발도상국가에서 다양한 목적에서 지역개발이 주목받게 된 것은 대략 1960년대와 1970년대에 이르러서이다.

이하에서는 지역개발의 의의를 밝히기 위해서 우선 지역개발의 배경논의를 검토하고, 지역개발의 의미, 지역개발의 필요성, 그리고 지역개발의 이념 등을 차례로 살펴본다.

1 지역개발의 배경

　지역개발이 주목받게 된 것은 다양한 사유가 있다. 우선 산업화·도시화 과정에서 다양하게 노출되고 부각된 도시와 지역의 문제가 있다. 그와 같은 도시문제와 지역문제의 해결과정에서 지역개발이 주목받게 된 것이다. 도시문제가 광역화되면 지역문제로 귀착하게 되고, 도시내부의 문제 역시 그 대처과정에서는 보다 광역적인 지역적 차원의 접근이 요청된다. 그리고 지역차원의 경제성장과 자원개발 과정에서 국가나 공공부문 주도의 체계적 노력이 요청됨에 따라 자연스럽게 지역개발 노력이 부각되고 있다. 그 외 국가경제성장 과정에서 다양한 사유로 지역 간 성장격차가 노정되고 심화됨에 따라 그 문제에 대한 대처 차원에서 지역개발이 주목받고 있다. 이하에서는 차례로 하나씩 검토한다.

(I) 도시와 지역의 문제

　도시는 인류의 역사에서 중요한 위치를 오랫동안 점유해 왔다. 고대문명에 관한 자료를 살펴보면 4~5천년 전에도 도시는 존재했었고 사람들이 집약적으로 거주하고 다양한 상호작용과 거래가 이루어졌다. 그런데 18세기 말 산업혁명 이전의 도시들은 거의 종교적, 정치적, 군사적, 또는 상업적 중심지들이었다. 이들 도시들은 산업화로 인한 도시와는 도시구성요소들의 이질성, 역동성, 확장성 등에서 현저한 차이가 있었다. 산업화로 인해서 대량생산과 대량소비가 가능해졌고, 교통수단의 발전에 힘입어 인구와 경제적 활동의 영역 확장성이 광범위하게 나타났다.

　산업사회는 그 이전의 농경사회에 비해서 인간의 정주형태를 분산에서 집중으로 급격하게 변화시켜버렸다. 더욱이 정보통신기술과 관리역량의 발전은 대규모 도시들의 관리를 가능하게 함에 따라 집적의 경제(agglomeration economies) 활용측면에서 도시의 규모가 더욱더 팽창하게 되는 원인이 되었다. 즉 도시화와 산업화 그리고 기술의 발전이 서로 상승적으로 영향을 미쳐 주거문제, 교통문제, 환경문제, 범죄문제, 빈곤문제 등이 한편으로는 해결되면서 또 다른 한편으로는 보다 심각한 문제로 진전되는 상황을 노정하고 있다. 이것은 특정 바이러스를 퇴치하기 위해 항생제를 개발했는데, 그 항생제로 인해서 보다 나은 항생제가 아니면 퇴치하기 어려운 내성 바이러스가 나타나는 상황과 흡사하다.

교통통신기술의 발전은 사람들의 일상 생활권을 확대하고 소득수준의 향상은 사람들의 욕구수준을 다양화함에 따라 도시문제가 점점 더 광역화하고 있다. 도시문제의 해결이 도시차원의 문제로 한정되는 것이 아니고 지역차원의 접근이 필요한 상태로 전개되고 있는 것이다. 도시 주거문제, 교통문제, 일자리 문제 등의 경우 도시라는 경계 범위 내에서 조명하는 것보다 보다 넓은 지역적 차원의 거울로 들여다볼 필요가 생긴 것이다.

(2) 지역의 경제성장과 자원개발

지역경제 성장이 새롭게 주목받고 있다. 글로벌 경제 흐름하에서 지역적 차원의 의미가 퇴색할 것으로 생각할 수도 있는데 Porter(2000)의 '입지의 역설(location paradox)' 언급처럼 어떻게 보면 사람들이 갑자기 지역적 차원의 성장에 주목하게 되었다. 단적으로 말해서, 국가경제성장을 통해서 지역경제성장이 자동적으로 보장되는 것이 아니라는 것을 사람들이 지각하게 된 것이다. 내가 살고 있는 지역의 성장이 국가경제성장과 단순 비례관계에 있지 않고, 우리 지역 성장이 나와 우리 가족의 소득과 일자리 그리고 자산상태에도 큰 영향을 미친다는 것을 보다 심각하게 인지한 것이다. 이와 같은 인식은 지방자치단체장의 선거에서 대표적인 단골 구호가 '지역경제활성화'인 것에서도 분명하게 알 수 있다. 그런데 지역은 Nijkamp et al.(1994)의 지적처럼 잔잔한 바다에 떠 있는 외로운 섬이 이니고 여타 지역 및 국가들과 경쟁관계에 있다. 따라서 Nijkamp et al.(1994)은 지역경제성장 과정에서 지식네트워크를 통한 지역개발과정을 강조하고 있다.

우리는 전 세계에서 자연자원의 부존 상태가 가장 취약한 나라 중의 하나일 것이다. 그럼에도 불구하고 수자원개발, 생태계보전, 휴양자원 개발 등에서 지역적 차원의 노력이 주목받고 있다. 대규모의 자연자원을 가지고 있는 나라들의 경우 개발과 보전의 균형과 조화를 위해서 지역적 차원의 체계적인 노력의 중요성이 보다 강조될 것이다.

(3) 지역 간 불균형의 심화

A. Lösch의 중심지 이론(central place theory)에 의하면 공간상에는 어느 정도 불균형이 존재하게 되고 그것이 정상이다. 자연 상태에서는 규모의 경제 등으로 인해 공간상의 모든 영역들에서 인구분포나 소득수준이 균등하게 나타나지 않는데 그것이 당연하다는 것이다. 그런데 그렇다고 해서 지역 간 인구나 소득분포의 불균형 상태를 정상으로 인지하고 그냥 그대로 방치하는 것이 정답이 될까? 불균형 상태를 정상으로 인지하고 단순히 받아들여야 한다면 이 문제는 더 이상 논의가 필요 없을 것이다. 그런데 어느 정도까지의 불균형은 정상으로 받아들일 수 있지만, 그 정도를 넘어서는 불균형은 받아들일 수 없다면 그 받아들일 수 없는 정도의 지표 내지 기준이 중요하다. 여기서 우선 생각할 수 있는 것은 불균형을 방치했을 경우 그것이 심화되어 전체 시스템의 안정성을 붕괴시키고 전체 생산성을 현저히 떨어뜨리는 경우 등이 핵심지표가 될 것이다. 예컨대 어느 누구도 지역 간 불균형을 방치해서 자연적인 조건에 큰 문제가 없는데도 전체 국토의 5% 정도의 땅에만 사람들이 집중 거주하고 나머지 95%는 사람들이 거주하지 않는 땅으로 귀결되는 극단적인 상황을 바람직하게 생각하지 않을 것이기 때문이다.

지역 간 불균형을 방치하지 않고 적절한 교정노력이 필요하다는 데 공감이 형성되어 있다고 판단된다. 다만, 실제적인 정책개입의 판단에서는 어느 정도의 불균형 상태에서 어느 정도의 정책적 개입이 적절한가에 대해서는 가치판단의 영역과 같이 다양한 의견이 존재할 수 있다. 공간정책 영역에서 시장메커니즘을 통한 균형점은 사회적 자원의 최적배분의 상태와 어긋날 수 있다는 것은 H. Hotelling의 선형시장복점모형(linear market duopoly model)에 대한 논의에서 잘 나타난다.

2 지역개발의 의미

지역개발이란 무엇이며 어떤 의미를 갖고 있는가? 요소개념으로 볼 때, 지역개발이 지역을 개발하는 것은 분명하다. 따라서 여기서는 먼저 지역의 개념을 살펴보고, 지역개발의 정의를 내리고, 그 개념의 명료성을 위하여 유사용어와의 구분을 시도한다.

(1) 지역의 개념

지역이란 무엇인가? 우리의 경우 영남지역과 호남지역, 충청지역, 강원지역 등의 용어가 오래전부터 사용되어 왔다. 또는 광주·전남권, 대구·경북권이라는 용어도 흔히 사용되고 있다. 우선, 영남지역과 호남지역, 충청지역, 강원지역 등의 경우는 역사성도 있고 주요 하천과 산맥을 기준으로 분류되어 왔다는 것을 알 수 있다. 그리고 광주·전남권과 대구·경북권은 기본적으로 행정구역을 기준으로 분류되어 있는 것이다. 그 외, 우리 정부는 과거 우리 국토를 4대권 10중권 17소권으로 분류해서 사용해 왔는데, 그것 역시 기본적으로 행정적 경계기준을 토대로 인위적으로 우리 국토공간을 정부가 특별한 목적 수행을 위해 나눈 것이다. 결과적으로 단일한 공간영역이 다양한 기준에 의해 다양한 지역으로 분류되고 있음을 알 수 있다.

현실적으로 특정 공간영역에 대해 다양한 용어들이 혼용되는 경우도 있다. 따라서 Czamanski(1973; 박종화 외, 2016: 4 재인용)는 2차원 공간상의 특정 부분을 지칭하는 용어로 '영역(area)'이란 용어를 사용한다. 예컨대 시장영역(market area)은 특정 산출물이 거래되는 지리적인 공간영역을 지칭한다. '지대(zone)'는 주변 공간과 확연히 구분되는 특징을 가지고 있는 지리적인 공간영역을 지칭한다. 예컨대 비무장지대(DMZ)는 주변의 공간과 경계가 확연히 구분되고 독특한 특징을 가지고 있는 지리적인 공간영역이다. '지역(region)'은 영역이나 지대보다 훨씬 더 엄밀한 용어로서 구조에 있어서 포괄적이고 독자적인 기능성을 가지고 있는 국가경제 내의 특정 영역을 일컫는다.

따라서 학술적 측면에서 지역의 개념 정의는 그렇게 구체적이지 않고 명료하지도 않다. 경제적인 기준을 사용해서 지역을 분류해야 하는지, 역사적인 기준을 사용해야 하는지, 지형적인 기준을 사용해야 하는지, 또는 행정적인 기준을 사용해야 하는지 불분명한 상태에 있다. 다만 다양한 지역관련 보고서는 대개 행정적 경계기준에 입각한 지역개념을 흔히 사용하고 있다. 이는 행정적 경계기준을 사용할 경우 관련 자료 획득 및 정책 집행이 용이하기 때문이다.

우리의 경우 거의 언제나 국토공간 및 국가계획을 지역공간 및 지역계획으로 분리하는 수단으로 지역개념이 사용되고 있다. 이 경우 당연히 분할된 지역 공간들은 서로 중첩됨이 없이 공간적으로 연결되어 전체 국토공간을 구성하게 된다. 이에 반해, 미국과 같은 경우에는 대부분의 하위 국가계획이 대도시를 기준으로 집행되기 때문에 대도시를 기준으로 흔히 지역이 나누어지고 있다. 이 경우에는 개별 국가의 도시화 수준에 따라서 지역의 수는 수십 개에서 수백 개가 될 수 있고 공간상의 연결성 기준(contiguity criterion)도 충족되기 어렵다(Richardson, 1979: 17-18).

지역을 개념화하는 가장 고전적인 방법은 동질지역, 결절지역, 그리고 계획 지역으로 구분하는 것이다(Richardson, 1979: 19-24). 동질지역(homogeneous regions) 의 개념은 주요 특성을 공유한다는 측면에서 동질적인 지역으로 간주하는 것이다. 예컨대 미국의 동절기 밀재배지역(winter wheat belt)은 겨울철에도 밀 경작이 가능한 공간적 영역을 기준으로 나눈 것이다. 그 공유 특성은 기후가 될 수도 있고, 실업률과 같이 경제적인 기준이 될 수도 있고, 공통의 역사적 배경이 될 수도 있다. 그런데 이 경우에는 한 가지 기준에서는 동질적인 지역이 또 다른 기준을 적용하게 되면 이질적인 지역이 되어버리는 문제가 발생할 수 있다.

결절지역(nodal or polarized regions) 개념은 공간을 기능적인 관계 측면에서 분류한 개념이다. 우리가 열기구를 타고 하늘에서 땅을 내려다보면 인구와 경제적 활동이 지표면에 고르게 분포하고 있는 것은 아니다. 공간상에는 다양한 흐름이 존재하고 있고, 서로 접촉하고 상호의존적인 관계에 있다. 공간상에는 다양한 흐름이 존재하고 있지만 기능적으로는 연결되어 있는 것이다. 이와 같은 기능적인 연계성은 사람, 생산요소, 상품 그리고 정보의 흐름에 대한 관찰을 통하여 식별할 수 있다. 결절 내부의 구성요소들의 기능적인 연계성은 흔히 중력모형(gravity model)을 이용하여 측정할 수 있는 것으로 알려져 있다. 소매활동의 움직임, 통근권, 생활권을 분석하는 데 중력모형의 유용성이 널리 강조되고 있다. 결절들 간의 계층 결정에서 '지배의 원칙(principle of dominance)'과 '전이의 원칙(principle of transitivity)'의 유용성이 언급되고 있다. 지배의 원칙에 따르면, 한 결절의 가장 큰 흐름이 그 결절의 규모보다 작은 곳으로 움직이고 있으면 그 결절은 독립적인 것이고, 반대로 보다 큰 곳으로 움직이고 있으면 종속적인 것으로 간주하는 것이다. 전이의 원칙에 따르면, **X**가 **Y**에 종속적이고 **Y**가 **Z**에 종속적이면 그때 **X** 역시 **Z**에 종속적인 것으로 간주하는 것이다.

계획지역(planning regions) 개념은 지역정책 결정자들이 특정한 목적달성을 위해서 의도적으로 지역을 설정한 것을 말한다. 국가경제목적 달성을 위하여 국토공간을 기능별(예: 에너지, 교통, 수자원 공급)로 분류하게 되면 계획지역의 형태가 된다. 우리의 국토종합개발계획상에 권역별 개발계획이나 기능별 개발계획은 전형적인 계획지역의 예에 속한다. 흔히 기능별로 국토공간을 구분하다보니 계획지역의 규모도 다양하게 나타나고 계획기간도 다양하게 나타나는 경우가 대부분이다. 계획지역의 규모가 다양하게 나타날 수 있지만 기본적으로 행정적 경계 기준을 토대로 하고 있다. 따라서 관련 자료의 취득 및 관리가 용이한 장점이 있다. 다만, 행정적 경계 기준을 이용하다보니 기능적인 경계 내지 경제적인 경계와 불일치 할 수 있는 문제가 있다.

이와 같이 지역에 대한 분명한 개념 정의가 용이하지 않지만, 지역문제는 실제 존재하는 것이고 다양한 지역정책이 현실적으로 필요한 것 역시 사실이다. 그래서 지역정책의 수립 및 집행과정에서 지역을 단순히 작은 국가(a mini nation)로 취급하자는 아이디어도 있다. 지역은 규모면에서 작을 뿐이기 때문에 여타적인 면에서는 국가와 같이 다루면 된다는 주장이다. 그렇다면 지역은 과연 국가와 대비했을 때 규모에서만 차이가 나는 것일까? 이에 대해, Richardson(1979: 25-29)은 다음 세 가지 측면에서 지역과 국가는 분명한 차이가 나는 실체라는 점을 강조한다.

첫째, 지역은 국가에 비해서 훨씬 더 개방적이다. 글로벌 경제 흐름에서 국가 간에도 다양한 자원과 인력들이 활발하게 움직이고 있지만 그 개방성(openness)의 정도에서 분명한 차이가 있다. 국가 간에는 아직 관세와 수출입 물량 통제가 존재하고 있고, 자본 이동에 대해서도 다양한 형태의 규제 장치가 실재하며, 노동력의 이동의 경우에는 대개 훨씬 더 엄격한 통제장치가 작동하고 있다. 결과적으로 생산요소의 이동에 있어서 국가 간에는 다양한 제도적 장치가 설계되어 있고 또 집행되고 있다. 이에 반해서, 한 국가 내의 지역 간에는 생산요소 이동상의 제도적 규제 장치가 거의 없다. 물론 국가균형발전 차원에서 과잉집중 지역에 대한 자본 투자 등을 규제하는 경우는 있지만, 여타 생산요소의 지역 간 이동 자체를 통제하는 제도적 장치는 거의 없다. 지역 간에는 그 개방적인 속성으로 인해 다양한 생산요소들의 지역 간 흐름을 기록하기가 대단히 어렵다. 따라서 지역 간 불균형의 심화 등 바람직하지 못한 추세가 있다 하더라도 그 흐름을 교정하는 정책을 수립하고 집행하기가 용이하지 않다. 또한 지역 간 개방성으로 인해 지역정책으로 통화량 규제를 통한 인플레이션 대책 같은 경우는 현실성이 없다. 그래서 인플레이션 대책이나 경제 안정화 시책 같은 경우는 국가 정책적 목적이지 지역 정책적 목적이 아니다. 그래서 자연스럽게 지역정책의 목표로는 지역경제의 장기성장, 인구 및 산업 활동의 지역 내 적절한 배치, 지역 환경의 보전 등이 부각되고 있다.

둘째, 국가에 비해 지역이 가용할 수 있는 정책적 자원은 매우 제한적인 것이 사실이다. 하지만 지역 정책은 지역의 속성상 지역경제의 구조적 개선 및 장기개발 측면을 중시하는 경우가 대부분이다. 예컨대 통화량을 조절하여 경제의 안정화를 지향하는 국가경제정책은 즉각적인 효과를 기대하지만, 개방성을 특징으로 하는 지역경제의 경우 단기적인 효과 위주의 정책들은 유효성이 높지 않기 때문이다.

셋째, 지역경제 정책은 '어디(where)'라는 공간적 측면이 매우 중요하다. 반면에 국가경제 정책은 총합적이고 거시경제적인 측면을 중시한다. 그런데 문제는 부분의 합이 전체인 경우, 부분에서 중요한 것이 궁극적으로 전체에서도 중요할 수밖에 없고 그 역도 또한 상당부분 마찬가지일 것이다. 따라서 지역경제 정책에서 중요한 사항들은 국가경제 정책에서도 정도상의 문제이지 중요할 수밖에 없고, 그 역의 경우에도 상당부분 정도상의 문제로 귀착할 것으로 보인다.

(2) 지역개발의 정의

지역개발이란 무엇인가? 요소개념상 지역과 개발이 결합되어 있는 것이므로, 일단 지역을 개발하는 것을 지역개발이라고 규정하는 것은 무리가 없을 것으로 보인다. 따라서 지역이라는 공간적 범역이 직면하고 있는 다양한 도시와 지역문제를 해결하고 장기적인 발전을 도모하기 위하여 종합적이고 쇄신적인 발전을 이룩해가는 계획적인 과정을 우리는 지역개발이라고 정의할 수 있을 것이다 (박종화 외, 2016: 7-9).

그런데 지역과 지역문제를 규정하는 것이 국가별로 상당부분 상이하기 때문에 지역개발의 개념 역시 국가마다 다소 다르게 사용되고 있다. 산업화와 도시화의 역사가 앞선 영국은 도시와 농촌을 하나의 공간단위로 인식해서 도시 및 농촌개발(town and country development)을 지역개발의 의미로 사용하고 있다. 국가성립의 초기단계부터 주(州) 내지 지방정부의 자주성과 책임성이 높고 대도시를 중심으로 흔히 지역을 분류하는 미국의 경우 지역개발이란 용어에 비해 대도시권 개발(metropolitan area development), 주(州)개발, 또는 주간(州間) 개발(inter-state development)이라는 용어가 주로 사용되고 있다. 프랑스의 경우는 역사적으로 중앙집권성이 강했기 때문에 중앙정부 중심의 국토개발에 초점을 두었고 따라서 지역개발이라는 용어에 비해 국토의 관리(Amengement du Territore)라는 표현이 널리 사용되고 있다. 일본은 1950년대부터 현재까지 지역개발이라는 용어를 널리 사용하고 있다. 그러나 1930년대에는 영국의 영향으로 시정촌개발(市町村開發)이라는 용어를 널리 사용했고, 1940년대에는 국토개발이라는 표현을 보다 널리 사용했었다. 우리의 경우는 해방 이후 초창기에는 국토개발이라는 용어가 널리 쓰이다가 1960년대경부터 지역개발이라는 용어가 널리 사용되고 있다(대한국토·도시계획학회 편, 1991: 5-6; 박종화 외, 2016: 8 재인용).

(3) 유사용어와의 차이

국토종합개발계획 제2조에 명시되어 있는 것처럼 지역개발계획은 종합개발계획의 형태이다. 도시 및 지역문제는 경제적 문제일 수도 있고, 사회문화적 문제일 수도 있고, 환경적 문제일 수도 있다. 더 나아가서 산업구조적 문제일 수도 있다. 이와 같은 다양한 문제점에 능동적으로 대처하는 과정에서 지역개발은 복합적 개발계획의 성격을 가질 수밖에 없고, 유사 개발형태와 불가피하게 중첩적인 영역을 가지게 될 것으로 보인다.

여기서는 지역개발과 유사용어이자 흔히 혼용되고 있는 지역사회개발, 경제개발, 사회개발 등을 대비해서 검토해 보고자 한다(박종화 외, 2016: 9-12). 지역개발과 함께 가장 널리 혼용되고 있는 용어는 지역사회개발일 것이다. 지역사회개발(community development)은 지역사회를 살기 좋은 공동체로 변모시켜 가고자 하는 것이다. 지역사회는 혈연 또는 지연에 의해 형성된 자연발생적인 공간으로서 주민들 간의 협조와 공동노력이 형성되기 쉽거나 부각될 수 있는 소규모의 공간적 범역을 일컫는다. 따라서 지역사회의 구성원들 간에는 만나고, 상호작용하고, 대화하기가 용이하고, 따라서 서로 간의 이해와 공감행동의 가능성이 높다(이권희·박종화, 2017). 따라서 지역사회의 공통문제 해결과정에서 정부나 기타 공공부문의 참여와 지원이 배제되는 것은 아니지만 지역개발에 비해 주민들의 자조와 협력적 노력의 중요성이 훨씬 더 강조된다. 이에 반해, 지역개발의 경우 최근 민간부문의 역할 확대가 강조되고 있지만 기본적으로 중앙정부나 지방자치단체 등 공공부문의 역할이 중시된다. 지역개발의 경우 지역의 경제적 측면만 중시하는 것은 아니지만 지역의 경제성장 측면이 핵심적인 요소로 부각되고 따라서 지역의 경제정책 전략과 물리적 생산기반 조성을 강조한다. 반면에 지역사회개발은 지역소득증대를 무시하는 것은 아니지만 삶의 질을 개선하기 위해 개발과정에서 주민들의 참여와 태도변화 등 사회문화적 발전 측면을 중시한다. 다만 교통통신기술의 발전 등으로 생활권이 확대되고 있고 사람들의 이동성이 매우 높아짐에 따라, 지역사회의 공간적 범역이 현실에 있어서 점점 더 광역화하고 있다. 따라서 향후 지역사회개발은 근린 공동체의 사회적 관계 개선이나 협력적 문화의 조성 등에 초점을 맞출 필요가 있을 것으로 보인다.

지역개발과 경제개발의 개념적 구분은 그렇게 어렵지 않다. 지역개발이 경제적 측면의 개발을 중시하지만, 지역개발은 '어디에(where)'라는 공간적 측면을 동시에 중시하기 때문이다. 경제개발에서는 생산성과 성장률을 중시하지만 '어디에'라는 공간적 측면을 항상 내포하고 있는 것은 아니다. 수자원 개발과정에서 경제개발이 개발 가능한 수량과 개발비용에 초점을 둔다면, 지역개발에서는 '어디에'라는 장소적 측면과 환경적 측면도 중요 고려사항으로 다룬다. 우리를 포함하여 서구 선진사회에서도 경제개발 과정에서의 부작용의 하나로서 개발격차 내지 소득불평등 문제를 심각하게 겪고 있다. 문제는 소득불평등 문제가 시간이 흐를수록 나아지는 것이 아니라 악화되고 있다는 음울한 분석결과는 우리 모두를 불안하게 하고 있다. 경제개발 과정에서 발생하고 있는 소외계층의 문제를 우리가 어떻게 대처해야 하는지에 대해 정답을 찾아야 하는 상황에 있는 것이다(윤성주, 2017: 6-13).

경제개발 과정 중에 직·간접적으로 발생하는 소득불평등, 사회적 약자의 소외, 비공식 노동의 문제 등은 사회개발의 영역에 속한다. 지역개발이 사회개발의 영역을 포함하고 있지 않은 것은 아니지만, 그 양자 간에는 초점에 있어서 상당한 차이가 있다. 지역개발이 지역경제성장과 '어디에'라는 공간적 측면을 중시하지만, 그 과정에서 사회개발이 지향하는 주민들의 복지수준 개선과 배분적 정의의 실현을 반드시 포함하고 있는 것은 아니다. 극단적인 경우에는 지역개발 과정에서 주민들의 소득불균등과 소외의식은 더 심화될 수도 있다. 이와 같은 문제점 때문에 벌써 반세기 전 Winnick(1966: 273-283)은 '장소의 번영(place prosperity)'과 '주민의 복지수준 개선(people prosperity)'은 구별할 필요가 있음을 강조했다. 물론 '장소의 번영'을 중시하는 학자들은 그것이 궁극적으로 '주민들의 복지수준의 개선'으로 이어진다고 보고 있다. 그런데 현실은 심지어 대부분의 선진산업사회에서 조차도 소득분포 불균등도가 심화되는 것으로 나타나고 있어 사회개발 측면의 중요성이 새롭게 인식되고 있다.

3 지역개발의 필요성

지역개발이 지금 이 시점에 왜 필요한가? 지역문제의 완화 내지 해소가 지역개발의 주된 목적 중의 하나이므로 우선 지역문제의 완화 내지 해소 측면을 검토한다. 그런데 지역이 직면하고 있는 지역문제를 풀어가는 것이 중요한 것은 맞지만, 보다 중요한 것은 동태적인 관점에서 지역이 나아가야 할 방향이란 측면에서 무엇이 필요한가를 살펴보는 것이 될 것이다. 따라서 여기서는 지역이 궁극적으로 지향하는 지역혁신이란 측면에서 지역혁신체계의 형성 측면을 함께 살펴보고자 한다.

(1) 지역문제의 완화 내지 해소

1) 지역문제의 개념 및 원인

지역이 직면하고 있는 다양한 문제는 크게 지역 내 문제와 지역 간 문제로 나눌 수 있다(박종화 외, 2016: 13). 지역 내 문제는 지역내부 구성요소들의 문제로서 대개 도시와 농촌 문제로 집약된다. 산업화와 이에 따른 산업도시화 과정에서 인구와 자본 등이 도시로 집중하고, 글로벌 경제에서 공산품에 비해 소득탄력성이 낮은 농산물의 부가가치가 떨어짐에 따라 농촌이 급격하게 낙후하게 되었다. 더욱이 교통과 정보통신기술의 발전, 영상매체의 영향력, 교육기회, 고차적 욕구수준의 복잡다양성 등에서 도시적 생활공간의 매력이 점점 더 높아짐에 따라 농업기반형 농촌의 낙후성은 거의 보편적인 현상이 되었다. 그런데 동시에 인구집약도가 높은 도시들은 개별 도시 나름대로 공해, 혼잡, 실업, 열악한 주거환경, 범죄 등의 다양한 문제를 겪고 있다.

지역 간의 문제는 흔히 지역 간 성장격차로 인한 불균형 문제로 나타난다. 부유한 지역과 빈곤한 지역, 사회경제적 기회가 풍부한 지역과 기회의 문이 닫혀 있는 지역 간에는 갈등이 상존하고, 국가 전체적으로도 통합적 발전에 장애요소로 나타나게 된다. 우리의 경우 수도권과 기타 지역 간의 성장격차 문제, 경부 축과 여타 지역 간의 성장격차 문제를 고려하지 않고 지역간 문제를 생각하기 어렵다.

그렇다면 지역 내 문제든 지역 간 문제든 지역문제가 발생하게 된 원인은 무엇일까? 지역문제의 원인이 단순히 지역정책적 문제에 기인한 것이면 해당 지역정책을 교정함으로써 지역문제에 대처할 수 있을 것이고, 우리 국민성이나 문화에 기인한 것이면 국가정책적 대처가 필요할 것이기 때문이다. 그런데 분명하게 구분하기는 힘들지만 지역문제의 대처과정에서 지역정책적 노력과 국가정책적 노력이 함께 필요할 것으로 판단된다. 기존 연구에서는 흔히 지리적 요인, 경제구조적 요인, 사회문화적 요인, 정치행정적 요인 등이 언급되고 있다(박종화 외, 2016: 14-15).

우선 지역문제에서 지리적 요인을 고려할 수 있다. 지역별로 기후나 자연자원의 부존 등에서 흔히 차이가 있다. 우리와 같이 대부분의 원료를 해외로부터 수입하고 완성품을 해외로 수출하는 나라는 이적(移積) 지점이 되는 항만이 철강이나 자동차 생산 과정에서 매우 중요한 입지요인이 된다. 이 경우 내륙 지역은 관련 생산시설을 유치해서 지역 소득증대와 일자리를 확보하는 것이 대단히 어렵다. 분지지역과 산악지역의 경우는 교통문제에 접근하는 것도 현저하게 다르다. 분지지역의 경우는 방사형이나 격자형 도로망 체계를 구축하는 것이 별로 어렵지 않지만, 산악지역의 경우는 터널이나 지하철 등의 방식이 아니면 원활한 교통망 확보가 대단히 어렵기 때문이다.

특정 시점에 특정 지역을 관찰해보면 나름대로 독특한 산업구조 내지 경제구조를 가지고 있는 경우가 적지 않다. 그런데 경제활동이란 것이 동태적인 환경에서는 끊임없이 변화하는 것이고 그 변화는 지역내적 요인에만 영향을 받는 것은 아니다. 특히 현재와 같이 글로벌 경제 흐름에서는 국외적 상황 때문에 지역내 경제활동이 영향을 받게 되어 있다. 그리고 지역 산업구조 내지 경제구조는 변화할 수 없는 것은 아니지만 대개 긴 시간에 걸쳐서 형성되는 것이다. 따라서 하필이면 특정 시점에 특정 지역이 성장탄력성이 높은 산업구조 내지 경제구조를 가지고 있으면 그 지역은 번성하겠지만 그 역의 상황 또한 발생할 수 있는 것이다.

우리와 같이 국토면적도 좁고 지역 간 이동성도 그렇게 어렵지 않은 나라에서는 사회문화적 요인에 의한 지역 간 성장격차나 여러 가지 이질적인 현상의 발생이 광범위할 것 같지는 않다. 하지만 만약 지역 간에 발전의지나 열의, 근면과 성실을 중시하는 문화 등에서 큰 차이가 있으면 지역 간 성장격차뿐만 아니라 지역간 삶의 질적 수준에서 적지 않은 차이를 초래할 것으로 보인다. 우리가 통일될 경우 상당기간 남북 간에는 사회문화적 요인에 의한 지역간 성장격차 등의 지역문제를 겪게 될 것으로 보인다. 여기서 정치이념이나 정치지도자의 가치관 차이 역시 이질적인 지역문제를 발생시키는 요인으로 보인다. 시장메커니즘과 급속한 성장을 최우선으로 지향하는 정치행정적 체제와 국토균형발전과 배분적 정의를 최우선으로 지향하는 정치행정적 체제는 완전히 다른 지역문제를 야기할 것으로 예상되기 때문이다.

2) 전형적인 문제지역

지역문제는 그 원인이 다양하기 때문에 그 발현 형태 또한 아주 다양하게 나타나게 될 것으로 보인다. 그런데 지역문제를 단순히 다양하게 나타날 수 있는 문제라고 기술하는 것은 그 문제가 가져올 수 있는 부작용이 무엇인지 어떻게 대처해 나가야 하는지에 대해서 개략적인 틀조차 제시하기 어렵다. 따라서 여기서는 전형적인 문제 지역에 대해서 살펴봄으로써 지역문제에 대한 개략적인 그림을 그려 보고자 한다. Hoover and Giarratani(1984: 363-371)는 전형적인 문제 지역으로 낙후지역, 침체지역, 과열성장 및 과잉집중 지역을 들고 있다(박종화 외, 2016: 15-17 재인용).

낙후지역과 침체지역은 용어 자체에서 부정적인 이미지를 가지고 있다. 둘 다

나쁜 지역이라는 의미를 내포하는데 그 차이점은 무엇일까? 낙후지역(backward regions)은 한 번도 번성한 적이 없는 그런 지역을 지칭한다. 상대적으로 산업화 수준은 미흡하고 단순 노동력 인구는 과잉상태에 있고 자생적인 성장과정(self-sustaining growth process)으로 아직 제대로 진입하지 못하고 있는 지역을 말한다. 대개 전통적인 농업이나 어업, 또는 임업 등이 지배적인 경제구조를 가지고 있다. 개발도상국가의 지역문제는 상당부분 낙후지역의 문제이다. 물론 선진산업국가 에서도 부분적으로 낙후지역이 존재할 수 있다. 이에 반해, 침체지역(developed regions in recession)은 한때 번성했던 산업화된 지역이었는데 현재 다양한 원인으 로 경제활동의 역동성이 상실되고 실업률도 높고 인구의 역외이출(out-migration) 현상도 심각한 지역을 말한다. 왜 한때 번성했던 지역이었는데 지금 상황이 나 빠졌을까? 지역의 주력 산업자체의 속성에 따른 것이거나, 지역 자체의 특성에 따른 것이거나, 또는 이들 속성들의 결합 등에 따른 결과일 것이다. 시대의 변화 에 따라 사양산업화된 산업을 지역의 주력 산업으로 계속 붙들고 있을 경우 그 지역은 만성적인 침체현상을 겪기 쉽다. 또 석탄이나 철 등 주요 자연자원을 기 반으로 번성했던 지역들은 그 자원에 대한 수요가 감퇴하거나 유력한 대체 자원 이 나타나거나 또는 동일 자원을 보다 저렴하게 생산하는 경쟁국가나 경쟁지역 이 나타날 경우 침체경로에 빠지게 된다. 새로운 흐름에 기민하게 적응하고 내 재적 인적 및 물적 자원의 혁신적 결합을 통해서 지속적으로 변신할 수 있는 지 역들이 침체지역의 함정에 빠지지 않는 지역이 될 수 있는 것이다.

과열성장 및 과잉집중지역은 무엇이고 왜 문제지역이 될까? 과열성장 및 과 잉집중지역(excessive growth and concentration)은 낙후지역이나 침체지역과는 대 척점에 있는 지역이다. 성장을 못해서가 아니라 그 성장이 지나쳐서 문제가 된 다는 것이고, 인구의 역외이출이 문제가 되는 것이 아니라 인구의 역내이입 (in-migration)이 지나쳐서 문제가 되는 것이다. 급속한 경제성장과 거대한 규모 의 인구이입을 겪고 있는 지역에서는 로컬 자원의 과다사용으로 인한 쾌적성의 상실과 환경오염, 주거비 폭등, 범죄 증가 등 생활 서비스의 질이 급격히 나빠지 는 현상을 경험하게 된다. 또한 과열성장 및 과잉집중 지역은 국토 내에 저속성 장 및 과소현상을 겪는 지역들을 동반하게 된다. 저속성장 및 인구 과소현상을 겪는 지역들은 제반 사회간접자본 시설과 생활기반시설의 유휴 내지 낭비현상을 초래할 수 있다. 그런데 여기서 언급되는 과잉이나 과소는 무엇을 기준으로 결정하는 것일까? 예컨대 1km²당 몇 명의 거주인구가 살고 있을 때 우리는 인구과잉이라고 판단하는 것인지 궁금할 수 있다. 유사한 논의가 도시의 적정규모론(optimum city size)에서 다루어졌지만 아직 분명한 기준이 제시되어 있는 것은 아니다. 하지만 개발도상국가들의 거대도시가 너무 크다는 생각은 지역 간 경제적 격차를 감소시키면 공간적 형평성을 제고할 수 있다는 생각만큼이나 보편화되어 있는 것으로 보인다. 그리고 시장메커니즘은 도시의 규모를 적정규모 이상으로 이끌고, 과잉인구의 부정적인 효과는 빈곤층에 주로 귀착한다는 연구결과가 제시되어 있다(Gilbert, 1976: 27-34). 외부효과의 존재는 정의상 개인적 수익률과 사회적 수익률 간에 격차를 발생시키게 된다. 도시의 기반시설 공급비용은 주로 정부가 부담하고, 교통혼잡 및 대기나 수질오염 등의 문제는 주로 전체 시민들에게 귀착하고, 집적으로 인한 이익인 높은 생산성은 대개 기업이 주된 수익자가 된다. 따라서 시장메커니즘에 토대한 도시는 적정규모를 넘어서서 너무 커질 수 있다.

(2) 지역혁신체계의 형성

세계화와 지방화의 흐름은 원심력과 구심력의 조화와 같이 지역단위의 자생적 발전을 불가피하게 강조하고 있다. 그런데 그것이 왜 현실적으로 여의치 못한가에 대해 클러스터 접근을 강조하는 연구들, 지역혁신체계를 강조하는 연구들, 그리고 혁신환경을 강조하는 연구들이 제시되고 있다. 엄밀하게 규정하면 클러스터론, 지역혁신체계론, 혁신환경론 등을 구분할 수 있지만, 공통적으로 지역혁신네트워크와 혁신역량을 강조하는 것은 공통적이다(박종화, 2011). 따라서 여기서는 지역혁신역량의 강화 차원에서 지역혁신체계와 사회적 자본을 살펴보고자 한다.

1) 지역혁신체계의 의미

지역혁신체계(Regional Innovation System: RIS)는 지역혁신과정의 체계화의 중요성을 강조한다. 지역혁신은 지역혁신역할주체들의 상호 유기적 연계성, 협력적 학습관계의 산물이라는 것이다. 지역혁신은 지역혁신 구성주체들의 사회적, 비선형적, 상호작용적 학습관계의 결과이므로 개별 기업이나 특정인에게 주목하기보다는 체계적 접근방식의 유효성에 초점을 맞춘 것이다(Lundvall, 1992). 최근 지역혁신체계론은 전략적 유연성과 진화적 문제해결방식 등을 강조함으로써 지역적 차원의 새로운 환경창출, 즉 지역자원의 효율적 활용에 토대한 지역밀착형 경쟁력 확보의 중요성이 강조되고 있다(박종화, 2006: 175).

Kaufmann and Töedtling(2000: 30)은 지역혁신체계 형성요인과 메커니즘에 대한 관련 연구결과를 다음과 같이 정리하고 있다(박삼옥·남기범, 2000: 131 재인용). 첫째, 지역은 노동력, 교육, 연구기관, 지식의 외부성과 파급효과 등 혁신의 전제조건들이 각각 상이하다. 그리고 이들 요소의 이동성이 그렇게 높지 않기 때문에 특정 지역이 다른 지역에 비해 우위를 차지하게 된다. 둘째, 산업의 군집은 흔히 국지적으로 진행되고 지역 내에서 네트워크와 특정의 기술혁신 패턴을 유발한다. 셋째, 국지적인 생산체계에서는 집단학습을 통해 혁신환경으로 유도하는 공통의 기술적 문화가 개발될 수 있다. 넷째, 산학연계와 지식의 파급효과는 흔히 지역적인 첨단기술 개발을 유도한다. 다섯째, 지역정책은 특정한 제도와 기능을 통해 혁신기반을 제공하고 혁신과정에서 보다 적극적인 역할을 수행한다. 결과적으로 지역혁신체계란 지리적 근접성, 네트워크, 그리고 사회문화적 구조에 토대한 기술혁신에 초점을 둔 것임을 알 수 있다.

지역혁신역량은 지역 내에 존재하는 제반 혁신역할 주체들의 총합적 혁신역량으로 파악할 수 있다. 따라서 지역혁신역량이 지역의 경쟁우위를 결정하는 것이다. 현재의 혁신패러다임은 혁신의 사회적 측면, 비선형적 측면, 상호작용의 학습과정 측면을 강조하고 있으므로, 혁신과정에서 기술적 요인보다 사회문화적 구조의 중요성을 반영하고 있다. 지역적인 관점에서 지역혁신은 결국 지역혁신환경 속에서 발생하는 지역에 착근된 과정으로 나타나게 될 것이다. 이와 같은 지역혁신역량 형성과정에서 사회적 자본의 역할이 최근 강조되고 있는 것이다 (Tura and Harmaakorpi, 2005: 1112−1113; 박종화, 2011: 67 재인용).

2) 지역혁신체계와 사회적 자본

사회적 자본은 사회적 관계에서 얻어지는 것이 자본과 같은 역할을 할 수 있다는 것이다. Putnam et al.(1993: 167)은 사회의 능률성을 제고시킬 수 있는 신뢰(trust), 규범(norms) 및 네트워크와 같은 사회조직의 특징을 사회적 자본이라고 정의한다. 린(2008: 28−33)의 사회적 자본 정의는 사회적 구조에 착근되어 있는 자원으로서 특정 목적 달성과정에서 접근 내지 동원될 수 있는 자원이다. Nahapiet and Ghoshal(1998: 245)은 네트워크에서 사회적 자본의 두 가지 중요한 생산적인 효과를 강조한다. 첫째, 사회적 자본은 활동 능률성을 높인다. 특히 가외성(redundancy)을 줄여서 정보 분배의 효율성을 제고하며, 점검과정의 필요성을 감소시켜 거래비용을 낮춘다. 둘째, 사회적 자본은 적응적 능률성(adaptive efficiency)을 제고한다. 협력적 행태의 기회를 북돋음으로써 창조적 상호작용과 집단적 학습과정을 촉진한다(Tura and Harmaakorpi, 2005: 1115 재인용).

　　따라서 사회적 자본은 사회적 관계를 통해 형성된 것으로서 그 사회적 관계망 속의 개인 또는 집단이 특정 목적 달성을 위해서 접근 내지 활용할 수 있는 자원이다. 다만 그 자원은 화폐나 기타 유형적 재화와 달리 특정 개인이 전유할 수 없고, 유형적인 형태로 표출할 수는 있지만 대개 무형적인 형태로 존재하며 총량을 특정하기도 어렵다(박종화, 2011: 66). 지역혁신체계는 진공 속에 존재하는 것이 아니라 현실 지역에서 생성되고 발전하고 쇠퇴하는 것이다. 정의상 지역은 개별 기업 간의 관계에 비해 관계의 차원, 빈도, 내용, 방향 등이 훨씬 이질적이고 복잡 다양한 것이다. 따라서 지역혁신과정에서 불확실성 감소, 거래비용 감소, 조정비용 감소 등으로 혁신을 촉진시키는 것으로 알려진 사회적 자본과 지역혁신체계의 관계 역시 복합적으로 나타나게 될 것이다(Tura and Harmaakorpi, 2005: 1119; 박종화, 2011: 67 재인용).

4 지역개발의 이념

　　지역개발은 대상 영역의 다양성과 복합성 등의 측면에서 그 대처과정에서 학제적(interdisciplinary) 접근방법이 요청된다. 해당 문제와 대처방안의 모색과정에서 다양한 학문분야의 다양한 지식의 종합적 적용이 필요하다. 즉 지역개발학은 응용 학문적 성격을 갖고 있다. 그리고 지역개발의 정의에서 밝혀져 있듯이 '어디에'라는 공간적 측면(spatial dimension)이 매우 중요하다. 그 대상영역이 도시만을 다루는 것도 아니고 농촌이나 어촌만을 다루는 것도 아니다. 전통적으로는 지역개발에서 자연자원개발이나 농촌개발, 경제성장 또는 정주체계의 개선 등이 주목받았지만, 최근에는 정보통신기술과 교통의 발전에 따라 다양한 도시 문제에 대한 광역적 대처 내지 개발이 주목받고 있다. 지역개발의 이념은 지역 개발이 지향하는 가치 또는 지도 원리를 말한다. 그 가치와 지도 원리의 중요성 은 시간과 장소에 따라 달라질 수 있겠지만, 흔히 강조될 수 있는 지역개발의 가 치 내지 지도 원리로서 여기서는 효율성, 합법성, 민주성, 형평성, 대응성, 자치 성, 환경성 등을 살펴보고자 한다(박종화 외, 2016: 26-29).

(1) 효율성

지역개발 과제가 지방자치단체만의 문제는 아니다. 지방정부와 중앙정부의 통합적 노력이 기본적으로 요청되는 영역이다. 그런데 지역의 자생적 경쟁력 확 보차원에서 살펴보면 지방자치단체의 역량과 노력이 중요함은 더 강조할 필요가 없다. 하지만 현재 우리의 지방자치는 흔히 3할 자치로 일컬어질 만큼 지방정부 의 재정력이 매우 취약한 상태에 있다. 따라서 지역기반시설과 공공서비스의 공 급 등 지역개발 과제의 이행과정에서 효율성이 매우 중요하게 된다. 효율성 개 념은 효과성과 능률성의 통합개념이다. 효과성은 목표달성도를 의미하며, 능률 성은 투입 대 산출 비율 측면을 언급하는 것이다. 적은 비용으로 보다 많은 산출 을 발생시키면 능률적인 것이 되고, 그와 같은 산출이 원래 의도한 것이면 효과 적인 것이 되는 것이다.

그런데 여기서의 효율성이 정책추진 과정의 체계성의 의미까지 포함하는 지는 논란이 될 수 있다. 체계성의 사전적 의미는 '일정한 원리에 따라서 낱낱의 부분이 짜임새 있게 조직되어 통일된 전체를 이룬 특성이나 상태'를 일컫는다. 지역정책 추진상의 핵심원리는 보완적 결합관계이고, 그 추진목적은 상호보완적 협력관계 형성을 통한 복합이익 창출이다. 특히 지식기반사회와 글로벌 경제로 의 이행추세하에서 지역혁신 과정의 비선형성과 개방성 측면이 강조되고 있으므 로, 지역정책 추진상의 체계성이란 단순한 짜임새나 연결성을 넘어서는 탄력성 과 유연성의 가치를 내재하고 있다고 보아야 한다. 따라서 체계적이지 않은 전 략이나 정책이 효율적일 수 있느냐의 문제가 제기될 수 있는 것이다. 목표를 최 소한의 비용이나 희생으로 달성하는 과정에서 체계성이 불가피하다면 효율성은 체계성을 내재하는 포괄적인 개념으로 포착할 수 있을 것으로 보인다.

(2) 합법성

행정행위의 법률적합성은 모든 행정행위의 토대적인 원리이다. 정의상 공공부문의 적극적인 개입 내지 역할을 중시하는 지역개발 영역 역시 그 계획 및 집행의 전 과정에서 법적 테두리 내에서 진행되어야 하는 것은 자명하다. 특히 지역개발전략 및 정책은 그 계획 및 집행과정에서 주민들의 경제적 이해관계와 직·간접적으로 연계되어 있는 경우가 대부분이기 때문에 더욱 법적 안정성과 보호가 중요하다. 우리 헌법도 사적 소유권과 재산권 보장을 명문화하고 있고, 공적 필요에 의한 토지수용 등의 경우에도 정당한 보상(just compensation)을 규정하고 있다.

그런데 현대 도시와 지역문제는 매우 복잡다양하다. 과거에는 존재하지 않았거나 몰랐던 새로운 문제나 기회가 빠르게 우리의 일상에 나타나고 있다. 이와 같은 경우에 기존의 법적 규정과의 일치성 여부만을 행위의 정당성으로 삼고 그 이외의 경우에는 소극적으로 대처할 경우 문제해결이 아니라 문제를 키울 가능성이 매우 높다. 경우에 따라서는 정책의 시의성을 놓쳐 호미로 막을 문제를 가래로도 막지 못하는 경우도 생길 것이다. 신기술이 우리의 생활양식과 삶의 질을 급격하게 바꾸어 가는 과정에서 소극적 대처형태의 '부작위에 의한 기회상실'도 적지 않을 것이다. 따라서 변화하고 있는 현실세계의 모습을 제대로 반영해서 도시와 지역문제해결에 능동적으로 대처할 수 있도록 공직자의 재량적 선택을 포괄하는 넓은 의미로 합법성을 해석할 필요가 있다.

(3) 민주성

지역개발 전략 및 정책은 지역의 주민들이나 기업들에게 다양한 영향을 미치게 되어 있다. 따라서 관련 전략 및 정책은 이해관계자들의 자발적 협력과 동참을 이끌어 낼 수 있도록 내용과 절차 양 측면에서 민주적이어야 한다. 지역개발 과정에서 효율성을 추구하지만, 동시에 그 내용과 절차가 민주적이어야 한다. 그렇지 않으면 소위 누구를 위한 효율성인가 하는 문제가 제기될 수 있다. 예컨대, 지역계획의 경우 계획수립 단계뿐만 아니라 집행단계 그리고 성과평가 단계에 이르기까지 이해관계자들의 의견수렴 및 참여 등의 민주적 절차를 준수함으로써 실천적인 방안모색 및 불필요한 갈등 해소에 기여할 수 있다. 부당한 피해와 이익에 대한 적정보상 및 개발부담금 부과 등은 내용적 측면에서의 민주성 제고 노력이라고 볼 수 있다.

행정행위의 재량적 측면에 대한 적절한 통제 역시 민주성 제고 노력의 한 형태로 볼 수 있다. 지역개발의 업무 성격상 그 추진과정에서 행정행위의 재량성이 상당부분 인정되어야 하지만, 그 사후적인 평가에 이르기까지 재량행위로서 당연히 인정되는 것은 아니다. 당연히 고려해야 할 통상적인 주의를 기울였는지 그리고 적절한 대안 모색 노력을 기울였는지 등은 사후적 평가의 대상이 될 수 있기 때문이다.

(4) 형평성

효율성 개념이 한쪽 끝에 있다고 볼 때, 또 다른 쪽 끝에는 형평성(equity) 개념이 있다. 형평성은 크게 수직적 형평성(vertical equity)과 수평적 형평성(horizontal equity)으로 나뉜다. 수직적 형평성은 계층적 관계에서 차이를 고려한 형평성을 말한다. 예컨대, 조세부과에서 개인 간 소득수준의 차이를 인정하고 소득수준이 높은 사람들은 소득수준이 낮은 사람들에 비해 보다 높은 세율을 적용하는 것이다. 소득구간별 차등 세율을 적용하는 경우가 전형적인 수직적 형평성의 예이다. 이에 반해, 수평적 형평성은 동일 계층 내에서의 공평성을 말한다. 예컨대, 조세부과에 있어서 소득구간별 차등세율이 아니라 소득이 많고 적음에 차이 없이 단일 세율을 적용하는 것이다. 이 경우에도 물론 고소득자의 세금이 저소득자에 비해 많이 부과되는 것은 맞지만 저소득자의 입장이 제대로 고려되었다고 보기는 어렵다.

지역개발 과정에서 형평성은 대개 수평적 형평성을 기준으로 진전되고 있는 것으로 보인다. 낙후지역의 경우 차등적으로 보다 높은 공공재정이 배분되는 경우는 지역정책에서 수직적 형평성이 감안되었다고 볼 수 있지만, 현실에 있어서는 대개 지역 인구수를 기준으로 공공재정이 배분되고 있기 때문이다.

(5) 대응성

최근 지역정책에서 수요자 입장의 반영이 강조되고 있다. 지역개발 전략 및 정책이 효율적, 합법적, 민주적으로 진전된다고 하더라도 그 수요자 입장에서 제대로 만족한다고 볼 수는 없다. 지역정책 수요자인 지역주민의 입장에서 만족하느냐의 여부가 바로 대응성(responsiveness)의 개념이다. 그리고 그 수요자의 만족성을 보다 넓게 조명하면 새로운 환경변화에 대한 적응성 제고 및 기회확대 등을 포함한다고 볼 수 있다.

특히 최근 지역경제 환경이 급변하고 있다. 이와 같은 불안정적 상황하에서 창조적인 대응은 과거의 경험과 논리, 치밀한 분석 등 전통적인 전략을 넘어서는 뜻밖의 만남, 우연한 통찰력, 운 좋은 모험 등에 용이한 상황조성을 의미한다. 동일 맥락에서, 최근 과학계에서는 우연한 성공을 의미하는 세렌디피티(serendipity) 개념을 중시하고 있다. 위대한 발견 내지 발명인 다이나마이트, X선, 페니실린 등이 세렌디피티를 통해 얻어졌다는 것이다. 물론 세렌디피티가 우연히 발생하지만 그 뜻밖의 발견 내지 발명은 공통적으로 세렌디피티가 발생하기 쉬운 지역적 환경을 가지고 있다는 것이다. 세렌디피티는 사색(contemplation), 교차(crossover), 연결(connection)의 상호작용을 통해 현실화하는 것으로 알려져 있다. 우연적 소통과 협력이 용이한 지역 환경조성의 중요성을 강조하고 있는 것이다(김동철, 2013).

경제적 진화의 핵심적인 특징 중의 하나는 '내생적으로 창출된 변화'이다 (Witt, 1992; 2003). 지역경제나 지역산업정책 등이 경로의존성(path dependency)의 특징을 보여주지만, 어떤 특별한 계기 내지 충격이 도래했을 경우 그와 같은 영향들이 기존 시스템을 비틀게 되고 새로운 안정성 내지 변화를 초래하게 된다는 것이다(Martin and Sunley, 2006).

(6) 자치성

글로벌 경제와 함께 지방화의 흐름이 강조되고 있다. 대외적인 변화에 능동적으로 대처하기 위해서는 무엇보다도 지역차원의 자생역량 제고가 중요하다. 지역 차원의 자생적 역량 제고는 무엇보다도 지방자치단체 운영과 편성의 자치성에 토대하고 있다. 동일 맥락에서, 제4차 산업혁명으로의 전환과정에서 지역

R&D 정책에서 중앙정부 주도-지역 참여에서 지역 주도-중앙정부 지원 방식으로의 전환이 강조되고 있다. 지역 R&D 정책의 성공적 추진과정에서 지역 전문성과 자율성 확보의 중요성이 부각되고 있는 것이다.

(7) 환경성

지역경제성장을 중시하는 과정에서 지역의 생태적 환경을 소홀히 하는 결과를 가져왔다. 수질과 대기질의 오염문제는 지역주민들의 삶의 질에 주요 장애요인으로 부각되고 있다. 경제성장의 초기단계에서는 미처 지각하지 못했던 새로운 문제가 부각되고 있는 것이다. 최근 대기질과 수질 오염의 경우 국제적인 문제로까지 부각되고 있다.

생태계는 기본적으로 생태계 구성요소들 간의 상호의존, 공생, 공진화(coevolution), 경쟁과 협력, 가치창출과 가치공유 등이 핵심적 특징이다(김영수, 2012: 24). 지역 환경의 질을 개선해서 삶의 질을 높여가기 위해서는 무엇보다도 지역생태계 구성요소들 간의 상호의존성과 공진화성 그리고 가치공유성을 이해할 필요가 있다.

연습문제

❶ 결절지역(nodal or polarized regions)이란 무엇이며, 지역정책의 형성 및 집행과정에서 결절지역 개념의 유용성에 대해서 설명하시오.

❷ 지역개발(regional development)과 지역사회개발(community development)의 유사점 과 차이점을 설명하시오.

❸ 지역개발의 필요성을 설명하시오.

❹ 지역과 국가의 차이에 대해 설명하시오.

❺ 문제지역에 대해 설명하시오.

참고문헌

김동철(2013). 우연을 성공으로 만드는 힘: 세렌디피티(Serendipity). 「SERI 경영노트」, 195: 1-9. 삼성경제연구소.

김영수(2012). 우리나라 클러스터정책의 특징과 지역산업생태계론으로의 진화 필요성. 「지역연구」, 28(4): 23-43.

대한국토·도시계획학회편(1991). 「지역계획론」. 서울: 형설출판사.

린, 난.(2008). 「사회자본(원저 *Social Capital* by N. Lin, 김동윤·오소현 역)」. 서울: 커뮤니케이션북스.

박삼옥·남기범(2000). 중소기업 육성을 위한 지역혁신체계 및 산업지구 개발방향. 「국토계획」, 35(3): 121-140.

박종화(2006). 지역혁신체계상의 중개모형 -대구전략산업기획단의 경험-. 「국토계획」, 41(4): 171-187.

박종화(2011). 지역혁신체계에서 사회적 자본의 역기능성. 「국토연구」, 69: 63-82.

박종화·윤대식·이종열(2016). 「지역개발론-이론과 정책」. 제3개정판. 서울: 박영사.

윤성주(2017). '포용적 성장'의 개념 및 논의 동향. 「국토」, 4: 6-13.

이권희·박종화(2017). 역사문화콘텐츠가 기능적 공동체 형성에 미치는 영향: 대구도심 사례를 중심으로. 「국토연구」, 92: 21-40.

Czamanski, S.(1973). *Regional and Interregional Local Accounting.* Lexington, Mass.: Lexington Book.

Gilbert, A.(1976). The Arguments for Very Large Cities Reconsidered. *Urban Studies,* 13: 27-34.

Hoover, E. M. and Giarratani, F.(1984). *An Introduction to Regional Economics.* New York: Alfred A. Knopf, Inc.

Kaufmann, A. and Töedtling, F.(2000). Systems of innovation in traditional industrial regions. The case of Styria in a comparative perspective. *Regional Studies,* 34: 29-40.

Lundvall, B. (ed.)(1992). *National Systems of Innovation: Towards a Theory of Innovation and Interactive Learning.* London: Pinter.

Nahapiet, J. and Ghoshal, S.(1998). Social Capital, Intellectual Capital, and the Organizational Advantage. *Academy of Management Review,* 23(2): 242−265.

Nijkamp, P., van Oirschot, G. and Oosterman, A.(1994). Knowledge networks, science parks and regional development: An international comparative analysis of critical success factors. In J. R. Cuadrado−Roura, P. Nijkamp and P. Salva(eds.). 225−246. *Moving Frontiers: Economic Restructuring, Regional Development and Emerging Networks.* Avebury.

Porter, M. E.(2000). Location, Competition, and Economic Development: Local Clusters in Global Economy. *Economic Development Quarterly,* 14(1): 15−34.

Putnam, R. D., Leonardi, R. and Nanetti, R.(1993). *Making Democracy Work: Civic Traditions in Modern Italy.* Princeton: Princeton University Press.

Tura, T. and Harmaakorpi, V.(2005). Social Capital in Building Regional Innovative Capability. *Regional Studies,* 39(8): 1111−1125.

Mackaye, B.(1928). *The New Exploration: A Philosophy of Regional Planning.* New York: Harcourt.

Martin, R. and Sunley, P.(2006). Path dependence and regional economic evolution. *Journal of Economic Geography,* 6: 395−437.

Richardson, H. W.(1979). Regional Economics. Urbana−Champaign, Ill.: University of Illinois Press.

Winnick, L.(1966). Place Prosperity vs. People Prosperity: Welfare Considerations in the Geographical Redistribution of Economic Activity. In Essays in *Urban Land Economics.* Los Angeles: Real Estate Research Program, UCLA: 273−283.

Witt, U.(1992). Evolutionary concepts in economics. *Eastern Economic Journal,* 18: 405−419.

Witt, U.(2003). *The Evolving Economy.* Cheltenham: Edward Elgar.

지역 개발과
공간구조이론

― 기정훈

본 장은 지역개발과 관련된 기존의 공간구조이론과 새로운 이론들을 조명하는 데 목적이 있다. 이러한 과정에서 지역개발을 위한 지역문제의 유형화 및 사례 연구가 추가된다. 특별히 기존의 공간구조이론들에 대한 검토와 함께 지역개발의 패러다임의 변화에 따라서 나타나는 새로운 공간구조이론들을 소개하려고 한다.

1 지역개발을 위한 공간구조이론 개론

우리나라에서 지역개발을 위한 공간구조이론은 지역개발에 대한 시대적 패러다임에 따라 변화해 왔다. 1960년대 이전의 지역개발은 경제적 효율성과 지역성장을 촉진하는 데 있었기 때문에 이 시기의 지역개발을 위한 공간구조이론은 성장거점이론이나 불균형발전이론과 같이 국가나 중앙정부가 성장 잠재력이 있는 지역에 집중적으로 투자하는 하향식 접근방식을 취해왔다.

1970년대 이후의 지역개발은 지역 간 형평성이나 주민의 복지증진과 같은 사회적 측면이 강조된다. 따라서 공간구조이론도 분산적 집중발전전략이론이나 지역균형발전이론과 같이 상향적 발전이론과 내생적 발전이론이 나타난다.

1980년대 이후에는 지방화시대의 전개와 지역경쟁력을 높이는 전략을 제기하면서 대량생산체계에서 벗어나기 위한 다양한 논의가 전개되고 지속가능한 지역발전 이론과 같은 공간을 넘어서 환경의 영역을 포괄하는 공간구조이론들이 나타난다.

1990년대 이후에는 세계화와 지방화, 지식정보화 그리고 혁신의 필요성이 나타남에 따라서 기존의 지역개발정책의 공간구조이론을 넘어서는 접근방법과 이론체계가 요구되며 비가시적이고 문화적인 측면에서의 이론화가 시작된다.

최근 들어서는 지역개발과 관련된 공간구조이론들은 환경, 소통, 삶의 질 향상을 반영하는 다양한 이론적 접근을 가지게 된다(이성근 외, 2013). 이러한 이론들을 일반적으로 대안이론이라고 하는데 여기에는 산업이론, 환경이론, 그리고 사회이론으로 나뉜다. 산업이론 분야의 지역개발 공간이론은 집적과 학습, 혁신을 통해 지역발전을 추구하는 이론들인 유연적 생산체제이론, 클러스터이론 및 지역혁신체제론이 있고, 환경이론 분야의 지역개발 공간이론은 1980대 이후에 발전되어 온 지속가능한 지역발전이론과 생태도시이론이 있다. 사회이론 분야의 지역개발 공간이론으로는 거버넌스형 지역개발이론, 네트워크 기반 지역개발이론, 지역문화기반 지역개발이론, 사회적 자본이론과 창조적 자본이론이 있다.

본 장에서는 이러한 지역개발과 관련된 공간구조이론들에 대한 일반적인 설명과 함께 최근의 이론들을 보여주는 몇 가지 사례들을 소개함으로써 독자들이 가질 수 있는 다양한 관심을 채우려고 노력하였다.

2 기존의 공간구조이론들

(1) 지역 불균형 성장이론

1) 극화발전이론

허쉬만(A.O.Hirschman)은 국가의 성장은 반드시 불균형을 가져온다고 주장한다. 새로운 산업은 새로운 성장점을 만들어 내고 지역적인 분화 혹은 분극화(polarization)가 발생하여 불균형을 초래한다는 것이다. 그렇지만 지역 간 교류와 보완으로 인해서 지역 간의 소득격차가 궁극적으로는 해소가 되며 이를 낙수효과(trickling-down effect)라고 규정한다.

고병호(1995)는 저개발국가에서 부족한 자본을 효율적으로 이용해야 낙후된 경제구조를 발전시킬 수 있다고 주장한다. 경제성장을 위해서는 상대적으로 특정한 부문에 집중적으로 투자하고 이를 확장시킬 필요가 있다는 것이다. 성장의 확산이 첨단산업에서 후발산업으로 발전지역에서 미발전지역으로 일어난다고 보는 것이 극화발전이론의 핵심이다.

2) 누적성장이론

미르달(G. Myrdal)은 누적적 효과를 가지는 순환인과관계 모델이 실제 경제활동을 더 잘 반영한다고 주장한다. 중심지를 집중적으로 개발하게 되면 확산효과(spread effect)와 역류효과(backwash effect)가 발생하게 되어 성장지역과 낙후지역 간의 격차는 더욱 커진다는 것이다. 확산효과는 중심지 투자로 인한 소비증가가 궁극적으로는 배후지의 생산을 증대시키고 기술확산이 일어난다는 것이다. 역류효과는 중심지의 기능이 누적적으로 강화되어 인구와 자본이 중심지로 집중되는 현상을 말한다.

미르달의 주장의 결론은 누적적 인과에 의한 불균형은 필연적으로 발생하기 때문에 정부의 개입이 있어야 이를 극복할 수 있다는 것으로 하향식 개발 모델에 정당성을 부여한다.

3) 중심-주변부 이론

프리드만(J. Friedmann)은 미르달의 누적적 인과모형과 허쉬만의 극화발전이론을 종합하여서 중심-주변부 모형(core-periphery model)을 발전시켰다. 이 모형에서 정책결정, 자본의 흐름, 혁신의 확산, 인구이동의 네 가지 요소에 따라서 중심부와 주변부로 나뉘게 된다.

수출산업의 성장에 의해서 지역성장이 촉진되며 중심부는 강화되고 성장이 일어나는 중심부를 제외하고는 주변부가 되어 중심부에 인력, 자본, 서비스를 제공하게 된다.

프리드만은 공간적 균형을 달성하기 위한 국가 차원의 전략은 우선순위가 주어져야 한다고 주장한다. 한 국가의 자원을 배분하는 역할을 하는 중심지는 대부분 수도에 위치하여 전 지역에 영향을 주게 된다.

4) 성장거점이론

성장거점이론은 페로(F. Perroux)의 성장극이론의 발전된 형태로서 개발 초기단계의 한정된 가용자원을 낙후지역 내의 거점에 집중하여 지역개발의 거점을 확보하여 이의 성장력을 주변지역에까지 확산시켜서 지역전체의 성장을 만들어 내려는 이론이다. 이 이론은 모든 지역에서의 성장은 가능하지 않으며 혁신은 확산과정을 가진다는 것이다.

그럼에도 불구하고 파급효과보다는 불균형의 심화와 주변부의 소외, 그리고 주변 지역과의 통합개발이나 협력의 부족함으로 인해서 비판을 받은 바 있다. 본 이론은 전형적인 하향식 개발이론으로 상향식 개발이론들을 보완할 필요성이 있다.

(2) 지역 균형 성장이론

1) 고전적 균형성장 이론

고전적 균형성장이론은 완전경쟁을 가정한 고전경제이론을 기초로 하여 만들어진 공간경제모형으로 지역 간 불균형은 일시적인 것이고 장기적으로 지역들은 균형을 이루게 된다고 가정한다. 정부의 역할은 자본과 노동의 이동에 있어서 시장의 불완전성을 제거하고 국가의 경제성장 촉진에 집중해야 하는 것이다. 즉 국가는 자본과 노동의 원활한 이동을 돕는 것이 되어야 한다고 주장한다.

고전적 균형성장이론에서 주장하는 완전경쟁시장 조건은 존재하기가 어려우며 자본과 노동의 이동에도 많은 제약이 따른다는 점에서 현실적인 적용의 어려움이 있다. 이와 함께 지역 간 불균형은 국가의 경제성장과정에서 자연적인 균형상태로 회복하기가 어렵다는 점에서도 고전적 균형성장이론의 한계점이 존재한다.

2) 신고전주의 일반균형이론

일반균형이론은 생산요소의 자유로운 이동은 지역 간 소득을 균형화시킨다는 기대를 가지고 있기 때문에 지역 간에 발생하는 소득 격차는 일시적인 현상으로 본다. 그러나 시간이 경과함에 따라 자본과 노동이 보다 높은 이자율과 임금을 따라 다른 지역으로 이동하게 되어 균형상태에 도달하게 된다는 주장이 현실과는 동떨어진 이상주의적 이론이라는 비판을 받고 있다.

이 모형의 장점은 국가경제의 총량을 지역경제분석에 적용할 수 있고 예측가능성이 높으며 지역 내 성장과 지역 간 관계를 동시에 살펴볼 수 있다는 점이다. 그러나 기술진보의 주재, 집적경제, 도시화 등 지역경제의 특성이나 기술발전, 그리고 다원적 경제현상을 설명하는 데는 한계에 부딪치게 된다.

(3) 수요공급중심 성장이론

1) 공급중시이론

공급중시이론은 지역경제의 핵심은 해당 지역의 공급능력에 있기 때문에 공급을 결정하는 생산요소의 부존량에 의해서 지역성장이 이루어진다는 이론이다. 지역의 경제력은 자본과 노동의 투입량의 함수로 결정되면 여기에서 지역의 공급에 대한 수요는 항상 충분하다고 가정한다. 이는 신고전파 모형의 지역차원의 모형이라고 할 수 있다.

이 이론에서는 각 지역의 한계생산성이 낮은 곳에서 높은 곳으로 노동과 자본이 이동함에 따라서 장기적으로는 모든 지역의 노동과 자본의 균등한 분포와 함께 소득수준이 전 지역에 골고루 분포하게 된다는 것이다.

2) 수요중시이론

수요중시이론은 공급중시이론과는 다르게 지역성장의 원동력을 수요, 즉 지역 생산품과 서비스에 대한 외부 수요의 크기에서 찾는다. 지역의 공급능력은 항상 충분하다고 가정하고 수요가 있으면 공급은 증가할 수 있다고 가정한다.

이 이론을 뒷받침하는 경제기반모형 혹은 수출기반모형에 의하면 지역의 경제성장은 해당 지역의 기반산업(혹은 수출산업)에 대한 외부의 수요규모에 의해서 결정된다.

3) 수요공급혼합이론

수요공급혼합이론에서는 지역발전에 있어서 수요와 공급을 상호 보완적인 관계로 정립하고 이론을 전개한다. 리처드슨(H.W. Richardson)이 주장한 누적적 인과관계모형(cumulative causation model)과 펄로프(H.S. Perloff)가 주장한 변이−할당모형(shift−share model)이 수요공급혼합모형의 대표적인 예들이다.

누적적 인과관계모형은 지역에서 생산되는 산출물에 대한 외부수요의 증가는 생산요소의 생산성을 늘여서 도시의 공급력을 확대하고 생산비와 수출가격을 낮추어 외부수요가 다시 확대된다는 논리이다. 변이−할당 모형은 한 지역의 경제성장이 국가경제 전체의 성장, 해당 산업의 성장과 해당 지역의 입지적 경쟁력에 의해서 영향을 받는다는 이론이다.

(4) 대안적 지역개발이론

1) 유연적 생산체제 이론

유연적 생산체제 이론은 피오레와 사벨(M. Piore and C. Sabel)에 의해 처음 제시되고, 허스트(P. Hirst), 자이틀린(Zeitlin)과 같은 제도학파 학자들에 의해서 확장되었다. 대량생산모델의 한계와 함께 새롭게 등장한 생산방식을 유연적 생산체제라고 하며 기존의 규모의 경제가 아닌 범위의 경제를 창출한다는 것이다.

포디즘으로 불리는 기존의 대량생산체제에서는 제품특수적 기계와 미숙련이나 반숙련 노동자를 활용한 표준화된 제품을 생산하는 것에 반해서 유연적 전문화 생산체제에서는 범용기계와 숙련노동자를 이용하여 다양한 주문생산을 한다는 점에서 대비가 된다. 제3이탈리아 지역이나 독일의 바덴뷔르템베르크 지역 등에서 소규모 기업들 중심의 경제성장과 고용창출, 그리고 높은 혁신이 대표적인 사례이다. 첨단기술산업이 아님에도 불구하고 상호 독립적인 전문적 소기업들이 집적하여 상호협력의 네트워크를 구성하는 것이 공통적인 특징이었다.

유연적 생산체제의 지역개발에서의 활용은 산업지구(industrial district)의 재발견이라고 할 수 있다. 이는 영국의 경제학자인 마샬이 1890년에 최초로 사용한 용어인데 전문화된 소규모 단일기업의 지리적 집적을 통해 외부경제를 확보하고 지구 내의 분업과 협력관계 구성, 기업활동을 촉진하는 지역 분위기 등을 말하고 있다. 산업지구의 성장원인은 지역 내 소기업들이 시장수요의 변동에 유연하고 혁신적으로 반응하고 개발 기업들 간의 협력과 경쟁 속에서 자원의 재구성을 통해서 시장에 적응하기 때문이다.

2) 지속가능한 발전이론

1968년 국제연합의 결정에 의해서 1972년에 스웨덴의 스톡홀름에서는 '인간환경에 관한 UN회의'가 개최된다. 여기에서는 환경에 대한 적절한 고려 없이는 경제개발은 낭비적이고 지속 불가능하다는 내용의 스톡홀름 선언문과 행동계획 등을 채택한다. 그리고 1989년 국제연합 총회의 결정에 의해서 1992년 6월 브라질 리우에서는 '유엔환경개발회의(UNCED)가 개최되어 '환경과 개발에 관한 선언', '산림원칙선언', '의제 21' 등 법적 구속력이 없는 합의를 도출하는 한편에 '생물종다양성 협정'과 '기후변화협약' 등의 국제협약을 채택하는 성과를 내게 된다.

지속가능한 발전이란 1992년 브라질 리우에서 개최된 '유엔환경개발회의(UNCED)'에서 주제로 다룬 이슈이다. '환경적으로 건전하고 지속가능한 발전(environmentally sound and sustainable development: ESSD)'라는 범세계적인 협력방안은 이제 환경을 포함하는 지역개발정책의 새로운 이론으로 자리 잡았다. 지속가능한 발전에서는 인간의 복지증진을 위한 개발행위를 하되 기술혁신 등 창조적인 인간활동을 통해 자연의 수용능력을 증진시키는 것을 강조하고 있고 모든 인간활동을 지속가능한 개발의 관점에서 관리해야 함을 강조한다.

보다 구체적으로 지속가능한 발전을 살펴본다면 경제성장 위주의 발전전략으로 인해 환경자원이 고갈되며 훼손되어 생태계가 파괴되고 궁극적으로는 인류의 생존 기반을 위협하는 단계에 이르렀다는 인식하에서 탄생한 친환경적 발전개념이라고 할 수 있다. 환경용량을 고려한 발전방식으로 현재의 필요에 의한 발전이 후손의 발전을 저해 하지 않는다는 것을 의미한다.

지역개발에서 지속가능한 발전이란 생태계와 자연환경 자원에 대한 훼손을 최소화하고 개발 및 관리에 대한 재생 불능 자원의 투입을 최소화하며 폐기물 및 요염물질의 생성을 최소화하는 것을 의미한다.

3) 지역혁신체제 이론

지역혁신체제 이론은 지역, 혁신, 체제라는 세 가지 요소를 가지고 구성된다. 이를 보다 구체화하면 다음과 같다. 첫째, 지속적인 혁신을 창출하고 습득하는 지식기반경제 기반의 기업과 산업이 존재한다. 둘째, 혁신은 상호작용과 학습을 통해서 전파되고 습득된다. 기업의 경우도 내부적이라기 보다는 기업 간, 기업과 연구소 간, 기업과 공공부문 간의 연계망 속에서 발생하고 제도와 문화에 영향을 받게 된다. 따라서 혁신을 체제(system)의 틀에서 바라볼 수 있는 것이다. 셋째, 이러한 혁신체제는 특정한 지리적 공간을 기반으로 일어나게 되는데 이것이 지역이 되면 지역혁신체제가 되는 것이다. 넷째, 혁신에 더 나은 환경을 가진 지역이 있고 그렇지 못한 지역도 있다. 다섯째, 국가혁신체제보다는 지역혁신체제의 중요성이 더 강조되고 있다. 여섯째, 지역발전을 위한 지속적 혁신 역량인 지역혁신체제를 갖는 것이 지역경쟁력의 핵심이다. 일곱째, 지역혁신체제가 강화되기 위해서는 지역 내 각 조체들 간의 협력적 네트워크와 상호 학습이 제도와 문화적 배경하에서 활발하게 이루어져야 한다.

지역혁신체제 이론의 장점은 현실적합성이 높다는 것인데 이로 인해서 우리나라에서도 참여정부에서 이 이론을 배경으로 혁신도시를 건설하였다. 둘째, 낙후지역을 포함한 모든 지역에 적용 가능하다는 점이다. 그럼에도 불구하고 공간적 영역의 구분의 모호성이라든지 산업분야에 따른 다양성 등을 고려하지 못했다는 점은 그 한계로 남아 있다.

3 새로운 공간구조이론들

(1) 거버넌스형 지역개발이론

거버넌스는 다양한 이해집단이 공동으로 참여하여 의사결정을 하고 이를 상호협력적 관계에서 추진하는 메커니즘을 의미한다. 정부(government)와 동일한 의미로 사용되다가 1990년대에 시민사회 영역으로 적용범위가 확대되고 2000년대에 이르러서는 국가운영의 중요한 이론적 기초를 제공하게 된다.

지역개발에 있어서 거버넌스는 도시의 공간적 확산, 대도시권 형성, 도시계층 간의 기능적 연계와 네트워크형 도시 등 신지역주의 현상과 밀접히 연관되어 있고 단일 행정구역에 의한 대응이 어려운 상황에서 인접 지역들 간의 협력과 공동 노력이 필요하게 되었기 때문이다. 또한 사회적 합의를 기초로 한 참여적 추진체제의 필요성이 나타난다.

지역 거버넌스는 협력적인 파트너십이 반드시 있어야 한다. 지역개발을 위한 구체적인 정책이나 프로젝트의 실현수단이 협력적인 파트너십이다. 파트너십의 참여범위, 참여방식, 참여단계, 상호작용 촉진 전략, 조정 및 중개 전략 등이 다루어져야 한다.

(2) 네트워크 기반 지역개발이론

네트워크 기반의 지역개발이론에서는 지역 간 협력 네트워크의 형성을 중요하게 생각한다. 여기에는 지역문제의 광역화와 경제의 세계화, 그리고 정보화 등 국내외적 환경변화에 대해서 지역의 정체성과 고유문화를 유지하면서 발전하기 위한 전략이 된다.

지역간 협력 네트워크는 지역 간의 광역서비스 공급뿐만 아니라 산업경쟁력 확보와 기술혁신을 증진하는 역할도 하게 된다. 여기에서 네트워크는 다양한 경제적 주체 간의 정보 및 자원을 교류하기 위한 긴밀한 연계망과 공식적인 관계형성을 포함한다. 네트워크를 통해서 한 지역은 그 물리적 규모나 실제적 기능의 한계를 극복할 수 있게 된다.

(3) 지역문화기반 지역개발이론

지역(행정구역, 문화권)의 전통적, 역사적 고유한 창조자산 또는 지역 상징성을 기반으로 하여 지역개발의 전략을 수립하여 지역을 개발해 가는 이론이다. 이는 특별히 최근 주목받고 있는 창조적 자본이론 혹은 창조도시이론과도 밀접하게 연결되어 있다. 리차드 플로리다 교수의 '창조 계급의 부상(2002)' 이후에 전 세계적으로 화두가 되어온 창조 계급과 창조도시의 개념을 구체화할 수 있는 이론이라고 할 수 있다. 새로운 지식, 기술, 문화를 창조할 수 있는 창조 계급을 유입할 수 있는 공간적 어메니티와 문화적 콘텐츠를 갖추는 것이 지역발전의 초점이라는 것이다. 지역의 문화에 초점을 맞춘 개발방식으로 지역문화개발을 위한 물리적 및 공간적 개발을 통해서 도시의 상징성과 문화성을 높일 수 있다는 데 그 의의가 있다.

즉, 문화적 어메니티가 좋은 지역일수록 창조계층의 유입과 비율이 높고 이를 통해서 지역발전이 다른 지역에 비해서 빠르게 일어날 수 있다는 점이다. 지역문화 기반의 지역개발이론이 보다 구체화 된다면 유·무형의 전통문화와 정신문화를 활용한 지역 브랜드 개발, 지역의 문화·생태를 활용한 테마 콘텐츠 개발, 한류 확산에 잠재력을 갖춘 지역 문화 콘텐츠 개발, 지역에서 제작되어 글로벌 시장으로 진출 가능한 콘텐츠 육성, 세계인이 찾아와 즐길 수 있는 관광 연계 지역 기반 문화콘텐츠 육성, 지역스토리 지도, 그리고 행정구역을 넘어 동일한 정체성을 가진 문화권, 역사권 중심의 광역자치단체 간 컨소시엄 콘텐츠 등으로 발전할 수 있을 것이다.

4 지역개발을 위한 지역개발모형과 사례[1]

(1) 우리나라 지역개발 사업의 최근 경향

1) 인구구조 및 생활양식의 변화와 인구이동현상을 반영하는 개발방식

① 현재 우리나라에서는 인구구조와 생활양식의 변화가 나타나고 있다.

② 노인인구증가, 귀농귀촌 발생, 도시농업·정원활동 증가, 대도시지역 1인 가구 증가와 같은 인구구조·생활양식 변화와 인구이동현상을 반영한 개발방식 도입이 필요하다.

2) 지역의 특화되고 전문화된 산업 및 자원 기반의 개발 방식의 도입

① 내생적 개발을 위해서는 외부의 자원이나 산업이 아닌 지역 자체적인

---

1 소진광 외(2016), 지역개발모델구축 및 LH 참여방안연구, 한국토지주택공사.

자원과 산업이 중요하다.

② 지역의 특화되고 전문화된 산업 및 인적자원을 기반으로 한 개발방식이 필요하기 때문에 지역의 자연환경, 문화, 인적자원 등을 활용할 수 있는 계획이 세워져야 한다.

3) 교통망(계획) 연결 및 네트워크형 개발의 필요성 등장

① 지역 간 연계협력을 통해 생산·생활의 부가가치를 창출하는 네트워크형 국토공간구조 실현되고 있다.

② 융복합개발·결합개발의 활성화 및 기존사업모델들의 통합을 통한 사업성 확보가 중요한다.

③ 지역개발을 통한 경제, 사회, 문화에 걸친 결합적 개발이 이루어지는 사업의 필요성이 증대되고 있다.

4) 인구희박지역과 저(低)이용토지의 관리기능 필요에 따른 소규모 개발의 필요

① 수도권과 대도시들을 제외하고는 많은 도시들이 겪고 있는 인구감소로 인한 지역경제쇠퇴와 이에 따른 저이용토지의 관리 등이 시급히 이루어져야 한다.

② 기존에 해 왔던 대규모 개발에서 탈피하여 소규모 개발 및 연계망 구축이 필요한 시기라고 판단된다.

5) 통일대비 국토기반의 구축의 필요성이 더욱 급박하게 다가옴

① 통일에 따라 야기될 국토분야 주요 이슈에 선제적으로 대응하는 한편, 통일 한반도의 균형발전과 경쟁력 강화를 추진해야 한다.

② 남북한 협력 증대와 통일국토의 관리기반을 구축해야 한다.

(2) 지역개발모델의 당위성

1) 지역개발과 관련된 법률적 지원이 가능

① 법적 측면에서의 당위성이 있어야 한다.

② '지역개발 및 지원에 관한 법률(지역개발지원법)'과 같이 지역개발과 관련된 법률적 지원이 가능한 모델을 구축되어야 한다.

2) 지역의 고질적 문제를 해결할 수 있는 기회를 제공

① 지역의 문제를 해결해 줄 수 있는 지역개발모형이 필요하다.

② 난개발이나 장기간에 걸친 군사시설보호구역 지정과 같은 지역의 고질적인 문제를 해결할 수 있는 기회를 제공하는 모델이어야 한다.

3) 지역의 공간적 특성을 활용할 수 있는 개발사업

① 지역의 물리적, 자연적 특성을 활용하는 것은 지역의 정체성을 강화시키는데 의미를 가진다.

② 지역의 공간적 특성을 활용하여 해당지역이 지역개발을 해 나갈 수 있는 모델을 구성해야 한다.

4) 공공기관의 중간적 역할을 통한 사업의 활성화

① 지역의 역량이 부족한 경우에는 공공기관들의 역할이 중요하게 된다.

② 기존의 사업경험이 풍부한 공공기업들이 사업에 따라서 계획이나 사업촉진의 역할, 그리고 때로는 총괄산업관리자를 할 수 있는 다양한 사업화 방안을 구축해야 한다.

5) 새로운 학술 및 연구이론들과 지역개발 기법의 적용을 통한 지역개선 효과

① 새로운 학술이론들을 활용한 지역개발모형이 의미를 가질 수 있다.

② 창조도시 모형과 같은 새로운 학술 및 연구이론들과 지역개발 기법을 적용할 수 있고 이를 통한 지역개선효과를 거둘 수 있는 모델이 되어야 한다.

(3) 지역개발모델의 경향과 당위성의 매트릭스

모델 당위성 및 장점 / 지역개발 트렌드	지역개발 관련 법률적 지원	지역의 고질적 문제 해결	지역의 공간적 특성 활용	공공기관의 중간적 조율 역할	새로운 이론/ 지역개발기법
인구구조 및 생활양식의 변화와 인구이동현상을 반영		(농어촌권) 귀농귀촌 고령화 맞춤형 사업모델		(농어촌권) 귀농귀촌 고령화 맞춤형 사업모델 (기타) 지역 총괄사업관리 모델	
지역의 특화되고 전문화된 산업 및 자원 기반의 개발	(중소도시) 지역복원형 산업단지 조성사업 모델	(중소도시) 지역자원 활용 특화산업 육성사업모델	(중소도시) 문화관광시설 활성화 및 복합 개발 사업 모델	(대도시권) 창조문화도시 사업모델	

지역개발 트렌드 ＼ 모델 당위성 및 장점	지역개발 관련 법률적 지원	지역의 고질적 문제 해결	지역의 공간적 특성 활용	공공기관의 중간적 조율 역할	새로운 이론/지역개발기법
교통망(계획) 연결 및 네트워크형 개발	(대도시권) 역세권 활성화 사업 모델	■	(대도시권) 역세권 활성화사업 모델		
융복합 개발 및 결합개발	(농어촌권) 6차 산업 융복합화 사업 모델		(농어촌권) 귀농귀촌 고령화 맞춤형 사업모델 / (대도시권) 도시공원 복합 조성사업 모델	(농어촌권) 낙후지역 활성화사업 모델	■
인구희박지역과 저이용토지 관리 및 소규모 개발	■	(농어촌권) 낙후지역 활성화 사업 모델	(농어촌권) 귀농귀촌 고령화 맞춤형 사업모델		■
통일대비 국토기반의 구축	(중소도시) 군사시설부지 활용 복합개발사업 모델 / (중소도시) 접경지역 개발사업 모델			■	■

출처: 소진광 외(2016)

(4) 지역개발모델의 논리

1) 공공기관의 기존 사업모델의 응용 및 변환

① 기존사업모델들의 통합을 통한 사업성 확보(예: 낙후지역 활성화 사업 모델)

② 기존사업모델들의 연계성 확보를 통한 사업규모의 확대(예: 도시공원 복합 조성 사업모델, 낙후지역 활성화 사업 모델)

③ 기존사업모델들의 주요 타깃이나 개발대상의 변화 및 수정을 통한 사업 가능지역 확대(예: 지역자원 활용 특화산업육성 모델, 귀농귀촌 고령화 맞춤형 사업 모델)

④ 사업개발방식의 변화를 통한 사업영역 확대(예: 문화관광시설 활성화 및 복합개발사업 모델)

2) 정부부처의 지역개발사업모델 간 경쟁구도 내지 틈새시장 공략

① 사업의 규모와 주요 개발대상에 대해서 차별화를 시도(예: 역세권 활성화 사업 모델, 지역복원형 산업단지 모델)

② 공간적 개선이나 개발에 초점을 둔 지역개발모형을 통한 경쟁력 구축 (예: 6차 산업 융복합화 사업 모델, 지역복원형 산업단지 조성 모델)

3) 신 사업모델 개발

① 새로운 사회현상 및 공간적 변화에 대응한 사업모델 구축(예: 귀농귀촌
고령화 맞춤형 사업 모델, 군사시설부지 활용 복합개발사업 모델, 접경지역개발
사업 모델)

② 새로운 학술 및 연구이론들의 응용을 통한 지역개발모델 구축(예: 창조문
화도시 사업 모델)

③ 지역개발 기법의 적용을 통한 지역개선 효과 제고(예: 지역 총괄사업관리
모델, 역세권 활성화 사업 모델)와 인구구조 및 생활양식의 변화와 인구이
동현상을 반영하는 개발방식 도입 필요

(5) 지역개발모델의 사례

1) 광역대도시권의 사례

표 2-1 역세권활성화사업 모델

세부유형	주요내용	사례대상지
(광역) 대도시-도심	• 대도시(인구규모 100만 이상) 기성시가지에 입지한 역세권 지역 • 민자유치를 통한 개발이 용이하나 사업추진에 장애요인(토지소유권 등)이 상존 • 공공차원의 도시재생사업과 연계개발 가능	KTX 오송역세권 (중소도시-외곽형)
(광역) 대도시-도심 -복합환승	• 대도시(인구규모 100만 이상) 기성시가지에 입지한 역세권 지역 • 복합환승기능 도입을 통한 고밀개발 유리 • 민간 개발수요 높음 • 광역적 접근이 양호하여 지역거점개발 효과가 높은 지역	
(광역) 대도시-외곽 -복합환승	• 대도시(인구규모 100만 이상) 외곽지역에 입지한 역세권 지역 • 신시가지 개발을 통해 전략적 부도심으로 성장가능성이 높음 • 복합환승기능 도입을 통해 지역거점개발 효과가 높은 지역	
(일반) 중소도시-도심	• 인구규모 100만 미만 도시 소재 기성시가지에 입지한 역세권 지역 • 민간 개발수요가 상대적으로 낮으나, 도시재생사업 및 도활사업 등과 연계개발 가능	
(일반) 중소도시-도심 -복합환승	• 인구규모 100만 미만 도시 소재 기성시가지에 입지한 역세권 지역 • 민간 개발수요가 상대적으로 낮으나, 도시재생사업 및 도활사업 등과 연계개발 가능 • 복합환승기능 도입을 통해 지역거점개발 효과가 높은 지역	
(일반) 중소도시-외곽	• 인구규모 100만 미만 도시 소재 외곽지역에 신설역사가 입지한 지역 • 민간 개발수요가 상대적으로 낮으나, 신시가지 개발을 통해 전략적 부도심으로 성장가능성이 높은 지역	
(일반) 중소도시-외곽 -복합환승	• 인구규모 100만 미만 도시 소재 외곽지역에 신설역사가 입지한 지역 • 민간 개발수요가 상대적으로 낮으나, 신시가지 개발을 통해 전략적 부도심으로 성장가능성이 높은 지역 • 복합환승기능 도입을 통해 지역거점개발 효과가 높은 지역	

표 2-2   창조문화도시사업 모델

세부유형	주요내용	사례대상지
문화예술형: 도시유산 보전형	• 오랜 역사 속에서 형성된 문화요소 및 저력을 바탕으로 함 • 도시의 역사나 산업을 상징하는 물리적 건축물이나 구조물이 필요함 • 오래된 건물 등의 활용이나 복원과 이에 대한 스토리텔링을 만들어 냄으로써 개발이 이루어짐 • 도청청사, 공장건물, 가스탱크, 발전소 등 리모델링을 통해서 이루어짐 • 서양의 사례도시로는 베를린, 리옹, 파리, 로마, 코펜하겐, 스트라스부르크 등이 있음 • 단일 문화시설 보다는 비용이 들지만 복합 문화단지(Cultural Complex)가 효과적임 • 정부의 재정지원이나 해당 토지(국공유지)의 무상임대를 조건으로 사업이 이루어지는 것이 사업성 확보에 조건이 됨	• (구) 충남도청 이전부지 • 청주시 (구) 연초제조공장 • 전주한옥마을 주변 지역
도시경영형: 쇠퇴산업 전환형	• 창조적 도시를 위한 방안으로 문화적·창조적 요소를 활용하여 도시역량 및 가능성을 부각하는 전략임 • 개별 건축물보다는 지역산업에 초점을 맞춘 개발이라고 할 수 있음 • 도시에 대한 부정적 이미지 전환, 퇴락하는 산업·공업도시의 새로운 이미지 전환, 새로운 문화시설 도입과 문화축제, 이벤트 개최를 통한 도시이미지 부각에 초점이 맞추어짐 • 쇠락한 지역을 대상으로 하기 때문에 기본적으로 입지 및 개발이 까다롭지 않고 용이하며 이에 따라 저비용으로도 개발이 가능 • 서양의 사례도시로는 프라이부르크, 피츠버그, 셰필드, 리버풀, 글래스고우, 빌바오 등이 있음 • 기업체의 지원 및 세제혜택 등이 있어야 사업성이 확보될 수 있으며 기업체와의 협력개발이 바람직함 • 도시정부나 공공분야의 공공용지 기부 등도 사업화에서 중요한 역할	• 태백·정선의 석탄산업 쇠퇴로 인한 탄광지역 • 전북 완주군 삼례읍의 비비정 농가레스토랑마을
도시설계형: 종합적, 물리적 도시계획형	• 자연, 역사, 문화, 안전, 심미성 및 편리성을 갖추고 도시다움과 인간의 개성을 실현하는 도시 쾌적성 구현 • 도시정체성을 도시설계의 기본원칙으로 삼고 문화 활동을 포함한 생활 인프라의 배치, 도시경관의 시각적 이미지를 도시의 정체성 브랜드로 인식 • 해외 사례도시로는 요코하마, 소피아앙티폴리스 등이 있음 • 종합적 도시 설계로 통합적 시각과 비전으로 개발하여 다각적으로 사업개발이 가능함	• 경남 남해군 스포츠 도시
문화창조형: 문화화된 공간(cultured space) 개발	• 문화적 바탕을 근거로 한 유연성, 국제성, 정보능력의 경제 패러다임 강조 • 지역의 문화역량을 기초로 한, 유연성, 브랜드, 아이콘, 독창성과 다양성 추구 • 창조적 활동을 통해 문화 산업생산에 있어 풍부한 장소성을 바탕으로 탈대량생산의 혁신적이고 유연한 도시경제시스템을 갖춘 창조도시 추구 • 해외 사례도시로는 뉴욕, 샌프란시스코, 볼로냐, 가나자와 등이 있음 • 지역의 문화역량 및 풍부한 장소성을 바탕으로 한 개발로 다른 도시와 비교하여 도시 그 자체로 독특성 및 구별성, 경쟁력 있는 사업이 가능함 • 도시의 전문성을 나타낼 수 있는 경우에 시너지 효과를 가진다는 것과, 도시에 문화적 인적 자원에 대한 지원이 함께 있어야 함 • 이러한 지원이 지역의 시립 교향악단, 지역 대학의 음악, 미술 관련 학과의 정기공연이나 전시회 등에 실질적으로 주어져야 함 • 문화적 지역개발이 성공할 경우, 도시민의 교육뿐만 아니라 주변 도시들을 연결해 주는 허브도시로 성장할 가능성이 높아지게 됨	• 전남 함평군 축제도시(나비, 곤충, 국화)

세부유형	주요내용	사례대상지
커뮤니티형	• 커뮤니티는 도시의 운영과 개선을 위한 주체이자 활동의 중심 • 온라인커뮤니티와 함께 오프라인 상의 공동체간 커뮤니티를 생활·여가문화시설, 거리, 쌈지공원 등 도시 인프라를 통해 구축 • 해외 사례도시로는 어바인, 꾸리찌바 등이 있음 • 한번 구성된 커뮤니티는 저비용으로도 유지 가능하고 커뮤니티 그 자체로 컨텐츠를 확대 및 재생산이 가능하여 사업의 확장성에 용이함 • 세제혜택 및 지역주민의 협조가 사업성 확보에 필수적인 조건이 될 수 있음	• 울산시 야음동 신화마을 • 통영의 동피랑 마을 • 부산의 벽화마을

표 2-3 도시공원 복합조성사업 모델

세부유형	주요내용	사례대상지
대도시형	• 고급주거 및 상업의 혼합용도 위주의 복합조성으로 사업성 제고 • 환경친화형 공동주거단지 및 주상복합시설을 통해	
중소도시형	• 지역의 랜드마크가 될 수 있는 지역특화시설을 도입하여 도시의 중심성을 높임 • 지자체와 공동개발로 LH의 사업투자재원 부담을 완화하고 사업 후 체계적 유지관리를 도모	
읍면소재지형	• 지역주민 공동을 위한 행정서비스공간, 지역경제공간으로 활용할 수 있는 시설을 도입하여 인구감소 및 초고령화를 대비한 공유경제형 기반기설을 제공	

2) 중소도시권 지역개발사업 모델

표 2-4 지역자원활용 특화산업육성사업 모델

세부유형	주요내용	사례대상지
지역자원활용 특화산업육성 사업모델	• 지역의 인적 및 문화자원을 활용한 특화산업을 육성하여 지역경제구조를 개선하고 경쟁력을 강화시키기 위한 모델 • 지역의 특화되고 전문화된 산업 및 자원을 기반으로 한 특화맞춤형 개발로의 변화 추세 • 관계부처 합동 「지역경제발전방안」에서 특화산업에 대한 정부지원 확대 및 규제 철폐 추진 중	

표 2-5 지역복원형 산업단지조성사업 모델

세부유형	주요내용	사례대상지
지역복원형 산업단지 조성사업 모델	• 개별입지 공장은 국내 생산과 고용 등에서 국가경제의 20~30%를 차지하는 중요한 축으로 형성 • 개별입지의 무계획적 확산에 따른 도시공간구조 왜곡, 환경훼손과 난개발 등의 문제점 발생 • 개별입지 공장으로 인해 파괴된 국토의 환경과 경관을 복원하고 치유하는 '환경 및 경관 치유형 산업단지' • 토지의 효율적 이용과 산업집적을 통한 연관 산업 유치 등으로 지역산업 육성 및 고도화, 파급효과 유도	• 경북 경주시 외동

표 2-6 | **문화관광시설활성화 및 복합개발사업 모델**

세부유형	주요내용	사례대상지
복합관광단지 개발	• 기존의 침체된 관광지·관광단지 개발사업을 보완하는 차원에서 복합기능을 수행하는 관광개발사업	• 충남 안면도 관광지 개발
스포츠관광단지개발	• 스포츠를 여가로 활용하는 소비층이 확대되고 생활스포츠 참여와 스포츠 관람을 겸한 관광수요를 증가시킬 수 있도록 지역의 스포츠자산을 활용한 관광거점개발 사업을 추진	
도시관광개발	• 매력있는 상징물, 시설물, 편의시설, 공간을 조성하여 주민의 외부활동을 증진시키고 외부 방문객을 유인하기 위한 도시마케팅 사업의 일환	
지역자원연계 관광개발	• 지역이 보유한 지역자원(역사·전통자원, 문화·예술자원, 자연·생태자원, 지역특산품, 지역축제 등)과 연계하여 관광지를 개발하여 사업의 실현성을 높이고 지역개발과 경제활성화를 도모하기 위한 관광개발모델	

표 2-7 | **군사시설부지활용 복합개발사업 모델**

세부유형	주요내용	사례대상지
재정사업	• 기존의 군사시설을 다른 장소로 이전하거나 2개 이상의 지역에 위치한 시설을 통합 조정하기 위해 필요한 시설을 확보하는 사업 • 군부대 자체적으로 사업비를 확보하여 군부대를 이전하는 사업방식	
기부대양여 사업	• 기존의 군사시설을 다른 장소로 이전하거나 2개 이상의 지역에 위치한 시설을 통합 조정하기 위해 필요한 시설을 확보하는 사업 • 개발사업 시행자가 기존 군사시설 부지를 양여 받고 그 금액으로 대체시설을 설치하여 기부	• 영등포 교정시설 • 용산기지 • 위례신도시 군부대 시설 • LH지구내 군 시설 이전부지

표 2-8 | **접경지역개발사업 모델**

세부유형	주요내용	사례대상지
통일여건 조성기	• 특징 　- 북한정부의 효율적으로 개방을 할 수 있도록 도움 　- 북한사회 내에서 한국에 대한 의존도를 높임	• 경기 파주시
	• 지역개발의 방향 　- 군사시설을 이용한 개발 및 자연환경을 활용한 개발을 중심 　- 통일을 대비한 지역인프라 구축에 중점을 둠	
통일완성기	• 특징 　- 통일의 완성 및 북한 사회의 발전이라는데 주안점이 맞추어 이루어지는 과정 　- 남-북한 간의 화폐통합 및 경제통합과정을 포함하는 시기 　- 남북경제공동체와 의미가 유사	• 고성군 남북출입사무소 일원 • 설악산, 금강산 및 백두산
	• 지역개발의 방향 　- 지역문화 및 산업개발 및 산업협력 위주의 개발 활성화 　- 관광지 개발 및 대단위 지역개발을 시작함 　- 환경보존을 위한 자연환경보전지역의 강화 및 관리	

세부유형	주요내용	사례대상지
통일성숙기	• 특징 - 진정한 통합을 가져오기 위해서는 남-북한 경제활동 및 사회통합 • 지역개발의 방향 - 산업형 특화발전, 물류 및 에너지형 특화지역 개발	• 파주시 도라산역 일원 • 철원군 동송 저수지 일원 • 함흥, 신의주 등 북한산업도시

3) 농어촌권 지역개발사업 모델

표 2-9 귀농귀촌 고령화맞춤형사업 모델

세부유형	주요내용	사례대상지
아파트형	• 사업형 규모에 따라 사전모집을 통한 대규모 단지형, 임대형, 조방적 농촌의 계획적 재편을 통한 집약적 마을 재설계	
전원주택형	• 자본조달 형태에 따라, 공공기관이 의료시설 등 편의시설을 지어 임대하고, 실버타운 등의 형태로 민간 투자 유도, 농어촌공사의 농지은행과 연계하여 자본조달, 공공기관의의 주거공유 네트워크 사업 활용, 보건복지부의 노인활동 지원 사업과의 연계 모색	
임대주택형	• 농어촌공사의 3개 유형(독립주거형, 독립침실형, 공동생활형)이 가지는 단점인 지리적 접근성 불리, 소규모에 기반한 시혜적 복지적 성격, 지역경제활성화에 대한 기여 미흡의 단점을 극복하고, 지역경제활성화에 기여할 수 있는 임대주택형을 보다 접근성 좋은 입지에 개발	

표 2-10 6차산업 융복합화사업 모델

세부유형	주요내용	사례대상지
농산물 가공유통·스토리텔링형	• 농산물의 가공유통을 통하여 부가가치를 높이는 방법(임실치즈) • 농산물을 가공유통하면서 스토리텔링을 하여 부가가치를 높이는 법(고창 복분자)	
농산물 브랜드화	• 농산물을 브랜드화하여 부가가치를 높이는 방법(횡성한우)	
체험관광 상품형	• 농산물의 생산 또는 가공유통 등의 과정에 소비자가 참여하는 체험관광 상품화 • 농산물 이외의 농촌 경관, 전통문화 등을 체험관광 상품화(김제 지평선 축제, 함평 나비축제, 순천만 갈대축제) • 새로운 상품을 체험관광 상품화 또는 축제화(화천 산천어 축제, 평창 송어축제, 대관령 양떼 목장)	• 경기 안성시

표 2-11 낙후지역활성화사업 모델

세부유형	주요내용	사례대상지
낙후지역 활성화 사업모델	• 지역경제의 침체, 인구감소, 초고령화 등이 동반된 인구의 질적 구성 악화, 정부 예산지원의 미흡으로 낙후의 악순환이 지속되는 낙후지역 정책의 분산적 추진을 극복하고 낙후지역의 실질적인 발전을 도모할 수 있는 개발방식이 필요 • 기초생활시설 및 환경의 낙후가 심한 지역에 대해 기반시설설치를 확대할 수 있도록 국가기준 보장 • 개발사업의 차별화·특성화·융복합화 방식으로 추진 • 지역의 민간개발사업자의 참여 활성화를 지원하는 방식으로 추진	• 충북 괴산군

연습문제

❶ 기존의 지역불균형 성장이론에 비해서 대안적 지역개발 이론의 하나인 유연적 생산체제 이론이 가지는 장점은 무엇이고 반면에 한계점은 무엇인가?

❷ 거버넌스형 지역개발 이론과 네트워크 기반 지역개발이론의 유사점과 차이점은 무엇이고 그 사례에는 무엇이 있는가?

❸ 지역문화기반 지역개발이론은 창조적 자본이론, 창조계급이론, 창조도시 이론과 어떤 관련성을 가지고 전개되었는가?

❹ 지역개발전략에 있어서 교통의 역할이 증가하는 원인과 역세권의 기능에 대해서 논하시오.

❺ 통일을 대비한 국토기반구축에 있어서 접경지역이나 군사시설보호구역의 의미와 역할을 논하시오.

참고문헌

김용웅·차미숙·강현수(2009). 신 지역발전론, 한울아카데미.

리차드 플로리다(2002). 창조계급의 부상, 전자신문사.

소진광 외(2016). 지역개발모델구축 및 LH 참여방안연구, 한국토지주택공사.

이성근 외(2013). 최신 지역발전론, 도서출판 집현재.

이원종 외(2015). 지역발전정책론─이론과 실제, 율곡출판사.

지역경제
분석모형

- 구교준

지역경제 분석에 적용되는 기법은 매우 다양하다. 본 장에서는 그 중에서도 가장 폭넓게 활용되고 있는 비용편익분석, 산업연관분석, 경제기반모형, 변이할당모형을 다룬다. 각 모형은 고유의 특성과 함께 장점과 단점을 모두 가지고 있다. 이들 모형을 실제 지역경제개발 정책에 적용하기 위해서는 양날의 칼이라고 할 수 있는 모형별 장점과 단점에 대한 충분한 이해를 가지고 있어야 한다. 비용편익분석과 산업연관분석은 모두 지역경제에 대한 파급효과를 평가하여 중요 정책의 실행여부의 결정에 활용될 수 있다. 이들 기법은 눈에 쉽게 보이지 않는 파급효과를 계량화하여 보여줌으로써 정책 의사결정을 보다 수월하게 해준다는 중요한 의미를 가진다. 하지만 분석과정에서 많은 불확실한 상황을 다양한 가정을 통해 어떻게 처리하는지에 따라 결과가 달라질 수 있다는 점은 치명적인 약점이다. 경제기반모형은 지역경제의 성장 메커니즘을 쉽게 이해할 수 있는 도구를 제공한다는 측면에서 의의가 있다. 하지만 지나치게 단순화된 모형으로 인해 현실을 제대로 반영하지 못하고 따라서 현실 정책에 적용하는 데도 무리가 따를 수 있다는 점 등의 약점을 가지고 있다. 마지막으로 변이할당모형은 지역경제의 변화를 지역, 산업, 국가의 다양한 측면의 요인을 통해 볼 수 있도록 해준다는 의미를 가진다. 하지만 이 역시 고용이라는 지역경제 변화의 한 측면만을 보여준다는 점에서는 한계가 있다. 따라서 지역경제에 중요한 영향을 미치는 정책결정에 이러한 기법을 적용할 때에는 각 기법이 가지는 한계점을 정확히 인식하고 올바르게 적용하여야 하며 한 가지 기법에 지나치게 의존하기보다는 이러한 한계점을 극복하기 위하여 다양한 기법을 조합하는 노력을 기울여야 한다.

1 서론

본 장에서는 지역경제 분석에 폭넓게 활용되고 있는 네 가지 분석 모형(비용편익분석, 산업연관분석, 경제기반모형, 변이할당모형)의 이론적 배경과 응용을 다룬다. 다만 경제기반모형과 변이할당모형의 경우 대부분의 지역개발 관련 교과서에서 우선적으로 다루고 있으므로 이에 대한 설명은 비중을 낮추고, 본 장은 이들 모형보다 현실에서 폭넓게 활용되고 있는 비용편익분석과 산업연관분석을 더 자세히 서술한다.

본 장에서 소개되는 분석모형들은 대체로 독립적인 내용을 가지고 있으나, 활용이라는 측면에서는 상호 연관성이 상당히 높은 편이다. 특히 산업연관분석, 경제기반모형은 지역경제에 대한 파급효과를 평가라는 측면에서 접점을 가지고 있고, 이들 모형을 통해 추정된 파급효과는 비용편익분석에서 편익 혹은 비용을 추정할 때에 활용될 수 있다. 경제기반모형과 산업연관분석 역시 서로 상당한 관련성이 있는데, 두 모형 모두 결국 최종수요의 변화가 지역경제에 어떤 영향을 끼치는지를 파악하는 것을 목적으로 하고 있다. 다만 앞서 모형들과는 달리 변이할당모형은 다소 이질적인 성격을 가진다. 변이할당모형은 지역경제의 변화를 지역적, 산업적, 국가적 측면의 요인으로 나누어 설명하려는 거시적 모형이다. 다른 세 가지 분석 모형이 주로 특정 산업 혹은 정책의 변화라는 상대적으로 좁은 시각의 분석 대상에 초점을 맞추었다면, 변이할당모형은 지역경제 전체 수준의 변화를 설명하려고 하는 다분히 거시적 분석에 초점을 맞추고 있다. 따라서 본 장에서 설명되는 각 모형들은 상호보완적이라는 측면에서 포괄적으로 이해되어야 한다. 이제 각 분석모형들의 내용과 특징 및 한계점을 자세히 살펴보기로 하자.

2 비용편익분석

(1) 개요

정책결정자가 직면하는 가장 중요한 문제는 무엇일까? 아마도 유한한 자원을 어떻게 하면 효율적이고 효과적으로 활용할 수 있도록 의사결정을 하는가의 문제일 것이다. 자원이 무한하다면 이를 어디에 어떻게 사용해야 할지는 결코 고민거리가 되지 않는다. 실제 현실에서 자원은 유한하기 마련이고, 이에 따라 지금 어딘가에 투자되는 자원은 다른 대안에 투자되지 못하는 기회비용을 수반하기 때문에 정책결정자는 최적의 대안을 선택하기 위해 노력해야 하는 부담을 가지게 된다.

비용편익분석은 바로 이러한 측면에서 의미를 가진다. 이 모형은 여러 가지 대안을 순편익에 따라 비교하여, 의사결정주체로 하여금 가장 큰 순편익을 가져다주는 대안을 선택할 수 있도록 도와주는 수단이기 때문이다. 지역개발과 관련된 이슈에 있어 지방정부의 정책결정자들이 직면하는 여러 문제들은 흔히 비용편익분석의 틀 속에서 이해될 수 있다. 예를 들어 한정된 재원을 도로를 정비하는 데 사용할 것인지, 아니면 낙후 도심을 재정비하는 데 사용할 것인지에 대한 의사결정에는 비용편익분석이 큰 역할을 담당하게 된다.

비용편익분석은 2차 세계대전 이후 급속하게 확대된 국제기구의 저개발국에 대한 투자의 적정성을 평가하기 위한 수단으로 광범위하게 사용되었으며, 다음과 같은 절차에 따라 분석이 진행된다. 첫째, 평가의 대상이 되는 정책의 대안을 구성한다. 둘째, 각 대안에 의해 긍정적인 혹은 부정적인 영향을 받을 수 있는 이해관계자를 선정한다. 셋째, 이해관계자들의 관점에서 비용과 편익을 구체화한다. 넷째, 구체화된 비용과 편익의 화폐가치를 계산한다. 다섯째, 비용과 편익이 장기간에 걸쳐 현실화될 경우, 시간을 고려한 비용과 편익의 현재가치를 계산한다. 여섯째, 현재가치로 계산된 비용과 편익을 합산하여 총 순편익(total net benefit)을 계산한다. 마지막으로 이렇게 계산된 대안별 총 순편익을 근거로 최적 대안을 선택한다.

(2) 기본원칙과 분석절차

1) 비용편익분석의 원칙

비용편익분석의 의사결정 기준은 현재가치로 환산된 총 순편익이 가장 큰 대안을 선택하는 것이다. 이러한 기준은 대표적인 공리주의(utilitarianism) 철학자 벤덤이 주장한 "최대 다수의 최대 행복" 원칙과 일맥상통하는 것으로, 공리주의에서 상정하는 사회적 후생과 효율성의 극대화라는 가치는 비용편익분석의 가장 중요한 판단기준이 된다. 즉 이러한 공리주의적 가치에 따라 정책결정자의 의사결정에서 최적의 대안은 곧 총순편익이 가장 큰 대안이 되는 것이다.

이렇게 총순편익을 극대화하려는 원칙은 공리주의적 가치의 또 다른 표현이라고 할 수 있는 파레토 원칙과도 관련이 있다. 정책은 그 사회를 구성하고 있는 구성원 누구의 후생에도 손해를 끼치지 않으면서 사회 전체의 후생 수준을 증가시킬 수 있어야만 파레토 원칙이 강조하는 효율성 기준에 부합한다고 할 수 있다. 그러나 모두를 만족시킬 수 있는 정책이란 존재하지 않으며, 현실적으로 어느 정책이나 그 정책으로 인해 이득을 얻는 승자와 손해를 보는 패자가 존재할 수밖에 없다. 따라서 비용편익분석에서는 이러한 현실적인 제약조건하에서 생산성 있는 의사결정을 하기 위해, 정책으로 인해 손해를 보는 집단이 있을지라도 전체 사회의 관점에서 총편익이 총손실을 넘어서는지 비교하는 캘도-힉스 원칙이 적용된다. 즉 총편익이 총손실보다 크다면 비록 손해를 보는 집단이 있더라도 의사결정의 대안으로 고려될 수 있으며, 이들 중 총순편익이 가장 큰 대안을 선택하는 것이다.

이처럼 공리주의에 바탕을 둔 파레토 원칙이나 캘도-힉스 원칙은 다분히 효율성 중심의 평가 기준이라고 할 수 있다. 그러나 공공투자에 있어 항상 효율성이 가장 중요한 판단 기준이 되는 것은 아니므로 정책의사결정 과정에서 비용편익분석의 결과를 해석하고 받아들이는 데에는 상당한 주의가 요구된다. 〈표 3-1〉에서 제시된 두 정책의 예를 살펴보자. 정책 A는 사회 전체적인 편익은 상대적으로 적지만 손해 보는 집단이 없고 집단 간 편익의 차이도 크지 않다. 그러나 정책 B는 사회 전체적인 이익은 크지만 손해 보는 집단도 있고 집단 간 편익의 차이도 크다. 비용편익분석의 관점이라면 당연히 정책 B가 선호된다. 하지만 정책의 주 목적이 사회적 형평성의 제고에 있다면 정책 B는 정책목적을 제대로 달성하지 못한 부실한 정책이라고 평가될 수도 있다. 즉 비용편익분석은 평가의 대상이 되는 정책이 처해있는 맥락에 맞게 적용하고 해석해야 하며, 정책결정자는 비용편익분석이라는 기술적 도구의 오용을 항상 경계해야 한다. 비용편익분석이 이루어지는 구체적인 절차는 다음과 같다.

표 3-1 맥락에 따른 비용편익분석 적용

	정책 A	정책 B
집단1	30	-100
집단2	0	-30
집단3	5	500
사회전체	35	370

[참고] 비용편익분석과 기회비용

비용편익분석의 대안 비교에서 흔히 간과하는 부분이 기회비용이다. 그러나 기회비용은 비용편익분석에서 비용의 일부로 중요하게 고려되어야 한다. 예를 들어 구도심 활성화를 위해 추진하는 프로야구장 개발 사업의 비용편익분석에서 편익을 계산할 때에 경기장을 방문한 관중들의 소비를 흔히 포함시키는데, 이 경우 관중들이 경기장이 아닌 다른 곳에서 지출하는 금액은 기회비용이 된다. 이때, 경기장에서의 이뤄지는 소비라는 편익의 크기와 경기장을 방문하지 않고 다른 활동을 할 때 발생하는 기회비용의 크기는 거의 비슷하므로, 경기장 관중들의 소비 자체는 프로야구장 개발 사업에서 예상되는 편익으로서의 의미가 거의 없다고 할 수 있다.

2) 비용편익분석의 절차

<u>첫째, 평가의 대상이 되는 정책의 대안을 구성한다.</u>

비용편익분석의 대상이 되는 대안은 대체로 다음의 세 가지 방식 중 하나로 구성된다(Stokey and Zeckhauser, 1978). 우선 제안된 단일 사업을 진행할지의 여부를 판단하는 경우이다. 예를 들어 시 정부에서 낙후 도심 활성화를 위한 수단으로 구도심에 프로야구장 건설 계획을 가지고 있을 때, 비용편익분석을 통해 그 사업성을 판단하고 추진 여부를 결정할 수 있다. 그러나 위의 [참고]에서 설명한 것처럼 비용편익분석을 단일 사업의 사업성 평가에 적용할 경우 기회비용

문제에 주의를 기울여야 한다. 그렇지 않을 경우 검토하지 않은 더 나은 다른 대안이(즉 기회비용) 있음에도 불구하고 총순편익>0이기 때문에 사업 추진이 가능하다는 잘못된 결론에 이를 가능성이 있다. 두 번째 방식은 가장 보편적인 사례로서 여러 가지 사업 중 최적 대안을 고르는 경우이다. 평가의 대상으로 구성되는 각 사업에 대해 비용과 편익을 계산하고, 총순편익이 최대인 대안을 선택하게 된다. 세 번째로 단일 사업의 수준을 결정하는 경우이다. 예를 들어 우리나라의 대표적인 수력발전 댐인 소양강댐 건설 당시 댐의 규모를 어느 정도로 할 것인지를 두고 사업주체인 한국전력(소규모 댐), 건설부(중규모 댐), 자금을 지원했던 USAID[1](대규모 댐) 간에 이견이 있었다. 이러한 경우 각각의 규모를 대안으로 삼고 총순편익을 비교하는 비용편익분석의 적용이 가능하다.

둘째, 각 대안에 의해 긍정적인 혹은 부정적인 영향을 받을 수 있는 이해관계자(stakeholder)를 선정한다.

일단 평가 대상이 되는 정책 대안이 구성되면, 다음 단계에서는 각 대안에 의해 영향 받을 수 있는 이해관계자를 선정하게 된다. 이 단계는 비용편익분석 중 가장 중요하다고 해도 과언이 아니다. 그러다보니 의도적이건 의도적이지 않건 이해관계자 선정 단계에서 비용편익분석의 오류가 발생할 가능성도 가장 높다. 누가 이해관계자에 포함되고 혹은 포함되지 않느냐에 따라 비용과 편익이 크게 달라질 수 있기 때문이다. 특히 발생하는 비용이나 편익이 환경이나 건강과 같이 화폐가치로 판단하기 어려운 비시장가치를 지닌 형태일 때, 이해관계자와 관련된 문제가 쉽게 나타날 수 있다.

셋째, 이해관계자들의 관점에서 비용과 편익을 구체화한다.

평가 대상과 이해관계자가 결정되면, 이를 기준으로 비용과 편익의 내용을 구체화시킨다. 비용과 편익은 화폐가치가 존재하는 경우와 화폐가치가 존재하지 않는 경우를 모두 포함하며, 특히 화폐가치는 존재하지 않으나 전체 정책 분석에 있어 중요한 비시장재화의 비용과 편익이 누락되지 않도록 주의를 기울여야 한다. 또한 직접 비용과 편익뿐 아니라 간접적으로 발생하는 비용과 편익도 고려하여야 한다. 예를 들어 지역 쓰레기 매립지가 포화상태가 되어 소각장을 새로 건설한다고 할 때, 건설비와 유지관리비 같은 직접 비용 이외에도 소각장 매

---

1 미국 국제개발처(United States Agency for International Development)

연으로 인해 발생할 수 있는 주변 주민들의 건강 피해처럼 간접적이고 눈에 보이지 않는 문제도 함께 고려되어야 한다.

넷째, 구체화된 비용과 편익의 화폐가치를 계산한다.

일단 비용과 편익의 내용이 구체화되면, 대안 간 총순편익의 비교를 위하여 이를 모두 화폐가치로 치환한다. 화폐가치를 가지고 있지 않은 비시장재화의 경우엔 조건부 가치측정법(Contingent Valuation Method 혹은 CVM)과 같은 기법을 활용하여 화폐가치를 추정한다.

다섯째, 시간을 고려한 비용과 편익의 현재가치를 계산한다.

현재의 1만 원은 1년 후의 1만 원과 다른 가치를 가진다. 오늘 1만 원을 저축하면 1년 후 이자율만큼의 수익을 얻어 '1만 원＋이자수익'만큼을 거둘 수 있기 때문이다. 따라서 비용과 편익이 수년의 기간 동안 장기적으로 나타날 경우, 화폐가치를 계산하는 과정에서 이를 고려하여야 한다. 장기간에 걸쳐 나타나는 비용과 편익까지 모두 현재가치로 환산할 때 비로소 비용과 편익의 합산과 비교가 가능해진다.

여섯째, 현재가치로 계산된 비용과 편익을 합산하여 총순편익을 계산하고, 대안 간 총순편익을 비교한다.

마지막으로 시간적 측면까지 모두 고려하여 현재 가치로 환산된 비용과 편익을 합하여 총순편익을 계산한다. 이렇게 계산된 각 대안의 총순편익은 최적 대안을 선정하는 기준이 된다. 〈표 3-2〉는 비용편익분석이 이루어지는 기본 구조를 보여준다.

표 3-2 비용편익분석의 구조

	비용	편익	총순편익 (이해관계자)	총순편익 (사회전체)
이해관계자 A	비용 1	편익 1	총편익－총비용	총편익－총비용
	비용 2	편익 2		
	비용 3	편익 3		
이해관계자 B	비용 1	편익 1	총편익－총비용	
	비용 2	편익 2		

(3) 비용과 편익의 추정

앞에서 간략하게 서술한 비용편익분석의 과정에서 가장 핵심적인 이슈는 비용과 편익을 과연 얼마나 정확하게 추정할 수 있는가의 문제이다. 이를 좀 더 구체적으로 구분해보면, 예측의 문제와 가치측정의 문제로 나눌 수 있다(Stokey and Zeckhauser, 1978).

1) 예측의 문제

비용과 편익의 추정을 위해선 비용과 편익의 내용이 먼저 확정되어야 한다. 사업으로 인해 직접적으로 발생하는 비용과 편익의 내용을 확인하는 것은 그리 어렵지 않다. 문제는 간접적으로 발생하는 비용과 편익의 내용을 어떻게 확정할 것이냐인데, 이를 위해 여러 가지 가정을 앞세우는 경우가 많아 전체 비용과 편익 추정에 오류가 발생할 가능성이 높아진다. 앞에서 언급했던 쓰레기 소각장 건설 사례로 돌아가 보자. 우선 지역의 쓰레기 매립지가 포화상태가 되어 그 대안으로 쓰레기 소각장을 건설하는 사업에서 가장 뚜렷한 이해관계자는 지방정부와 지역주민일 것이다. 이 경우 명백하게 드러나는 직접 비용은 새로운 소각장의 건설비와 유지비용이 되고, 직접 편익은 소각장 운영비용 감소분과 소각장 건설로 인한 승수효과를 들 수 있다. 문제는 간접비용인데, 가장 심각한 간접비용은 소각장 운영으로 발생하는 각종 유해물질로 인한 지역주민의 불편과 건강 악화라고 볼 수 있다. 이와 같이 눈에 보이지 않고, 따라서 가치가 매겨지기 어려운 영향을 화폐가치로 환산하기 위해서는 그 내용을 매우 자세히 구체화해야 한다. 먼저 지역주민들이 겪을 것으로 예상되는 불편이나 건강 악화의 내용이 구체화되어야 하고, 얼마만큼의 유해물질이 어느 정도의 불편과 건강 악화를 야기하는지 역시 명확하게 정의되어야 한다. 이러한 작업을 위해서는 일정한 수준의 상상력과 가정이 요구될 수밖에 없는 것이 사실이다. 그러나 경우에 따라서는 전혀 현실적이지 못한 가정을 바탕으로 간접 비용과 편익이 추정되기도 한다. 결국 이는 잘못된 비용편익분석의 주요 원인으로 작용하게 된다.

최근 지방자치단체에서 추진한 각종 개발 사업이 지역주민들에게 막대한 피해만 남긴 채 실패로 돌아간 사례들도 사업의 편익 추정 과정에서 잘못된 가정을 사용한 데에 그 원인이 있다. 예를 들어 대표적인 실패 사례인 용인시 경전철은 2013년 개통했으나 하루 평균 이용객 수가 2만 5천 명 정도로 당초 한국교통연구원이 예측한 16만 1천 명에 훨씬 미치지 못하고 있다. 이로 인해 용인시는 경전철 유지를 위해 매년 수십억의 재정을 투입하고 있는 실정이다(경향신문, 2017.5.3.).[2] 심지어 2012년 개통한 의정부시 경전철은 개통 4년 만인 2016년 2천억 원이 넘는 누적 적자를 감당하지 못하고 법원에 파산신청을 했다. 물론 중앙정부나 지방정부의 재정이 투자되는 대규모 개발사업의 경우, 사업의 성격상 초기에 어느 정도 적자가 발생하는 것은 어쩔 수 없다. 그러나 운영비용도 충당하지 못할 정도의 심각한 적자에 직면한 용인시와 의정부시의 사례는 사업의 구상단계에서 시행한 비용편익분석에서 수요예측에 실패함에 따라 발생한 결과라고 보는 것이 타당하다 하겠다.

2) 가치측정의 문제

① 시장수요가 알려져 있을 경우

비용과 편익의 내용이 확정되면 다음으로 이에 대한 가치를 측정하는 작업이 필요하다. 가치측정의 문제는 시장수요가 알려져 있는 경우와 알려져 있지 않은 경우로 나누어 생각해 볼 수 있는데, 전자는 시장가격을 활용하여 비교적 쉽게 비용과 편익의 가치측정이 가능하다.

앞에서 소개한 용인시 경전철을 예로 들어보자. 현재 용인시 경전철의 기본구간 요금은 1,450원이다. 그런데 경전철의 적자누적으로 이를 보전하기 위해 시 정부가 새로운 가격정책을 도입하여 기본구간 요금을 1,550원으로 인상하기로 결정하였다고 하자. 경전철에 대한 시민들의 수요가 알려져 있고 따라서 가격 변화로 인한 수요변화에 내한 예측이 가능하다면, 이로 인해 발생하는 용인 시민들의 편익 손실은 〈그림 3-1〉과 같이 간단하게 계산할 수 있다.

〈그림 3-1〉에 따르면 기본요금 인상으로 인해 하루 평균 이용객 수가 2만 5천 명에서 2만 명 선으로 줄어드는 것으로 나타났다. 수요곡선의 아래 면적을 경전철 서비스의 소비자 편익이라고 고려하면, 기본요금 인상으로 줄어드는 소비자 편익의 면적인 "abc-ade," 즉 사각형 "bcde"가 바로 시민들의 편익 손실

---

2 2016년 용인시 경전철의 수입은 70억 원 선에 그쳤으나, 관리운영비와 투자상환비를 포함하여 약 430억 원이 투입되고 있다(경향신문, 2017.5.3.).

그림 3-1 시장수요와 소비자 편익

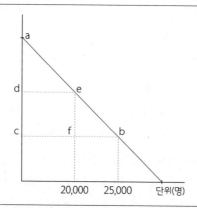

이 될 것이다. 그 중에서도 사각형 cdef는 요금 인상으로 소비자 편익 손실 중 요금 인상을 통해 용인시로 이전된 부분을 의미하고, 삼각형 bef는 요금인상으로 발생한 순수한 사회적 후생손실을 의미한다.

② 시장수요가 알려져 있지 않을 경우

이와는 달리 시장수요가 알려져 있지 않은 경우 과연 어떻게 가치를 측정해야 하는지 모호해진다. 시장 가격이 존재하지 않으므로 가치를 판단할 수 있는 근거를 마땅히 찾을 수 없기 때문이다. 예를 들어 고속도로 안전띠 착용 의무화 제도의 가장 중요한 편익은 대형사고 발생 시 안전띠를 착용하여 사망을 피한 피해자의 생명이 될 것이다. 그러나 인간이 생명에 가치를 매기고 또 이를 측정하는 일은 결코 쉽지 않다. 또 다른 예로 홍수방지와 수자원 확보를 위해 상당한 규모의 산림지에 대형 댐을 건설한다고 해보자. 이때 댐 건설 사업의 중요 비용의 일부에는 분명 사라지게 될 산림의 가치 역시 포함되어야 할 것이다. 그러나 앞서 피해자의 생명이 갖는 가치를 판단하는 일만큼이나 자연자원의 가치를 판단하는 일도 쉬운 일은 아니다. 특히 중앙 및 지방정부의 공공투자사업은 기본적으로 시장에서 공급되기 어려운 공공서비스를 제공하는 성격을 가지므로 시장수요와 가격을 알 수 없는 경우가 많으며, 따라서 사업의 비용과 편익의 추정에도 어려움이 따른다.

이러한 상황에서 가장 유용한 대안으로 사용되는 기법이 조건부 가치측정법 (Contingent Valuation Method 혹은 CVM)이다. 조건부 가치측정법은 평가대상이 되는 공공서비스의 가치를 개인에게 해당 서비스에 대한 지불의사(willingness to pay 혹은 WTP)를 직접 물어보는 방식을 통해 추정하는 기법을 의미한다. 예를 들어 상수도 서비스가 제공되지 않는 산간벽지의 마을에 상수도 서비스를 제공하면서 편익을 추정하기 위하여 상수도 서비스가 제공될 경우 어느 정도의 비용을 지불할 용의가 있는지 마을 사람들을 대상으로 설문을 진행하는 것이다. 조건부 가치 측정법으로는 크게 다음의 세 가지 방법이 주로 사용된다(Boardman et al., 1996).

첫째, 가장 손쉬운 방법으로 개방형 지불의사법(open-ended willingness to pay method)을 들 수 있다. 개방형 지불의사법은 새로운 공공서비스의 수혜를 위해 현재의 조세부담 이외에 추가로 얼마만큼의 금액을 지불할 용의가 있는지 직접 묻는 방법이다. 이 방법은 손쉽게 개인의 지불의사를 확인할 수 있는 반면 응답 편차가 지나치게 크게 나타날 수 있다는 단점을 가지고 있어 최근에는 많이 사용되지 않는다. 한편 편차를 줄이기 위해 간혹 응답에 참고할 수 있는 초기 값이 설문에 주어지기도 하는데(예를 들면 다른 사람들의 평균적인 답변), 이 경우 주어진 초기 값에 의해 응답이 크게 영향을 받는 등의 문제점이 나타난다.

둘째, 개방형 지불의사법의 대안으로 활용되는 방법으로 폐쇄형 반복질문법(closed-ended iterative bidding method)을 들 수 있다. 폐쇄형 반복질문법은 응답자에게 지불의사 금액을 제시하고 이를 수용할지 여부를 반복해서 묻는 방법이다. 제시된 지불의사 금액에 대해 응답자가 수용 의사를 밝히면 더 큰 금액을, 반대로 불용 의사를 밝히면 더 적은 금액을 해당 응답자의 지불의사가 바뀔 때까지 반복적으로 제시한다. 이 방법은 앞서 제기된 응답의 편차 문제를 크게 줄일 수 있다는 장점은 있지만 개방형 지불의사법과 마찬가지로 처음 제시된 지불의사 금액에 의해 응답이 크게 영향을 받을 수 있다는 문제점을 가지고 있다.

셋째, 조건부 가치측정법으로 실증연구에서 가장 많이 사용하는 방법은 양분선택법(dichotomous choice method)이다. 응답자는 설문에서 하나 혹은 두 개의 무작위 추출된 지불의사 금액을 제시받고, 이를 수용할지 여부를 결정한다. 다음으로 이러한 과정에서 제시된 지불의사 금액이 응답자들에게 수용될 확률을 통계기법을 활용하여 구하는데, 이는 마치 수요곡선과 비슷한 기능을 수행하게 된다. 〈그림 3-2〉에서 제시된 사례에서, 지불의사 금액이 40만 원일 때 무작위 추출된 샘플의 응답자들이 이를 받아들일 확률은 약 50% 정도로 나타난다. 응답자들이 제시된 지불의사 금액을 받아들일 확률은 지불의사 금액이 높아질수록 낮아진다. 결과적으로 이러한 과정은 우하향 하는 수요곡선의 근사치를 만들어내게 되고, 수요곡선을 해석하는 것과 마찬가지로 제시된 곡선의 아래 면적은 편익의 근사치로 간주할 수 있다. 조건부 가치측정법은 기본적으로 설문조사의 형태로 진행되며, 조건부 가치측정법을 활용한 비용과 편익 추정의 정확성을 담보하기 위해서는 다음과 같은 두 가지 조건이 충족되어야 한다. 우선 설문조사에 대상이 되는 표본의 대표성이 확보되어야 한다. 다시 말해, 충분한 대표성을 지닌 표본을 대상으로 추출한 지불의사 비용만이 전체 모집단에 적용될 수 있다는 것이다. 새만금수목원 조성 사업을 예로 들어 보자. 새만금수목원은 새만금 간척지의 농업용지 내에 조성될 세계 최대의 해안형 수목원이다. 이와 같은 대규모 수목원의 혜택은 잠재적으로 수목원을 방문할 누구나에게 주어질 수 있으므로, 편익의 대상은 전 국민이라고 할 수 있다. 그러나 현실적으로 전 국민을 대상으로 설문을 진행하는 것은 불가능하기 때문에 새만금수목원이 가져올 편익을 추정하기 위해서는 대표성 있는 표본을 추출하여 이들의 지불의사 금액을 바탕으로 전체 국민에 대한 편익을 추정하게 된다.

그림 3-2 양분선택법의 유사 수요곡선

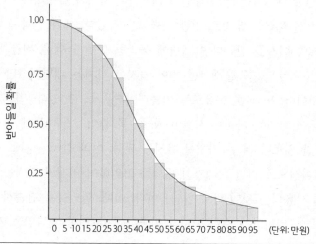

출처: Boardman et al., p. 348

두 번째로 중요한 조건은 설문 응답자들이 지불의사와 관련된 설문의 내용을 제대로 이해하고 응답할 수 있도록 설문 대상의 배경에 대한 충분한 정보와 설명을 제공해야 한다는 점이다. 새만금수목원의 가치를 평가하기 위해 새만금수목원을 위해 어느 정도의 비용을 지불할 의사가 있는지 묻는다고 하자. 응답자의 정확한 답변을 기대하기 위해선 당연히 새만금수목원은 어떤 모습과 특징을 가지고 있고, 만약 방문한다면 무엇을 기대할 수 있을지에 대한 상세한 설명이 설문에 앞서 제시되어야 할 것이다. 충분한 정보가 응답자에게 주어지지 않은 상태로 설문이 이루어진다면 조건부 가치측정법을 통해 얻은 결과는 왜곡될 가능성이 크다.

(4) 시간과 할인율

비용과 편익의 추정에서 고려해야 할 또 다른 중요한 요인은 바로 시간이다. 특히 비용과 편익이 여러 해에 걸쳐 나타나는 공공투자 사업의 경우 시간의 문제는 더욱 중요해 진다. 앞서 설명했듯 올해의 1만 원과 내년의 1만 원이 가지는 가치가 동일하지 않기 때문이다. 따라서 시간이 지나면서 달라지는 화폐가치의 변화를 적절히 반영하지 않으면 오랜 기간에 걸쳐 발생하는 비용과 편익의 총액을 제대로 계산하기 어려워진다.

그렇다면 올해의 1만 원과 내년의 1만 원에 차이가 발생하는 이유는 무엇일까? 가장 중요한 이유는 투자로 인한 기회비용에 있다. 내가 만약 올해 1만 원을 저축해서 5%의 이자를 받는다면 내년에 돌려받게 될 금액은 원금과 이자를 합한 1만 500원이 된다. 즉 올해 1만 원이 가지는 가치는 내년의 1만 500원과 동일해 지는 것이다. 또 다른 이유로는 인플레이션을 들 수 있다. 인플레이션이 존재할 경우 돈이 가지는 가치는 시간이 지날수록 줄어들기 때문에 올해의 1만 원은 내년의 1만 원보다 더 큰 가치를 가지게 된다. 이와 같이 투자로 인한 기회비용과 인플레이션으로 인한 화폐가치 변화를 고려하여 미래의 가치를 현재가치로 환산하는 데 사용되는 것이 바로 할인율이다. 이때, 할인율은 단순히 이자율이나 인플레이션율을 의미하는 것이 아니라 이를 모두 고려한 개념임을 기억하자. 사업 n년차에 발생한 비용 혹은 편익(S_n)의 현재가치(PV)는 할인율이 r%일 경우 식 (1)과 같이 쉽게 구할 수 있다.

$$PV = S_n / (1+r)^n \ \text{--} \ (1)$$

비용편익분석에서 최종 의사결정의 기준이 되는 총순편익은 바로 이러한 할인율을 적용하여 현재가치로 계산된 비용과 편익의 총합을 비교하여 얻어지게 된다. 단 여기서 주목해야 할 부분은 할인율의 크기에 따라 사업의 바람직성이 달라질 수 있다는 점이다. 〈표 3-3〉은 시간에 따른 비용과 편익구조가 상이한 두 개의 사업을 보여준다. 사업 X는 편익의 발생이 사업 초기에 집중되어 있는 반면, 사업 Y는 편익의 발생이 여러 해에 걸쳐 고르게 분포된 구조를 가지고 있다. 할인율이 적용되지 않은 명목가치를 기준으로 한 총순편익을 비교할 경우 사업 Y가 사업 X에 비해 더 바람직해 보인다. 그러나 할인율이 적용된 실질가치를 기준으로 총순편익을 비교할 경우엔 두 사업 간의 비교 결과가 달라질 수 있다(Stokey and Zeckhauser, 1978).

표 3-3 시간에 따른 비용과 편익구조

	사업개시	1년차	2년차	3년차	4년차	5년차	합계
사업 X	-10억	5억	4억	3억	2억	1억	5억
사업 Y	-10억	-5억	6억	6억	6억	6억	9억

〈그림 3-3〉은 할인율에 따라 사업 X와 사업 Y의 총순편익이 어떻게 달라지는지 보여준다. 할인율이 낮을 때는 사업 Y의 총순편익이 사업 X에 비하여 높았으나 할인율 13%를 전후하여 사업 Y와 사업 X의 총순편익 간에 역전 현상이 관찰되었다. 사업 Y의 경우 먼 미래에 발생하는 편익이 상대적으로 많다 보니 할인율이 커지면서 미래 편익의 가치가 급격하게 줄어드는 것이다. 즉 먼 미래에 발생하는 편익이 상대적으로 많은 편익구조를 가지고 있는 사업일수록 할인율이 높아짐에 따라서 전체 총순편익에 부정적인 영향이 크게 나타나게 된다. 이러한 할인율 개념에서 특히 총순편익을 0으로 만드는 할인율을 내부수익률 (internal rate of return, 혹은 IRR)이라고 하며, 이는 투자의사 결정의 중요한 기준으로 활용된다.

그림 3-3 할인율에 따른 총순편익의 현재가치 변화

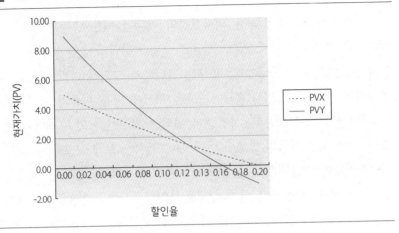

(5) 비용편익분석 적용의 한계점

총순편익의 극대화를 추구하는 비용편익분석은 정책의 바람직성을 판단할 명확한 기준을 제시해 줄 수 있다는 점에서 중요한 의의를 가진다. 그러나 이러한 장점은 동시에 비용편익분석의 최대 약점이 되기도 한다. 지역개발사업과 같이 정부가 추진하는 중요 정책들은 많은 경우 이해관계자가 누구이고 어떤 비용과 편익이 발생하는지 구분하기 쉽지 않은 복잡한 성격을 가진 경우가 많다. 특히 사회의 다양한 측면을 고려해야 하는 공공 영역의 성격상 화폐가치 혹은 효율성이라는 단일 기준으로만 사업의 가치를 바라보는 것은 자칫 지나치게 편협한 평가로 이어질 수 있다. 따라서 비용편익분석이 초점을 맞추는 효율성에 따른 경제적 편익을 넘어, 정책의 보다 정확한 편익을 정의하기 위해서는 해당 정책의 목적함수를 고려하는 것이 필요하다. 특히 대부분의 공공투자사업이 여러 개의 목적을 가지고 있다는 점을 고려하면 효율성 이외의 목적(예를 들면 재분배)을 가진 정책의 편익을 경제적 편익에서만 바라보는 것은 적절하지 않다. 따라서 다양한 성격을 가지는 정책을 비용편익분석이라는 단일 잣대로서 평가하는 것은 바람직하지 않다.

둘째로 비용편익분석은 특정 집단의 입장을 합리화하는 수단으로 악용될 가능성이 있다. 공공 정책의 대상이 되는 문제가 복잡하면 할수록 비용편익분석을 통해 원하는 결과를 조작하여 만들어 낼 수 있는 여지는 커지게 된다. 앞에서도 언급했듯이 비용편익분석에서 가장 중요한 출발점은 이해관계자를 명확하게 정의하는 것이다. 그러나 이해관계자가 복잡하게 얽히고설킨 문제의 경우 이를 명확히 정의하는 것은 결코 쉬운 작업이 아니다. 어떤 집단을 이해관계자로 설정하느냐에 따라 사업 전체의 바람직성은 크게 영향을 받게 되며, 결국 비용편익분석은 특정 집단의 입맛에 따라 그 결과가 왜곡되어 버리는 부작용의 위험이 항상 내재하게 되는 것이다.

셋째로 비시장가치를 추정하기 위해 활용되는 조건부 가치측정법의 경우 실제 비용을 지불하는 것이 아니라 지불의사를 묻는 것이기 때문에, 둘 간의 차이가 존재할 수 있다. 단순히 지불의사만 물을 경우 실제 지불해야 하는 경우에 비해 좀 더 큰 액수를 답하는 심리적 경향이 존재한다. 따라서 조건부 가치측정법을 통해 예측한 비용이나 편익은 실제보다 과대 추정될 가능성을 가지고 있다.

넷째, 비용편익분석에서 다루는 화폐가치는 개인의 소득수준과 상관없이 동일한 효용을 가진다고 가정한다. 그러나 1만 원이 가지는 가치는 연봉 1억 원의 고소득자와 1천만 원의 저소득자에게 다르게 나타난다. 즉 소득 수준이 높아질수록 1만 원의 효용가치가 체감하게 된다는 것이다. 소득 수준에 따라 편익이나 비용의 한계효용이 다르다면, 전통적인 비용편익분석과 같이 총순편익을 소득 수준을 고려하지 않고 단순 비교할 경우 의사결정의 왜곡이 발생할 가능성이 커진다. 특히 비용이나 편익의 발생이 특정 소득 집단에 집중되어 있을 경우 비용편익분석의 결과가 실제 사회 전체의 총순편익보다 과소 혹은 과대 추정될 수 있다.

다섯째, 비용편익분석의 기본 가정 중 하나는 1만 원의 편익을 통해 얻는 효용과 1만 원의 비용으로 인해 잃는 효용의 크기가 같다는 것이다. 그러나 최근 심리학 분야의 연구에 의하면 위험중립성향을 가지는 대부분의 개인은 똑같은 1만 원이라도 잃을 때의 상실감이 얻을 때의 효용감보다 크다. 이러한 심리학 이론을 전망이론(prospect theory)이라고 하며 이는 비용편익분석, 특히 그 중에서도 지불의사를 통한 편익이나 비용 측정을 비판하는 근거로 흔히 사용된다.

비용편익분석은 지역개발사업뿐 아니라 다양한 공공정책의 바람직성을 평가하는 데 유용한 분석도구로 활용될 수 있다. 하지만 분석도구로서의 유용성만큼이나 남용의 가능성 역시 상존하고 있다. 앞서 살펴보았듯이 비용편익분석은 다양한 가정과 해석이 요구되는 기예(art)에 가까운 과정이 요구되는 방법임에도, 마치 주관성이 완전히 배제된 과학적이고 엄밀한 기법이라는 이미지를 가지고 있기 때문에, 이를 남용하여 발생할 때 문제점은 다른 어떤 분석 기법보다 심각할 수 있다. 따라서 비용편익분석을 도구로 사용하는 연구자나 정책담당자는 이러한 문제점을 각별히 염두에 두어야만 한다.

3 산업연관분석

(1) 개요

산업연관분석의 아이디어는 경제주체들 간의 거래를 체계적으로 기록한 프랑스 경제학자 케네의 '경제표'로부터 비롯되었으며, 미국의 경제학자 레온티에프가 1936년에 발표한 미국 경제를 구성하는 모든 산업의 재화와 서비스 흐름에 대한 분석에서 출발하였다(Leontief, 1936). 레온티에프의 연구를 바탕으로 미국은 1947년부터 공식적으로 산업연관표를 작성하기 시작하였으며, 영국(1948년), 일본(1951년)이 그 뒤를 따랐고 현재는 거의 대부분의 국가에서 산업연관표를 작성하여 발표하고 있다(한국은행, 2014).

산업연관분석은 그 자체로 독립적인 분석 기법으로 사용될 수 있지만 비용편익분석과 연관되어 지역개발 사업의 비용이나 편익을 계산하는 도구로도 흔히 사용된다. 산업연관분석의 기본 아이디어는 모든 경제활동은 가치사슬(value-chain), 즉 산업들 간의 투입 산출 관계를 통해 상호연관 되며, 따라서 새로운 기업의 입지와 같이 지역경제 환경의 변화가 가져오는 영향을 평가하기 위해서는 기업의 입지 자체뿐만 아니라 이로 인해 지역경제 시스템 전체에 발생하는 파급효과를 고려하여야 한다는 것이다.

예를 들어 현대자동차가 새로운 자동차 생산라인 건설을 위해 광주에 5천억원을 투자하는 경우 이로 인해 광주 지역에 발생하는 편익은 5천억 원 이상이 될 것이다. 투입 산출 관계를 통해 현대자동차 광주 공장에서 이루어지는 생산활동이 주변의 지역경제를 활성화 시킬 것이기 때문이다. 만약 광주광역시 정부가 현대자동차 공장의 유치를 위해 현대자동차에 다양한 인센티브를 제공할 것을 고려한다면, 산업연관분석을 통해 추정되는 파급효과 추정액이 인센티브의 규모를 결정하는 기준이 될 수 있다. 또한 현대자동차가 국내의 생산비용 상승을 이유로 울산 공장을 중국으로 이전하기로 결정한다면, 울산의 지역경제가 입는 타격은 주변의 지역경제에 미칠 파급효과로 인해 울산 공장의 생산 중단으로 인한 생산 감소액 이상이 될 것이다. 이러한 다양한 사례에서 볼 수 있듯이 산업연관분석은 지역경제 환경의 변화가 지역경제 전반에 미치는 비용이나 편익을 추정하는 유용한 도구로서 활용될 수 있다.

(2) 산업연관표와 투입계수표

산업연관분석의 출발점은 한국은행에서 발간하는 산업연관표이다. 산업연관표는 산업 간 재화와 서비스의 흐름을 보여주는 통계자료인데, 우리나라의 산업연관표는 1964년에 한국은행에서 작성 공표한 1960년 산업연관표를 최초로 1963년, 1966년, 1970년, 1975년, 1980년, 1985년, 1990년, 1995년, 2000년, 2003년, 2005년, 2010년을 기준으로 한 실측표가 각각 발표되었다. 가장 최근의 2010년 산업연관표의 경우 대분류 30개, 중분류 82개, 소분류 161개 산업으로 구성되어 있다. 특히 지역 수준의 파급효과 분석에는 광역자치단체 산업 중분류를 기준으로 작성된 지역산업연관표를 사용하게 된다. 산업연관표는 원칙적으로 끝자리가 0과 5인 연도에 실측자료를 기초로 한 실측표(혹은 기준표라고도 함)를 작성하며, 그 이외의 연도에는 추정을 통해 연장표를 작성한다.

산업연관분석의 기초가 되는 산업연관표는 공급사용표(make/use table)와 투입산출표(input−output table)로 나뉘는데, 공급사용표는 상품×산업 행렬을, 투입산출표는 상품×상품 행렬을 의미한다(한국은행, 2014). 본 장은 투입산출표를 기준으로 산업연관분석을 설명하는데, 하나의 산업이 하나의 상품을 생산하는 것을 가정하므로 상품×상품 행렬을 좀 더 친숙한 산업×산업 행렬로 바꾸어 해석하기로 한다.

투입산출표의 기본 구조는 〈표 3−4〉와 같다. 세 개의 산업, Ⅰ, Ⅱ, Ⅲ로 구성된 경제체제를 가정해 보자. 먼저 세로 열을 중심으로 살펴보면, 산업 Ⅰ은 생산활동을 위해 산업 Ⅰ, Ⅱ, Ⅲ으로부터 각각 x_{11}, x_{21}, x_{31}만큼의 중간재 투입과 부가가치(노동력) V_1를 더해 X_1만큼의 상품을 생산한다. 즉 열을 기준으로 투입산출표를 해석할 경우 각 산업이 어떤 중간재 투입을 활용하여 얼마만큼의 상품을 생산하고 있는지 알 수 있다. 한편 가로 행을 중심으로 살펴보면, 산업 Ⅰ은 산업 Ⅰ, Ⅱ, Ⅲ의 생산활동에 각각 x_{11}, x_{12}, x_{13}만큼의 중간재를 공급한다. 따라서 중간수요인 x_{11}, x_{12}, x_{13}에 시장에서의 최종수요 F_1을 더하면 산업 Ⅰ이 생산한 상품의 총합인 X_1이 된다. 지금까지 설명한 각 부문의 관계를 간단한 수식으로 표현하면 다음과 같다.[3]

$$세로 \ 열 \ 기준: \ x_{11} + x_{21} + x_{31} + V_1 = X_1 (총투입) \ \text{------} \ (2)$$

$$x_{12} + x_{22} + x_{32} + V_2 = X_2 (총투입) \ \text{------} \ (3)$$

$$x_{13} + x_{23} + x_{33} + V_3 = X_3 (총투입) \ \text{------} \ (4)$$

$$가로 \ 행 \ 기준: \ x_{11} + x_{21} + x_{13} + F_1 = X_1 (총산출) \ \text{------} \ (5)$$

$$x_{21} + x_{22} + x_{23} + F_2 = X_2 (총산출) \ \text{------} \ (6)$$

$$x_{31} + x_{32} + x_{33} + F_3 = X_3 (총산출) \ \text{------} \ (7)$$

표 3-4 **투입산출표의 기본구조**

구분		중간수요			최종수요	총산출
	산업	Ⅰ	Ⅱ	Ⅲ		
투입	Ⅰ	x_{11}	x_{12}	x_{13}	F_1	X_1
	Ⅱ	x_{21}	x_{22}	x_{23}	F_2	X_2
	Ⅲ	x_{31}	x_{32}	x_{33}	F_3	X_3
부가가치		V_1	V_2	V_3		
총투입		X_1	X_2	X_3		

투입산출표는 간단한 조작을 통해 투입계수표로 전환이 가능하다. 투입계수표는 각 산업부문이 상품 한 단위를 생산하기 위해 다른 산업부문으로부터 얼마만큼의 중간투입물을 필요로 하는지를 보여준다. 한 단위 상품 생산을 위한 투

---

3 〈표 3-4〉에서는 중간투입 부분을 제외하면 최종수요와 부가가치의 규모가 동일한 것으로 해석될 수 있으나, 실제 투입산출표는 이 외에도 수입, 잔폐물, 순생산물세 등 여러 다른 항목들을 포함하고 있어 최종수요와 부가가치가 반드시 일치하는 것은 아니다.

입물의 조합을 의미하는 투입계수표는 결국 생산기술을 의미한다고도 할 수 있다. 투입계수표의 각 칸의 값을 투입계수라고 하는데, 이는 중간수요 x_{ij}를 총투입 X_i로 나눠서 쉽게 구할 수 있다.

$$a_{ij}(투입계수) = x_{ij}/X_i \text{--} (8)$$

표 3-5 투입계수표

산업	I	II	III
I	a_{11}	a_{12}	a_{13}
II	a_{21}	a_{22}	a_{23}
III	a_{31}	a_{32}	a_{33}
부가가치	v_1	v_2	v_3
계	1	1	1

(3) 산업연관분석의 원리

이제 간단한 사례를 가지고 산업연관분석의 원리를 살펴보자. 〈표 3−6〉은 농업, 제조업, 서비스업의 세 가지 산업으로 구성된 가상의 국가의 산업연관표와 이로부터 도출한 투입계수표이다. 투입산출표에 의하면 제조업은 농업, 제조업, 서비스업으로부터 각각 5조, 30조, 10조의 중간재를 공급받고, 이를 바탕으로 100조 원 가치의 상품을 생산한다. 또한 투입계수표를 통해 서비스업에서 상품 한 단위를 생산하기 위해 농업, 제조업, 서비스업에서 각각 0.06단위, 0.31단위, 0.13단위의 중간재를 공급 받는다는 것을 알 수 있다(Davis, 2001).

표 3-6 투입산출표와 투입계수표 예시 (단위: 조원)

산업	투입산출표			투입계수표		
	농업	제조업	서비스업	농업	제조업	서비스업
농업	10	5	5	0.14	0.05	0.06
제조업	20	30	25	0.29	0.3	0.31
서비스업	5	10	10	0.07	0.1	0.13
총계	70	100	80			

만약 정부가 10조 원 상당의 제조업 상품을 구매한다고 가정하면, 제조업 부문은 10조 원의 추가 생산을 위하여 농업, 제조업, 서비스업으로부터 각각 0.5조 원 (10조×0.05), 3조 원(10조×0.3), 1조 원(10조×0.1) 상당의 추가적인 중간투입물을 구매하여야 한다. 그리고 이는 농업, 제조업, 서비스업의 최종수요가 다시 추가된 중간투입물만큼 증가하여야 함을 의미한다. 여기서 최초에 발생한 10조 원 상당의 정부 구매를 직접효과(direct effect)라고 하고, 이를 위해 요구되는 0.5조 원, 3조 원, 1조 원 상당의 중간재 공급, 즉 산업별 추가 최종수요를 1차 간접효과 (1st round indirect effect)라고 한다. 흥미로운 점은 최초 발생한 최종수요의 변화 (정부의 10조 원 상당 제조업 상품 구매)가 경제 시스템 전체에 미치는 영향이 여기서 그치지 않는다는 사실이다. 바로 간접효과로 발생한 산업별 최종수요 변화가 다시 이를 충족시키기 위한 중간투입물의 생산 증가로 이어지기 때문이다. 이러한 과정에서 발생한 영향을 2차 간접효과(2nd round indirect effect)라고 한다.

〈표 3-7〉은 2차 간접효과의 발생과정을 보여준다. 앞서 언급한 10조 원 상당의 제조업 최종수요 변화는 이를 충족시키기 위한 산업별 최종수요 변화로 이어지는데(0.5조 원, 3조 원, 1조 원), 이는 동시에 각 산업이 늘어난 산업별 최종수요를 충족시키기 위해 생산량을 다시 늘려야 한다는 것을 의미한다. 이를 산업별 2차 간접효과라고 하는데, 농업에서는 0.28조 원, 제조업은 1.355조 원, 서비스업은 0.465조 원만큼의 추가 생산이 요구된다(행의 합계). 이는 경제시스템을 통해 발생하는 연쇄 과정으로 이해할 수 있으며, 2차에서 그치는 것이 아니라 3차, 4차, 5차로 이어지면서 점차 그 크기가 적어진다. 그렇다면 3차 간접효과는 얼마나 될까? 0.28×0.14+1.355×0.05+0.465×0.06의 식을 계산해보면 약 0.134조 원이 된다. 결국, 정부 구매 증가로 증가한 제조업 분야의 최종수요 10조 원이 가져온 농업 분야의 파급효과의 크기는 0.5조 원+0.28조 원+0.134조 원…과 같은 방식으로 계

표 3-7 **산업별 최종수요 변화와 2차 간접효과**

최종수요 변화	0.5조	3조	1조	
	농업	제조업	서비스업	총계
농업	0.07	0.15	0.06	0.28
제조업	0.145	0.9	0.31	1.355
서비스업	0.035	0.3	0.13	0.465

산된다. 제조업과 서비스업 분야에 대한 파급효과도 같은 방식으로 얻을 수 있다.

(4) 생산유발계수와 경제적 파급효과

이처럼 산업연관표를 활용한 산업연관분석은 앞에서 설명한 바와 같이 여러 차례의 간접효과를 수반하기 때문에 파급효과를 계산하기가 용이하지 않다. 물론 횟수를 더해 갈수록 간접효과의 크기는 줄어들지만, 이론적으로는 연쇄적인 파급효과로 인해 간접효과가 끊임없이 지속될 수 있기 때문이다. 그렇다면 최종수요의 변화에 따른 파급효과의 크기를 계산하는 더 손쉬운 방법은 없을까?

이때, 우리에게 익숙한 행렬을 사용하면 파급효과의 계산 과정을 좀 더 쉽고 간결하게 표현하는 것이 가능하다. 먼저 위에서 소개한 총산출식을 살펴보자. i 산업의 총산출액 X_i는 i 산업의 산출물 중 j 산업의 생산에 투입되는 x_{ij}와 i 산업 생산물의 최종수요 F_i의 합으로 식 (9), (10), (11)과 같이 표현된다. 그리고 식 (9), (10), (11)은 투입계수를 활용하여 식 (12), (13), (14)로 치환할 수 있다.

$$x_{11}+x_{12}+x_{13}+F_1+X_1(총산출) \text{------------------------------------} (9)$$

$$x_{21}+x_{22}+x_{23}+F_2+X_2(총산출) \text{-----------------------------------} (10)$$

$$x_{31}+x_{32}+x_{33}+F_3+X_3(총산출) \text{-----------------------------------} (11)$$

$$a_{11}X_1+a_{12}X_2+a_{13}X_3+F_1=X_1 \text{------------------------------} (12)$$

$$a_{21}X_1+a_{22}X_2+a_{23}X_3+F_2=X_2 \text{------------------------------} (13)$$

$$a_{31}X_1+a_{32}X_2+a_{33}X_3+F_3=X_3 \text{------------------------------} (14)$$

이제 행렬을 활용하여 식 (12), (13), (14)를 식 (15)와 같이 표현해보자. 여기서 A는 a_{ij}의 벡터를, X는 x_{ij}의 벡터를, F는 F_i의 벡터를 각각 의미한다. 식 (15)는 간단한 행렬연산을 통해 식 (16)과 (17)로 전환될 수 있는데, 식 (17)은 최종수요 F에 변화가 있을 경우, 세 가지 산업으로 구성된 경제시스템 X에 어떤 파급효과가 있을지 보여준다. 식 (17)에서 이러한 역할을 하는 것이 $(I-A)^{-1}$이고, 이를 multiplier 혹은 생산유발계수라고 부른다.

$$AX+F=X \text{--} (15)$$

$$F=(I-A)X \text{--} (16)$$

$$(I-A)^{-1}F = X \text{---} (17)$$

생산유발계수는 앞 절에서 여러 단계를 거쳐 복잡하게 계산했던 파급효과의 추정을 용이하게 해준다. 〈표 3-8〉은 $(I-A)^{-1}$ 행렬, 즉 생산유발계수를 보여준다. 산업별 생산유발계수의 세로 열은 해당 산업이 한 단위 생산을 늘릴 경우 각 산업에 유발되는 직간접 생산 파급효과를 의미한다. 따라서 열의 합계는 해당 산업이 한 단위 생산을 늘릴 경우 경제 전체에 미치는 파급효과가 된다. 예를 들어 농업이 1단위 생산을 늘릴 경우 제조업에 미치는 파급효과는 1.08이고, 경제 전체에 미치는 파급효과는 1.99라고 해석할 수 있다. 한편 산업별 생산유발계수의 가로 행은 각 산업 부분이 1단위 생산을 늘릴 경우 해당 산업에 미치는 직간접 생산파급효과를 의미한다. 따라서 농업 행의 합계는 각 산업이 1단위씩 생산을 늘릴 경우 농업에 미치는 파급효과로 해석할 수 있다.

표 3-8 생산유발계수

	농업	제조업	서비스업	행 합계
농업	1.08	0.1	0.02	1.2
제조업	0.64	2.45	0.55	3.64
서비스업	0.27	0.46	1.47	2.2
열 합계	1.99	3.01	2.04	

생산유발계수를 활용하면 다양한 형태의 경제적 파급효과 분석이 가능해진다. 예를 들어 한미 FTA의 결과로 미국의 자동차 관세가 낮아져 대미 자동차 수출이 늘었을 때 우리 경제에 미치는 파급효과가 어느 정도일지, 혹은 사양길에 접어든 조선산업을 살리기 위해 우리나라 3대 조선사 중 한 곳을 구조조정하고 생산량을 줄일 경우 우리 경제에 미치는 파급효과가 어느 정도일지 등을 계산할수 있다. 이뿐 아니라 특정한 형태의 재정정책이나 조세정책으로 인한 파급효과의 예측도 가능하다.

이러한 생산유발계수를 활용한 경제적 파급효과 분석은 일반적으로 국가경제 전체를 대상으로 이루어진다. 경제적 파급효과 분석에 활용되는 산업연관표가 국가 수준에서 산업 간의 상호연관성을 보여주는 자료이기 때문이다. 하지만 한국은행이 2005년부터 광역자치단체 수준의 지역산업연관표를 발표함에 따라 지역경제를 대상으로 한 분석 역시 가능해졌다.

〈표 3-9〉는 지역산업연관표의 구조를 보여준다. 지역산업연관표는 각 지역별 산업연관표를 가로, 세로로 합쳐 놓은 형태를 하고 있다. 〈표 3-9〉를 지역생산유발계수표라고 하면, a는 서울의 농업 부문에서 1단위 생산할 때 서울의 제조업 부문에 미치는 파급효과를 의미한다. 또한 b는 서울의 농업 부문에서 1단위 생산할 때 부산의 제조업 부문에 미치는 파급효과를 의미한다. 마찬가지로 c는 부산의 농업 부문에서 1단위 생산할 때 서울의 제조업 부문에 미치는 파급효과를 의미한다. 따라서 지역산업연관표는 한 지역에서의 최종수요 변화로 인해 발생하는 파급효과를 해당 지역뿐 아니라 다른 광역수준 지역의 관점에서도 추정할 수 있도록 해준다.

표 3-9 지역산업연관표

지역		서울			부산		
	산업	농업	제조업	서비스업	농업	제조업	서비스업
서울	농업						
	제조업	a			c		
	서비스업						
부산	농업						
	제조업	b					
	서비스업						

이처럼 지역산업연관표는 광역 자치단체 수준에서 다양한 형태의 경제적 파급효과 분석을 가능하게 해준다. 앞서 예를 든 것처럼 울산의 현대자동차 공장이 중국으로 이전할 경우 지역경제에 미치는 파급효과를 이러한 지역산업연관표를 활용하여 예측할 수 있다. 혹은 울산시와 경상남도가 공장 이전을 만류하기 위해 현대자동차 측에 인센티브를 제공하려 할 때, 지역산업연관표를 통해 추정한 파급효과에 따라 그 수준을 결정할 수도 있는 것이다.

지역산업연관표가 지역경제 분석에 유용하게 활용될 수 있는 것은 사실이지만, 분석의 수준이 광역자치단체에 그치는 점은 다소 아쉬운 부분이다. 기초자치단체 수준의 산업연관표는 존재하지 않으므로, 현재 기초단체 수준에서의 경제적 파급효과를 분석하는 것은 쉽지 않다. 그러나 방법이 없는 것은 아니다. 바로 기초 수준 지역의 산업구조를 가중치로 반영하여 광역 수준의 지역생산유발계수를 수정하는 방식이다. 즉, 해당 기초 수준 지역의 제조업 종사자 비중이 높으면 제조업을 통한 경제적 파급효과가 다른 기초 수준 지역에 비해 상대적으로 클 것이므로, 입지계수(location quotient, 혹은 LQ)를 가중치로 활용하여 지역의 산업구조를 반영한 기초 지역 수준의 지역생산유발계수를 도출하는 것이다.

(5) 산업연관분석 적용의 한계점

산업연관분석은 지역경제 분석에 다양한 형태로 쉽게 적용 가능하지만, 모형 자체의 특징으로 인해 몇 가지 한계점을 가진다. 따라서 현실에서 이를 적용하는 데 있어 다음과 같은 한계점을 인식하고 분석을 수행하여야 한다.

우선 첫째, 산업연관분석은 산업별 생산활동을 위한 투입구조가 일정하게 유지된다는(투입계수, a_{ij}가 일정함을 의미) 가정을 하고 있다. 물론 산업연관표를 5년에 한번씩 갱신하는 과정에서 투입구조의 변화를 반영한다고 하지만, 기술의 변화나 투입물의 상대가격 변화 등으로 인해 투입구조는 언제든지 바뀔 수 있다. 이처럼 현실에서는 매우 가변적일 수 있는 투입구조가 산업연관분석에서는 거의 반영되지 않는 것이다.

둘째, 산업연관분석에서의 생산함수는 기본적으로 선형을 가정한다. 즉 산출은 투입에 비례해서 증가하거나 감소한다. 그러나 현실에서는 규모의 경제가 작용하여 투입의 증가에 따라 산출 규모가 기하급수적으로 늘어나는 경우를 쉽게 볼 수 있다. 조선, 철강, 자동차 등과 같이 대규모의 자본투자가 요구되는 산업의 경우 특히 이러한 특징을 쉽게 관찰할 수 있다. 그러나 산업연관분석은 이와 같이 현실에서 흔히 관찰되는 규모의 경제와 수확체증 현상을 전혀 반영하지 못한다.

셋째, 산업연관표의 각 산업은 하나의 생산물을 생산하는 동질적인 활동을 한다고 가정한다. 즉 제조업 분야에 속하는 모든 산업들은 기본적으로 동질적인 생산활동을 한다는 것이다. 이러한 가정은 산업연관표가 각 산업별 구체적 특성을 반영하여 매우 세밀하게 산업을 구분하고 있다면 큰 문제가 되지 않지만, 현실에서는 자료 수집의 한계로 인한 제약이 존재한다. 실제로 한국은행이 가장 최근 발표한 2010년 산업연관표에서 가장 자세한 분류인 소분류에는 총 161개 산업이 포함되어 있을 뿐이다.

4 경제기반모형과 변이할당모형

(1) 경제기반모형

1) 개요

경제기반모형은 지역경제의 성장 메커니즘을 설명하는 가장 오래된 이론 중의 하나이다. 20세기 초반부터 등장하기 시작한 경제기반모형에 따르면 지역 경제는 성장을 견인하는 기반산업과 이를 지원하는 비기반산업으로 나뉠 수 있 다. 지역경제의 성장은 수출 수요를 충족시키는 기반산업의 성장과 이를 지원하 는 지역 내 비기반산업의 상호작용을 통해 이루어진다(Malizia and Feser, 1999).

2) 주요내용

경제기반모형에 대한 설명을 위해 간단한 거시경제모형을 가정해보자. 지역 총생산은 소비, 투자, 정부지출, 수입, 수출로 이루어진다. 경제기반모형은 지역 경제 성장의 동력을 설명하는 데 있어 수출에 초점을 맞춘다. 다른 부문은 지역 경제의 규모라는 한계 때문에 끊임없이 증가하기 어렵지만, 수출 부문은 외부 수요에 의해 결정되므로 지속적인 성장이 가능하기 때문이다. 이는 경제기반모 형을 설명하는 다음의 간단한 수식에 잘 나타난다(Malizia and Feser, 1999).

$$Y = B + NB \text{ -- } (18)$$

$$k = NB/B \text{ -- } (19)$$

$$Y = (1+k)B \text{ --- } (20)$$

경제기반모형의 출발점은 식 (18)과 같이 지역경제를 기반산업(B)과 비기반 산업(NB)으로 나누는 것으로부터 시작된다. 기반산업은 지역경제의 성장을 견인 하는 수출 분야를 의미하고, 비기반산업은 주로 기반산업의 활동 등에서 발생하는 지역경제 내부의 수요를 충족시키는 분야를 의미한다. 즉, 기반산업은 수요의 원천이 외부에 존재하기 때문에 성장하는 데 큰 제약이 없는 반면, 비기반산업은 기반산업의 성장이 전제되지 않으면 그 자체로서는 지속적으로 성장해 나가기 어렵다. 이러한 이유에서 비기반산업과 기반산업의 비율은 식 (19)와 같이 일정할 것이라는 가정을 할 수 있다. 그리고 식 (19)를 식 (18)에 대입하면, 식 (20)과 같이 기반산업만으로 표현된 지역경제모형을 도출할 수 있다.

식 (20)은 지역경제의 성장이 온전히 기반산업을 통해 견인됨을 잘 보여준다. 그리고 $(1+k)$는 기반산업의 성장이 지역경제 전반에 어느 정도의 영향을 미칠 수 있을지 보여주는 일종의 승수로 해석할 수 있다. 경제기반모형에서의 승수효과는 지역의 기반산업과 비기반산업 간에 형성된 상호연관성(linkage)을 통해 발생하는데, 이러한 측면에서 앞서 설명한 산업연관모형을 경제기반모형의 발전된 형태로 해석하기도 한다. 기반산업이 지역경제에서 차지하는 중요성의 사례는 미국의 전통적 제조업 중심 도시들에서 쉽게 찾아볼 수 있다. 예를 들어 미시건 주의 플린트 시의 경우, 지역의 기반산업이라고 할 수 있는 자동차 산업이 쇠퇴하면서 큰 어려움에 직면하였다. 특히 GM 공장이 해외로 이전하면서 문을 닫게 되자, 비기반산업이라고 할 수 있는 백화점을 비롯한 다수의 상점들도 소비가 줄어 덩달아 폐업하고 지역경제가 완전히 황폐화되는 경험을 하였다.[4]

한편 경제기반모형을 현실에서 적용하는 데 있어 핵심적인 부분은 지역의 기반산업을 어떻게 정의할 것인지의 문제이다. 경제기반모형에 의하면 지역의 기반산업을 발굴하여 육성하는 것이 지역경제 활성화의 핵심 전략이므로, 어떤 산업이 해당 지역의 기반산업인지를 정의하는 것은 지방정부의 정책결정자들에게 매우 중요한 문제라고 할 수 있다.

지역의 기반산업을 정의하는 데 가장 보편적으로 사용되는 방법은 입지계수(location quotient, 혹은 LQ)이다. 입지계수는 식 (21)과 같이 계산되는데, e_i, e_t, E_i, E_t는 각각 해당 지역에서 산업 i의 고용자수, 해당 지역의 총고용자수, 국가 전체에서 산업 i의 고용자수, 국가 전체의 고용자수를 의미한다.

---

4 마이클 무어 감독의 "Roger and Me"라는 다큐멘터리 작품을 보면 플린트 시의 GM 공장 폐쇄가 어떻게 지역경제를 황폐화 시켰는지 잘 보여준다.

$$LQ = (e_i/e_t)/(E_i/E_t) \text{---} (21)$$

식 (21)에서 분모(E_i/E_t)는 국가 전체에서 i산업의 고용이 차지하는 비중을 의미하고, 분자(e_i/e_t)는 해당 지역에서 i산업의 고용이 차지하는 비중을 의미한다. 따라서 식 (21)은 국가경제와 지역경제에서 i산업의 비중을 비교하는 것이다. 만약 지역에서의 i산업 비중이 국가 전체에서의 i산업 비중보다 높다면, LQ는 1보다 클 것이고 작다면 1보다 작을 것이다. 또한 i산업의 지역에서의 비중이 국가 전체보다 크다는 것은 i산업이 해당 지역에 특화되어 있음을 의미하므로, 이를 기반산업이라고 해석하는 것이 가능해진다. 이렇게 입지계수를 활용하면 간단한 계산만으로 기반산업의 역할을 할 수 있는 산업을 쉽게 찾을 수 있으나, 실제 적용에 있어서는 주의가 필요하다. 왜냐하면 입지계수는 현재 산업구조하에서 해당 지역에 집중된 특화 산업을 찾는 기법이므로, 만약 입지계수를 통해 드러난 지역의 특화 산업이 현재 전반적으로 쇠퇴하고 있는 사양 산업일 경우 지역경제 성장을 이끄는 기반산업으로의 역할을 제대로 하지 못할 가능성이 높다. 따라서 지역경제의 경쟁력 제고에 도움을 줄 수 있는 진정한 의미의 기반산업을 정의하기 위해선 입지계수만을 기계적으로 적용하기보다는 산업의 성격을 종합적으로 고려하는 과정이 필요하다.

경제기반모형은 그 내용과 정책적 함의가 간결하고 명확하여 이해하기 쉽지만, 복잡한 현실에 그대로 적용하기엔 부족한 부분이 많다. 경제기반모형은 특히 다음과 같은 측면에서 한계점을 드러낸다(Davis, 2001). 첫째, 지역경제의 성장 과정을 지나치게 수출 부문 위주로만 해석하고 있다는 점이다. 이로 인해 모형상에서 지역경제의 다른 중요 요소인 소비나 투자, 정부 부문의 역할은 거의 무시된다. 지역경제의 규모가 아주 작을 때는 수출 부문에만 초점을 맞춘 이러한 해석이 적절할 수 있으나, 지역경제의 성장에 있어 소비, 투자, 정부 부문이 갖는 중요성은 지속적으로 증대될 수밖에 없다. 둘째, 기반산업을 하나의 동질적인 산업으로 인식한다는 점이다. 이로 인해 기반산업을 구성하고 있는 세부 산업들 간에 존재할 수 있는 산업 간 연관관계(inter-industry linkage)는 지역경제의 성장을 설명하는 과정에서 거의 고려되지 않는다. 앞서 산업연관분석에서는 산업 간 연관관계가 지역경제의 성장을 설명하는 핵심적인 메커니즘임을 고려할 때, 이는 매우 중대한 결함이라 하겠다. 셋째, 기반산업의 성장을 지원할 수 있는 자원

이 무한하게 존재한다는 가정을 하고 있다는 점이다. 경제기반모형은 외부 수요
가 얼마가 되었든 자원은 무한하며 따라서 이를 충족시키는 수출이 가능하다고
가정하지만 이는 지속 불가능한 매우 비현실적인 가정이다.

(2) 변이할당모형

1) 개요

지역경제의 성과를 분석하는 기존 접근이 대부분 특정 기간의 생산이나 고
용의 총량 변화를 중심으로 이루어졌던 반면, 변이할당모형은 총량 변화의 원인
을 설명하는 것을 목적으로 한다. 이를 위하여 본 모형은 특정 기간 동안 고용의
총량 변화를 ⅰ) 국가 수준의 고용 변화 추이, ⅱ) 산업 수준의 고용 변화 추이,
ⅲ) 지역 수준의 산업 고용 변화 추이로 나누어 설명한다. 이러한 접근을 통해
지역경제의 성과를 국가, 산업, 지역 산업 수준으로 나누어 분석할 수 있고, 이
는 지역경제구조의 변화에 대한 이해를 심화시켜 줄 수 있다(Mclean and Voytek,
1992).

2) 주요내용

변이할당모형은 지역경제의 성과를 특정 기간 동안의 고용변화를 대상으로
분석한다. 특정 기간 동안 해당 지역에서 발생한 고용변화의 원인은 앞에서도
언급하였듯이 국가 수준에서의 고용 추세 변화, 산업 수준에서의 고용 추세 변
화, 지역 산업 수준에서의 고용 추세 변화를 통해 설명되는데, 이를 수식으로 표
현하면 식 (22), (23), (24)와 같다(김의준 외, 2015).

$$NS_i = e_{i,t-1}(E_t/E_{t-1}) \text{---} (22)$$

$$IM_i = e_{i,t-1}[(E_{i,t}/E_{i,t-1})] - [(E_t/E_{t-1})] \text{-----------------------------} (23)$$

$$LF_i = e_{i,t-1}[(e_{i,t}/e_{i,t-1}) - (E_{i,t}/E_{i,t-1})] \text{-----------------------------} (24)$$

우선 식 (22)의 NS(National Share)는 국가 수준에서의 고용추세 변화의 영향
을 보여준다. 비교 기준이 되는 시점을 t기와 $t-1$기라고 할 때, $e_{i,t-1}$는 시작 시
점인 $t-1$기에 지역산업 i의 고용수준을 의미한다. 한편 $[(E_t/E_{t-1})]$는 $t-1$기와 t
기 사이의 국가 수준 고용 변화를 의미한다. 즉 $t-1$기의 지역산업 고용 수준에

국가 전체의 고용수준의 변화 비율을 반영하여 해당 기간 사이에 발생한 국가 수준의 고용 변화가 지역 산업 고용에 미친 영향을 추정하는 것이다.

식 (23)의 IM(Industry Mix)은 산업 수준에서의 고용추세 변화의 영향을 보여준다. 식 (23)의 괄호 안 내용을 살펴보면 산업 수준에서의 고용추세 변화가 어떻게 반영되었는지 쉽게 이해할 수 있다. $[(E_{i,t}/E_{i,t-1})]-[(E_t/E_{t-1})]$에서 앞의 괄호는 특정 기간 동안 국가 수준에서 i산업의 고용변화를 의미하며, 뒤의 괄호는 국가 수준의 전체 고용변화를 의미한다. 이 둘을 비교하는 것은 결국 국가 수준의 전체 고용변화 추세를 제거한 순수한 i산업 고용 변화의 영향을 의미한다. 즉 $t-1$기 지역산업의 고용 수준에 순수한 의미의 산업 수준 고용 추세 변화 비율을 반영하여 해당 기간 사이에 발생한 산업 수준의 고용 변화가 지역 산업 고용에 미친 영향을 추정하는 것이다.

식 (24)의 LF(Local Factors)는 지역산업 수준에서의 고용추세 변화의 영향을 보여준다. 식 (24)의 괄호 한 내용을 살펴보면 지역산업 수준에서의 고용추세 변화가 어떻게 반영되었는지 쉽게 알 수 있다. $[(e_{i,t}/e_{i,t-1})-(E_{i,t}/E_{i,t-1})]$에서 앞의 괄호는 특정 기간 동안 지역산업 i의 고용변화를 의미하며, 뒤의 괄호는 같은 기간 동안 국가 수준에서의 산업 i의 고용변화를 의미한다. 이 둘 간의 비교를 통해 지역 수준에서의 산업추세에서 국가 수준의 산업 추세를 제거한 순수한 의미에서 지역산업구조 변화의 영향을 추정할 수 있다.

변이할당모형은 지역경제의 변화를 고용이라는 측면에서 국가 및 산업 수준의 영향을 최대한 배제하고 순수하게 지역 수준에서의 변화를 통해 설명하려 한다는 점에서 지역경제 분석의 유용한 수단으로 평가될 수 있다. 그러나 모형 자체가 지나치게 단순하고, 나아가 지역경제의 변화라는 동태적인 현상을 정태적인 모형을 바탕으로 설명하고 있다는 점은 본 모형이 갖는 한계로 지적된다. 특히 변이할당모형이 국가 수준, 산업 수준, 지역산업 수준으로 나누어 지역경제의 고용변화를 설명한다고 하지만, 이는 매우 피상적인 수준에 불과하며 실제 그러한 변화가 왜 발생하는지에 대한 메커니즘을 전혀 설명하지 못한다. 또한 두 시점을 기준으로 한 특정 기간 동안의 변화에만 초점을 맞춰 분석이 한정적으로 이루어지므로 다른 기간 동안 발생할 수 있는 변화에 대한 적응 과정 등은 전혀 설명하지 못한다는 점 역시 본 모형의 한계로 비판할 수 있다.

연습문제

❶ 비용편익분석의 기본 원칙에 대해 설명하시오.

❷ 비용편익분석을 현실에서 적용할 경우 가장 경계해야 할 위험은 무엇인지 설명하시오.

❸ 산업연관분석에서 생산유발계수의 활용범위와 한계점을 설명하시오.

❹ 경제기반모형을 통해 지역의 전략산업 육성을 꾀한다고 할 때, 정책 대상이 되는 전략산업의 선정 방법과 한계점에 대해 설명하시오.

❺ 변이할당모형을 구성하는 세 가지 요소에 대해 설명하시오.

참고문헌

경향신문. 2017.5.3. 용인경전철 4년...운영 비용이 수익의 6배

김의준·김재홍·김호연·구교준·마강래·이수기·임업(2015). 지역 도시 경제학: 이론과 실증. 홍문사

한국은행(2014). 산업연관분석해설

Boardman, A., Greenberg, D., Vining, A., and Weimer, D.(1996). Cost－Benefit Analysis: Concepts and Practice. Upper Saddle River, NJ: Prentice Hall

Davis, H. C.(2001). Regional Economic Impact Analysis and Project Evaluation. Vancouver: UBC Press

Leontief, W.(1936). Quatitative input－output relations in the economic system of the United States. *Review of Economics and Statistics*, 18: 105－125

Mclean, M. L., & Voytek, K. P.(1992). Understanding Your Economy: Using Analysis to Guide Local Strategic Planning. Chicago, IL: American Planning Association.

Malizia, E. and Feser, E.(1999). Understanding Local Economic Development. New Brunswick, N.J.: Center for Urban Policy Research.

Stokey, E. and Zeckhauser, R.(1978). *A Primer for Policy Analysis*. New York: Norton & Company

지역개발
전략

_ 이종화

지역개발전략으로서 가장 일반적으로 논의되는 것이 첫째, 성장거점전략이다. 성장거점전략은 한마디로 말해 낙후지역의 특정 거점에 발전추진적 산업체나 정부부문의 성장프로젝트를 입지시키는 전략이다. 이런 성장거점전략과 관련해서는 초기 성장극 이론에 대한 논의에서부터 John Friedmann의 분극적 발전이론까지 다양한 논의가 있다.

둘째, 1970년 들어 성장만을 강조하고 형평성문제를 등한시했다는 인식과 함께 저발전국 상황에 부합하는 새로운 개발전략으로서 기본욕구전략이 등장하였다. 여기서 기본욕구전략은 저발전국의 저소득층을 대상으로 그 생존에 필요한 최소한도의 소비재와 공공서비스를 일정 계획기간 내에 제공함으로써, 궁극적으로는 기본적 인권을 보장할 수 있는 사회체제를 구축하는 것을 목표로 한다.

셋째, Michael Porter이론에 기초한 클러스터 발전전략이다. 이는 산업 경쟁력 향상이 곧 지역발전과 직결된다는 전제하에서 산업 경쟁력을 높이기 위해서는 네 가지 결정요소들(요소조건, 기업전략 및 경쟁여건, 수요조건, 관련·지원산업 조건)이 만족되어야 하며 또한 이들 결정요소들의 지역적 집중, 즉 클러스터화를 통해 상호 시너지효과를 낼 수 있어야 한다는 점을 강조한다.

넷째, 1990년대 초 영국 경제지리학자 P. Cooke에 의해 제안된 지역혁신체계 발전전략이다. 이는 신산업체제에 있어 '기술의 학습과 혁신'의 중요성을 강조하면서 더 나아가 이것을 '촉진하는 요인과 환경'을 조성하는 데 초점을 둔다. 한마디로 지역혁신체계 발전전략이란 적절하게 상호학습이 이루어질 수 있는 어떤 공간범역에서 다양한 혁신주체들 간의 신뢰와 호혜성을 토대로 지식의 창출·확산·활용을 높이기 위한 협력체제를 구축하여 지역발전을 꾀하려는 전략이다.

마지막으로, 지역간 협력·연계 발전전략이다. 산업체, 연구기관, 관, 민 등 모든 지역발전주체가 참여한 가운데 종횡의 네트워크를 형성하여, 지역사회 내부 및 외부간 협력·연계를 활성화함으로써 사업의 복합화, 규모경제화, 연계화를 도모하여 궁극적으로는 지역 공생발전을 꾀해 나가는 전략이라 할 수 있다.

1 성장거점전략

(1) 성장극(growth pole)과 경제적 공간

성장극의 논의는 François Perroux(1950)에 의해 시작되었다. Perroux는 성장극 개념을 경제현상이 일어나고 있는 추상적 경제공간인 '힘의 장'(a field of forces)과 관련해서 설명하고 있다. 즉 성장극으로부터 발전의 원심력이 뻗어나가며 또한 발전의 구심력이 극으로 모아지는데, 이 극을 중심으로 적절한 힘의 장이 형성된다는 것이다. 여기서 극은 단일 기업이나 산업일 수도 있고 기업들이나 산업들의 집합체일 수도 있다.

Perroux의 이같은 발상은 Schumpeter이론에 기업체간의 기능적 상호의존성(functional interdependence)에 대한 경험적 관찰을 통합한 것이라 할 수 있다(김형국, 1996: 167). 여기서 말하는 Schumpeter 이론이란 '경제발전은 곧 혁신의 연속적인 발생과정이라 할 수 있는데, 만약 어떤 기업이 새로운 혁신제품을 생산하면 그 이전의 제품은 이것으로 대체된다'는 것이다. 이에 따라 이전의 제품과 연관되어 있던 소기업체들은 새로운 생산적 적응을 요구받게 되고 혁신 제품을 중심으로 한 새로운 전방·후방 연관효과를 발생시킨다.

또한 성장극 개념에서 특정 기업(혹은 산업)에 의한 여타 기업(혹은 산업)에 대한 '지배'(dominance)조건은 중요한 요소이다(D.F.Darwent, 1975: 540). 예컨대, 산업J의 총산출량 중 산업J에서 산업I로의 재화와 용역의 흐름이 산업I의 총산출량 중 산업I에서 산업J로의 흐름보다 더 클 때, 산업I는 '지배적'(dominant)이고 산업J는 '종속적'(dependent)이라 한다. 성장극의 지배력과 함께 그 규모도 중요한데 산업 변화율은 성장극의 규모와 직접적인 관련이 있게 된다. 왜냐하면 규모가 클수록 지배력의 범위가 확대될 것이기 때문이다.

이렇듯 어떤 기업이 타 기업들과 높은 연관관계를 맺으며, 지배력이 크고

---

1 Hirschman에 의해 쓰여진 개념으로, 전방연관효과는 한 산업의 발전이 그 산업의 생산물을 중간 투입물로 사용하는 여타의 산업을 발전시키는 효과를 말하고, 후방연관효과는 어떤 한 산업의 발전이 그 산업에 투입될 중간 투입재를 생산하는 산업의 발전을 유발하는 효과를 말한다. 예를 들어 어느 지역에서 시작된 철광의 채굴이나 제철소가 철강재를 소재로 하는 가공업의 입지를 유발하는 효과는 전방연관효과이고, 그 반대 방향으로의 유발효과가 후방연관효과이다.

또한 규모가 큰 기업(혹은 산업)을 '발전추진적 기업'(propulsive industries)이라 하는데 이것이 곧 성장극이라 할 수 있다. 거대한 기업적 바탕이라야 생산적 혁신을 많이 창출할 수 있을 뿐 아니라, 보다 광범위하게 관련 생산업체에 영향력을 미칠 수 있을 것이다.

(2) 지리적 공간상에서의 성장극

성장극 이론에서 많은 혼란을 준 문제는 성장극이 힘의 장인 경제적 공간에 자리 잡는다고 할 때 그 경제적 공간이 무엇을 의미하느냐 하는 점이다. Perroux가 말한 성장극은 거기서 발생한 일정한 크기의 힘이 어떤 방향으로 나아가면서 만들어내는 극히 추상적 수준에서의 경제기능공간을 의미하는 것으로서, 지리적 공간과는 차이가 있다.

성장극의 발전 파급효과가 경제적 공간과 지리적 공간에서 그 의미를 달리하는 바를 Paelinck의 모형에 따라 풀이하면 다음과 같이 네 가지 경우의 수를 가정해 볼 수 있다(김형국, 1996: 168).

① 하나의 성장극이 특정 지역 안에 자리 잡고 있으면서 당해 지역에 경제적 영향을 미치는 경우
② 하나의 성장극이 특정 지역 안에 자리 잡고 있으면서도 당해 지역에 경제적 영향을 미치지 않은 경우
③ 하나의 성장극이 특정 지역 안에 자리 잡고 있지 않으면서도 당해 지역에 경제적 영향을 미치는 경우
④ 하나의 성장극이 특정 지역 안에 자리 잡고 있지 않을 뿐 아니라 당해 지역에 아무런 영향력을 미치지 않는 경우

위 네 가지 경우 중 특히 ②와 ③의 경우는 비록 경제적 공간에서는 성장극이지만 지리적 공간에서는 성장극이 아니다. 다만 ①의 경우만이 지리적 차원과 경제적 차원이 합치되는 공간상에서 존재하는 성장극이다. 이런 논의에서 알 수 있듯이 Perroux류의 경제적 공간상의 성장극을 바로 지리적 공간상의 성장극으로 연결지어 해석하는 것에는 한계가 있다. 즉 성장극인 발전추진적 기업을 중심으로 한 '힘의 장'이 지리적 공간이 되려면 발전추진적 기업 및 그와 관련된

모든 기업들이 지리적으로 한 곳에 집적해 입지해야 하는 것인데, 이는 현실적으로 불가능한 일인 것이다. 전통적 입지론에 따르면 발전추진적 기업의 적정입지는 원료의 산지나 시장과의 접근성, 노동력 확보 등과 관련이 있는 것이다. 그리고 발전추진적 기업과 연관된 기업들이 어디에 입지할 것이냐는 연관기업이 발전추진적 기업과 어떤 관계를 맺고 있느냐에 달려있다. 즉 그 연관기업이 발전추진적 기업과 전방연계를 맺고 있는지 후방연계를 맺고 있는지, 그리고 발전추진적 기업의 위성 기업(satellite firm)[2]인지 비위성기업(non satellite firm)인지에 따라 달라질 것이다. 만약 그 연관 기업이 발전추진적 기업과 전방연계관계에 있으면서 동시에 위성 기업인 경우, 발전추진적 기업의 주변에 입지할 것이다. 그러나 연관기업이라 하더라도 비위성기업인 경우는 덜 영향을 받을 것이다.

한편 Isard and Schooler(1959)는 산업복합분석을 통해 전통적인 입지론에서 강조하는 원료획득과 제품판매상의 교통비 변수는 물론, 대기업이 가지는 이점인 규모 경제와 계열기업이 집적됨으로 인해 발생하는 집적 경제까지 종합적인 설명을 전개하였다. 이들은 한 산업복합체가 최대 수익을 얻기 위해서는 각 기업들의 적정 규모가 어떠한지 또 연관된 공정들의 최적 조합을 위한 적정 입지가 어딘지를 분석한 것이다. 그 결과 같은 계열의 기업이나 공정이 한곳에 집적됨으로써 나타나는 이익인 소위 '국지화 이익'(localization econonies)을 가지고 연관기업들의 지리적 집적을 설명하였다. 그러나 그들의 한계는 성장거점에서 찾아볼 수 있는 또 다른 형태의 집적이익인 '도시화 이익'(urbanization economies)에 대해서는 고려하지 못했다는 점이다(D.F. Darwent, 1975: 546). 여기서 도시화 이익이란 다른 종류의 기업과의 기능적 관계에서 그리고 도시의 풍부한 경제적·사회적 간접자본을 용이하게 이용함으로써 생겨나는 이익을 뜻한다.

한편, Boudeville(1957)은 지리적 공간상에서의 성장극 개념에 대한 경험연구를 진행하기도 하였다. 브라질 제련소를 대상으로 연계효과를 분석한 결과, 실제 조립금속산업은 제련산업이 있는 곳에 입지하기보다는 소비자가 있는 대도시권에 입지하려는 경향을 보이는 것을 발견하였다. 다소 정교하진 못하나, 제련소라는 성장극에 의한 분극효과와 대도시라는 집적효과를 분리하려는 시도가 감지되는 대목이다.

---

2 그 기업에서 생산된 제품의 50% 이상이 발전추진적 기업에 들어가는 경우를 지칭한다.

(3) 성장거점과 분극지역

이런 논의들 속에서 다소간 경험적 증거가 부족하기는 해도 경제발전이 시작되고 그 발전효과가 주변으로 퍼져나간다는 성장거점에 대한 생각이 점차 구체화되고 있었던 것이다. 사실 지역개발 측면에서 가장 중요한 질문은 시간과 공간상에서의 투자할당문제이다. 즉 성장거점이라는 특정 지역에 집중 투자할 것인가 아니면 분산 투자할 것인가의 문제이다. 1960년대 프랑스에서도 국가경제계획을 추진하면서 부문별·공간별 투자방식의 문제에 대한 정책결정이 중요한 상황이었다. 이런 상황에서 Boudeville(1968)은 3가지 형태의 지역구분(동질지역, 분극지역, 계획지역)을 제시하면서 투자의 분극효과에 대한 논의를 전개하였다. 여기서 동질지역이란 내부적으로는 최대의 동질적 요소를 가지면서 다른 한편으로 외부지역과는 최대한 이질성을 지닌 지역이다. 그리고 Boudeville논의의 중심인 분극지역(polarized region)은 재화나 서비스, 그리고 정치적 힘이 모이는 중심점(central point)으로서 주변지역을 지배하는 지리적 공간을 말한다. 즉 성장거점과 맥을 같이 하는 개념이다. 이 개념은 Derwent Whittlesley(1959)의 결절지역(nodal region)과 유사하며, 다음에 설명할 John Friedmann의 '중심-주변지역 모델'(center- periphery model)과도 그 특징을 같이 한다.

Hirschman(1958)과 Myrdal(1957)은 성장거점이론에 있어 분극효과를 설명하고 있다. 이 둘은 각기 비슷한 시기에 비슷한 주장을 내놓았다. 즉 어떤 지역(Hirschman의 '북지역')이 선 발전된 성장거점이라면 '분극효과'(polarization effect)와 '누적효과'(trickling down effect)라는 두 가지 효과에 의해 나머지 지역(Hirschman의 '남지역')을 통제한다는 것이다. 여기서 분극효과란 특정 지역의 발전추진적 산업에 집중투자하면 여기에는 집적의 경제가 발생하여 주변지역에 있는 기존의 기업체의 경제활동까지 제약하거나 흡수하며 발전해가는 현상을 말한다. 그리고 누적효과란 성장거점에서 일어난 발전의 힘이 주변지역에 미치는 호혜적 영향을 말하는 것으로서 마치 Schumpeter의 혁신이론과 같이 확산과정을 통해 주변공간으로 발전이 파급되는 현상이다. Hirschman이 말한 분극효과와 누적효과는 각기 Myrdal이 말한 역류효과(backwash effect)와 파급효과(spread effect)와 합치되는 개념이다. 북지역이 남지역에 미치는 분극효과는 남지역을 곤경에 빠트리면서 북지역의 경제적 지위를 강화한다. 즉 상대적으로 취약한 남지역 기업들은 경쟁에서 뒤지고, 또한 젊고 잘 교육된 사람들은 보다 나은 기회를 찾아 북지역으로 선별적 이동을 하게 된다. 북지역의 기업은 생산성이 높기 때문에 남지역에 있던 영세한 자본마저 투자기회가 유리한 북지역으로 이동하게 된다는 것이다.

한편 북지역에서 남지역으로 향한 누적효과는 북지역에서 남지역에 있는 제품의 구매, 남지역에 대한 투자 증대, 남지역 실업자의 흡수 등의 형태로 남지역의 소득을 증대시키는 효과를 말한다. 누적과 분극의 두 효과를 합산하면 결국 북지역을 유리하게 하고 남지역을 불리하게 하는데, 이러한 불균형상태는 남지역의 낙후가 북지역의 발전까지도 저해할 정도가 되거나 아니면 불균형으로 인해 남지역에서 정치적 저항이 발생하는 국면까지 진행하기도 한다.

Hirschman은 이러한 분극효과에 대한 생각을 바탕으로 '통제된 불균형' (controlled imbalance) 발전전략을 제시한다. 즉 북지역과 남지역의 불균형 문제는 시장체계 및 비시장체계 의해 수정 가능하다는 것이다. 북지역과 남지역간 격차가 심해지면, 남지역에 새로운 중심지를 설치하여 불균형을 해소할 수 있다고 본다. 여기서 Hirschman은 적정한 불균형 상태가 어떤 것인지, 또 그러한 불균형이 언제 비효율적이 되는지에 대한 해답까지는 제시하지는 않고 있다.

(4) 중심-주변지역(center-periphery)

경제성장의 착수 및 지역적 투자할당의 문제에 있어 '어디에?'라는 물음에 대해서 Friedmann(1966, 1968)의 연구가 큰 기여를 하였다. Friedmann은 산업부문간 자원배분의 문제보다는 지리적 공간상에서 지역발전의 문제에 관심을 두었다. 이와 관련하여 '중심–주변지역' 개념을 거쳐 경제·사회·정치·문화발전 모두를 포함하는 '분극적 발전이론'(polarized development theory)을 펼친 것이다.

Friedmann의 관심은 과거 식민지상태에서 독립한 뒤 새롭게 국가경제를 통합해야 하는 것을 정책 목표로 삼고 있는 국가를 대상으로 하여 중심–주변지역 모델을 제시하고 있다. 중심과 주변지역의 관계는 4단계로 구분해 볼 수 있다(〈그림 4–1〉 참조). 제1단계는 전(前)산업시기로 주변지역과는 큰 관계없이 소규모의 중심지역이 산재되어 있는 상태이다. 제2단계는 산업화 초기단계로서 하나의 강력한 중심거점이 형성되는 단계이다. 개방경제체제하에서 경제성장은 일반

그림 4-1 중심지역-주변지역 발전단계

제1단계: 독립적 지역중심지; 계층없음-전산업사회의 전형적 도시공간구조

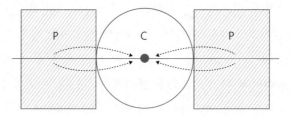

제2단계: 강력한 단일중심지의 형성-산업화 시발
(P: 주변지역; C: 거점)

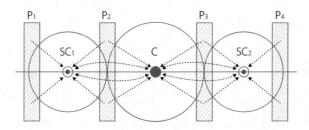

제3단계: 국가적 단일중심지와 강력한 주변부 부심형성-산업화의 성숙기
(P_n: 관리가능 대도시간 주변지역; SC_n: 전략적 하위거점)

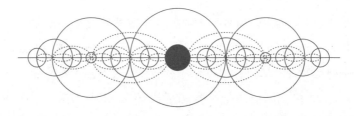

제4단계: 상호의존적 도시체계의 형성-탈공업화시기, 국가적 공간통합도의 향상

출처: 김형국(1997: 45)

적으로 외부로부터 추동되며, 그 동력은 일차 생산품이나 원자재의 수출을 통해
서 이뤄진다. 여기서 수출품은 주로 과거 지배 제국으로 수출되는데 이 경우 수
출항이 있는 지역이 강력한 단일 중심지역으로 부상하게 되지만 나머지 주변지
역과의 연계는 느슨한 경우가 많다. 결국 주변지역의 희생속에서 중심지역만이

일방적으로 발전해가는 이중적 경제구조가 고착화되는 단계이다. 제3단계는 산업화 성숙기로서 국가적 단일 중심지역과 함께 주변지역에 다시 부심이 형성되는 단계이다. 즉 정책적으로 공간통합을 위해 주변지역에 새로운 중심지역을 형성한 경우가 많다. 사실 중심지역에서의 수출부문의 성장이 주변지역으로 얼마나 파급되느냐는 그 국가의 사회정치적 구조와 자원 분배방식에 따라 달라질 것이다. 주어진 공간범역 내에서, 주변지역에 대한 투자와 정부 인프라가 촉진되면 주변지역의 성장은 가속화될 것이다. 마지막 4단계는 산업성숙기를 지나면서 '기능적으로 상호의존된 도시체계'가 구축된 상태이다. 중심지역과 주변지역이 활발한 상호작용을 통해 상호의존적 도시공간이 형성되는 것인데, 이것이 곧 Friedmann이 말한 도시영향권(Uran Field)과 일맥상통한 구조이다.

그러면, Friedmann의 '분극적 발전의 일반이론'(general theory of polarized development)이란 무엇인가? 그에 따르면, 발전은 공간상에서 동질적이거나 무작위적으로 발생하는 것이 아니고 분극적으로 일어나고 있음을 설명한다. 곧 Schumpeter가 말한 대로 경제발전은 획기적 혁신에 의해 비롯되는데, 이 혁신은 지리적 공간상의 특정 지점에 정착하게 되는데 그 지점은 소위 선발이점을[3] 확보하게 된다. 또한 그 선발이점은 계속하여 입지적 관성[4]에 따라 집적된다. 그 결과로 일정 지역상에서 획기적 혁신을 확보한 지점은 중심지역이 되고 나머지는 주변지역으로 남아 중심지역의 영향과 통제를 받는다(김형국, 1996: 172). 발전이 중심지역에 가속적으로 집중됨으로써 지역경제구조의 변화에 중요한 추진력이 되고, 주변지역은 역류효과에 의해 계속해서 중심지역에 대한 종속적인 시장이나 원료공급원으로 전락하기 마련이다.

이상과 같은 일탈확대현상은 발전의 초기단계에는 거의 불가피한 현상으로서 그것이 효과적으로 작동되면 새롭게 형성된 사회 및 공간체계속에 주변지역을 통합하기도 한다. 또 일탈확대현상이 지속되면 전체 국가의 총량적 부는 늘어날지 모르지만, 종국에 가서는 국토의 효율적 이용이라든지 사회 정치적 안정에 중대한 차질을 빚을 가능성이 크다. 이런 상황이 되면 일탈증대로 인한 양 지

---

3 선발이점(initial advantage)은 특정장소에 정주가 이뤄지기 위해서는 다른 장소에서는 찾을 수 없는 유리한 앞선 이점이 확인되어야 함을 의미한다.

4 입지적 관성(locational inertia)은 거기에 정주가 시작되고 모듬살이에 필요한 인공환경이 만들어지면 계속적으로 그곳에 정주하고자 하는 관성을 의미한다.

역간의 차이가 고착화되는 것을 어떻게 방지할 수 있느냐가 중요한 문제로 대두된다. 즉 중심지역이 주변지역으로부터 끊임없이 제기되는 불균형 시정 압력을 언제, 어떻게 적절히 대응할 것인가가 지역정책의 중요과제인 것이다.

(5) 지역발전을 위한 성장거점전략

앞서 살펴본 바와 같이 지역발전은 지리공간상에서 동일하게 또는 무작위적으로 발생하는 것이 아니고 지역상의 특정 지점을 중심으로 분극적으로 발생하는 것으로 이해할 수 있다. 그리고 정책적 측면에서 분극적인 지역발전을 유도하기 위한 성장거점은 낙후지역이나 주변지역을 개발하기 위한 정책수단으로 이해하는 것이 일반적이다.

종합하면, 성장거점전략이란 낙후지역 또는 주변지역의 특정 지점(대부분 도시인데 이를 성장거점이라 칭함)에 발전추진적인 산업체를 유치하거나 또는 정부부문의 프로젝트를 입지시키는 것이라 할 수 있다. 그러면, 지역정책으로서 성장거점전략은 어떤 특성을 지니고 있는지 다양한 논의를 종합적으로 살펴보고자 한다(김형국, 1996; 179-182).

첫째, 성장거점은 발전추진적 기업(혹은 산업)의 입지이다. 여기서 발전추진적 기업(산업)은 다음과 같은 특성을 지니고 있다. ① 반드시 노동력을 대규모로 고용하는 업체가 아니라 직접·간접으로 지역발전에 지대한 영향을 미치는 업체이다. ② 이들 업체는 고도로 집중되어 있으며 대체로 전국의 시장에 그 제품을 판매한다. ③ 업체가 자리잡고 있는 지역에 현저한 승수효과[5] 및 분극효과를 미친다. ④ 생산요소를 지역 내에서 조달하며 그 결과로 업체의 요소비용이 지역 내에 투하됨으써 주민들의 유효수요를 증진시킨다. ⑤ 이들 업체의 생산품은 수요의 소득탄력성이 높기 때문에 이들 업체의 성장률은 국민소득증가율보다 높다. 발전추진적 산업의 성격을 논함에 있어 주의할 점은 흔히 생각하듯이 반드시 제조업 등의 제2차 산업만이 발전추진적인 것은 아니라는 점이다. 행정·서비스·상업기능이 중심인 제3차 산업이나 관광·정보산업(대학·연구소등) 등의 제4차 산업도 발전추진적 산업일 수 있다.

---

5 승수효과란 경제현상에서 어떤 경제요인의 변화가 다른 경제요인의 변화를 가져와 파급효과를 낳고 최종적으로는 처음 몇 배의 증가 또는 감소로 나타나는 총효과를 의미한다.

둘째, 성장거점은 분극적 효과를 통해 주변지역의 유휴 노동력을 흡입하는 지점이다. 낙후지역의 유휴 노동력을 위해 취업기회를 제공하며 또한 새로운 유입인구에 의해 자체의 도시이익을 집적한다.

셋째, 성장거점은 대도시에서 발생되기 마련인 사회·경제적 혁신을 주변지역으로 전파하는 매개역할을 한다. 일반적으로 혁신은 도시계층을 따라 대도시에서 중간도시로, 중간도시에서 다시 소도시로 확산되는 이른바 계층확산 형태를 취하는데, 이때 개별도시의 상대적 크기가 혁신전파에 중요한 역할을 하게 된다. 이런 점에서 낙후지역에 자리잡고 있는 소도시를 성장거점전략을 통해 중간도시로 육성한다면 대도시에서 발생하는 발전효과를 낙후지역에 매개하는 디딤돌 역할을 기대할 수 있다는 것이다.

넷째, 성장거점은 '자체적으로 지속성장할 수 있는'(self-sustaining) 도시를 의미한다. 성장거점정책은 자체 지속적이지 못한 도시를 육성하여 스스로 발전할 수 있는 상태로 높이는 것을 목표로 한다. 자체 지속성장도시란 일정한 수준의 경제규모를 갖추어서 수요와 공급이 자체 창출되고, 주민의 발전역량이 증대하며, 고급 서비스업 등 새로운 산업입지 가능성이 높은 지역을 말한다.

다섯째, 성장거점은 적정 규모도시를 의미한다. 적정 규모도시란 교통혼잡·환경오염 등 심각한 집적의 불이익이 발생함이 없이 규모경제 및 외부경제를 최대한 확보할 수 있는 도시규모를 상한선으로 하고, 관련 지역 전체의 발전에 기여할 수 있는 최소한의 도시경제규모를 하한선으로 하는 도시를 뜻한다.

여섯째, 성장거점도시는 지역 내외의 동일 계층의 도시들과는 기능적으로 전문화되면서 서로 보완하고, 상하위의 다른 계층의 도시와는 통합된다.

이러한 특성을 지닌 성장거점을 지역발전전략으로 활용함에 있어 결정해야 할 몇 가지 이슈들이 있다(김형국, 1996: 186-187).

첫째, 어떤 지역을 성장거점으로 선정할 것인가의 문제이다. 기존의 시장체제하에서 어느 정도 조성되어 있는 자연적 거점지역을 선택할 것인가 아니면 새로운 지역을 택해 신도시로 처음부터 조성해 나갈 것이냐를 선택해야 한다. 후자의 경우 자칫 지속적인 투자를 통해야 성공할 수 있는바 자칫 성장거점을 지속시키기 어려울 수 있다는 점에서 대체로 기존에 존재하는 거점을 택한 것이 현명한 결정이라 생각된다.

둘째, 지역발전정책의 목적에 따라 어느 정도의 도시계층을 성장거점으로 택하느냐의 문제이다. 대도시의 과밀인구를 해소하기 위해서 추진하는 성장거점 전략이라면 중간규모도시를 택해 대도시유입 예상인구의 대안적 입지로 육성하는 것이 바람직하다. 한편 농촌지역에 공공 및 민간서비스를 제공하는 것이 목적이라면 하위계층인 소도시를 성장거점으로 육성시켜 나가는 것이 필요하다.

셋째, 성장거점정책의 목표를 '피동적으로 단지 기존 기능을 강화하는 것'으로 설정할 것인지 아니면 '능동적이고 촉발적인 것'으로 설정할 것이냐에 따라 정책 내용이 상이해질 것이다. 전자의 경우는 물리적 계획을 통해 공공투자를 늘리는 쪽으로 정책을 세우고, 후자의 경우는 낙후지역문제가 고착화되어 있는 곳을 대상으로 한 정책이기 때문에 단순하게 물리적 개선만으로는 어려울 것이다. 따라서 보다 적극적인 접근을 통해야만 문제해결이 가능하다고 보아, 경제계획은 물론 종합적 전략과 직접적 투자수단을 모두 동원해야 한다.

넷째, 성장거점의 성격을 산업기능 요소를 강조하는 것으로 할 것인지 아니면 지리적 요소가 강조된 것으로 할 것인지를 결정해야 한다. 산업기능 공간으로서의 성장거점은 선도적인 산업을 유치함에 있어서 대체로 대도시에 본사를 두고 있는 대기업 계열공장의 유치를 중심으로 한 지역경제의 육성을 뜻한다. 한편 단지 지리적 요소가 강조된 성장거점은 특정한 산업체의 입지없이 공공시설 투자나 교통망개선 등의 측면에서 도시기능을 개선하는 것을 뜻한다.

이런 성장거점 개념에 따라 지역발전정책을 진행시킨 최초의 사례가 프랑스이다. 20세기 중반 프랑스는 '파리와 그 외의 사막들'로 구성되어 있다고 표현할 정도로 정치·경제·사회·문화 모든 면에서 수도 파리에 과도한 집중현상이 문제되는 상황이었다. 이러한 파리의 과도한 집중을 막기 위해 성장거점으로서 8개의 지방대도시(metropole)를 선정하여 파리에 대응할 만한 대도시로 육성코자하는 성장거점정책을 수립하였다. 즉 이들 8개 metropoles을 중심으로 주변지역이 통합되는 구조를 지향하면서 교육, 행정 등 공공서비스를 집중하면서 공공부문의 이전을 추진한 것이다. 그러나 프랑스의 성장거점정책은 당초 예상했던 결과를 얻지 못했다. 지방대도시를 선정하는 데 많은 논란이 있었고 또 그 전에 지방분산을 위한 21개 계획지역(program region) 시책과도 조율되지 못했다. 그러면서 이렇게 추진된 지방대도시 육성정책이 과연 지역발전의 촉진역할을 하는 것인지 아니면 이들 지방대도시와 주변 지역간의 또 다른 격차를 유발한 것인지에 대한 의문도 일어났다. 오히려 지방대도시 주변지역의 경제성장 잠재력을 고갈시켰는가 하면 지방대도시의 도시혼잡을 조장했다는 비판도 받았다(김형국, 1996: 188).

우리나라의 경우도 행정실무에서 '거점개발'이란 용어가 널리 쓰였지만, 성장거점이론에 바탕한 진정한 의미의 발전전략과는 다소 차이가 있으나, 유사한 정책수단이 여러 형태로 전개되어 왔다. 1960년 이후 울산·포항·마산 등 신흥공업도시에 설치한 공업단지조성이나 중소도시 육성정책, 그리고 최근 수도권 집중을 완화하고 국토균형발전차원에서 추진한 혁신도시조성 등이 그러한 예라 하겠다.

2 기본욕구 발전전략

(1) 기본개념

1970년대 들어서면서 많은 발전론자들은 성장을 통한 재분배 접근이 환상이라는 것을 깨닫기 시작하였다. 각국은 여전히 빈곤문제를 안고 있었으며 이는 직접적으로 그리고 시급히 해결되지 않으면 안 된다고 인식하였다. 즉 그 당시 성장중심 전략에 대해 다음과 같은 비판이 대두된 것이다(박종화 외, 1995: 138). 비판의 골자는 기존의 서구식 성장전략은 성장만을 지나치게 강조하고 분배적 차원의 형평성을 무시하였다는 것이다. 또한 성장전략은 저소득층에게 혜택을 주지 못한 채 주민의 기본욕구나 고용을 간과하였으며, 어떤 개발이라 하더라도 그것이 빈곤층의 기본욕구를 충족시키지 못한다면 진정한 개발이라고 보기 어렵다는 점에서 문제란 것이다.

'기본욕구'라는 용어는 1976년 국제노동기구(ILO)가 제네바에서 개최한 세계고용회의(World Employment Conference)에서 스스로 제창한 것이며, 일약 세계의 이목을 집중시키게 되었다. 성장거점이라는 사고방식이 원래 서구 선진제국의 지역개발문제를 해결하려는 과정에서 생겨난 것인 데 반하여. 기본욕구라는 개념은 그 출발에서부터 저발전국의 빈곤층의 생활개선을 위한 개발방식으로 제창된 것이다.

국제노동기구(ILO)가 제창한 기본욕구는 두 가지 요소로 구성된다(최상철 역, 1988: 186). 첫째는 인간의 생존에 필요한 최소한도의 '소비'에 관한 것으로서 식료, 주거, 의복이 여기에 해당한다. 둘째는 지역사회에 대한 서비스로 제공되어야 것으로 안전한 음용수, 공중위생, 공공교통기관, 보건의료, 기초교육 서비스 등이 이에 해당한다. 그리고 이러한 두 가지 기본욕구에 대응하기 위한 매개조건이 있는데 주민참여와 고용이 그것들이다. 먼저 '주민참여'는 주민들이 그들의 생활개선과 관련되는 결정에 그들의 의지를 반영시키기 위한 방안으로서 그 의미가 크다. 다음 '고용'인데 이를 통해 주민들이 기본욕구 충족을 위한 소득을 창출할 기회를 보장해야 한다는 점에서 근본적으로 중요한 사항이다.

이와 유사하기는 하지만 Emmerij(1981)는 기본욕구를 기능에 따라 다음과 같이 분류하고 있다(박종화 외, 1995: 140)

① 생활에 필수적인 기본욕구: 식품, 의복, 주거 등
② 인간의 복지증진에 필수적인 기본욕구: 보건의료, 교육, 교통, 통신, 전력, 시장, 공공시설 등
③ 생산수단이나 경제적 기회에 대한 접근성을 개선하는 데 필수적인 기본욕구: 토지, 용수, 산림, 자본, 고용, 소득 등
④ 안전과 자유에 필수적인 기본욕구: 인권, 주민참여, 사회안정, 국방, 규범

사실 기본욕구 충족은 단순히 일정 계획기간에 설정된 목표 달성이란 측면뿐 아니라, 보다 궁극적인 개발목표인 '기본적 인권 보장'을 위한 실현 수단이란 측면도 있는 것이다. 다수의 주민들이 기본욕구마저 충족되지 않은 상태에 처한 저발전국의 경우, '보다 공정한 부의 분배방식'이 요구하며 또한 기본욕구 충족을 위한 토대로서 '경제성장'이 필요하다.

결국 기본욕구 개념은 저발전국의 저소득층을 대상으로 그 생존에 필요한 최소한도의 소비재와 공공서비스를 일정 계획기간 내에 제공함으로써, 궁극적으로는 기본적 인권을 보장할 수 있는 사회체제를 구축한다는 목표하에서 구상된 것이다.

(2) 기본욕구전략의 주요 쟁점

1) 발전단계별 기본욕구수준 상이

같은 저발전국이나 발전도상국이라 하더라도 경제소득수준은 매우 다르다. 중국의 빈곤농민을 대상으로 한 기본욕구와 아프리카 케냐의 빈곤농민의 그것을 비교하더라도 기본욕구의 구성요소의 수나 양, 그리고 질적 수준에 관하여 큰 차이가 생기는 것은 당연하다. 또한 인간생명유지에 필요한 칼로리나 단백질의 양 등이 동일하다고 하더라도 옥수수보다는 쌀을, 그리고 생선보다는 육류를 더 선호하는 사회적 욕구가 있는 상황에서 칼로리 또는 영양수준만을 위해 특정 식품을 강요해서도 안 된다. 또 보건의료 기본욕구와 관련하여 보면 유아사망율 목표 수준을 어떻게 정할 것이냐도 국가별로 큰 차이가 있을 수밖에 없다. 유아사망률 목표수준을 설정하는 문제는 곧 공중위생 수준, 보건소의 배치 및 보건요원의 수, 의료품의 질과 양, 전염병 예방을 위한 음용수 공급과 하수도 공급을 어떻게 할 것인지의 문제와 직결되는 문제이다. 결국, 필요한 공공 재정지출의 수준이나 정책 방향은 국가가 처한 상황에 따라 달라질 수밖에 없으며, 최종적으로는 국민적 합의 즉 정치과정을 통한 의사결정에 따를 수밖에 없는 것이다.

2) 기본욕구의 다층적 성격

복잡한 질병치료에 필요한 고도의 의료기술은 일정 규모 이상의 대도시나 대학기관에서 제공받을 수 있는 의료서비스인데, 어디까지를 기본욕구로 보고 어떤 수준을 사치욕구로 볼 것인지 경계를 정하는 것은 쉽지 않다. 또 기본욕구로 설정된 것이라 하더라도 이를 직접 지역사회에 제공할 것인지, 아니면 보다 상위의 거점도시에 제공할 것인지에 관해서도 합리적 결정이 이뤄져야 한다. 다시 말하면 기본욕구에 해당되는 각 공공서비스의 효율적 전달체계를 확립하고, 그리고 그에 부합하는 공간별 시설배치계획이 마련되어야 하는 것이다.

3) 시간경과에 따른 변화

기본욕구는 정적(靜的) 개념이 아니라 시간경과에 따라 진화하는 동적(動的) 개념이다. 주관적인 생각이 변화하는 것은 물론, 객관적인 상황도 변화해 가는 것이다. 어떤 수준이 확보되면 그 다음 상위수준이 기본욕구가 되는 식이다. 웰

만한 기본욕구는 다 충족되었으리라 생각되는 영국이나 독일 등 선진국들이 현재까지도 최소한의 서비스기준을 설정하고 이를 달성해나가는 정책을 펴고 있는 것에서도 알 수 있듯이 기본욕구란 시대상황에 따라 변해가는 개념이라 할 것이다.

영국에서는 '공평한 서비스 접근성'을 목표로 농어촌서비스기준을 마련하여 시행하고 있으며, 독일도 '동일한 생활조건 확립'을 기본법에 명시하여 소규모·하위·중위·상위의 중심지별 공공서비스 시설배치기준을 적용하고 있다(심재헌 외, 2014: 74). 우리나라도 이들 국가와 유사한 정책을 시행하고 있다. 즉 도·농간 삶의 질 격차가 지속적으로 존재하고, 농어촌지역 주민이 실제적으로 체감하는 기초 공공서비스 공급이 제대로 이뤄지지 않았다고 판단한다. 따라서 정부는 '농어업인 삶의 질 향상 및 농어촌지역 개발촉진에 관한 특별법'에 근거하여 2011년부터 '농어촌서비스 기준'을 제시하고 그 이행상황을 매년 관리해 나가는 방식을 취하고 있다(한국농촌경제연구원, 2015). 보건복지, 교육여건, 정주생활기반, 경제활동·일자리, 문화·여가, 환경·경관, 안전 등 7개 부분으로 나누고 이를 다시 17개 세부 핵심항목으로 나눠 각 핵심항목별 '국가최소기준'(national minimum)을 설정해 놓고 목표치 달성을 위해 관리하는 방식이다. 몇 가지 항목별 국가최소기준을 살펴보자. 상수도에 대해서는 '면지역 상수도 보급률은 75% 이상'이고, 대중교통은 '도보 15분 거리 내 버스정류장에서 노선버스, 순환버스 등 대중교통 하루 3회 이상 이용 가능', 응급서비스의 경우는 '응급장비가 마련된 구급차가 30분 이내 도착' 등과 같은 최소기준을 설정하고 있다.

4) 경제발전정책과의 관계

기본욕구전략이 오직 특정의 소비품목과 서비스의 제공에 한정되어 주민들의 생산능력 향상 또는 경제발전역량 증진에 기여하지 않는다면 그것은 '자선의 영구화'로 전락하게 될 것이다. 기본욕구 충족은 인권보장이란 점에서 그 자체로 목적이 될 수 있으나, 해당 주민들의 경제발전능력을 향상시키는 일도 중요하다.

그러나 '생산능력'의 문제가 대두되면 한 가지 문제에 직면하게 된다. 즉 기본욕구전략은 대상지역의 생산품목을 규제할 것인지 말 것인지의 문제이다. 다시 말하면, 대상지역별로 저소득층이 필요로 하는 식료품의 자급을 목적으로 생산계획을 세울 것인지 아니면 환금작물로 돈을 벌어 필요한 식료품을 타 지역에

서 매입해도 좋다는 것인지의 문제이다. 저발전국의 경우 일반적으로 국제수지
상 불리한 입장이므로 외화를 필요로 하는 식료품에 대한 타국 의존도를 줄이는
것이 원칙적으로 바람직하다. 그러나 시장경제를 채택하는 국가에서는 국가발전
계획상 모든 경우에 '지역별 식품자급자족'을 고집할 필요는 없으며 또한 고집해
서도 안 된다. 비록 기본욕구전략이라 하더라도 이렇듯 상식적인 수준에서의 국
가 또는 지역개발정책까지 바꾸면서 추진하는 것은 바람직하지 않다.

5) 국제협력 내용과의 관계

처음 기본욕구 개념이 제시되었을 때, 저발전국들은 두 가지 점을 의심했
다. 첫째는 저발전국에 대한 선진국의 원조가 기본욕구 충족에 해당되는 특정
항목으로 한정되며, 원조의 총량도 삭감하려는 의도가 있지는 않을까 하는 점이
다. 두 번째는 이와 같은 선별적인 원조정책으로 저발전국들이 산업화로 나아가
는 데 필요한 공업기술부문에 대한 원조가 배제됨으로써 결과적으로 '의존의 항
구화'가 이뤄질지 모른다는 의구심이었다. 물론 기본욕구 개념 주창자들은 이런
의도는 없는 것이라는 점과 함께 기본욕구에 관련된 영역에 대한 투자를 우선시
하는 것에 불과하다는 점을 분명히 했다.

(3) 기본욕구 발전전략

1977년 국제아동기금(UNICEF)은 기본욕구 개념에 기초하여 다음과 같은 '기
본 서비스 방식'을 제창하였는바, 이는 저발전국 지역사회에서 기본욕구 발전전
략을 추진하기 위해 필요한 구체적 방법을 제시한 것이다.

첫째, 지역사회 수준에서의 주민참여: 주민을 조사원으로 채용하여 당해 지
역주민의 욕구가 어떤 것인지를 충분히 조사한다. 물론 2차 자료 활용이나 지역
실정에 밝은 사람을 대상으로 한 인터뷰조사, 설문조사, 관찰조사 등 다양한 방
법을 사용한다.

둘째, 지역사회 지도요원의 선출: 농업지도사, 보건지도원, 영양지도원 등
지역사회에서 직접 주민과 접촉하는 각종 지도사가 필요한데, 강제로 데려와 근
무시키기는 것보다는 지역주민 중에서 선출하는 것이 훨씬 좋은 방법이다.

셋째, 단순한 기술의 활용: 농촌의 생활 또는 생산 환경개선에 있어서 적정
기술(appropriate technology)이 중요하다. 경운기를 도입하기 어려운 농촌 생산 환

경에 지게를 개량하여 활용하는 방식 등이 적정기술의 예가 될 수 있다.

넷째, 지역주민의 자금적립: 기본욕구가 제공되는 것에 만족하는 경우 앞서 언급한 바 있는 '자선의 항구화'로 전락하게 되므로, 작은 자본이라도 적립하여 스스로 자립하는 능력을 확대해 가야 한다.

다섯째, 위계적 서비스 전달체계의 구축: 보건의료서비스를 예로 들면 마을 단위의 보건진료소에서 전국 규모의 대학병원까지 단계별 진료체계가 잘 구축되어야 한다. 하위단계의 서비스가 원활히 제공되면 다음 중간단계에서의 서비스 요구도 증대되는 만큼 그에 걸맞는 대응조치가 필요한 것이다.

이상은 순수하게 기본욕구를 제공하는 측면에서 국제아동기금이 제시했던 접근방식을 살펴보았다. 그러나 기본욕구전략이 저발전국의 저소득층을 대상으로 기본욕구 충족에만 초점을 맞추는 것은 아니다. 장기적으로는 당해 지역의 경제성장과 고용확대를 통해 저소득층의 소득증대를 도모하는 것도 염두에 두고 있다. 그런 점에서 기본욕구전략은 전통적인 성장지향적 전략을 대체한다기보다는 이를 보완하는 성격을 지닌다고 하겠다.

이런 관점에서 Friedmann & Weaver가 저발전국 농촌지역의 자립적인 경제성장을 도모하기 위한 목표를 가지고 제시한 '기본욕구 전략에 기초한 농촌발전모델'은 의미가 크다(J.Friedmann & C.Weaver, 1979: 193-204). 이 발전모델을 적용하기에 적합한 지역은 인구밀도와 인구증가율이 높은 저소득 농촌사회이고, 아직 도시화사회에 진입하지 못한 상태이며, 외부 의존도가 높을 뿐 아니라 사회적 불평등이 심화되고 있는 사회이다. 이런 사회는 1960-1970년대 중국을 위시하여, 지금의 아시아지역 및 아프리카 일부지역이 해당될 것이다.

우선 기본욕구전략에 기초한 농촌발전모델을 성공시키기 위해서는 몇 가지 기본조건을 충족시켜가야 한다.

첫째, 선별적인 영역 폐쇄성(selective territorial closure)을 견지해야 한다. 효율성을 앞세운 세계경제에 통합된 개방 경쟁체제에 완전 노출되어서는 안 된다. 일정 정도 폐쇄체제를 유지하지 않고서는 성공하기 어렵다는 것이다. 또한 외부 원조나 투자에 덜 의존적이어야 한다. 이는 일반주민이 개발에 참여하고 사회적 학습문화가 시작되어 주민역량을 키워나가는 한편, 생산체제를 다원화하고 가능한 한 지역자원을 이용해야 함을 의미하는 것이다.

둘째, 토지나 농업용수과 같은 생산자산을 어떻게 활용할 것이냐에 관해 지역사회가 자치적 결정을 할 수 있어야 한다. 토지나 농업용수와 같은 기본적 생산요소의 배분과 이용문제가 농촌지역사회의 자치적 민주결정에 의해 이뤄진다는 것은 그로 인한 편익이 공평하게 분배된다는 것을 의미한다. 또한 지역사회가 자치적으로 배분 결정하는 경우는 지역민의 생존을 위한 기본적 조건을 만족시키는 것에 최우선권을 두게 된다는 것을 뜻기도 한다.

셋째, 사회적 파워에 대한 접근기회가 공평해야 한다. 여기서 사회적 파워란 개인의 잠재력을 높일 수 있는 자원으로서 토지나 용수와 같은 생산적 자산, 금융자원, 지식 및 기술, 사회·정치조직 등을 말한다. 이러한 사회적 파워에 대한 접근이 공평하다는 것은 지역사회 주민들 간 자유로운 협력적 관계를 만들어내고 결국 새로운 아이디어, 새로운 에너지가 창출되는 사회분위기를 조성할 수 있다는 것을 의미한다.

소규모 농촌마을이든 그보다 넓은 범역의 농촌지역에서든 간에, 지역발전을 꾀하는 일은 결국 자립을 촉진하는 것으로서 이는 다음과 같은 원칙에 따라 추진되어야 함을 강조하고 있다.

첫째, 농촌지역경제를 다양화시켜야 한다. 여기서 다양화는 농업생산품목을 다양화하는 것과 함께 농업 이외에 제조업 및 서비스업 비중을 높이는 두 가지 측면을 모두 지니고 있다. 경제환경 변화에 탄력성을 지니고 지속 생존하려면 어느 한 분야로 특화하기보다는 여러 분야에서 다양성을 확보하는 일이 중요하다.

둘째, 보존의 필요성을 감안하면서 물리적 개발을 극대화해야 한다. 즉 토지와 용수관리. 에너지 자원개발, 교통수단 개선, 다양한 공공서비스 시설의 건설 등이 가능토록 해야 한다. 다만 물리적 개발을 극대화한다고 해서 과도한 자원착취 형태로 진행되어서는 곤란하다. 미래세대도 그곳에서 삶을 이어가야 하기 때문이다. 이와 관련하여 공동체적 유대감으로 맺어진 사회가 순전히 경제적 측면에 기초해 형성된 사회보다 미래에 보다 큰 가치를 부여하는 것은 당연하다.

셋째, 지역 내, 그리고 지역 간 내수시장을 확대해야 한다. 불균형 성장관점에서는 다음과 같은 과정을 상정한다. 즉 해외 수요의 발생 → 제조 수출 → 2차, 3차 고용 → 농업생산수요 증가 → 내수 제조업 수요증가 → 내수 생산 및 고용증가의 과정을 거친다. 여기서 '해외 수요'는 저발전국의 저임금 노동력으로 생산되는 제품에 대한 수요를 말한다. 그런데 기본욕구전략에 기초한 농촌발전모델은 이와는 달리 농촌지역발전을 통한 일반주민들의 생산성 증대에 따라 내수시장수요가 커지면서 이런 과정이 일어나는 것을 지향한다.

넷째, 자기자본 원칙을 지향한다. 자립원칙에는 이러한 자기자본 원칙까지 포함한다. 저소득층들이 소득의 대부분을 생계유지를 위해 사용하기는 해도 외부자본에 잠식되었을 때 지역주민은 자본주에 종속관계에 떨어지기 때문이다.

다섯째, 사회적 학습을 촉진해야 한다. 사회적 학습은 농촌사회를 구성하고 있는 주민이나 기관들이 당면한 문제를 해결할 수 있는 일정 수준의 능력이 있을 때 일어난다. 농업기술, 보건지식, 유아교육 등 여러 가지 혁신적 아이디어나 기술 등을 지역사회에 잘 전달하고 확산시킬 수 있는 여건을 갖추는 것이 중요하다는 점이다.

3 클러스터 발전전략

이미 수세기 전부터 몇몇 산업은 특정 지역에 집중되는 현상인 클러스터가 하나의 경제현상으로 자리 잡고 있었다. 그러나 산업초기에는 이러한 클러스터의 역할이 특별히 언급될 만큼 광범위하지는 않았다. 그러나 경쟁이 격화되고 근대 경제가 점차 복합해지면서 클러스터의 종류나 수가 늘어나고, 또한 클러스터 내부의 결속력도 증대된 것이다. 특히 세계화 시대에 지식과 기술혁신이 주요 경쟁요소로 떠오르면서 클러스터의 의미와 역할이 재조명된 것이다.

클러스터 이론은 1919년에 Alfred Marshall이 제시한 산업지구(industrial districts) 개념에서 출발하였다. Marshall이 말한 산업지구란 '사회 · 문화 · 역사적 배경을 공유하며 비슷한 규범과 가치체계를 가진 주민들의 공동체와 경쟁 · 협력관계에 있는 기업들이 상호밀접한 관련을 맺고 있는 특수한 형태의 지리적 공간'으로 정의된다. 이후 경제지리학, 경영학, 도시경제학, 지역학 등에서 클러스터의 가치를 인정하면서 클러스터의 성장과정, 전후방연계, 집적경제, 산업지역, 사회적 네트워크 등 다양한 측면에서 연구가 진행되어 왔다.

그 중 미국 하버드대학 Michael Porter 교수는 1990년 출간한 그의 책 「국가의 경쟁우위」에서 세계경제하에 국가나 지역이 경쟁우위를 확보하는 데 있어 클러스터의 역할과 중요성을 제시하면서 각국의 큰 관심을 자아냈다. 클러스터가 형성된다는 것은 경쟁우위의 주요 요인이 특정 기업의 외부, 즉 기업이 입지한 지역의 환경에 달려있다는 의미이기도 하다. 예컨대, 세계적인 뮤츄얼 펀드사가 보스턴 지역에 입지하는 것이 여타 지역에 입지하는 것보다 더 성공할 확률이 높은 이치와 같다. 특정 지역의 번영은 그 지역을 입지로 선택한 기업들의 생산성이 높아질 때 이루어지는데, 여기서 기업들의 생산성은 '사업환경의 질'에 의해 큰 영향을 받게 된다. 예컨대 양질의 물류 기반시설을 이용할 수 없는 기업은 선진화된 물류기술을 도입할 수 없어 생산성을 높일 수 없을 것이다. 또 고학력의 인력을 확보할 수 없는 곳에서는 고도의 서비스 전략으로 경쟁할 수 없을 것이다. 더 나아가 도로체계, 기업 조세율, 법률 체계 등과 같은 사업환경도 산업생산성에 큰 영향을 미친다.

선진국이나 후진국 경제 모두에서 예외없이 기업의 생산성 증대에 있어 사업환경의 질이 중요한데, 이는 기업이 어떤 특성을 지닌 클러스터에 포함되어 있느냐에 직결된 문제이다. 결국 클러스터 관점은 기업전략 측면에서만이 아니라 지역 또는 국가 발전정책에서도 중요한 의미를 지니게 되는데, 이하에서는 Porter의 클러스터 이론과 발전전략을 중심으로 살펴보기로 한다(김경묵·김연경 역, 2002 참조).

(1) 클러스터 개념 및 구성요소

클러스터는 여러 가지로 정의되고 있는데 이 중 Porter의 정의가 가장 표준적인 정의로 받아들여지고 있다. 그는 클러스터란 '지리적으로 인접하고 있는 특정 산업분야의 기업들과 그 연관 기관 등이 공통성(commonality)과 보완성(complementarities)에 의해 상호 연계된 그룹'이라 정의한다. 클러스터의 지리적 범역은 시군 수준에서부터 시도, 그리고 국가, 나아가서는 인접 국가들의 네트워크에 이르기까지 다양할 수 있다.

클러스터 개념을 이해하는 데 있어 가장 기본적인 사항은 클러스터를 구성하는 요소들이 무엇인가이다. 클러스터를 구성하는 요소는 당해 클러스터의 규모나 세분정도에 따라 다르겠지만, 일반적으로 ① 완성품 생산업체는 물론 부품 공급업체 ② 연관 산업에 속하는 기업 ③ 전문화된 훈련이나 교육, 정보, 연구, 기술 등을 제공하는 기관(대학, 연구소 등) ④ 금융기관 ⑤ 유통업체나 구매 고객 ⑥ 클러스터에 참여한 기관을 지원하는 민간형태의 기업협의체 ⑦ 행정기관 등을 포함한다.

클러스터의 구성요소를 파악하는 작업은 무엇보다 거대기업을 구심점으로 하여 그 기업이나 산업의 수직적 가치사슬(value chain)을 고찰하는 데에서 출발한다. 두 번째 단계에서 상호보완적인 제품이나 서비스를 제공하는 기업이나 산업간 수평적 가치사슬을 분석한다. 세 번째 단계에서는 기술, 정보, 자본·기반시설을 공급하는 기관과 관련 단체를 선별해 낸다. 마지막 단계에서 클러스터 관련 주체들에게 커다란 영향을 미치는 정부 및 규제기관을 도출한다.

클러스터 구성의 한 예로서 미국 캘리포니아의 와인 클러스터를 보자. 이곳에는 일반적인 와인산업으로 분류되는 1,800호 가량의 포도재배농가와 약 680개의 포도주 제조업체, 그리고 이와 관련된 다양한 주체들이 광범위한 연계관계를 맺고 있다. 〈그림 4-2〉에서 보듯이 '포도 재배' 영역은 캘리포니아의 광범위한 농업 클러스터와 연결되며 '포도 가공' 영역은 캘리포니아의 식음료 클러스터와 와인 생산지역에 위치한 관광 클러스터와 강한 연계를 구축하고 있다. 또한 세

그림 4-2 미국 캘리포니아의 와인 클러스터

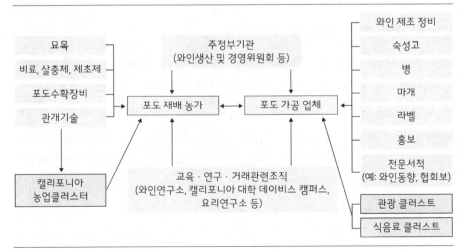

출처: 김경묵·김연성 역(2002: 244)

계 최고의 포도 재배와 와인학 과정을 개설하고 있는 캘리포니아 데이비스 대학과 연구소, 그리고 이를 지원하는 주정부 특별위원회 등이 연계되어 있음을 보여주고 있다.

클러스터 개념의 두 번째 특징은 다양한 주체들의 지리적 집중(geographical concentration)이다. 클러스터가 형성되려면, 우선 기업과 대학, 연구소, 공공기관 등이 일정지역에 모여 있어야 한다. 어느 정도 모여 있어야 하는지는 일률적으로 정할 수 없으나, 규모가 작으면 규모의 경제나 집적의 경제를 기대하기 어렵다. 수평적 혹은 수직적으로 관련된 기업과 기관들이 일정 지역에 모여 있기 때문에 기업경영에 필요한 공급자서비스, 기업지원서비스, 노동력 등의 생산투입요소를 쉽게 얻을 수 있다. 가까운 거리에 있다는 것은 수송비용을 줄일 수 있고 관련 정보도 쉽게 얻을 수 있다. 또 경쟁기업들이 일정 지역에 모여 있어 경쟁의 강도가 높고 성과를 측정하기 쉽기 때문에 낮은 비용과 높은 품질의 투입요소를 빠르게 조달할 수 있다는 점도 클러스터의 장점이다.

세 번째 특징은 클러스터 내 구성주체들이 특정 분야에 특화되어 있다는 점이다. 특정 분야에 특화되어 있으면서 또한 내부적으로 서로 연관되어 있어야 시너지 효과를 발휘할 수 있을 것이다. 물론 여기서 말하는 특화가 한 가지 산업이나 기능만을 말하는 것은 아니며, 여러 산업이나 기능이 중첩되어 나타나는 경우가 많다.

네 번째 특징은 관련 기업과 기관들 간의 연계와 네트워킹을 통한 혁신이다. 혁신에는 연구개발과 기술개발뿐만 아니라 마케팅 혁신, 공정혁신, 사업모델 혁신 등 다양한 형태를 포함한다. 클러스터가 일정 범역의 지역에 집중하여 입지하고 있어 대면접촉(face to face contact)을 통한 의사소통이 가능하기 때문에 혁신에 필요한 암묵지(tacit knowledge)와 노하우에 접근하기 수월하다. Dyer(1994)의 연구에 의하면, 토요타자동차의 경우 거래하는 부품업체와의 거리가 140Km인 것에 비해 닛산자동차는 280Km, GM은 가장 먼 거리인 687Km나 떨어져 있다. 여기서 흥미로운 점은 신차 개발시 토요타자동차의 연간투입인원수로 계산된 정보교환시간이 7,500시간인 것에 비해서 닛산은 3,500시간, GM은 1,000시간에 불과한 것으로 나타났다. 조립업체와 부품업체간의 거리가 멀수록 정보교환시간이 짧게 나타난 것이다. 정보교환시간의 차이는 개발기간과 자동차의 품질차이로 나타난다. 정보교환시간이 많은 토요타자동차는 신차를 50개월 만에 개발하고 개발한 신차 100대에서 3개월간 발견된 결함 수는 80개였다. 이에 비해 닛산은 개발기간 52개월, 결함 수 105개, 그리고 GM은 87개월, 결함 수 130개의 성과를 보이고 있다. 이렇게 토요타가 높은 성과를 낼 수 있었던 것은 가까운 거리에 있는 기술자들이 얼굴을 맞대고 협의하는 시간이 많아짐에 따라 설계도면으로 말할 수 없는 암묵지의 교환이 가능했기 때문이다(국가균형발전위원회 외, 2007 a: 37−38).

클러스터는 다양한 형태로 존재하는데, 주로 중소기업들로 구성된 클러스터(이탈리아의 신발 클러스터와 미국 노스캐롤라이나의 가정용 가구 클러스터 등)가 있는가 하면, 대기업과 소기업을 모두 포괄하는 클러스터(미국 할리우드 엔터테인먼트산업 클러스터나 독일의 화학산업 클러스터)도 있다. 또한 중심에 연구 대학을 두고 있는 클러스터가 있는가 하면, 이렇다 할 대학을 끼고 있지 않는 클러스터도 있다. 클러스터의 이러한 다양성은 산업단계나 산업구조가 다양하다는 반증이기도 한다. 사실 선진화된 클러스터는 여타 클러스터보다 더 깊이 있고 전문화된 공급기반을 보유하고 있을 뿐 아니라 훨씬 다양한 종류의 산업과 광범위한 지원기관을 거느리고 있다. 새로운 기업이나 산업이 출현함에 따라 기존의 산업이 위축·쇠퇴하고 지역의 관련 기관들도 변화를 거듭함으로써 클러스터의 경계나 성격도 달라지는 것은 당연한 현상일 것이다.

(2) 클러스터 발전전략의 내용

1) 국가 경쟁우위 결정요소

특정 국가에 입지하고 있는 기업들은 왜 끊임없이 혁신을 할 수 있을까? 왜 그들은 끊임없이 경쟁우위를 확보할 첨단기술 개발에 몰두하는가? 왜 그들은 성공에 수반되는 변화와 혁신의 장애요인들을 극복할 수 있는가?

이에 대한 해답으로 Porter는 「국가 경쟁우위」란 저서에서 상호 연계된 시스템으로서 4가지 요소의 다이아몬드 모형을 제시한다. 특정지역이 타 지역에 비해 경쟁우위를 갖기 위해서는 ① 요소 조건 ② 수요 조건 ③ 연관 및 지원산업 ④ 기업 전략과 경쟁여건 등 4가지 결정요인들이 역동적인 체계로 결합하여 작동할 때 가능하다는 것이다(김경묵·김연경 역, 2002: 255−258).

첫째, 요소 조건은 노동, 토지, 천연자원, 자본, 다양한 기간시설(하부구조)

등 생산 투입요소의 양과 질, 가격을 말한다. 생산성을 높이기 위해서는 투입요소의 효율성과 질을 향상시켜야 하고, 궁극적으로는 특정 클러스터 지역에 투입요소를 특화시키는 작업이 필요하다. 예컨대 혁신에 필수적인 전문 대학 및 연구기관을 갖추는 것이 하나의 예이다.

둘째, 기업전략과 경쟁여건은 지역 내 경쟁의 유형과 강도를 지배하는 규칙, 동기유발요인, 규범 등을 일컫는다. 생산성이 낮은 경제는 지역 내의 경쟁관계가 제대로 형성되어 있지 않은 경우가 많은데 선진 경제로 전환하자면 지역 내의 치열한 경쟁은 필수적이다. 선진경제에서의 경쟁은 단순히 임금수준만을 낮추고자하는 저임금 경쟁이 아닌, 생산 효율성 제고가 필수적인 총비용 절감 경쟁으로 바뀐다. 더 나아가서 원가경쟁의 차원을 넘어 제품차별화를 포괄하는 경쟁으로 진화한다. 고차원적인 경쟁체제 구축과 생산성 고도화를 위해서는 여러 형태의 투자를 촉진할 수 있는 환경을 조성해야 한다. 거시경제나 정치적 안정이 투자환경을 조성하는 것이 사실이지만 조세체계, 기업지배체계, 노동시장정책, 지적자산에 대한 보장 등의 미시적 정책도 중요하다.

셋째, 수요조건은 제품생산이나 서비스를 위한 국내 수요의 속성을 말하는 것으로 고객요구나 시장의 세분화 등의 여건이다. 선진 경제로 발전하려면 국내 시장의 발전이 필수적이다. 국내수요가 새롭게 부상하는 소비자의 욕구를 더 분명하고 더 신속하게 기업들에게 제시하며, 외국 경쟁 기업보다 경쟁우위를 달성하도록 압력을 가하는 산업분야는 더욱 경쟁우위를 지니게 된다. 예컨대, 비좁은 집에 사는 일본소비자들은 후텁지근한 여름과 씨름해야 하면서 높은 전기료에 시달리는 상황에 처해 있다. 여기에 대응하여 일본 기업들은 작고 조용하며 절전형인 에어컨을 만들어냈다. 일본 시장의 매우 까다로운 제약조건들이 결국 모든 산업에 지속적으로 혁신하도록 압력을 가했기 때문에 경·박·단·소의 제품을 만들게 되었고 이것이 세계적인 인정을 받게 된 것이다.

마지막으로, 관련 및 지원산업 조건은 국제적으로 경쟁력있는 연관산업과 지원산업이 지역 내에 존재하느냐이다. 국제적으로 경쟁력을 갖춘 국내 기반 공급업자는 몇 가지 방법으로 그와 관련된 전방산업이 경쟁우위를 갖도록 해준다. 첫째, 그들은 가장 저렴한 투입 생산요소를 효율적이면서 신속하게 공급해준다. 이탈리아 금은세공 업체들이 세계 제일인 이유 중 하나는 세계 보석가공 기계와 귀금속 재생기계의 3분의 2를 이탈리아 기업들이 공급하기 때문이다. 둘째, 국내 기반의 연관산업이나 지원산업들이 제공하는 다양한 혁신을 쉽게 흡수할 수 있다는 점이다. 공급자와 최종 소비자가 서로 가까이 위치하기 때문에 의사전달이 쉽고 신속하게 정보가 전달되면서 아이디어와 혁신이 항상 교환될 수 있다. 이탈리아의 신발 클러스터를 예로 들어보자. 구두 생산업자들은 가죽 제조업자들과 새로운 스타일이나 제조기술에 관해 정기적으로 토의하고 제품 설계 단계에서 가죽의 새로운 짜임새나 색조에 대해 배운다. 또 가죽 생산업자들은 최근의 패션감각을 조기에 습득하여 신제품을 설계하는 구두생산업자들에게 더 도움을 주는 것이다. 공급업자의 경쟁력만이 아니라 국내 연관산업의 경쟁력도 이와 비슷한 혜택을 준다. 국내의 연관산업 발전은 기업들이 새로운 기술을 도입할 가능성을 증대시켜주며 새로운 경쟁기업의 신규 진입을 자극하기도 한다. 예를 들어 스위스가 제약분야에서 성공할 수 있었던 것은 이보다 먼저 연관산업인 염료산업이 국제적으로 성공했기 때문이다. 또 일본이 전자 키보드 시장을 석권하게 된 것은 어쿠스틱 악기 시장에서의 성공이 가전제품의 선두 지위와 결합되었기 때문이다.

이상에서 언급한 4가지 결정요소들은 마치 하나의 시스템같이 작동되어야 한다. 하나의 결정요소가 다른 요소들에 영향을 미치는 상호 의존적인 관계이며, 어느 하나의 요소가 제대로 작동하지 않을 경우 한 산업에서 혁신이 일어날 기회를 제약하게 되어 결국 지역과 국가의 발전을 저해하게 된다. 예를 들어 구매자의 수준이 아무리 높더라도 인적자원의 질이 낮아 기업들이 소비자의 욕구를 충족시킬 수 없다면 경쟁우위의 제품은 나올 수 없다. 또한 기업들이 지속적인 투자를 목표로 삼지 않은 한 생산요소상의 혁신은 일어나지 않는다. 넓은 의미로 볼 때, 결정요인 중 하나라도 약점이 있다면 특정 산업의 혁신 잠재력은 제한받게 된다.

그러면 여기서 4가지 결정요소가 마치 하나의 시스템처럼 작동하게 하는 힘은 무엇인가? Porter는 두 가지 측면을 제시하고 있는데 하나는 국내 경쟁관계이고, 다른 하나는 지역적 집중이다(김경묵·김연성 역, 2002: 223–225). 국내 경쟁관계는 4가지 결정요소 각각을 개선시키기 때문이고, 지역적 집중은 4가지 결정요소간의 상호작용을 촉진 확장시키는 역할을 한다는 것이다.

먼저 국내 경쟁관계가 어떻게 독자적인 강화 시스템을 만드는지 살펴보자. 국내의 치열한 경쟁은 특화된 요소조건을 만드는 촉진제 역할을 한다. 앞서 캘리포니아 와인 클러스터에서 캘리포니아 데이비스대학은 와인산업체와 긴밀히 협력하여 세계적 와인연구센터가 되었다. 또한 활발한 국내 경쟁은 소비자들의 수준도 높여준다. 가구나 신발분야에서 이탈리아 소비자들은 수백개의 경쟁기업들에 의한 우수한 신제품의 출시를 기대한다. 국내 경쟁은 연관산업이나 지원산업의 발전도 촉진시키는데, 적절한 기술을 보유하고 있으면서 신규 산업이 전략적으로 가치있다고 판단되면 구매자가 직접적으로 공급산업에 진입하기도 한다. 예컨대 스웨덴의 샌드빅(Sandvik)은 특수강 생산에서 암반굴착용 드릴 생산으로, SKF는 특수강 생산에서 볼 베어링 생산으로 전환하는 형태가 나타난다.

두 번째, 지역적 집중, 즉 클러스터화를 통해 4가지 결정요소들이 상호 시너지효과를 발휘하게 된다. 경쟁력 있는 산업들은 무질서하게 흩어져 있는 것이 아니라 수직적(구매자-판매자간), 수평적(소비자, 생산자, 유통업자간)으로 연계를 맺으면서 특정 지역에 집중하는 경향이 있다. 일단 클러스터가 형성되면 전체 산업이 서로 지원하는 관계가 되는데, 이 관계에서 파생되는 혜택이 전방, 후방, 수평으로 이동한다.

그림 4-3 Porter의 다이아몬드 모형

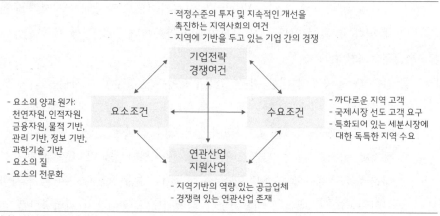

출처: 김경묵·김연성 역(2002: 256)

2) 클러스터와 지역발전

클러스터는 직접적으로는 앞의 국가 경쟁우위의 다이아몬드 모형의 4가지
요소 중 한 가지인 '연관산업 및 지원산업'와 관계되지만, 4가지 요소의 상호작
용 측면에서 중요한 역할을 한다.

클러스터는 크게 세 가지 방법으로 기업의 경쟁력 강화에 영향을 미친다.

첫째, 클러스터를 구성하는 기업이나 산업의 생산성 증대를 도모한다. 클러
스터 내에서는 다음과 같은 측면이 용이하다는 점에서 생산성을 향상시키는 데
기여할 수 있다(김경묵·김연성 역, 2002: 258–273).

① 전문화된 요소에의 접근: 기업이 클러스터 내에 입지하게 되면 부품, 기
계, 서비스, 인력 등과 같은 전문화된 요소를 쉽고 싼 가격으로 공급받
을 수 있다. 클러스터에 참여하는 기업들로부터 요소를 조달받으면 원거
리 조달보다 거래비용이 저렴하게 된다는 이점이 있다.

② 정보 접근: 클러스터 내 기업과 기관에는 엄청난 양의 시장, 기술 등에
관한 전문 정보가 축적되는데 이를 보다 쉽게 활용할 수 있다.

③ 보완성: 클러스터는 요소의 획득이나 결합을 통해, 또는 주체들 간의 활
발한 보완적 활동을 통해 생산성을 높인다. 제품 간의 보완이 대표적인
형태인데, 여행업의 경우 여행지의 매력뿐 아니라 호텔, 레스토랑, 기념
품가게, 공항시설 등 다양한 서비스가 보완적으로 작동해야 경쟁력을 얻
게 된다. 덧붙여 기업들 간 공동마케팅 활동이나 공동 구매 등의 활동도
용이해진다.

④ 기관 및 공공재에 대한 접근: 민간투자이든 공공부문 투자이든 간에 일
단 클러스터 내에 구축된 전문 하부구조나 훈련 프로그램, 정보 등은 그
자체 공공재적 성격을 갖게 되어 클러스터 전체에 영향을 미친다.

⑤ 동기와 실적의 측정: 클러스터는 기업들이 생산성을 올리는 데 필요한
내적 동기, 경쟁에 필요한 압력을 유발한다. 또한 클러스터에는 유사한
기업들이 많기 때문에 비용비교나 실적비교가 용이해져 사업방향을 설
정하는데 도움이 된다.

둘째, 클러스터는 생산성 증대의 근간이 되는 혁신역량을 향상시킨다. 혁신

을 강화하는 요인으로는 경쟁압력, 동종기업의 압력, 끊임없는 비교 등 지리적으로 집중된 클러스터에서 발생하는 순수 압력을 들 수 있다. 임금 등 기본조건이 동일하고 다수 기업이 경쟁하는 상황에서는 어쩔 수 없이 창의력으로 승부해야 한다. 클러스터 내에 입지한 기업들은 지리적 근접성이라는 이점 때문에 대개 고객의 새로운 욕구를 빠르게 감지할 수 있으며 또한 새롭게 부각되는 기술, 공정, 물류정보를 쉽게 입수할 수 있다. 그만큼 클러스터 내 기업들은 혁신의 필요성을 더 절감하게 되고 또한 혁신기회를 잡게 되는 확률이 높다는 잠재력 이점을 누리는 것이다.

셋째, 클러스터는 혁신을 촉진하고 클러스터의 확장에 도움을 주는 신규사업을 촉진시킨다. 특정 클러스터에서 문제를 발견하고 이를 개선할 기회를 파악하여 신규사업을 추진하더라도 다시 그 클러스터 내에서 시작하게 된다. 왜냐하면 사업에 필요한 자산, 기술, 요소, 인력 등은 클러스터가 입지한 지역 내에서 쉽게 조달할 수 있기 때문이다. 또한 금융기관이나 투자자들도 이미 당해 클러스터에 친숙해져 있기 때문에 자본을 구하기도 쉬우며, 이미 매력적인 시장도 형성되어 있어 신규사업에의 진입 위험을 낮춰준다는 점도 클러스터가 지닌 이점이다. 이러한 신규 사업체의 진출로 인해 클러스터는 시간이 지남에 따라 결속력과 구성원의 수도 확장되는데, 이 확장이 다시 당해 클러스터의 우위를 강화시킨다.

이상에서 우리는 클러스터가 기업의 경쟁력 향상에 어떻게 영향을 미치는지를 세 가지 측면으로 나누어 살펴보았다. 경쟁에서 클러스터가 의미있는 역할을 하게 만드는 힘은 클러스터 내에서는 개인적인 친분관계, 대면적인(face-to-face) 의사소통, 개인 및 조직 네트워크간 활발한 상호작용이 존재하기 때문이다. 역으로 클러스터는 이러한 관계들이 잘 성장하고 효율적으로 작동되도록 도움을 준다.

그런데 클러스터가 제대로 작동하는 데 있어 무엇보다 정부역할은 클 수밖에 없다. 정부는 한 나라의 경제발전에서 매우 다양하고도 중요한 역할을 수행한다. 정부의 가장 기본적인 역할은 거시경제 및 정치적 안정을 확보하는 일이다. 정부를 안정시키고 경제 하부구조를 구축하고 물가안정 등 건전한 거시경제정책을 수행해야 한다. 정부의 두 번째 역할은 앞선 다이아몬드 모형에서의 요소조건(고급 노동력, 적절한 기간시설, 정보 등)을 제공하고 이를 공급하는 주체와 기관의 역량을 높여야 한다. 세 번째 역할은 생산성의 향상을 촉진하는 경쟁이 공정하게 이뤄질 규칙과 유인책을 제공해야 한다. 다이아몬드 모형 전체에 적용되는 경쟁 촉진정책, 투자를 촉진하는 지적 재산권 및 조세제도, 공정한 법체계 등도 마련해야 한다.

그러면 국가(혹은 지역)발전을 위한 클러스터 발전전략은 어떤 방향으로 추진해야 하는가?

첫째, 기존에 기반을 잡은 특정 클러스터뿐 아니라 새롭게 부상하고 있는 신흥 클러스터 등 모든 클러스터를 망라해서 발전시켜야 한다. 종전의 일반 산업정책에서는 가장 많은 부를 창출할 수 있는 산업, 즉 성장을 지속하거나 첨단기술 산업에 '집중'해야 한다는 입장을 취한 반면, 클러스터 발전전략은 광범위한 기업간의 경쟁과 생산성 증가에 기반한 지역간의 경쟁발전을 추구한다. 모든 클러스터는 직접적으로 국가의 생산성 향상에 기여할 뿐만 아니라 타 클러스터의 생산성에도 영향을 미친다. 따라서 농업과 같은 전통적인 클러스터도 방치시키기보다는 개혁을 하는 것이 낫다(김경묵·김연경 역, 2002: 298).

둘째, 정부는 이미 기반을 잡은 클러스터나 부상중인 클러스터를 강화하는 전략을 우선시해야 하며 새로운 클러스터를 세우려는 전략을 구사해서는 안 된다. 새로운 산업이나 클러스터는 기존의 산업이나 클러스터에서 출발하는 것이 가장 이상적이다. 첨단기술을 무기로 하는 산업은 진공상태에서 성공할 수 없다. 다소 조악하지만 이미 기반을 갖추고 있는 분야에서 출발해야 성공할 수 있다.

셋째, 클러스터의 개발은 이미 다른 지역에 존재하고 있는 클러스터를 그대로 모방하는 것이 아니라, 경쟁우위와 전문화에 기반해야 한다. 가능한 한 범위 내에서 지역의 차별성과 자원의 특이성을 구축하는 작업과 이를 자신의 강점으로 승화시켜 나가는 작업이 필요하다.

넷째, 클러스터의 현재 상황을 정확하게 파악하여 클러스터의 생산성이나 혁신을 저해하는 제약요인과 장애요인을 줄여야 한다. 제약요인에는 인적자원, 기반시설, 규제 등도 포함되며, 민간부문이나 정부부문 모두에서 이를 극복하기 위한 노력을 해야 한다.

〈그림 4-4〉는 클러스터의 고도화 또는 혁신을 위해 수행해야 할 정부의 구체적 역할을 종합적으로 정리한 것이다(김경묵·김연경 역, 2002: 304-306). 우선

정부는 요소조건과 관련하여, 특수한 교육훈련과정 설치, 클러스터 연관기술을 연구하는 지역 대학 연구소 설치, 클러스터에 특화된 정보 수집, 특화된 운송, 통신 등 기간시설 구축 등의 역할을 해야 한다.

둘째, 기업전략과 경쟁여건과 관련해서는 클러스터권 전담부서를 배치하여 경쟁을 가로막는 장벽을 제거하고, 특히 개발도상국의 경우 성장을 촉진하는 방안으로 외국투자 유치를 장려하고 수출촉진에 힘써야 한다.

셋째, 연관산업 및 지원산업 측면에서는 클러스터 참여자들을 결집시킬 수 있는 협의체를 지원하며, 다양한 공급업체와 서비스업체를 유인하도록 노력해야 한다. 개발도상국의 경우 클러스터 성장을 이끌어낼 수 있는 외국투자의 유치, 수출자유지역 설정, 산업단지 조성 등의 정책을 펼친다.

마지막으로 수요조건 측면에서는 유연하면서도 혁신을 진작시킬 수 있는 규제 표준제도를 확립하고, 클러스터에서 생산되는 제품과 용역에 대한 평가를 지원하고, 정부 자체가 까다로운 구매자로서 행동함으로써 기업혁신을 자극토록 해야 한다.

그림 4-4 클러스터 고도화를 위한 정부 역할

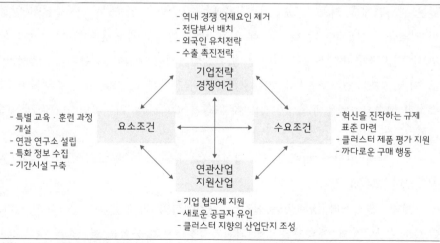

출처: 김경묵·김연경 역(2002: 305)

(3) 각국 클러스터 발전정책

지식기반사회가 급속히 진전됨에 따라 미국, 유럽, 일본 등 선진국들은 국가 경쟁력을 제고하기 위해 90년대 이후 혁신클러스터 육성정책에 박차를 가하고 있다(장지상 외, 2007: 56-57).

미국은 1999년부터 전국 산업클러스터를 지도로 만들어 이를 육성하기 위한 실천로드맵을 만드는 'Cluster Mapping Project'를 진행하였고, OECD도 1992년 클러스터 포커스 그룹을 형성하여 정책개발에 돌입하였으며 일본도 2001년 19개 광역권 산업클러스터 육성계획을 수립한 바 있다.

우리나라도 2004년부터 연구개발 기능만 집적되어 있는 대덕연구단지에 생산기능을 보완함으로써 혁신클러스터로 조성하는 '대덕연구개발특구사업'을 추진하였다. 또한 지역거점별로 7개 시범산업단지를 대상으로 한 '산업단지혁신클러스터사업'도 추진하였다. 이 사업은 산·학·연 개방형 네트워크를 구축하고 연구개발 역량을 강화하며 클러스터간 교류 및 협력을 강화하고 단지의 정주 및 근무환경을 개선하는 등 연구기능을 보강하려는 것을 목적으로 하고 있다.

여기서 세계적으로 경쟁력을 갖춘 혁신클러스터를 보면, 대체적으로 다음과 같은 발전단계를 거치고 있다. 즉 처음에는 다수의 기업 또는 연구소들이 일정한 지역을 중심으로 단순히 집적해 있는 '단순 집적지'에서 출발하여, 이들이 산업 내 연관관계 속에서 유기적인 분업과 협력관계를 구축하는 '유기적 클러스터'를 거쳐, 기업·연구소·대학·기업지원기관·금융기관 등 혁신관련 주체들이 지속적인 협력시스템을 구축하여 시너지 효과가 발생하는 '혁신클러스터'로 발전해 나간다.

각국에서 다양한 형태로 추진되어온 혁신클러스터 정책의 일반적 특성을 정리하면 다음과 같다.

첫째, 클러스터 정책은 종합적인 차원에서의 정책시행이 강조되고 있다. OECD는 산업정책, 지역개발정책, 과학기술정책간의 통합을 클러스터 정책으로 보고, 이 정책의 궁극적인 목적이 산업부문과 연구부문의 연계를 강화하여 산업의 경쟁력을 강화하는 것이란 점을 강조하고 있다.

둘째, 클러스터 정책은 개별적인 주체들에 초점을 두는 것이 아니라 구성

주체들 간의 네트워크 형성을 강조하고 있다. 특정 구성 주체에 대한 지원을 통해 해당 주체의 당면과제를 해결하고 경쟁력을 높이는 것도 중요하지만, 클러스터 정책에서는 중소기업과 대기업의 연계, 중소기업과 대학·연구소간 공동연구, 중소기업간 공동사업 추진 등 구성 주체들이 상호연계되는 네트워크를 활성화하는 것을 중시한다.

세 번째로 정책의 수립과 집행과정에 중앙정부와 지자체뿐만 아니라 민간부문의 참여를 확대하고 있다. 클러스터 정책이 정부에 의해 주도된다 하더라도 실제 계획과 집행에는 민간부문의 참여가 필수적이다. 민간부문의 참여와 관련하여 중요한 점은 민간부문이 클러스터에 참여할 경제적 유인이 존재해야 한다는 점이다. 즉 클러스터에 참여함으로써 매출과 수익이 늘어야 지속적인 참여가 가능할 것이기 때문이다.

4 지역혁신체계(regional innovation system) 발전전략

(1) 이론적 배경

지역혁신체계론은 1990년대 초에 영국의 경제지리학자 P. Cooke에 의해 제안된 이론이다. 1980년대 초 경제학자들은 구미 선진국들에서 대량생산과 중화학공업이 급속히 쇠퇴한 반면, 실리콘밸리나 제3이탈리아 등과 같은 신산업지구가 나타나 독자적인 성공을 거두고 있는 현실에 주목하여, 이들 지역간의 역동성의 차이를 지역의 '혁신체계'의 차이에서 찾으려 했다.

지역혁신체계론의 관점은 신산업체제에 있어서 '기술의 학습과 혁신'의 중요성을 강조하고 그것들을 촉진하는 요인과 환경을 집중적으로 분석하고자 한다(권오혁, 2004: 8). 혁신적 기업가의 역할만을 강조한 Schumpeter의 단선적 논리로는 혁신활동를 이해하는 데 한계가 있다는 인식하에, 혁신활동의 시스템적 또는 상호작용적 특성을 중시한다. 이러한 관점은 국가적 수준의 혁신체계를 분석한 '국가혁신체계론'(Lundvall, 1992), 지역적 수준의 혁신환경을 구명한 '혁신 환경론'(Camagni, 1991), 학습네트워크에 의한 기술전파와 혁신을 중시하는 '학습경

제론'(Frorida, 1995) 등으로 전개되었다. 지역혁신체계론도 이 같은 연구의 연장
선상에서 태동된 것이다.

먼저 국가혁신체계론에서는 제품의 가치사슬상의[6] 각 주체인 기업, 지식창
출기관, 중개기관들 간의 반복적 상호학습과정에서 혁신이 활성화되며, 국가별
로 차별화된 혁신체제의 구축이 필요하다는 것이다. 국가혁신체계론에 대한 비
판으로서 여러 산업과 다수의 비동질적인 지역들로 구성된 집합체인 국가를 단
위로 하나의 혁신체계를 구축하는 것은 비현실적이란 지적이다. 상호작용적 학
습에 있어 암묵지(tacit knowledge)의 교환과 비공식적 상호의존성이 중요하며, 이
를 위해 주체들간 지리적 근접성이 중요한 문제인데 이를 간과하고 있다는 점도
지적되었다. 이런 비판하에서, 상호 신뢰관계의 구축과 혁신 네트워크의 형성에
보다 적합한 지리적 단위는 국가가 아닌 지역이라는 점이 강조되면서 지역혁신
체계론이 자리잡게 된 것이다(장재홍, 2003: 24).

지역혁신체제론은 국가혁신체계론을 단순히 지역수준에서 재구성한 것이라
기보다는, 여기에다 혁신환경론을 결합한 이론이라 할 수 있다(권오혁, 2004: 9).
혁신환경론의 주 내용은 '특정한 지역의 환경요소가 산업적 혁신에 큰 영향을 주
며, 특히 이 환경요소들 간의 긴밀한 네트워크와 상호작용을 통해 혁신이라는 시너
지 효과가 발생한다'는 것인데 이는 곧 지역혁신체계론의 골간이기도 하다.

(2) 지역혁신체계론의 주요 내용

한마디로 지역혁신체계란 '적절하게 상호 학습이 이뤄질 수 있는 어떤 공간
범역 내의 다양한 혁신주체들 간의 신뢰와 호혜성을 토대로 지식의 창출·확산·
활용을 높이기 위한 일련의 협력체제'라 정의할 수 있다.

그러면 혁신과정에 참여하는 주체들이나 관계되는 요소들에는 어떤 것들이
있는가? 지역혁신체계의 구성요소는 먼저 하부구조와 상부구조로 구분된다(박경
외, 2000: 27). 하부구조는 혁신을 위한 구체적인 지원체제를 말하는데, 이는 다시
도로, 공항, 통신망과 같은 물리적 하부구조와 혁신활동과 관련된 다양한 주체와

---

6 기업활동에서 부가가치가 생성되는 과정을 의미한다. 1985년 미국 하버드대학교의 마이클 포터(M.
  Porter)가 모델로 정립한 이후 광범위하게 활용되고 있는 이론틀로, 부가가치 창출에 직접 또는 간접
  적으로 관련된 일련의 활동·기능·프로세스의 연계를 의미한다.

기관을 의미하는 사회적 하부구조로 나뉜다. 사회적 하부구조는 다시 대략 4개의 하위부문으로 분류해 볼 수 있다. 첫째, '지식의 창출·확산 부문'에 속하는 기관으로 연구기관, 교육기관, 인력·기술 중개기관이 있다. 둘째, '지식의 적용·활용 부문'인데 이는 곧 관련 기업들을 지칭하는 것이다. 관련 기업들은 다시 두가지 종류로 분류할 수 있다. 제품의 생산·판매과정상에서 투입요소 공급업체와 제품 수요자 간의 연결과 같이 수직적 네트워킹을 맺고 있는 기업들, 그리고 협력자나 경쟁자로서 수평적 네트워킹을 맺고 있는 동종 기업들이 있다. 셋째, 실물경제 주체간의 각종 거래를 매개한 '금융부문'의 역할도 매우 중요하다. 특히 벤처캐피털 등 혁신지원 금융의 활성화는 지역혁신체계의 성패를 좌우하는 관건이라 할 수 있다. 마지막으로 '공공거버넌스 부문'인데 이는 시장실패를 보정하고 혁신관련 제도를 정비하며, 혁신 기반시설을 정비·확충하는 등의 중요한 역할을 담당한다.

그림 4-5 지역혁신체계의 구성요소와 상호작용 관계

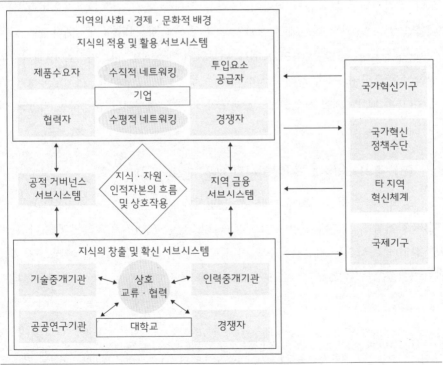

출처: 장재홍(2003: 30)

　　Cooke는 강한 지역혁신체계와 약한 지역혁신체계를 나누면서, 강한 지역혁
신체계란 지역에 뿌리내린 하부구조와 협력을 위한 제도적 기반인 상부구조가
잘 발달된 체계라 한다. 강한 혁신체계를 지닌 지역의 일반적 특성을 보면, 재정
운영에 있어 지방정부의 자주역량이 높고 대학·연구소·직업 훈련기관·기업들
간에 협력과 혁신의 자세를 갖추고 있다. 단순히 대학 및 연구기관, 관련 기업,
금융기관, 정부 등의 존재여부가 아니라 이들이 지역 내에서 혁신활동을 위해
얼마나 효율적으로 운영되는가가 중요한 것이다. 또한 민주적 정치풍토가 정착
되어 있고 관련 주체들이 기회주의적 행동을 배척하고 신뢰와 협력의 문화를 통
해 혁신 네트워크 형성을 강화하는 기능을 수행하는 것이 중요하다.

　　그러면 Cooke는 지역혁신체계를 어떻게 발전시킬 수 있다고 보는지 살펴
보자(박경 외, 2000: 28). 지역발전은 과거 역사적 발전경로에 의존하는 경향(path
dependency)이[7] 있기 때문에 도약은 없다는 것이다. 따라서 후진 지역은 선진 지
역을 모방하기보다는 지역 특성에 맞는 지역혁신체계를 구축해야 한다. 그리고
보다 강한 혁신체계로 나아가기 위해서는 두 가지 조건이 필요한데, 하나는 제
도나 조직간의 상호학습의 역량이고, 다른 하나는 경로의존이 가져오는 교착상
태를 벗어나기 위해 혁신에 장애되는 과거의 관습과 제도를 제거해나가는 역학
습(un-learning) 역량이다. 이를 위해 외부와의 적극적인 네트워킹과 지원기관의
역할이 중요하며, 특히 정책당국의 역할은 무엇보다 중요하다. 정책당국은 학습
을 이끄는 데 큰 역할을 하고 또한 제도와 기관을 형성하고 육성하는 역할도 하
기 때문이다.

(3) 클러스터론과 지역혁신체계론 간의 차이

　　클러스터론과 지역혁신체계론은 분명하게 서로 관련되어 있기는 하나, 몇
가지 점에서 구분하는 것이 필요하다. 클러스터란 일반적으로 '동일하거나 관련
된 산업에 종사하는 기업들의 지리적 집중'으로 정의되며, 그러한 클러스터 내에
서 기업들 간의 '상호연계'(interconnection)를 특징으로 한다. 여기서 상호연계도

---

7 경로 의존성(經路依存性, path dependency)은 사회심리학에서 등장하는 개념이다. 미국 스탠퍼드 대
　학의 폴 데이비드 교수와 브라이언 아서 교수가 주창한 개념으로, 한 번 일정한 경로에 의존하기 시작
　하면 나중에 그 경로가 비효율적이라는 사실을 알고도 여전히 그 경로를 벗어나지 못하는 경향성을
　뜻한다.

성격에 따라 두 가지로 나눌 수 있는데, 하나는 '시장 연계'(market connection)이고 다른 하나는 '비시장 연계'(non−market connection)이다(Asheim B.T 외 2, 2011: 878−879). 시장 연계란 클러스터 내의 기업들이 공급 가치사슬상 공급자와 수요자가 수직적으로 연계되어 있으면서 이뤄지는 많은 시장거래관계를 의미한다. 흔히 기업들 간에 이뤄지는 일반적인 정상적 시장 거래 형태이다. 다음으로 기업들 간에 형성되는 비시장 연계(혹은 네트워킹 관계)가 있다. 예를 들면, 기업들은 비록 서로 경쟁하는 사이일지라도 협력적 벤처나 공동투자, 공동연구벤처 같은 일을 수행할 수 있는데, 이러한 것들은 공급자−수요자가 연결되는 시장 연계와는 성격적으로 다르다는 점에서 비시장 연계라 부른다. 연구기관, 대학, 훈련기관 등의 다양한 비기업부문들과의 네트워킹관계도 비시장 연계의 한 형태인데 이것이 지속되기 위해서는 시장 연계의 경우보다는 훨씬 더 적극적으로 기업들이 참여해야 한다. 다시 말하면 네트워킹 관계가 지속되고 성공하기 위해서는 사회적 협력과 신뢰 등과 같은 사회적 자본이 잘 형성되어 있어야 하는 것이다.

한편 Asheim는 클러스터와 네트워크간을 다음과 같이 구별해서 사용한다 (Asheim B.T 외 2, 2011: 879).

첫째, 기업들의 클러스터는 특정 지리적 공간에 자리 잡고 있어 기업들간 거래 즉 시장 연계는 매우 높으나 네트워킹 관계(networking relationship)가 결여되는 문제가 있다. 이 같은 클러스터를 '얕은 형태의 클러스터(shallow cluster)'라 칭하면서 네트워킹 관계성까지 높은 클러스터와 구분하기도 한다(Swann, 2009: 149).

두 번째로, 클러스터는 그 고유성격상 지리적이고 공간적 성격을 지니지만, 네트워크는 그 개념 정의상 비공간적 개념이다.

세 번째로, 클러스터 내에서 기업들은 의도치 않은 재정적 외부효과나 지식의 파급효과, 또는 정상적인 시장거래를 통해 새로운 거래나 소비자들의 유인효과를 얻을 수 있다. 그러나 네트워크의 경우는 기업들이 매우 의도적이고 적극적인 참여방식으로 공동투자와 연구개발. 훈련, 공동마케팅 등과 같은 협력적 행위를 해야 한다. 즉, 시장 경쟁보다는 협업이라는 적극적 참여를 통해서만 집합적 외부경제(collective external economies)를 만들어낼 수 있는 것이다. 그러므로 네트워크는 지역적으로 그리고 제도적으로 뿌리내려진 것들이고, 지역혁신체계의 핵심을 구성하는 풍부한 연계관계를 의미한다.

　어떤 점에서 보면, 클러스터와 지역혁신체계는 집적, 네트워크, 협력, 신뢰, 학습 등의 개념을 중요시한다는 점에서 유사하다. 그러나 지역혁신체계가 사회문화적 동질성 또는 행정적 경계를 중심으로 공간범위가 설정되는 데 비해서, 클러스터는 특정산업을 중심으로 공동의 경제적 이해관계가 작동되는 공간범위로 규정된다는 점에서 차이가 있다. 여기서 지역혁신체계가 특정 산업을 중심으로 한 경제권역을 공간범역으로 하는 경우 클러스터론과 유사하다. 그러나 이러한 경제범역이 아닌 정치·행정적 공간범역을 대상으로 할 경우 클러스터론보다는 지역혁신체계론을 적용하는 것이 현실적으로 보다 적합할 것으로 본다. 한 지역사회는 클러스터론에서 강조하는 특정 산업분야의 혁신만이 아닌 다양한 측면에서의 혁신이 필요하며, 이를 위해 제도적 환경, 지역 거버넌스 형태, 사회적 자본 등 다양한 영역의 혁신요소를 다루어야 할 것이기 때문이다.

　일반적으로 클러스터가 '좁은 지리적 공간범역내에서 동일하거나 인접된 산업부문에 속하는 상호 의존적 기업들의 집중'이라면, 지역혁신체계는 '산업부문·공공부문 등의 여러 부문을 포괄하는 보다 넓은 지역(혹은 국가 또는 세계)시스템 하에서 상호연계된 지식창출 및 활용체계'라 할 것이다(Asheim B.T 외 2, 2011: 879-880). 다시 말하면 지역혁신체계를 클러스터가 포함되는 보다 넓은 개념으로 이해하는 것이 일반적이며, 클러스터가 주로 생산체제상의 연계에 치중한 것이라면 지역혁신체계는 어떤 지역적 범위에서 클러스터를 포함하면서 금융환경, 제도적 환경, 지방 거버넌스, 사회적 자본 등 혁신체제를 뿌리내리게 하는 집합적 시스템을 의미하는 것이다(이기원 외, 2007: 75).

(4) 지역혁신체계와 지역발전전략

　경제발전에 기술과 혁신이 중요하다는 인식은 오래 전부터 있어 왔다. 그러나 1980년대 후반 이후에 들어서 달라진 점은 혁신의 과정에 대한 인식이 변했다는 것이다. 종전의 기술혁신에 대한 인식은 선형적 모델에 기초하였다. 선형적 모델에서는 기술혁신이란 연구소나 대학에서의 기초연구→응용 및 개발연구→제품생산→시장판매라는 선형적 과정을 통해 이뤄진다고 보는 것이다. 이런 선형적 혁신관에 기초하여 테크노폴리스 혹은 과학공원(science park) 등과 같은 하부구조를 지역에 건설하거나 기업에 R&D 보조금을 지불하는 방식의 지원정책을 펴왔다. 그러나 이런 정책들은 혁신이 창출되고 습득되는 과정에 대한 충분한 이해가 없는 상태에서 나온 것으로 소기의 성과를 거두지 못했다는 비판을 받고 있다. 막대한 자금을 투자하여 유럽 각지에 조성한 테크노폴리스가 지역경제발전에 별로 도움을 주지 못했다는 것이다. 그 이유는 물리적 시설 등 하드웨어 측면에만 중점을 두었으며 그것도 수요자를 고려했다기보다 다분히 공급자 중심으로 이뤄졌기 때문이라고 본다. 이렇게 공급된 시설들은 기업들에게 실질적인 도움을 주지 못한 채 저활용되고 있으며 그곳에 입지한 기업들간, 기업과 연구기관간 상호연계도 별로 이뤄지지 않고 있다는 것이다.

그런데 지역혁신체계는 관련 주체들간 협력과 파트너십에 기초한 상호학습 과정을 통해 새로운 노하우, 기술력, 기업가 정신, 산업문화를 형성함으로써 지역의 혁신을 도모하자는 것이다(〈그림 4-6〉 참조). 지역의 혁신은 곧 지역 경쟁력을 높여 고용안정이나 생활수준 향상이라는 지역발전목표를 달성하게 된다. 이런 맥락에서 1990년대 중반이후 유럽에서는 지역정책 방향을 대폭 수정하여 물리적 하부구조보다는 기술이전의 촉진이라든가 혁신환경을 조성하는 데 중점을 두게 되었다. 다시 말해 '테크노폴리스에서 혁신체계로', '물리적 하부구조에서

그림 4-6   지역혁신체계 구축을 통한 지역발전 개념도

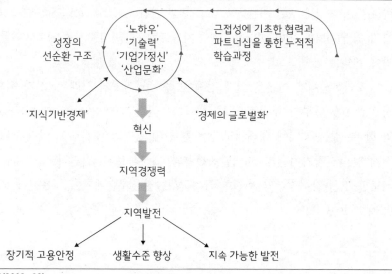

출처: 장재홍(2003: 23)

사회적 하부구조'를 지향하는 새로운 전략을 추구한 것이다.

제도적 기반도 약하고, 신뢰나 협력 등과 같은 사회적 자본이 발달하지 못한 저발전국이나 개발도상국의 경우는 어떠한가? 이 경우 국가나 지방정부의 개입이 더 요구되는데, 그렇더라도 자금지원, 물적 투자, R&D 인프라 구축 등 하드웨어적 측면만을 강화하려 해서는 안 된다. 사회적 자본을 확대하고 혁신역량을 증진시키는 네트워크 형성에 주안점을 둬야 한다.

그러면 지역혁신체계를 개선하기 위해 어떤 전략을 추진해야 하는가?

첫째, 지식의 흐름을 촉진하기 위한 네트워크를 정비해야 한다. 대기업 – 중소기업간, 중소기업들간, 연구소 · 대학과 기업간 파트너십 형성이 그것이다.

둘째, 기업에 대한 실질적인 서비스 제공이다. 해외 기술적 표준에 대한 정보 제공, 품질 관리 시설의 제공, 기계장비에 대한 정보 제공 등과 같은 현장중심의 지원서비스를 적극적으로 제공해야 할 것이다.

셋째, 해외나 선진 기술 및 시장과의 열린 네트워크를 적극적으로 구축하는 것이다.

넷째, 이러한 상호학습의 혁신체계가 가능하도록 지역공동체의 협력문화를 가꾸는 일이다.

마지막으로 지방정부의 정책능력을 향상시키는 일도 중요하다. 즉 정책 학습역량(지역의 장단점을 파악하고 선진 정책을 학습하는 능력), 정책 네트워크 구축 역량(지역간, 지역내 관련 기관간의 정보교환과 협력의 네트워크를 구축하는 역량), 정책합의 역량(지역의 장기발전비전에 대한 지역 주체들의 합의를 도출하는 역량)을 키워 나가야 한다.

지역혁신체계 이론을 실제 정책에 적용한 최초의 사례는 EU가 회원국을 대상으로 1994년부터 부분적으로 실시하고 있는 RTP(Regional Technology Plan)이라 할 수 있는데 이에 대해서도 논자들 간에 평가가 엇갈리고 있다. 사실 지역혁신체계론을 국가차원의 지역발전전략의 기본틀로서 전면적이고 대규모적으로 시도한 것은 참여정부가 추진한 국가균형발전 5개년계획이 처음이라 할 수 있다 (장재홍, 2003: 22)

5 지역간 협력·연계 발전전략[8]

(1) 도입배경

'협력·연계' 전략은 기업경영부문에서는 기업 생존을 위한 대안으로서 자리 잡은 지 오래다. '전략적 제휴(strategic alliance)'가 바로 그것이며, 이는 둘 이상의 기업들이 서로의 약점과 강점을 보완·강화하는 방향에서 상호간의 유익한 기술, 서비스 등을 제공하는 협력관계를 맺어 경쟁력을 확보해가는 방식을 말한다. 기업환경이 공급자 중심에서 수요자 중심으로 바뀌고, 세계적 차원의 경쟁체제로 변환됨에 따라 이 같은 전략적 제휴 현상은 불가피해졌으며 향후 더욱 일반화되고 다양화될 것이란 전망이 지배적이다. 제휴형태도 제조업체와 유통업체간의 '수직적' 전략제휴는 물론 유통업체간의 수평적 제휴도 더욱 활발해져 '홀로 마케팅'보다는 '동반 마케팅'이 이루어질 것이라 한다. 또한 경쟁양상도 '홀로 뛰는' 경주식 경쟁(race competition)에서 '같이 뛰는' 경기식 경쟁(game competition)으로 바뀌어 가고 있다.

지역사회 역시 기업이 처한 상황과 별반 다를 바 없다는 점에서, 전략적 제휴전략를 벤취마킹하여 사회경제적 환경변화에 대응할 수 있는 새로운 지역발전 전략으로 활용하는 시도가 이뤄지고 있다. 지난번 제4차 국토종합계획에서도 이러한 사회경제환경의 변화를 인식하여 과거와는 다른 새로운 지역발전전략의 하나로 '지역간 협력·연계' 전략을 채택하고 있는 것이다. 즉 지역간 통합적·공생적 발전이 가능하도록 새로운 국토 정주네트워크를 형성하며, 지역통합유도형 공동사업의 적극적 추진을 강조하고 있다. 그 주요내용으로 "첫째, 하천유역 환경관리, 관광문화사업, 광역시설사업 등에 있어 행정구역을 뛰어넘어 인근지역과 공동개발·관리체제를 강화한다는 것이고, 둘째, 지역간 공동사업 촉진을 위해 계획과 투자를 공동으로 집행해 나갈 수 있는 「지역협력계획제도」를 도입한다"는 것이다.

사실 지역개발을 둘러싼 사회경제적 환경의 변화는 이 같은 지역간 협력·

8 이종화, 2000, "지역간 협력·제휴를 통한 지역발전모델"을 요약 정리함

연계 전략을 더욱더 요구하고 있다.

첫째, 중앙집권적 체제에서 지방분권적 체제로의 점진적 이행에 따라 과거와 같이 중앙과 지방간의 '수직적' 연계뿐만 아니라, 지역사회 내부에서는 물론 지역사회간에서도 지역발전 주체인 산업체, 교육기관, 행정기관, 민간단체가 상호 협력하여 아이디어를 개발하고 물리적·사회경제적 발전의 토양을 만들어가는 일이 더욱 중요하게 된 것이다. 즉 '수평적' 연계를 무시하고서 지역발전을 도모하기 어렵게 되었다.

둘째, 급속한 '경제의 세계화' 현상의 진행이다. 자본, 생산, 경영, 시장, 정보, 기술이 한 지역 혹은 국내적 공간범역에 머무르는 것이 아니라 국경을 넘나드는 지구적 범위로 확대된 것이다. 한 지역사회의 경쟁대상도 점점 전 지구적 범위로 확대되고 있다. 한정된 재원과 인력을 가지고 있는 지역사회로서 '우리 지역 혼자 다할 수 있다'는 생각으로는 생산성과 경쟁력에서 타 지역에 뒤질 수밖에 없다. 개별 지역사회마다 한정된 자원을 가장 효과가 큰 곳에 투자하는 식으로 지역들이 상호 기능을 분담하면서 연계하여 동일 지역사회처럼 움직일 때 생존가능한 상황일 수밖에 없다. 또한 개별 지역별로 분산되어 있는 자원 그 자체로는 별다른 발전요소가 아닐지라도, '분산된' 것을 '합쳐보는' 발상을 통해서 전혀 새로운 발전잠재력을 가시화시킬 수도 있다. 일본이 상해나 싱가포르와 경쟁하기 위해 동경, 오오사카 이외에 북해도, 동북, 구주 등 4－5개 권역에 광역 국제교류권을 새롭게 육성하고자 구상하는 것도 이 같은 맥락에서 이해할 수 있다.

셋째, 지역발전의 추진주체도 행정주도에서 민간 혹은 민관합동방식 주도로 바뀌고 있다. 즉 행정기관으로부터 일방적으로 시행·제공되는 수직적 형태의 관주도적 사업전개방식은 그 한계가 있다. 민간주도적 혹은 민·관 협력적 사업추진이 요구되는 만큼, 어떻게 하면 다양한 지역발전주체들을 참여시키며, 이들 주체들간의 합종연횡적 협력체제를 구축해 가느냐가 지역발전의 관건이 될 수밖에 없을 것이다.

마지막으로, 행정서비스 시장도 공급자 중심에서 수요자중심으로 변화되고 있으며 다양하고 질 높은 행정서비스를 요구하고 있다. 한정된 재원과 인력으로는 이같은 주민들의 다양한 수요에 부응하는 질 높은 행정서비스를 공급하기 어렵다. 규모의 경제를 살리는 방향에서 인접 지역사회와의 공동서비스체제를 구

축해야 함은 물론 다양한 주체들의 참여와 협력에 의한 발전전략을 추구해야 하
는 것이다.

(2) 협력적 지역발전모델의 적용 영역

지역사회에서 행해지는 어떠한 활동이나 사업이라도 협력·연계방식이 적용
될 수 있을 것이지만 활동이나 사업의 특성상 특별히 절실한 영역이 있다. 첫째,
협력·연계하지 않으면 사업효과를 기대하기 어렵거나 아니면 손해를 감수해야
하는 경우로서, 주로 특정 행정구역 경계를 넘어 외부성이 발생하는 광역 시설
의 이용 및 공급문제와 관련된다. 예로는 특정 행정구역 경계를 넘어서서 연계
되어 있는 하천·해양 등의 수질오염방지사업이나 광역적 토지이용계획, 광역적
교통망 정비사업 등을 들 수 있다.

둘째, 협력·연계했을 때 그렇지 않는 경우에 비해 상호간 발전의 상승효과
가 나타나는 경우가 있다. 상승효과가 발생하는 이유는 상호간 결점은 보완하고
장점은 결합함으로써 타 지역에 대한 경쟁력을 확보한다든가 또는 규모의 경제
에 의한 행정비용의 감소효과가 나타난다는 점 등에서 찾을 수 있을 것이다. 자
치단체간 유사정책의 공동시행이나 개별시설의 복합화 사업, 광역권 내에 분산
된 관광자원을 상호 연계하여 새로운 관광상품을 개발하고 광역레벨의 관광지도
나 안내판 통일사업 등의 광역적 지역활성화사업 등이 그 예이다.

여기서 지역간 협력·연계 사업이라면 흔히 도로정비, 하천정비, 시설의 공
동건설 등과 같은 하드적 사업 못지않게 정보나 문화의 교류협력, 시설의 상호
개방, 각종 이벤트의 제휴, 인사교환, 방재협정의 체결 등과 같은 소프트 사업도
매우 중요하다.

그러면 협력·연계의 방식 및 그 강도는 어떠한가? 협력·연계의 방식은 단
순협력에서부터 공동계획, 분담에 의한 공동업무수행, 시설의 공동설치나 이용,
공동 투자, 합병까지 다양하다. 공동계획, 분담에 의한 공동업무수행, 시설의 공
동설치나 이용, 공동 투자, 합병 등은 일정 협력기구가 설립되고 또한 일정의 소
유권을 보유하는 형태가 되므로 법적 구속력이 강한 고강도 협력·제휴라 할 수
있다. 초기는 단순협력 방식으로 시작하더라도 점차 고강도 협력방식을 지향해
가야 할 것이다.

(3) 협력·연계의 추진주체와 연계 구조

지역사회의 발전주체라 할 수 있는 기업(산), 교육기관(학), 행정기관(관), 민간단체(민)이 모두 지역 간 협력·연계의 추진주체가 될 수 있다. 여기서 관이 주체가 되는 경우라면, 다시 광역자치단체인 시·도와 기초자치단체인 시·군·구로 나눌 수 있으며 이들 간에 종횡의 연계축이 형성될 수 있다. 또한 이들 주체가 자주적으로 협력·연계를 추진하는 경우냐, 아니면 중앙정부나 시·도 등 상급 행정기관이 주도하면서 타율적으로 움직이냐에 따라 협력의 방식과 내용이 달라질 수 있다.

관과 산 혹은 민이 연합하여 형성된 제3섹터 조직에 의한 지역 간 협력·연계사업이 효과적인 경우도 많다. 일본의 경우 제3섹터인 소방·방재 부회가 주체가 되어 현과 소방·방재 상호지원협정을 체결하여 서비스를 제공하는 것이 그 예이다.

그런데 이들 주체들 간의 연계구조는 어떤 것이어야 하는가? 지역 간 협력·연계는 기본적으로 단위 지역의 의사결정의 자율성, 재정권한의 자율성, 즉 분권적 사회를 그 성립조건으로 한다. 그런 점에서 지역사회의 '협력과 연계'는 지금까지의 서울과 중앙정부를 핵으로 하는 허브(hub)형 구조가 아니라, 지역내부 차원은 물론 지역 간에 있어 종적·횡적 연계를 지닌 네트워크(network)형 구조에서 활성화되는 것이다(〈그림 4-7〉 참조).

그림 4-7 협력·연계 주체들 간의 연계구조

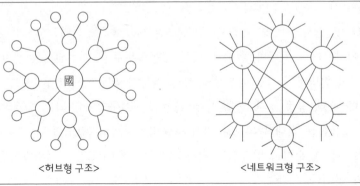

〈허브형 구조〉   〈네트워크형 구조〉

출처: 阿部孝部(1998: 13)

(4) 협력·연계 발전전략의 성공조건

이상의 논의를 종합하면, 지역간 협력·연계를 통한 지역발전전략이란 「산, 학, 관, 민이라는 모든 지역발전주체가 '참여'한 가운데 종횡의 '네트워크'를 형성하여, 지역사회 내부 및 외부간 '협력·연계'를 활성화함으로써 사업의 '복합화, 규모경제화, 연계화'를 도모하며, 궁극적으로는 당사자간 공생발전을 꾀해 나가는 방식」이라 정의할 수 있다.

그러면 이 같은 협력·연계 지역발전모델이 성공적으로 정착하기 위해서는 무엇이 요구되는가?

첫째, 협력·연계의식의 고양이다. 왜 지역 간에 협력과 연계를 하지 않으면 안 되는 것이며 이를 통해 얻어지는 지역발전효과가 무엇인지에 대한 분명한 인식을 해야 한다. 또한 협력·연계를 통해 해결되어야 할 '지역과제가 무엇인지에 대한 공동 문제의식'이 형성되어야 한다. 지역적 굴레를 벗어나고 '협력과제에의 문제의식'이 일치하는 것을 시작으로 해서 지역사회 발전주체들의 협력·연계를 위한 주체적인 활동이 가능해지리라 본다.

둘째, 다양한 협력·연계 네트워크를 창출해야 한다. 협력적 지역발전은 지역사회내 다양한 주체들(산, 학, 관, 민)이 지역내부적으로는 물론 타 지역 주체들과의 협력·연계 네트워크를 형성해 갈 때 가능하다. 먼저 지방정부들 간의 효율적인 협력네트워크를 형성해야 한다. 현행 우리나라 지방자치법상 지방정부간 협력기구의 형태는 ① 분쟁조정위원회 ② 행정협의회 ③ 지방자치단체조합 등이 있는데 이 같은 지자체간 협력네트워크를 구성하여 사업을 전개할 필요가 있다. 다음으로는 민관합동 혹은 민간차원의 다양한 광역 공생네트워크를 형성해 가야 한다. 광역 공생네트워크라는 것은 「각 지역이 가지고 있는 사회적 기능이나 정보를 광역적으로 활용할 수 있는 조직을 만드는 것인데, 이것에 의해 관련되는 지역의 사회·경제·문화·정치적 에너지를 유지하고 향상시켜 나가는 제활동」을 말한다. 이것은 주민활동의 연장선상에 있는 것으로서 참가하는 주체들의 자유로운 개미군단식 네트워크이다.

셋째, 지역간 협력·연계 시범사업을 추진해야 한다. 협력적 지역발전모델이 정착하기 위해서는 먼저 피부에 와닿는, 손을 뻗어 미칠 수 있는 영역에서부터 협력사업을 시작함으로써 협력·연계의 '습관'을 확립해야 한다. 협력·연계에 대한 100가지 이론정립보다 1개의 가시적 실천모델'을 실행에 옮겨보는 작업이 중요할 것이기 때문이다.

넷째, 지역간 협력·연계방식을 제도화해야 한다. 지역개발투자 협약제도, 지역협력계획제도, 지역간 공동사업에 대한 중앙정부의 재정 우선 지원제 등이 구체화되어 가야 한다. 한편, 소극적 의미에서의 협력·연계사업이라 할 수 있는 '분쟁조정체제'의 확립을 위한 다양한 제도의 도입도 필요하다. 예를 들면, 자치협력헌장의 제정이나 지방자치단체간 의무적 협의제도, 혐오시설과 유치시설의 패키지화, 그리고 광역시설할당제[9] 등을 들 수 있다.

---

9 영국에서 채택하는 방식으로 5−6개의 기초자치단체로 구성된 광역자치단체의 주관하에 광역시설을 담당할 선도 자치단체를 지정하여 관리케 하며 일정 주기로 관리주체를 바꾸는 제도

연습문제

❶ 지역정책으로서 성장거점전략의 특징은 무엇인가?

❷ 기본욕구전략에 기초한 농촌발전모델의 성공적 정착을 위한 기본조건은 무엇인가?

❸ Michael Porter가 〈국가 경쟁우위론〉에서 제시한 다이아몬드 모형으로서 클러스터 전략은 무엇인가?

❹ 지역혁신체계론의 주요 내용은 무엇인가?

❺ 지역간 협력·연계 발전전략은 무엇이며 그것이 왜 필요한가?

참고문헌

강현수·정준호(2004). "혁신 클러스터 정책 실패유형 분석과 교훈", 「과학기술정책」, pp. 1-17

국토해양부(2009). 「낙후지역 성장촉진을 위한 지역계획 개선방안」

권영섭·김동주(2002). 「지식기반산업의 입지특성과 지역경제활성화 방안연구」, 국토연구원

권오혁(2004). "지역혁신체계론의 이론적 전개와 정책적 함의에 관한 비판적 검토", 「응용경제」 제6권 제2호, pp.5-26

김경묵·김연성 역(2002). 「경쟁론」, 세종연구원(On Competition by Michael E. Porter)

김형국(1996). 「국토개발의 이론연구」, 박영사

김형국(1997). 「한국공간구조론」, 서울대학교출판부

박경·박진도·강용찬(2000). "지역혁신 능력과 지역혁신체제", 「공간과 사회」통권 13호

박종화·윤대식·이종열(1995). 「지역개발론(2개정판)」, 박영사

심재헌 외(2014). 「2014 지역발전지수(RDI)를 통해서 본 농어촌 삶의 질 실태」, 한국농촌경제연구원

윤윤규·이재호(2004). 「지역산업 육성과 지역혁신체제 구축에 관한 연구」, 한국개발연구원

이기원 외(2007). 「지역혁신체계」, 국가균형발전위원회·행정자치부·산업자원부

이성근 외(2013). 「최근 지역개발론」, 집현재

이종화(2000). "지역간 협력·제휴를 통한 지역발전모델"「국토」 2000년 2월호, 국토연구원

장재홍(2003). "국가균형발전을 위한 지역혁신체계 구축방향", 「KIET 산업경제」, 산업연구원

장지상 외(2007). 「혁신클러스터」, 국가균형발전위원회·과학기술부·산업자원부

최상철·임성수 역(1988). 「제3세계의 지역개발: 그 사상과 방법」(長峯晴夫 저)

한국농촌경제연구원(2015). 「2015 농어촌서비스기준 이행실태 점검·평가」

阿部孝部, 1998, "參加と連携の行方", 「地域開發」, 통권 403호

Asheim Bjornt T., Smith H. L., Oughton C. et al 2.(2011). "Regional Innovation Systems: Theory, Empirics and Policy", 「Regional Studies」 Vol. 45.7

Camagni, R. ed.(1991). 「Innovation Networks: Spatial Perspectives」, Belhaven Press

Darwent,D.F.(1975). "Growth Pole and Growth Centers in Regional Planning: A Review", in 「Regional Policy」 by Friedmann and Alonso ed.

Friedmann John and Weaver Clyde(1979). 「Territory and Function」, Univ. of California Press.

Frorida, R.(1995). "Towards the Learning Region", 「Futures」 27.

Lundvall, B-A. ed.(1992). 「National Innovation Systems: Towards a Theory of Innovation and Interactive Learning」, Printer

Porter, M.(1998). "Cluster and the New Economics of Competition", Havard Business Review, Nov.-Dec.

Swann, G.(2009). 「The Economics of Innovation: An Introduction」, Edward Elgar.

지역 개발과 인구

— 박승규

인구를 구성하는 변동요인으로는 일반적으로 출산, 사망, 인구이동이 고려된다. 출산과 사망의 변화는 향후 인구의 자연적인 증감을 추정하기 위한 자료로 사용되며, 인구유입과 인구유출의 차이인 순인구이동은 사회적인 증감으로 사용된다. 이 중 인구이동은 인구 변화를 추정하기 위한 지역의 경제적인 변화와 연동되어 이루어지며 노동력, 소득, 실업률, 생활비 등과 연계되어 고려된다. 즉, 인구이동은 지역의 사회적, 경제적, 환경적 변화에 의한 결과물로 인지될 수 있으며, 지역의 사회적, 경제적, 환경적 변화를 유도할 경우에는 원인으로도 간주된다. 인구요인의 변화로 구성되는 인구이동은 지역의 변화를 유도하는 원인 및 결과변수로 사용되어 상호 인과관계가 존재한다. 따라서, 인구변화에 대한 정확한 이해는 지역을 이해하기 위한 기초이며, 이를 이해하기 위하여 비요소적 및 요소적 추계 측면에서의 인구예측 방법론을 살펴보고, 최적 모형을 선택하기 위한 방법과 전반적인 예제를 통하여 인구예측의 방법을 고찰한다.

1 인구예측의 의의

통계청은 2018년 4,934만명을 고점으로 이후 국내인구가 지속적으로 감소
하여 2030년 4,863만명까지 감소할 것으로 전망하고 있다. 유엔의 세계인구전망
보고서(2010)에서도 우리나라는 주요 선진국과 마찬가지로 인구가 지속적으로
감소하여 2050년에는 47,05만명까지 감소하는 것으로 전망되었다. 더불어 시군
구 단위에서의 인구가 감소추세에 있으며, 전반적인 인구감소 추세로 인하여 인
구변화로 인한 영향을 고려해야 하는 상황에 직면하고 있는 실정이다. 또한, 출
산율의 지속적인 하락으로 인해 2015년 1.24명으로 세계 최저 수준이며, 노인
인구 비율은 2050년 38.2%로 세계 최고 수준에 이를 것으로 전망되고 있다. UN
은 인구 고령화 수준에 따라 전체 인구 중 65세 이상 노인 인구 비율이 7%에 도
달하면 고령화사회(ageing society), 14% 고령사회(aged society), 20% 초고령사회
(super-aged society)로 규정하였다.

표 5-1 세계, 선진국, 개발도상국의 기대수명과 출산율 변동

구분	기대수명			합계출산율		
	1950-1955	2000-2005	2045-2050	1950-1955	2000-2005	2045-2050
전세계	47	65	75	5.0	2.6	2.0
선진국	67	78	84	2.8	1.6	1.8
유럽	66	78	83	2.5	1.4	1.8
일본	64	82	88	2.8	1.3	1.9
미국	69	77	82	3.4	2.0	1.9
캐나다, 호주, 뉴질랜드	69	80	85	3.5	1.6	1.9
개발도상국	41	63	74	6.2	2.9	2.1
라틴아메리카	51	72	79	5.9	2.5	1.9
동아시아	41	70	78	6.1	1.9	1.9
남아시아	39	63	75	6.1	3.2	1.9
서아시아	43	68	78	7.0	3.5	2.0
아프리카	38	49	65	6.7	5.0	2.5

인구추세의 감소와 함께 정확한 인구예측에 대한 중요성은 점차 증대되고 있다. 계획가(planner) 및 인구론자(demographer)의 입장에서 인구예측에 대한 중요성은 매순간 강조되었지만 "인구예측을 왜 하는가"라는 질문은 항상 병존하였다. 반면, 정확한 인구예측은 인구변화로 인해 초래되는 결과를 사전적으로 살펴보는 기준으로 사용되었다. 첫째, 인구예측은 계획가가 인구변화에 대해서 이해하는 것을 조력하는 의미가 있다. 즉, 인구변화에 대비하여 향후 해당 대상지역에 발생할 수 있는 계획을 수정할 수 있는 근거로 활용된다. 왜냐하면, 인구는 지역의 경제적 및 사회적인 현상을 대변하는 지표로 활용되기 때문이다. 둘째, 인구예측은 직면한 문제로 인해 나타나는 자연스러운 결과물로 활용된다. 즉, 인구변화는 지역의 위기 및 문제를 나타내는 신호(signal)로 인구예측을 사용한다. 따라서, 인구예측은 지역에서 원하는 수요(needs)에 대한 반향(response)을 효율적이며 시의적절하게 사용할 수 있게 활용된다. 셋째, 인구예측은 지역의 발전방향 및 성장의 성격을 규정해주는 근거로 활용된다. 즉, 지역을 발전을 유도하는 계획 및 지역의 성장의 방향성을 설정하는 근거로 해당 지역의 동적인 인구변화 및 정적인 인구상태가 사용된다. 넷째, 인구예측을 위한 정보의 구축은 지역의 이해를 돕는 자료로 사용된다. 즉, 지역을 구성하고 있는 근원적인 추동체는 인구에 기반하며, 이때의 인구의 변화는 지역을 이해할 수 있는 기저를 제공한다.

2 인구예측 자료 및 주의점

(1) 인구예측 용어

지역의 인구를 예측하기 위해서는 우선적으로 인구예측을 위한 용어의 정립이 필요하다. 따라서 일반적으로 인구예측과 관련해서는 추정(estimate), 추계(projection), 예측(forecast)에 대한 구분이 필요하다. 즉, 인구추정은 인구예상과 인구예측과는 다르며, 과거 특정 시점의 인구를 정의하는 것을 의미한다. 추계는 추정과는 반대로 특정 가정에 의해서 미래 특정 시점의 인구를 정의하는 것이다. 또한, 예측은 인구성향의 변화, 발전 패턴 등을 고려했을 때 분석가의 미래 인구에 대한 최적의 추측(best guess)을 의미한다. 일반적으로 인구예측은 인구추계로부터 도출되며 이를 예측이라고도 지칭하게 된다. 따라서 인구변화와 관련하여 인구추계 및 예측을 하기 위해서는 다음과 같은 용어가 사용된다.

추정(estimate): 변화대상이 되는 지표의 현재 및 과거 값에 대한 계산
추계(projection): 지표의 미래 값에 대한 특정 가정에 대한 수치적인 산출물
예측(forecast): 지표의 미래값이 어떻게 변화될 것이라고 분석가가 선언하는 것

초기연도(base year): 추계를 위해 사용된 자료의 가장 초기 연도
최근연도(launch year): 추계를 위해 사용된 자료의 가장 최근 연도
기초기간(base period): 초기연도와 최근연도간 기간
목표연도(target year): 인구추계의 대상 연도
추계시계(projection horizon): 목표연도와 최근연도와의 차이

또한, 인구구조는 인구라는 통계집단을 계획가의 관심변수에 따라 분류한 결과를 가리키며, 순수인구학적 변수들을 중심으로 파악하는 인구구조와 사회경제적 변수를 중심으로 파악하는 인구구조로 구분할 수 있다. 순수인구학적 변수에는 성, 연령, 혼인상태 등이 있으며, 특히 성과 연령은 인구분석에 자주 사용되어 인구총조사의 정확성을 판단하는 데 사용된다. 이러한 특성은 사회과학에서 성·연령별 인구구조에 대하여 관심을 갖고 사회생활의 일차적 관계가 남녀구조나 연

그림 5-1　인구피라미드 구조 예시

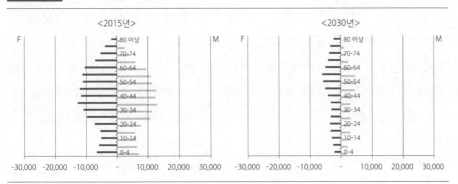

령구조에 의하여 영향을 받기 때문이다. 예를 들어 남녀의 성비에 의해서 출산력 등이 재조정되며, 성별 인구구조의 차이가 출산력이나 사망력에 영향을 미친다. 인구학적 구조 중에서 성과 연령을 기본속성으로 하여 성·연령별 인구의 도수분 포에 따라 인구구조를 표현한 것을 인구피라미드(population pyramid)라고 정의한 다. 이 중 총인구를 그대로 피라미드로 표현한 것을 절대피라미드라고 정의하며, 성·연령별 인구의 구성비(비율)를 사용하는 경우는 상대피라미드라고 정의한다. 상대피라미드의 장점은 다수의 인구를 비교하는 경우, 인구규모와는 독립적으로 연령별 인구구조를 직접 비교하는 것이다.

(2) 인구예측 자료

인구추정 및 추계에 있어서 가장 중요한 것은 정확한 최근의 자료를 사용하 여 추계의 신뢰성을 확보하는 것이다. 즉, 자료의 특성에 맞는 추계 방법론의 선 택 및 적용 외에 신뢰성 높은 인구추정 및 추계를 하기 위해서는 새롭게 갱신 (update)된 자료(data)를 활용하여 인구추정 및 추계 분석결과를 계획방향에 맞게 적절하게 수정 및 보완해 나가는 것이 필요하다. 이를 위해서는 계획가의 의도 에 맞게 추정, 추계, 예측 특성에 따라 최적의 방법론을 설정한 후 방법론에 맞 는 자료를 구득하는 것이 인구 추정 및 추계의 신뢰성을 확보하는 기본적인 최선 의 방안이다. 신뢰성이 높은 자료의 구득을 위한 방법은 승인통계를 활용하는 방 안이 주로 권고된다.

I) 통계청

인구추정 및 추계에 있어서 일반적으로 가장 주요하게 사용될 수 있는 자료 는 통계청(www.kosis.kr)의 지역별 인구자료를 활용하는 경우이다. 지역별 인구 자료는 행정구역별로 주민등록세대수, 총인구, 성별, 연령별자료를 제공하고 있 으며, 행정구역은 읍면동까지 세분화되어 제공된다. 기간별로는 월별, 연별, 5년 단위, 부정기 조사 자료가 제공된다. 5년단위 총조사 인구가 활용되기도 하지만 소규모 지역을 대상으로 한 지역별 자료가 주로 사용된다. 반면, 총조사(1925년부 터 2010년까지 18회 실시)는 기본 인구수에 대한 정보 외에 출생지, 경제활동 등에 대한 조사 항목이 포함되어 활용성이 높은 장점이 있다.

그림 5-2 통계청 지역인구

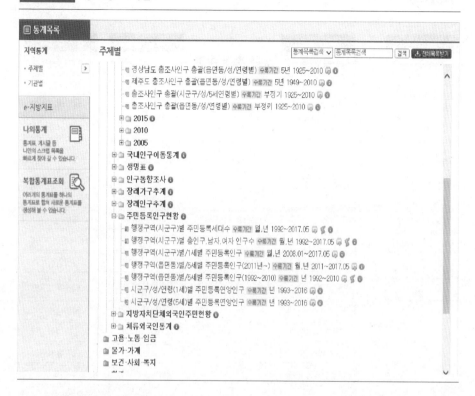

2) 행정안전부

통계청 외 지역별 인구를 구득할 수 있는 가장 적절한 방법으로는 행정안전부(http://www.mois.go.kr/)의 주민과 인구통계 자료를 활용하는 방법이 있다. 행정안전부 주민과의 인구자료는 통계청의 자료와 근본적인 측면에서는 같지만, 행정구역을 관장하는 부처의 입장을 고려할 경우에는 읍면동 이하의 지역단위에 대한 자료 역시 구득이 가능하다. 즉, 현행 5세간격으로 되어있는 읍면동 자료에 대한 1세간격 자료의 구득이 가능한 것을 의미한다. 반면, 통계청의 자료는 즉각 구득이 가능하지만 부처에서의 자료 구득은 일정시간이 소요되기 때문에 계획가의 계획 방향 및 특성에 따라 자료의 구득 조건을 고려하는 것이 필요하다. 또한 행정안전부에서는 내고장알리미(http://www.laiis.go.kr/)를 통해서 통리를 포함한 지역별 행정구역현황에 대한 자료의 파악이 가능하다. 반면, 행정구역별 세부자료에 대한 자료는 행정안전부에 요청을 통해 구득이 가능하다.

그림 5-3 행정안전부 지방자치분권실 주민과 조직

기획조정실	정부혁신조직실	전자정부국	지방자치분권실	지방재정경제실
정책기획관	정부혁신기획관		지방행정정책관	지방재정정책관
기획재정담당관	혁신기획과	전자정부정책과	자치행정과	재정정책과
정책평가담당관	협업정책과	지역정보지원과	주민과	재정협력과
혁신행정담당관	정보공개정책과	스마트서비스과	민간협력과	교부세과
법무담당관	공공데이터정책과	정보자원정책과	사회통합지원과	회계제도과
정보통계담당관	조직정책관	글로벌전자정부과	공무원단체과	지방세제정책관
국제행정협력관	조직기획과	개인정보보호정책과	자치분권정책관	지방세정정책과
행정한류담당관	조직진단과	개인정보보호정책과	자치분권과	지방세운영과
국제안전협력담당관	경제조직과	정보기반보호정책과	선거의회과	지방세특례제도과
비상안전기획관	사회조직과	개인정보보호협력과	자치법규과	지방세입정보과
재난안전담당관	공공서비스정책관	개인정보안전과	지방인사제도과	지역경제지원관
	공공서비스혁신과		지역발전정책과	지역경제과
	국민참여정책과		지역공동체과	지방규제혁신과
	민원서비스정책과		지역발전과	지역금융지원과
	행정정보공유과		생활공간정책과	공기업정책과
			주소정책과	공기업지원과

(운영지원과)

3) 지역별 통계연보

통계청 및 행정안전부의 인구관련 통계자료 외의 추가적인 인구관련 자료기 필요한 경우에는 계획가가 선정한 대상지역의 지역별 통계연보의 활용이 가능하다. 지역별 통계연보는 해당 지역의 지역별 홈페이지의 통계편에서 구득이 가능하며, 그렇지 않은 과거 자료의 경우에는 국회도서관(www.nanet.go.kr)에서의 구득이 가능하다. 대상지역 홈페이지에서 제공하는 통계자료는 자료의 구축이 용이하지만 각 연도 통계연보를 구비해야 하는 어려움으로 인해 장기시계열의 확보는 쉽지 않다. 반면, 국회도서관의 통계자료는 구축이 용이하지 않은 반면 장기시계열을 확보할 수 있는 장점이 있어 상호 연계하여 자료를 구축하는 것이 요구된다.

그림 5-4 내고장알리미 제공 자료

그림 5-5 지역통계연보 구득 출처

(3) 인구예측을 위해 주의할 점

인구추정 및 추계를 위한 사전적인 자료의 구축은 다양한 출처에서 인구 자료의 구득이 가능하다. 반면, 인구추정 및 추계를 위한 자료를 구득할 경우에 주의해야 할 점은 자료의 신뢰성 확보와 세분화된 정도를 일치시키는 것이라고 할 수 있다. 또한 타 지역과의 비교를 위해서는 공인된 출처에서의 자료를 확보하여 비교하는 것이 중요하다. 이외에 정확한 인구예측을 위해서는 다음 사항에 대한 이해가 필요하다. 첫째, 정확하고 적합한 자료의 사용이다. 인구추정 및 추계는 과거 자료를 사용하여 통계적인 방법으로 산출된다. 반면, 계획가들은 사용된 방법론과는 상관없이 적용된 방법이 적합하게 적용된 것이라는 것을 사용된 통계

자료를 통하여 제시하여야 한다. 즉, 미래 10년에 대해 인구를 추계하기 위해 사용되는 자료는 최소 과거 10년의 자료가 사용되어야 한다. 둘째, 단지 복잡한 산식으로 구성된 방법론의 적용이 정확한 인구추정 및 추계를 의미하는 것은 아니다. 즉, 연령/성별/인종별 인구추계를 위해서는 보다 광대한 자료가 필요하며 이를 분석하기 위해 사용된 보다 복잡한(complex) 모형의 적용이 자세한 인구추계 결과를 도출하는 것은 아니다. 셋째, 대단위 자료의 사용으로 인하여 추계의 정확성은 증가한다. 즉, 서울의 종로구에 대한 인구추계보다는 서울에 대한 인구추계의 정확성은 증가한다. 또한, 추계기간이 짧을수록 긴 추계기간에 비해 정확성은 증가하며, 인구이동이 급격하지 않은 경우가 인구이동이 급격하게 이루어지고 있는 지역에 비해 추계의 정확성은 증가하게 된다. 반면, 이러한 추계의 정확성도 경제적, 사회적, 정치적인 상황 변화에 의해서 영향을 받게 된다.

반면, 양질의 자료와 적합한 방법론을 적용하여 인구를 추계한다고 하더라도 계획가(planner)들은 추정 및 추계된 인구는 부정확하다는 것을 인지할 필요가 있다. 즉, 인구추계는 정보의 불완전성, 환경적인 불확실성, 그리고 기타 요인에 의해서 영향을 받을 수 있기 때문에 계획가들은 현재 인구에 기반하여 추계한 미래 인구의 불완전성을 인정하는 것이 필요하다.

3 인구예측 방법

인구예측을 하는 방법을 일반적으로 인구모형이라고 지칭한다. 출생, 사망, 그리고 인구이동에 대한 인구요인의 변화로 인구를 예측하는 모형을 요소모형(cohort component method)이라 하며, 과거의 인구추세를 활용하여 인구를 예측하는 방법을 비요소모형(mathematical extrapolation techniques)이라고 정의한다. 비요소모형은 요소모형에 비해 자료 구축의 편의성이 확보되는 반면, 요소모형에 비해 상세한 예측은 불가능한 특성이 있다. 반면, 요소모형은 자료의 구축이 비요소모형에 비해 상대적으로 많은 시간과 노력이 소요되지만 성별 및 연령별로 보다 구체화된 인구의 예측이 가능한 특성이 있다. 이외에 비율을 사용하는 방법(ratio techniques)과 모델링에 기초한 인구모형(population model)에 의한 방법이
있다.

(1) 인구예측 기초

인구예측을 위해 가장 기본적으로 고려되는 인구변화는 두 시점간 인구의
변화를 가정하며 이때의 자료는 정확한 것으로 가정하여 인구변화를 도출한다.
인구변화는 특정 시점의 목표연도의 인구(P_{t+1})와 초기연도 인구(P_t)의 차이이며,
인구의 차이는 자연증가와 사회증가의 합으로 구성된다. 즉, 초기연도와 목표연
도의 차이를 나타내는 인구변화는 두 시점에서의 출생, 사망에 대한 자연증가와
인구이동에 대한 사회증가의 차이이다. 인구변화에 대한 인구방정식은 아래와
같다.

$$인구변화 = P_{t+1} - P_t = (출생 - 사망) + (전입 - 전출) = 자연증가 + 사회증가$$
$$\triangle P_t = (B-D) + (IM-OM)$$

따라서, 인구변화를 결정하는 요인은 지역 안에서 발생하는 출생(B)과 지역
으로의 인구유입인 전입(IM), 타지역으로의 인구유출인 유출(OM)과 지역 내에서
의 인구감소를 의미하는 사망(D)으로 구성된다. 이때 출생과 사망은 인구의 재
생산요인이라 하며 전입과 전출은 인구의 순이동을 의미한다. 따라서, 국제인구
이동이 전혀 일어나지 않는 경우, 곧 순이동이 제로인 경우를 폐쇄인구라고 지
칭하며 이에 반대되는 개념인 개방인구는 국제인구이동이 일어나는 경우를 지칭
한다.

또한, 일반적으로 인구의 변화를 논의할 때 인구의 성장이라는 개념을 사용
한다. 반면 이는 인구의 양적 크기가 증가하는 것을 나타내는 것이 아닌 인구의
변화를 의미한다. 따라서, 인구변화는 인구가 증가할 수도 있고, 감소할 수도 있
으며 또 전혀 변하지 않을 수도 있다. 또한, 인구가 증가하여도 증가속도에 따른
구분이 가능하며, 인구의 변화폭에 따라 발산하며 증가할 수 있으며 수렴하며
감소할 수 있다. 두 시점을 고려할 경우의 인구변화는 성장률 변화식에 의해서
표기가 가능하며, 초기연도의 인구 P_0와 t시점 후의 목표연도의 인구를 P_t로 정
의할 경우 인구성장은 $P_t - P_0$가 되며, 인구성장률은 $\dfrac{P_t - P_0}{P_0}$와 같다.

그림 5-6 인구성장

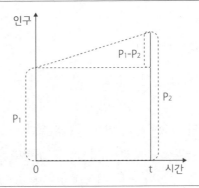

(2) 비요소적 추계(extrapolation, 외삽법)

수리적인 방법에 의해 과거의 자료를 사용하여 인구를 추계하는 비요소적 추계 방법을 외삽법(extrapolation)이라고 지칭하며, 이때에는 인구의 성별, 교육수준, 연령 등과 같은 특성은 고려되지 않는다. 따라서, 외삽법은 분석의 용이함에 반해 지역경제의 특성을 고려한 경제적인 모형보다 이론적으로는 취약한 단점이 있다. 또한, 인구의 총수를 예측하여 성별 및 연령별 인구의 변화가 도출되는 요소적 추계와 차별된다.

1) 선형식(Linear curve model, 등차수열법)

선형식은 시간에 따라 일정하게 인구가 변화되는 특성을 반영함으로써 인구가 매년 일정하게 증가(또는 감소)하거나 낮은 성장을 보여 일정기간 해당 지역의 인구변화패턴이 일정할 것으로 파악되는 지역에 적용이 가능하다(growth rate remains constant). 따라서, 등차수열이 적용된 선형식은 계산이 간편하며 단기간의 추계에 적합하다. 반면, 향후 발생할 인구변화의 충격(shock)에 대한 고려가 이루어지지 않아 장기간의 인구예측에는 적절하지 못한 방법이다. 이때 평균 인구변화량을 의미하는 a는 대수적인 방법으로 구하거나 회귀분석을 통하여 추정한다.

$$P_{x+t} = P_x + at$$

P_x: 초기인구

P_{x+t}: t시점 후의 인구

a: 시점의 인구 변화량

그림 5-7 선형식

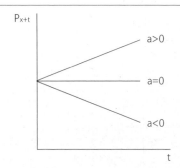

2) 기하곡선식(exponential model, 지수모형, 등비급수법)

기하곡선식은 등비급수적이며 연속적으로 성장하는 인구의 증가율을 계산하는데 지수곡선의 개념을 적용할 경우의 지수곡선은 다음과 같다.

$$P_t = ae^{bt}$$

또한, 이때의 자연지수를 고려하기 때문에 기하곡선식(geometric curve)의 일반형은 다음과 같다.

$$P_t = ab^t$$

시점 t의 인구가 P_t일 경우 성장률을 r로 표기하면 인구성장의 지수곡선이 도출되어 기하학적 성장식인 $P_t = P_0(1+r)^t$이 도출된다. 이는 지수곡선의 특수형을 의미한다.

$$P_t = a(1+r)^t$$

반면, 기하곡선식의 문제점은 인구성장의 규모가 과대 혹은 과소추정될 수 있다는 것이다. 반면, 지수모형 중의 하나로 인구가 매년 일정한 비율로 증가(또는 감소)하는 지역에 적용이 가능하며 단기간의 추계에 적합하다. 기하곡선식은 복리계산이 적용된 것으로 급속하게 인구가 성장하고 있는 지역에 적용이 적합하다. 이때의 평균 인구변화율은 $r_t = (P_{x+t} - P_x)/P_x$로 적용이 가능하다.

$$P_{x+t} = P_x(1+r)^t$$

P_x: 초기인구

P_{x+t}: t시점 후의 인구

r: 시점의 인구 변화율

| 그림 5-8 | 기하곡선식 |

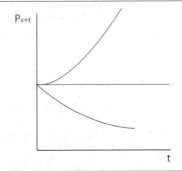

3) 포물선식(Parabolalic curve model, 다항식모형)

인구성장은 선형추세에 적합한 경우도 있지만, 2차식 이상의 다항식을 사용하는 다항식 추세선에 적합한 경우에 포물선식의 적용이 가능하다. 초기연도 0과 목표연도 시점 t의 인구가 P_t일 경우의 포물선식은 다음과 같다.

$$P_t = a + bt + ct^2$$

또한 포물선식의 일반화된 다항식은 $P_t = a + bt + ct^2 + ... + kt^n$로 확대가 가능하다. 포물선 식의 기울기는 시간에 따라 지속적으로 변하며 곡선식의 형태는 계수 c의 부호에 의해 결정된다. c가 0보다 큰 지역은 성장하는 지역, 0보다 작은 지역은 쇠퇴하는 지역, 0과 같을 때에는 정체하는 지역을 나타내어 각 지역의 특성에 맞게 적용이 가능하다. 따라서 포물선식은 인구성장이 제한 없이(without a limit) 성장하는(positive) 패턴, 지속적인(constant) 패턴, 감소하는(negative) 패턴에 적용이 가능하다.

그림 5-9 포물선식

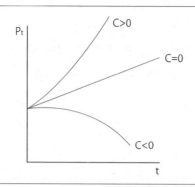

4) 수정된 지수곡선식(Modified exponential curve model)

수정된 지수곡선식은 인구의 상한선을 미리 제시하여 추정함으로써 타 방법과 차별된다. 즉, 인구의 상한성에 근접하는 인구예측식으로 시간의 흐름에 따라 인구 상한선과의 격차가 감소하게 된다. 이때의 인구 상한선의 설정은 지역의 특정 개발을 통해 예정되는 인구의 총합을 상한선으로 설정하게 된다. 또한, 수정된 지수곡선식은 계수에 따라 다음 4가지 형태로 제시가 가능하다.

$$P_t = c + ab^t$$

그림 5-10 수정된 지수곡선식

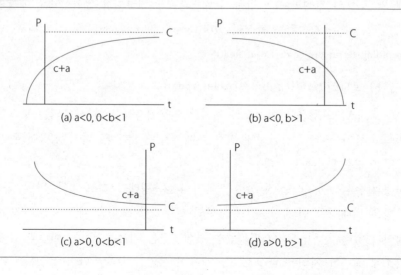

5) 곰페르츠식(Gompertz curve)

곰페르츠 곡선은 인구성장 상한선(c)이 있을 것으로 가정할 경우의 S자형 모양을 고려하여 인구를 추정할 때 적용이 가능하다. 곰페르츠식은 로그변환된 수정된 지수곡선과 같으며, 이때의 a와 b는 상수를 의미한다.

$$P_{x+t} = ca^{b^t}$$

그림 5-11 곰페르츠식

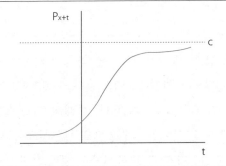

곰페르츠 곡선은 대상 지역의 인구가 ① 완만한 증가, ② 급격한 증가, ③ 완만한 증가의 S자 형태를 갖는다. 또한, 이때의 인구성장 상한선은 대상 지역의 최대 포화인구를 가정한다. 따라서, 곰페르츠식은 인구성장 상한선에 의해서 성장률이 증가, 감소, 지속되는 특징이 있다(Growth rate increases or decreases constantly according to an upper or lower limit).

6) 로지스틱모형(Logistic curve model)

로지스틱모형은 일반적으로 지역의 인구예측을 위해 사용되는 모형으로 점진적인 증가 후 인구상한선에 점근할 때까지 성장한 후 다시 성장이 완만한 속도로 인구상한선에 점근하는 특성을 가지고 있다. 즉, 로지스틱모형은 곰페르츠 모형과 유사하게 인구성장 상한선을 가진 s자 형태를 갖고 있다. 반면, 곰페르츠 모형은 비대칭인 반면 로지스틱모형의 인구성장 모형은 대칭곡선을 갖고 있는 차이가 있다. 반면, 로지스틱곡선의 가설설정은 기계적이라는 비판과 함께 인구 감소에 직면한 지역을 대상으로는 사용이 불가능하다는 단점이 있다.

$$P_{x+t} = \frac{C}{1+e^{a+bt}}$$

P_{x+t}: 목표연도의 인구

C: 인구성장 상한선

a, b: 상수

그림 5-12 로지스틱모형

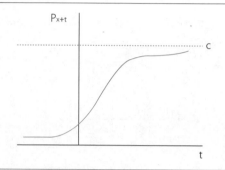

(3) 요소적 추계(Cohort component method)

인구구성 요인인 출생, 사망, 인구이동에 의해 지역의 인구를 추계하는 요소적 추계방법으로는 조성법이 사용된다. 비요소적 추계와 요소적 추계는 연령별 인구 추정 및 총인구 추정의 목적에 따라 차별적으로 적용된다. 즉, 조성법을 사용한 요소적 추계는 총인구뿐만 아니라 연령별 인구의 변화를 제시하기 때문에 사용법은 상대적으로 복잡하지만 비요소적 추계방법보다 연령별 인구변화를 제시하는 점에서 상대적으로 선호된다.

1) 기초자료

조성법을 사용하여 대상 지역의 인구를 추계하기 위해서는 연령(cohort)별 및 성별 인구, 사망자수, 모의출생률, 신생아수, 출생자수, 인구유입 및 유출에 대한 자료가 필요하다. 모든 자료는 통계청 지역통계에서 구득이 가능하며, 이 중 신생아수는 모의출생률에 연령별 남녀 인구를 적용하여 산출한다. 또한, 연령별로 출생자수가 제공되지 않는 경우에는 전체 출생자 비율에 신생아수를 적용하여 출산자를 산출한다. 따라서, 연령별 출산자 수에 연령별 여성인구 비율을 도출함으로써 출생률을 도출하는 것이 가능하다. 또한, 사망자수를 활용하여 사망률의 도출이 가능하며, 사망률은 다시 생잔율의 도출을 가능케 한다. 끝으로 인구이동은 순이동을 의미하며 이는 인구유입에서 인구유출을 제한 값이 사용된다.

2) 분석방법

연령별 인구를 추정하는 방법은 집단생존행렬(cohort survival matrix)을 통해서 예측이 가능하다. 조성법은 인구의 자연증가와 인구이동에 대한 사회적인 증가를 고려한 경우로 구분되어 적용이 가능하다. 인구의 자연증가를 고려한 경우에는 아래와 같이 성별로 구분이 된 행렬로 확장이 가능하며, 행렬계산을 통해 연령별 및 성별 인구의 산출이 가능하다.

$$\begin{vmatrix} M_{t+1} \\ F_{t+1} \end{vmatrix} = \overset{CSM}{\begin{vmatrix} SM & BM \\ ZM & SF \end{vmatrix}} * \begin{vmatrix} M_t \\ F_t \end{vmatrix}$$

이때

M_{t+1}: $t+1$기의 연령별 남자 인구수

F_{t+1}: $t+1$기의 연령별 여자 인구수

SM: 남자 연령별 생잔율

BM: 신생아 중 남자 출산 확률

SF: 신생아 중 여자 출산 확률

ZM: zero 행렬

반면, 인구이동에 의한 사회적증가를 고려한 인구예측은 실제 관찰인구와 변화인구의 차이를 순이동인구로 고려하여 아래와 같이 성별 순이동 인구(net migration matrix)가 산출된다. 이때 NMM은 NMM_t와 NMF_t로도 구분된다.

$$NMM = \begin{vmatrix} MM & 0 \\ 0 & FM \end{vmatrix} * \begin{vmatrix} M_t \\ F_t \end{vmatrix}$$

이때,

NMM_t: 남자 순이동 행렬

NMF_t: 여자 순이동 행렬

또한, NMM과 단위행렬을 합하여 전환행렬(transformation matrix, TSM)의 도출이 가능하다. 따라서, 목표연도의 인구는 인구이동을 고려할 경우에는 전환행렬×집단생존행렬×초기인구를 결합하여 산출된다.

4 인구예측 방법론의 선택

대상지역의 인구예측을 실시할 경우 대상지역의 인구 특성에 맞게 적용된 비요소적 추계의 방법은 다양한 방법으로 적용하는 것이 필요하며, 적용된 방법에 따라 차별화된 인구예측 결과의 도출이 가능하다. 따라서, 적용된 인구추정식의 적정성을 판단하기 위한 기준이 필요하며, 대표적으로 투입평가법(Input Evaluation Method)과 결과평가법(Output Evaluation Method)을 사용하여 최적 추정식을 선택하는 과정이 필요하다. 최적의 추정식을 선택하기 위해서 통계적인 측정을 활용해 대상 지역의 인구 성장 특성과 각 추정식의 인구 산출 특성에 대한 비교가 필요하다. 따라서, 이 둘의 차이가 최소가 될 때 인구예측 방법론의 신뢰성이 높다는 것을 의미한다.

(I) 투입평가법(Input Evaluation Method)

투입평가법은 측정값과 실제값의 차이에 의해서 산출되며, 이때 표준편차 s의 산출을 통한 상대분산계수(Coefficient of Relative Variation)의 도출로 그 차이가 계산된다. 즉, 인구추정을 위해 적용된 다양한 모형의 상대분산계수의 도출이 개별적으로 시행되며, 이때 가장 작은 상대분산계수를 나타내는 모형을 최적 모형으로 선택한다. 즉, 적용된 비요소 추계 방법론에 따라 개별 상대분산계수의 도출이 가능하며 도출된 상대분산계수를 상호 비교함으로써 최적 모형을 선택하게 된다.

$$s = \left[\frac{\sum\limits_{t} (Z_t - \overline{Z})^2}{M-1} \right]^{\frac{1}{2}}$$

$$CRV = \frac{s}{|\overline{Z}|} \times 100$$

s: 표준편차

Z_t: 투입값

$\overline{Z}$: 투입값의 산술평균

M: 투입값의 개수

(2) 결과평가법(Output Evaluation Method)

결과평가법은 관찰된 자료와 추정식 결과의 차이 평가를 나타내는 절대평균오차백분법(Mean Absolute Percentage Error)의 산출로 결정된다. 절대평균오차백분법은 오차의 평균 크기를 제공하며, 크기가 가장 작은 모형이 인구추정에 적합한 모형을 의미한다.

$$MAPE = \frac{\sum\limits_{t} \dfrac{|P_t - P_t^e|}{P_t}}{n} \times 100$$

P_t: 실제인구

P_t^e: 추정인구

n: 추계기간

(3) 모형의 선택

인구예측을 위해 사용된 비요소적 추계에 의한 방법 중 대상 지역에 적합한 모형의 선택은 투입평가법에 의한 최소 상대분산계수와 결과평가법에 의한 최소의 절대평균오차에 의해서 모형이 선택된다. 제5절의 A시 인구추정의 경우 투입평가법에 의한 상대분산계수는 인구추정 모형간 구분이 명확하지만, 결과평가법에 의한 평균오차백분율은 인구추정 모형간 상호 비교가 쉽지 않다. 따라서, 상대분산계수에 의한 모형의 선택 후 결과평가법에 의해서 추정식을 선택하는 것이 바람직하다.

5 적용

　　1970년부터 2012년까지의 A시의 인구에 대한 변화 패턴은 다음과 같다. A 시의 계획인구추계는 단일 방법에 의한 추정이 아닌 추정모형별 추정을 근간으로 계획인구를 도출하였다. 또한, 이때의 인구성장 한계선은 1,000,000으로 가정하여 적용하였다.

그림 5-13 A시 성별 인구 변화 추이

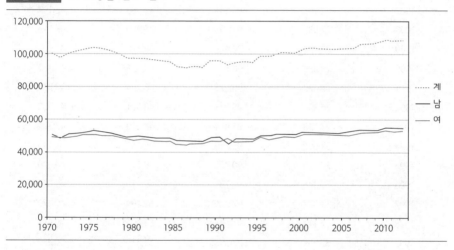

표 5-2 A시 인구변화추이

연도별	세대수	인구수		
		계	남	여
1970	17,966	101,048	50,871	50,177
1971	17,196	99,029	49,847	49,182
1972	17,524	101,201	51,319	49,882
1973	17,798	102,682	52,032	50,650
1974	17,923	103,843	52,615	51,228
1975	19,355	104,550	53,212	51,338
1976	18,748	103,598	52,466	51,132
1977	19,112	102,939	51,970	50,969

연도별	세대수	인구수		
		계	남	여
1978	19,222	100,797	50,559	50,238
1979	19,415	98,589	49,625	48,964
1980	20,433	98,215	49,968	48,247
1981	20,090	98,255	49,753	48,502
1982	20,367	97,431	49,473	47,958
1983	20,672	96,683	49,126	47,557
1984	20,925	96,137	48,927	47,210
1985	21,585	93,341	47,934	45,407
1986	21,535	92,596	47,310	45,286
1987	22,967	93,544	47,350	46,194
1988	22,535	93,093	46,980	46,113
1989	23,494	96,828	49,316	47,512
1990	23,838	96,895	49,426	47,469
1991	25,022	95,026	46,294	48,732
1992	26,306	95,951	48,621	47,330
1993	27,128	95,994	48,690	47,304
1994	27,699	95,818	48,669	47,149
1995	28,719	99,755	50,710	49,679
1996	30,376	99,755	50,710	49,045
1997	31,577	100,873	51,194	49,679
1998	32,113	101,396	51,401	49,995
1999	32,559	101,782	51,530	50,252
2000	34,024	103,622	52,353	51,269
2001	35,095	104,648	52,888	51,760
2002	35,807	104,380	52,753	51,627
2003	36,587	104,030	52,625	51,405
2004	37,283	103,976	52,742	51,234
2005	38,060	104,260	52,855	51,405
2006	39,344	105,022	53,162	51,860
2007	40,922	106,926	53,998	52,938
2008	41,957	107,355	54,210	53,145
2009	43,054	108,088	54,478	53,610
2010	44,283	109,250	55,199	54,051
2011	44,575	109,120	55,175	53,945
2012	45,104	109,550	55,348	54,202

표 5-3 A시 계획인구 추정결과

추정모형		추정결과
선형식 (Linear curve model)	$P_t = a + bt$	$P_t = 106,542 + 654.7t$
기하곡선식 (Exponential curve model)	$P_t = ae^{bt}$	$P_t = 106,519.7 \times 1.00615^t$
포물선식 (Parabolalic curve model)	$P_t = a + bt + ct^2$	$P_t = 106,309.8 + 654.7t + 23.2t^2$
수정지수곡선식 (Modified exponential curve model)	$P_t = c + ab^t$	$P_t = 1000000 + 893,455.8 \times 0.99927^t$
곰페르츠식 (Gompertz curve model)	$P_t = ca^{b^t}$	$P_t = 1000000 \times 0.1^{0.997^t}$
로지스틱식 (Logistic curve model)	$P_t = (c + ab^t)^{-1}$	$P_t = (0.0000001 + 0.0000084 \times 0.993^t)^{-1}$

주) P_t: t시점 인구
  a: 초기인구
  b: 기울기
  c: 인구상한선
  e: 자연지수
  t: t시점

표 5-4 계획인구 추정방법별 A시 장래인구추계 결과

연도	Linear curve model	Exponential curve model	Parabolalic curve model	Modified exponential curve model	Gompertz curve model	Logistic curve model
2013	110,470	110,517	111,072	110,465	103,830	110,511
2014	111,125	111,197	112,028	111,116	104,476	111,188
2015	111,779	111,882	113,031	111,767	105,125	111,869
2016	112,434	112,571	114,080	112,418	105,775	112,554
2017	113,089	113,264	115,175	113,069	106,428	113,242
2018	113,744	113,962	116,316	113,718	107,083	113,934
2019	114,398	114,663	117,504	114,368	107,740	114,629
2020	115,053	115,369	118,738	115,017	108,400	115,329
2021	115,708	116,080	120,018	115,665	109,062	116,032
2022	116,363	116,795	121,345	116,313	109,726	116,738
2023	117,017	117,514	122,718	116,960	110,392	117,449
2024	117,672	118,238	124,138	117,607	111,060	118,163
2025	118,327	118,966	125,603	118,254	111,731	118,881

그림 5-14　2025년 A시 인구추계

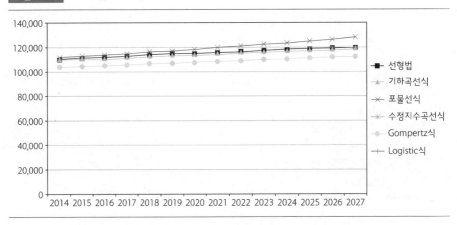

적용된 비요소 추계 추정식의 종류에 따라 2025년 인구는 최소 111,731명에서 최대 125,603명으로 추정되며, 인구 추정식의 적정성을 판단하기 위하여 투입평가법(Input Evaluation Method)과 결과평가법(Output Evaluation Method)에 의하여 추정식이 선택되었다. 투입평가법에 의한 실제 인구성장특성과 추정인구와의 비교는 $s = \left[\dfrac{\sum_t (Z_t - \overline{Z})^2}{M-1}\right]^{\frac{1}{2}}$ 일 때 $CRV = \dfrac{s}{|Z|} \times 100$ 와 결과평가법에 의해

관찰된 자료와 추정식결과의 차이를 나타내는 $MAPE = \dfrac{\sum_t \dfrac{|P_t - P_t^e|}{P_t}}{n} \times 100$

에 의해서 선택이 가능하다. 따라서, 추정식의 선택은 CRV와 MAPE가 동일하게 최소가 되는 식을 선택하였다. 투입평가법에 의한 추정식의 선택은 최대값을 나타내는 포물선식(Parabolalic curve model)을 제외하고, 기하곡선식(Exponential curve model)이 가장 선호되는 것으로 분석되었으며, 결과평가법에 의한 추정식의 선택은 최대값을 나타내는 곰페르츠식(Gompertz curve model)을 제외하고 기하곡선식(Exponential curve model), 수정지수곡선식(Modified exponential curve model), 로지스틱식(Logistic curve model)이 가장 선호되는 것으로 분석되었다. 따라서, 투입평가법과 결과평가법에 의한 상대분산계수 및 평균오차백분율이 모두 최소가 되는 기하곡선식(Exponential curve model)에 의한 인구추정법을 선택하였다.

표 5-5 추정식의 평가

추정식	투입평가법 (상대분산계수, CRV)	결과평가법 (평균오차백분율, MAPE)
선형식 (Linear curve model)	6.603265	0.105917
기하곡선식 (Exponential curve model)	3.476356	0.106212
포물선식 (Parabolalic curve model)	2357.774	0.110927
수정지수곡선식 (Modified exponential curve model)	300.4898	0.105885
곰페르츠식 (Gompertz curve model)	441.6718	1.375486
로지스틱식 (Logistic curve model)	89.91673	0.106170

따라서, A시의 장래 인구는 기하곡선식(Exponential curve model)을 활용한 118,966명으로 추정할 수 있다.

표 5-6 A시 인구 추정 결과

연도	기하곡선식(Exponential curve model)
2015	111,882
2020	115,369
2025	118,966

그림 5-15 A시의 인구추계를 고려한 인구성장추이

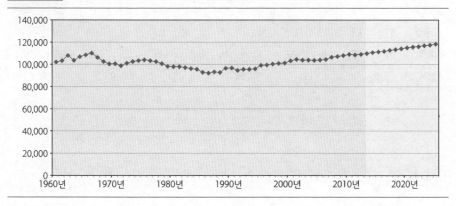

요소적 추계인 조성법에 의한 인구추계는 인구의 총수 외에 연령별로 구분하여 예측이 가능z한 장점이 있다. 따라서, 연령별로 구분되어 추정이 가능하지만, 비요소적 추계에 의한 추정결과와는 다소 차이가 있다. 또한, 시점별 A시의 연령구조 변화에 대한 인구피라미드 결과는 〈표 5-7〉과 같다.

표 5-7 A시 조성법 인구 추정 결과

구분	2015년		2020년		2025년		2030년		2035년		2040년	
	남자	여자	남자	여자	남자	여자	남자	여자	남자	여자	남자	여자
0-4	2.1	2.0	1.9	1.9	2.0	1.9	1.9	1.9	1.7	1.7	1.5	1.5
5-9	2.4	2.1	2.1	2.0	1.9	1.9	2.0	1.9	1.9	1.9	1.7	1.6
10-14	2.4	2.3	2.4	2.1	2.1	2.0	1.9	1.9	2.0	1.9	1.9	1.8
15-19	2.8	2.6	2.4	2.3	2.4	2.1	2.1	2.0	1.9	1.9	1.9	1.9
20-24	3.3	3.3	2.7	2.6	2.4	2.3	2.3	2.1	2.0	2.0	1.9	1.9
25-29	3.7	3.0	3.3	3.3	2.7	2.6	2.4	2.3	2.3	2.1	2.0	2.0
30-34	2.9	2.5	3.6	3.0	3.2	3.2	2.7	2.5	2.3	2.2	2.3	2.1
35-39	3.4	3.3	2.8	2.5	3.5	2.9	3.2	3.2	2.6	2.5	2.3	2.2
40-44	3.6	3.5	3.3	3.2	2.8	2.4	3.4	2.9	3.1	3.1	2.5	2.5
45-49	4.2	3.9	3.4	3.4	3.1	3.1	2.6	2.4	3.3	2.8	2.9	3.1
50-54	4.4	4.2	3.9	3.7	3.1	3.3	2.9	3.0	2.4	2.3	3.0	2.7
55-59	4.5	4.3	3.9	4.0	3.4	3.6	2.8	3.2	2.5	2.9	2.1	2.2
60-64	4.0	4.3	3.7	4.0	3.2	3.7	2.9	3.3	2.3	3.0	2.1	2.7
65-69	2.7	3.2	3.0	3.8	2.8	3.6	2.4	3.3	2.2	3.0	1.7	2.7
70-74	1.7	2.2	1.7	2.6	1.9	3.1	1.8	2.9	1.5	2.7	1.4	2.4
75-79	1.0	1.8	0.7	1.4	0.7	1.7	0.8	2.1	0.8	1.9	0.7	1.8
80이상	0.4	1.1	0.2	0.8	0.2	0.6	0.2	0.7	0.2	0.9	0.2	0.9
소계	49	50	45	47	42	44	38	42	35	39	32	36
합계	99		92		86		80		74		68	

그림 5-16 조성법에 의한 A시의 인구피라미드 변화

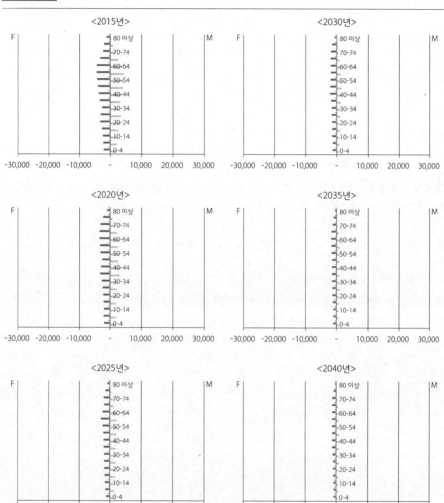

연습문제

❶ 인구예측을 위한 필요 자료를 가상하여 개별 추출 자료별 구득가능처를 제시하라.

❷ 인구예측을 위한 모형의 장단점과 산술식을 제시하라.

❸ 요소적추계와 비요소적추계의 차별성을 고려하여 두 추계방법을 사용하는 상황을 제시하라.

❹ 인구예측 모형에 의해 추계된 다양한 인구 추정 결과를 선택하는 방법에 대해 설명하라.

❺ 조성법을 사용하여 인구를 추정하는 분석방법 흐름을 제시하라.

참고문헌

기획재정부(2011). "인구 통계의 변화가 세계경제에 미치는 영향 및 시사점." 기획재정부 보도자료 (2011. 7. 18).

김두섭(2006). "한국의 인구성장", 한국인구학회(편), 2006, 『인구대사전』, 통계청.

김홍배(2001). 도시 및 지역경제분석론, 기문당

부산발전연구원(1999). 도시기본계획 인구추계에 관한 연구

원제무(1998). 도시계량분석, 박영사

윤대식(2004). 도시모형론, 홍문사

한국지방행정연구원(2017). 저출산·고령화에 의한 소멸지역 분석

한국지방행정연구원(2017). 인구감소지역의 지정기준과 시뮬레이션 연구

Armstrong, J.(2001). Combining forecasting. In J, Armstrong (Ed.), Principle of forecasting: A handbook for researchers and practitioners (pp. 417−439). Norwell, MA; Kluwer Academic

Cangiano, A.(2010). "Building Demography into Migration Research: Population Change and the Latent Demand for Migration in 21st Century Europe." Centre on Migration, Policy and Society(COMPAS) Working Paper No. 82.

Florida Department of Community Affairs Division of Community Planning(2007). Local government guide to population estimation and projection techniques

United Nations(UN)(2011). "World Population Prospect, the 2010 Revision." UN Population Division

지역개발과
거버넌스

_ 이태동

지역개발은 어떻게 이루어지는가? 누가, 어떻게 지역개발 문제를 결정하는가? 본 장은 지역개발과 관련된 정치 이론을 살펴본 후, 지역개발과 거버넌스의 실제를 다양한 개발 프로젝트, 기후변화 정책, 녹색빌딩의 사례를 통해 설명한다. 지역개발 정치 이론으로 엘리트론, 후견인론(clientelism), 다원주의론과 더불어 도시 레짐(urban regime) 이론, 거버넌스(governance)론은 지역개발을 설명함에 있어, 정치 행위자와 사회-경제-정치 구조의 역학 관계에 주목한다. 지역개발 정치 이론은 행위자의 역할과 그들의 정치-경제적 연합을 주목하는 연구에서, 다양한 이해관계자들이 지역개발 과정에 참가하는 다원주의적, 구조적인 거버넌스를 살펴보는 연구로 확장되었다. 본 장은 지역개발 정치 이론 중, 특히 거버넌스 이론을 중심으로 지역개발에 있어 녹색빌딩, 기후변화 정책의 형성과 발전을 살펴보도록 하겠다. 국내외의 지역개발 사례들은, 정치적 리더십뿐만 아니라 관련 이해당사자들과 시민들이 참여할 수 있는 거버넌스 구조가 지역개발을 성공적이고 민주적으로 진행할 수 있음을 보여준다.

1 지역개발과 정치 이론

(1) 엘리트론

엘리트론(elitism)은 도시정치의 정책결정과정이 소수의 엘리트집단으로 구성된 행위자들에 의해 결정된다고 주장한다(Hunter, 1953). 다시 말해 지역정치인, 관료, 개발업자, 금융기관, 언론 등과 같은 소수의 이해관계집단의 연합(coalition)에 의해 정책이 결정된다는 것이다(Logan and Molotch, 1987).

엘리트론을 발전시킨 헌터(Hunter, 1953)는 미국 조지아주 아틀란타 시의 정책결정과정을 분석하면서, 시정부와 경제 엘리트로 구성된 지역사회권력구조(community power structure)가 존재함을 밝혀냈다. 그는 다양한 권력의 피라미드(power pyramid) 속 상위에 위치한 엘리트 그룹이 주로 지역 정치와 정책에 영향을 끼치고 있음을 역설했다.

본 이론은 소수의 이해관계집단이 도시의 자원에 대한 통제권을 보유하기 때문에 특정 엘리트집단에 의해 정치적 의제가 선정되고 정책이 결정된다고 주장한다. 그러므로 엘리트론 관련 연구는 이해관계를 위해 엘리트 집단에 불리한 사안을 배제하는 의제선정(agenda-setting)과정을 강조한다. 다시 말해 정치지도자 또는 관료들은 자원을 보유한 특정집단의 편익을 공유하므로 특정이익을 선호하고 이에 따라 정치적 안건의 범위를 축소 또는 제약한다는 것이다(Stone, 1984: 159-180). 엘리트론은 정책결정과정에서 영향력을 행사하는 행위자를 직접, 간접 또는 무의사결정(non-decisions)으로 구분하며 이를 통해 실질적인 영향력을 행사하는 행위자를 분석한다(모성은, 2012: 322). 엘리트론을 주장하는 학자들에 의하면, 비엘리트 집단들은 존재하지만 지역개발 정책은 소수의 엘리트 집단에 의해 결정되기 때문에 비엘리트 집단들은 정책결정과정에서 배제된다.

엘리트론과 유사한 이론으로 후견인론을 들 수 있다. 후견인론(clientelism)은 소수의 엘리트집단을 도시정치 정책결정과정의 주요 행위자로 간주한다. 이러한 현상은 민주주의적 절차가 상대적으로 제약받는 사회에서 주로 발생한다. 비민주적 환경하에서 소수의 엘리트들은 권한 및 자원에 대한 독점을 통해 도시정치의 정책결정과정에 절대적인 영향력을 발휘한다(Hicken, 2011). 후견인론에 따르

면 엘리트들은 일정한 자원 또는 이익을 분배하게 되는데 이때 후견인과 피후견
인의 관계로 구성된 연합(coalition)을 형성하며 자신들의 직책을 지속적으로 유
지하고자 한다. 정치지도자, 관료, 기업, 지역 유지 등의 소수의 엘리트들은 일부
시민들과 사적인 이익의 교환관계를 통해 정치적 추종 세력을 구축하고 도시정
치와 지역개발의 정책결정과정을 지속적으로 독점한다(Hicken, 2011).

엘리트론은 도시정치와 지역개발 연구에서 엘리트 집단의 권력과 영향력에
대한 이해를 증진시켰다는 장점에도 불구하고 몇몇 한계에 직면해 왔다. 우선
엘리트론은 도시정치와 지역개발의 정책결정과정을 기업이익을 반영하는 단일
한 경제엘리트들과 이들과 협력적인 정치지도자들에 한정하여 분석한다는 지적
이 있다. 민주주의 체제하에서 정치 지도자는 소수의 이익집단의 역할과 관계를
중요하게 여기기는 하지만, 선거에서 승리하기 위해 더 많은 대중의 지지 역시
필요하기 때문이다. '물론 소수의 인원으로 구성된 엘리트는 집단행동에 있어 다
수의 대중들보다 용이하며 정책결정과정에 큰 영향을 미칠 수 있다.' 그러나 선
거에 의해 선출되는 정치지도자들은 대중의 요구를 무시할 수 없다는 비판을 받
는다.

(2) 다원주의론

다원주의론(pluralism)은 도시정치와 지역개발의 정책결정과정을 다양한 행
위자들이 참여하는 민주적 협상과정으로 간주한다. 즉, 다원주의론 연구들은 앞
서 살펴 본 엘리트론을 비판하면서, 소수의 집단 내지 개인이 정책과정을 독점
하는 것이 아니라 정치지도자, 기업가, 관료, 이익집단 등 각기 제한된 권한 및
영향력을 갖고 협상에 참여하여 정책을 결정한다고 주장한다. 이를 통해 다원주
의론은 도시정치와 지역개발의 정책결정과정을 민주적, 경쟁적, 분권적 시각으
로 분석하며 이에 따라 선거, 분권화 등의 영향을 강조한다. 다시 말해 도시정치
와 지역개발의 정책결정과정에서 모든 개인의 집단 가입은 용이해야 하며 정부
는 민주적, 분권적 경쟁성의 공정성을 보장해야 한다는 것이다. 다원주의론에 따
르면, 정치지도자들은 직책(elective office) 유지를 위해 선거구민의 선호를 고려
하므로 정치적 경쟁(political competition)이 발생한다(Dahl, 1961: 218). 더 나아가
정책결정과정에서 다양한 행위자들은 서로에 대해 완전히 자율적(autonomous)이

지 못하며 영역, 분야별로 영향력을 보유한 이익집단들이 다르므로 정책결정과
정은 분권화 될 수밖에 없다. 그러므로 모든 정책은 경쟁적 타협과 협상의 상호
작용과정을 통해 수립된다고 주장한다(Lindblom, 1977).

그 이론적 적실성에도 불구하고, 다원주의는 몇 가지 측면에서 비판을 받고
있다. 첫째, 민주주의와 시장경제체제와의 연계성에 대한 분석이 부족하다(DeLeon,
1992; Yates, 1977). 시장경제체제에서 자본을 가진 집단의 영향력을 간과할 수 없
는데, 그럼에도 불구하고 다원주의론은 자본주의 발전과 도시성장에 따른 제도
적 불평등(institutionalized inequality)이나 도시사회운동의 현상을 분석하는 데 있
어 그 적용이 제한적이라는 비판을 받는다(모성은, 2012: 322).

둘째, 엘리트론은 정책결정과정에서의 협상 규칙, 행위자들 간 선택 및 동
기에 대한 설명이 부족하다(Lindblom, 1977). 다양한 행위자들의 민주적인 참여는
가능하지만, 민주적 제도가 어떻게 만들어지는지, 이에 참여하는 행위자의 이익
구조와 정체성은 무엇인지에 대한 설명이 필요하다.

아울러, 다원주의론의 경우 민주주의 체제를 가정하고 있는데 이는 비민주
주의 체제하의 도시 정책과 지역개발 정책을 설명하는 데에는 한계를 지닌다.
민주적 정치 체제가 보장되지 않은 곳에서는 지역개발에 관한 민주적 경쟁 관계
가 형성되기 어렵기 때문이다.

(3) 도시 레짐 이론

도시 레짐 이론(regime theory)은 도시의 정책을 정부와 시장간의 분업적 구
조 및 상호작용의 산물이라고 주장한다. 즉 도시정부와 시장경제는 정책결정과
정을 독점하며 일방적으로 결정하지 않고, 지역개발과 도시정책은 경제와 정치
행위자들간의 복잡한 이해관계의 산물이라고 주장한다(Stone, 1989). 이러한 이해
관계의 형성은 시정부가 모든 자원에 대한 독점권을 행사하지 못한다는 주장에
서 시작된다. 시정부는 공적 목적을 달성하기 위해 필수적인 자원, 정보, 기술
등을 기업에 의지하므로 기업과 연합(coalition)을 형성하며 이에 따라 도시의 정
책이 결정된다고 주장한다(Stone, 1989). 그러므로 도시 레짐 이론은 정부와 시장
행위자들간의 비공식이며 협력적인 연합(coalition)의 역할을 중시한다.

이러한 주장은 도시정부의 목표와 한계점을 통해 이해할 수 있다. 도시한계

론에 따르면 도시정부의 최종목표는 여타 도시와의 경쟁 관계에서 최대의 경제적 이익을 창출하는 것이다. 도시정부는 중앙정부와 달리 노동자, 자본 등 자원에 대한 절대적인 권한을 보유하지 못하므로 여타 도시와의 경쟁에서 최대의 경제적 이익을 창출하기 위해 기업 등 민간부문과의 협력이 필수적이라고 주장한다(Peterson, 1981). 즉, 도시정부는 공식적인 제도를 통해 필요한 모든 자원을 확보하지 못하므로 기업 등 민간부문과 비공식적인 연합을 통해 정책을 결정하며 통치능력의 향상을 추구하고자 한다는 것이다. 엘리트론이 주장하는 이익집단 이합집산과 전략에 의한 정책 형성보다는, 도시 정부라는 제도적 매개를 통해 비공식적인 세력의 연합에 의한 정책의 결정을 강조한다. 도시 레짐 이론은 행위자와 제도를 모두 고려한 접근이라고 할 수 있다.

그러나 도시 레짐 이론은 도시정책결정과정에서 외부적 환경인 지역의 문화, 선거 및 중앙정부와의 관계에 대한 분석이 부족하다는 지적을 받는다(Mossberger, 2009: 49). 그렇기 때문에, 문화나 제도가 다른 국가의 지역개발을 분석하는 데 한계가 있다. 예를 들어, 미국의 지역개발을 도시 레짐으로 분석했다면, 그 틀을 바탕으로 유럽의 지역개발을 분석에 많은 도전이 따를 수 있다.

(4) 도시 거버넌스론

거버넌스에 대한 학자들의 정의는 다양하다. 일반적으로 거버넌스란 다양한 사회적, 행위자들의 제도를 통한 상호작용에 의한 결과로 인식된다(Pierre & Peters, 2000: 22-24). 이는 국가의 공공재와 서비스의 공급 행정적으로 실천하며 이를 제약 또는 가능케 하는 규범적, 사법적 방법이다(Lynn et al., 2001: 7). 다시 말해 거버넌스는 다양한 사회적, 정치적 행위자들의 집합적 행동을 동원 및 조직화하여 이를 행정적으로 실천하는 것을 의미한다(Coaffee & Healey, 2003: 1979). 거버넌스는 세계화와 이에 따른 신자유주의의 확산으로 정부의 역할 축소와 기능 약화로 인해 부각되었다. 또한 세계화에 따른 정보화의 발전으로 시민사회의 역할이 증대되며 정부 외의 중요한 행위자로 자리잡게 되었다(김석준 외, 2000: 33). 지방 거버넌스에서도 다양한 행위자들의 참여가 시작되며 시장과 시민사회 등이 지역개발의 중요한 행위자로 부각되었다.

도시 거버넌스론(governance theory)은 도시정책결정과정의 행위자로서 도시

정부, 기업, 시민단체가 활동한다고 주장한다. 거버넌스론은 도시정책결정과정의
내적, 외적 요인간의 관계를 중시하며 다원주의론과 유사하게 시민단체를 도시
정책결정과정의 주요 행위자 중 하나로 간주한다. 그러므로 거버넌스론은 도시
정부와 시장경제체제만을 중시하지 않으며 도시의 정책결정에 있어 지역문화 등
외적 환경과 시민 참여를 통한 수평적 네트워크를 중요시한다. 다시 말해, 도시
거버넌스론은 도시정부가 복지와 같은 공공재의 제공에 있어 자원, 기술, 정보
등의 제한이 존재하므로 정책결정과정에서 기업, 시민단체 등 행위자들의 참여
를 유도하며 협력적인 관계를 구축한다는 점을 강조한다.

정책결정과정에서의 원활하며 효율적인 협력관계의 유지를 위해 거버넌스론
은 참여 행위자들간의 상호신뢰 관계의 구축이 필요하다고 주장한다(Kjaer, 2009:
150). 거버넌스는 정부 조직의 네트워크를 강조하며 정부의 역할을 통제자가 아
닌 조정자로 간주한다. 이를 통해 정부는 정책결정과정에서 정부, 시장, 시민사
회간의 협력적이고 경쟁적인 관계를 조정하며 도시의 정책결정이 이루어진다고
주장한다(강희경, 2011: 19).

2 지역개발과 거버넌스의 실제

지방 거버넌스(local governance)는 민주적 가치의 증가와 함께 대두되었으며
학자들의 연구에 따라 다양하게 정의된다. 일반적으로 지방 거버넌스는 지방정
부, 기업, 시민단체 등 다양한 행위자들의 협력과 참여를 통해 지역의 공공문제
를 해결하는 것을 의미한다(오재일, 2003: 11). 이러한 협력관계는 지역의 효율적
인 경제성장, 환경관리 등 문제를 해결하기 위해 지방정부, 시민단체 및 기업 등
다양한 참여자들을 포함한 행위자들간의 파트너십과 네트워크의 구축을 의미한
다(소순창, 유재원, 2005: 304). 지역개발을 위한 거버넌스가 잘 작동되어 추구하던
목표를 이루는 경우도 있고, 그렇지 않은 경우도 있다. 특히 혐오시설이나 편의
시설을 지역에서 진행할 경우, 다양한 행위자가 다른 가치와 이해를 바탕으로
협력하기도 하고, 경쟁하기도 한다.

한국의 지방자치제는 1990년대부터 시작되었다. 지방자치제하의 지역개발 및 발전은 학계에서 중요한 연구분야로 대두되었으며, 현실 정치 및 행정에서 또한 그 중요성이 부각되어 왔다. 지역개발정치는 지역의 경제적, 사회적 발전의 달성을 목표로 한다. 즉, 지역의 발전을 통해 지역사회의 고용창출과 지역정부의 세수를 증대하며 사회적 공공재의 증대를 통해 지역주민들의 삶의 질을 향상시키는 것이 지역개발정치의 목적이다. 지역개발정치는 지방정부, 기업, 지역주민, 사회단체 등 다양한 행위자들이 참여하며 상호조정, 협력을 통해 지방 거버넌스를 구축하는 것을 의미한다. 지방 거버넌스에서 지역주민과 사회단체 등 민간부문의 참여자들은 지역개발정치에서 중요한 행위자로 역할하며 지역의 정책결정 과정에서 중요한 영향력을 행사한다. 다른 중요한 행위자로서는 지방정부(조직과 관료)와 정치지도자들의 예를 들 수 있다(정문기, 오수길 2018). 지역개발에서 거버넌스가 잘 작동되었던 경우도 있고, 그렇지 않은 경우도 있다. 관련 연구의 사례들을 살펴봄으로써, 어떤 조건하에서 지역개발 거버넌스가 작동했는가를 논의하도록 하겠다.

서혁준(2010)은 지역의 기피 시설 사례들을 분석함으로써, 어떤 조건하에 지역개발정치가 작동하는지를 살펴보았다. **서울시 추모공원(제2시립승화원) 건설**의 경우, 혐오 시설 설치가 어떤 과정으로 결정될 수 있는지 보여준다. 서울시는 2001년 7월 서울시 서초구 원지동 지역을 제2시립승화원 시설인 추모공원 건설 지역으로 선정하며 발표하였다. 그러나 지역주민들은 건설반대투쟁위원회를 조직하며 추모공원의 건설을 반대하였다. 결국 서울시가 개최한 5차례의 공청회에서 협의를 달성하지 못하므로 건설사업은 무기한 연기가 되었다. 2007년 대법원의 건설 허용 판결을 통해 서울시는 국토해양부 및 종합의료시설과 협의히여 9년 만인 2010년 2월에 추모공원 기공식을 가질 수 있었다(서혁준, 2010: 185-186).

이천시 환경기초시설 건설도 비슷한 과정을 겪는다. 이천시는 1997년 이천시 설성면 자석리 지역을 위생쓰레기 소각장 부지로 선정하며 발표하였다. 그러나 지역주민들은 건설 사업을 반대하므로 이천시는 부지선정을 다시 시작하기로 하였다. 이천시는 소각장의 부지 선정을 위해 30억 원의 보상금 지원 및 건설사업과 관련된 모든 의사결정권을 행사할 수 있는 범시민 폐기물처리시설 추진협의회를 구성하였다. 이 과정에서 이천시는 행정적, 재정적 지원만을 담당하며 환경전문가 및 범시민 패기물처리시설 추진협의회와의 사전 답사, 협의를 통해 최종적으로 호법면 안평리 지역을 부지로 선정하였다. 이천시는 소각장 지역주민들에게 보다 많은 재정적 지원을 약속하며 협약을 체결하므로 최종적으로 건설부지를 선정할 수 있었다(서혁준, 2010: 186).

제천시 폐기물종합처리시설 건설의 경우, 제천시는 2002년 8월 폐기물종합처리시설의 건설 부지선정을 위해 기본계획을 확정하며 입지선정위원회를 설립하였다. 또한 인근 지역마을 발전기금 및 기타 지원방법을 제시하는 동시에 공개입찰로 조사전문연구기관을 선정하여 조사결과를 주민설명회를 통해 순회적으로 주민들에게 설명하였다. 제천시는 건설부지의 최종적 선정을 위해 공모, 응모접수, 후보지 타당성 조사, 주민설명회 등 순차적으로 실시하였다. 그 결과 제천시는 입지선정위원회의 만장일치를 통해 최종적으로 2003년 10월 신동 동막골을 건설부지로 선정할 수 있었다(서혁준, 2010: 187).

울산시 음식물자원화시설 건설 사례에서, 울산시 북구청은 음식물자원화시설 건설 부지로 중산동 지역을 선정하였으나 지역주민들의 반대와 구의회의 두 차례의 부결로 추진의 난항을 겪게 되었다. 이러한 과정에서 울산시 북구청은 구의회의 동의 및 지역주민들의 의견수렴 절차 없이 국비를 신청하며 공사를 추진하였다. 그 결과 2004년 3월 울산시 북국청은 주민들의 강력한 반대에 공사를 중단하였다. 추후 울산시 북구청은 시민 배심원제를 제안하였으며 12월 주민, 중재단, 행정기관 등 참여자를 추천받아 총 45명의 배심원단을 구성하였다. 배심원단은 공개토론회의 방식으로 지역주민과 구청 양측의 의견을 검토하며 운영현황 및 기술적 문제를 토론하여 결국 참여자 3분의 2 이상의 찬성으로 12월 29일 부지 확정 및 공사를 추진할 수 있었다. 울산시 북구청은 배심원단제, 공개토론, 주민설득회 등 방식을 통해 지역주민들의 참여를 이끌어내며 설득과 동의 끝에 구청과 지역주민간의 갈등을 해소할 수 있었다(서혁준, 2010: 187-188).

무주군 관광레저도시 골프장 건설의 경우는 지역개발정치 과정이 작동하지 않아 실패한 사례이다. 전라북도 무주군청은 2005년 4월 관광레저도시 사업을 소개하며 마을주민들의 동의서를 받았다. 그러나 소개시 무주군청은 골프장의 건설을 언급하지 않았으므로 지역주민들과의 갈등이 시작되었다. 지역주민들은 환경문제, 지역 경제성 효과 및 고용창출의 미비를 이유로 골프장의 건설을 반

대하며 2005년 8월 무주 기업도시·골프장반대대책위원회를 구성하였다. 반대대
책위원회는 지역내 8개의 마을, 148세대에 대한 충분한 설명 및 협의 없이 지역
의 역사적, 문화적, 전통적 정체성을 파괴하는 골프장 건설 사업을 반대하며 여
타 지역사회단체와 함께 문화관광부의 허가서 철회를 요구하는 집회를 시작하였
다. 무주군청은 2006년 3월부터 지역주민들과의 공개토론회, 공청회를 개최하며
이주와 보상계획을 제시하였다. 중앙도시계획위원회는 2007년 7월 공식적으로
개발계획을 승인하였으며 10월 무주군과 대한전선, 농촌공사는 협약을 체결하여
대한전선과 무주군 공동출자의 법인회사를 설립하였다. 이러한 과정에서 일부
주민들은 골프장 건설 승인 취소 소송을 제기하는 동시 2007년 12월 건설교통부
장관과 문화관광부장관을 대상으로 소송을 제기하였다. 2008년 5월 대한전선은
사업 불투명성을 이유로 사업을 중단하면 전면 보류하게 되었다(서혁준, 2010: 190).

　　부산시 명지대교 건설 사업의 사례에서, 부산시는 낙동강 하구 도시계획시
설 결정을 1993년 고시하며 이를 추진하는 과정에서 환경단체와의 갈등이 시작
되었다. 부산시는 2001년 2월부터 2002년 2월까지 19차례의 토론회와 시민공청
회을 진행하였으나 부산녹색연합은 습지보호를 위해 명지대교의 건설을 반대하
였다. 부산시는 2002년 3월 문화재청으로 2005년 6월 환경부로부터 공식적인 승
인을 받았다. 그러나 환경단체와 이해단체들은 2005년 6월 명지대교건설을 반대
하며 부산시고등법원에 착공금지 가처분을 신청하며 2006년 2월 탄원서를 제출
함으로써 갈등은 심화되었다. 결국 부산고등법원은 착공금지 가처분을 기각하며
부산시는 명지대교 건설 노선 일부를 변경하므로 2009년 10월 개통을 할 수 있
었다(서준혁, 2010: 189).

　　용인 대지산 공원 조성 사례에서, 한국토지공사는 용인 죽전지역 대지산에
공원조성을 발표하자 지역주민과 시민단체는 이를 반대하며 개발과 보전간의 이
익 및 가치관의 차이로 하여금 갈등이 발생하였다. 이러한 갈등을 해결하기 위해
사업시행측과 시민단체측 양측 전문가의 의견 수렴을 위한 위원회를 구성하여 토
론 등 방식을 통해 갈등 해소 및 협력 구축을 달성하였다. 즉 한국토지공사, 지역
주민, 시민단체 등 다양한 행위자들의 갈등 해소 및 협력을 위한 모니터링 구조
를 구성하므로 다양한 행위자들이 지역개발 거버넌스의 핵심행위자로의 역할을
하게 되었다(이미홍·김두환, 2007: 225).

지역개발은 강한 리더십에 의해 좌우되는 경우도 있다. 강희경(2011)은 청주시의 건설 사업 사례를 분석하며, 지역개발에 있어 강한 시장의 역할을 살펴본다. 여기서 강시장(strong mayor)은 강한 권한을 보유한 지방의 정치지도자를 의미한다. 즉 지방 시의회에서 다수의 의석을 확보한 정당의 지도자, 정책결정과정에서 절대적인 영향력을 행사하는 행위자, 행정 업무를 주관하는 지도자이다(Mouritzen and Svara, 2002: 66). 강시장은 후견인이론과 달리 자원의 분배를 통해 후견인과 피후견인의 관계를 유지하지 않는다.

청주의 경우 '**개신동 오거리 고가차도**'**의 건설**은 주민들의 반대에도 불구하고 시장이 건설사업을 강행하며 추진하는 것이 강시장 이론의 적용 적합성을 보여주는 사례이다(유재원, 200: 44-53). 강시장이 지역개발에 있어 영향력을 행사하기 위해서는 또 하나의 조건이 필요하다. 미약한 시민사회와 시민운동단체간의 실질적 유대관계의 결여이다. 청주시 '개신동 오거리 고가차도 건설사업'의 경우 인근 아파트의 주민 및 상가 주인들은 출입의 불편, 일조량의 부족, 소음의 발생 등 주거 환경의 악화로 인한 아파트 가격하락 및 고객 이탈을 우려했다. 이에 '개신 오거리 고가차도 반대 주민대책위원회' 결성하여 고가차도 건설사업을 반대했다. 주민대책위원회는 2009년 2월부터 8월까지 수차례의 항의 및 반대 집회에도 불구하고 청주시장과 시청은 공사를 지속적으로 추진하였다(강희경, 2011: 26-27). 다른 건설 반대 세력으로 마을공동체연구소 등이 있었으나 시민운동단체들 간의 갈등으로 실질적인 유대관계가 구축되지 못하였다. 그 결과, 거버넌스 이론에서 주장하는 것과 달리 청주의 경우 시민운동단체는 지방정치 정책결정과정에서 주요 행위자로의 역할을 발휘하지 못하였다. 다시 말해 고가차도 건설 반대 사례에서 청주의 시민운동단체는 지방정치의 정책결정과정에 참여하지 못하며 주요행위자로서의 영향력을 행사하지 못하였다(강희경, 2011: 36).

국가 규모의 사업이 지역개발 정치에 영향을 미치는 경우도 있다. **안산 시화호 간석지 개발 사례**에 있어, 중앙정부부처 및 지역주민, 지방자치단체, 시민단체간의 갈등이 발생하였다. 지역주민과 환경단체는 수질오염 문제 등을 우려하여 개별적 개발안을 제시하며 시위 및 집회 등 방식을 통해 중앙정부부처의 개발안을 반대하였다. 중앙정부부처로는 건교부, 농림부, 산업자원부 해양수산부 및 수자원공사, 해양연구원이 주요행위자로 개발사업에 참여하였으며 지속적인 갈등으로 하여금 양측은 사회지속가능발전협의회를 구성하였다. 지속가능발전협의회는 세미나, 워크샵 등의 방식을 통해 대안탐색 및 의견조정을 시작하며 공동 운영, 정보 제공 등 방식을 통해 문제를 해결하였다. 즉 사회지속가능발전협의회를 통해 다양한 행위자들을 참여를 이끌어내며 공동운영, 정보공유 등 방식을 통해 지역개발 거버넌스를 구축함으로써 협력을 달성할 수 있었다(이미홍·김두환, 2007: 221).

지역개발에 있어 지방 거버넌스가 잘 작동하지 않는 사례도 있다. 4대강 사업이 대표적인 예이다. **4대강 사업**은 이명박 정부시 추진된 대규모 국가적 토건(土建)사업이다. 이는 한반도 대운하 사업의 연장으로 이명박 정부 전부터 제기되었으며 2008년 12월 정식적으로 착공하였다(이해진, 2014: 70-71). 4대강 사업은 국가주도하에 추진된 공공사업이며 사업비 전액을 국가의 공공자금으로 부담하였다. 그러나 이러한 공공사업의 추진은 지역주민 및 사회단체 등의 반대에도 불구하고 비민주적인 방식으로 추진되었다(이해진, 2014: 64). 4대강 사업은 영남과 호남을 포함한 광범위한 지역에서 추진되었으나 22조의 예산 중 절반 이상을 영남의 낙동강 유역을 중심으로 사업을 추진하므로 지역재발에 있어 불균형적인 특징을 지니고 있다(이해진, 2014: 73). 또한 사업의 추진과정에서 관광, 레저산업을 중심으로 추진하므로 부동산 투기 등 이익이 발생하는 문제를 내재하고 있다(이해진, 2014: 66). 그 외 지역 정치인들은 지역 및 자신의 이해관계를 조직하여 각 지역개발 요구를 국가에게 요구하였다(이해진, 2014: 72). 4대강사업의 여러 특징을 분석했을 때 4대강사업은 토건국가의 특징을 지닌다고 할 수 있다(박창근, 2009; 이상헌, 2009; 이해진, 2014). 여기서 토건국가론은 학자 맥코맥(McCormack)이 국가적 토건사업의 추진과정에서 형성된 기업, 정치인들간의 토건연합과 부패의 상관관계를 분석하며 사용된 개념이다. 맥코맥은 이러한 토건연합과 부패의 상관관계를 일본의 사례를 사용하여 분석한다(McCormack, 1996). 토건국가는 정부와 기업으로 구성된 토건연합이 토건사업 및 토건경제에서 절대적인 영향력으로 행사하는 것을 의미한다. 이러한 토건연합은 불필요하며 기형적인 대규모 토건사업을 추진하여 국가의 제정을 낭비하고 국토를 파괴하는 대규모 부패를 초래하는 것을 의미한다(홍성태, 2005: 53).

지역개발에 있어 거버넌스의 중요성은 기후변화와 같은 복잡한 문제를 일관되게 해결하기 위해서도 필요하다. 이태동과 페인터(Lee & Painter, 2015)에 따르면, 도시에서의 거버넌스 존재와 활동 유무가 기후변화정책을 종합성(Comprehensiveness)의 정도에 영향을 끼친다. 여기서 종합적인 기후변화정책이란 적응정책(adaptation)과 완화정책(mitigation)을 모두 고려한 접근을 의미한다. 적응정책은 건설과 도시계획 등을 통하여 기후변화의 부정적 영향을 최소화하는 것을 의미한다. 반면 완화정책은 온실가스(GHG – greenhouse gas)의 배출량을 줄이는 것을 의미한다. 기후변화 문제는 불확실성이 크고 복잡하기 때문에 도시 정부 단독으로 관련 정책을 추진하는 데에 어려움이 존재한다. 그 결과 많은 지방정부가 기후변화정책을 종합적으로 기획하고 추진하지 않는다. 지방의 기후변화 정책의 결정과정에서 기후변화 전문가, 연구원, 시장, 지방정부관계자, 기업, 시민사회가 함께 거버넌스를 구성하고 다양한 의견을 수렴하여 정책을 결정하는 도시들이 기후변화에 대한 종합적인 정책을 수립할 가능성이 크다. 한국의 서울과 부산, 미국의 시애틀과 애너하임시 비교 사례 분석을 통해, 기후변화정책의 기획과 실행과정에서 지방정부와 지역사회단체들간 협력은 지방정부 자체적 기후변화정책 수립에 결정적인 영향을 미치는 요인이라는 결과를 도출하였다.

서울은 온실가스의 배출량을 반년마다 갱신하며 구체적인 감축 목표와 정책이 존재한다. 서울은 한국과 UN 기후변화협의체(IPCC)의 온실가스 목록 시스템을 적용하여 온실가스를 6가지로 분류하며 관찰하였다. 또한 서울시 의회는 시장과 시정부에게 5년을 단위로 기후변화 기본정책의 수립을 요구하므로 서울시 정부 차원에서 보다 체계적이며 구체적인 기후변화 정책을 기획할 수 있었다. 또한 서울시는 50조에 달하는 막대한 비용을 순차적으로 사용하여 구체적으로 서울시의 온실가스 배출량 감소를 기획하며 추진하였다(Lee & Painter, 2015: 571). 이를 위해 서울시는 시민단체, 대학연구팀, 기업 등 민간부문과의 긴밀한 협조를 활성화할 수 있는 거버넌스 구조를 형성했다. 서울시 기후변화 거버넌스는 구체적이며 실행 가능한 온실가츠배출 정책을 기획하고 제시함으로써 효과적이고 종합적인 기후변화 정책을 기획 및 추진할 수 있었다(Lee & Painter, 2015: 572).

이에 반해, 한국의 제2의 도시인 부산을 기후변화에 대한 종합적인 대책 마련에는 부진했다. 부산시는 2015년까지 10%의 온실가스 배출량을 줄이는 것을 목표로 내세웠다. 그러나 이 목표는 단순한 배출량의 제한을 의미하며 구체적이며 적용 가능한 방안이 뒷받침 되지는 않았다. 또한 부산시는 기후변화와 관련된 적응 정책이 부족하다는 평가를 받는다. 기후변화와 관련된 거버넌스 구조가 미발달한 것이 주요한 요인 중에 하나이다(Lee & Painter, 2015: 572).

미국 시애틀(Seattle) 시의 경우 시정부와 지역사회는 긴밀한 협조를 통해 기후변화정책을 수립하였다. 시애틀 지속가능과 환경부(The Seattle Office of Sustainability and Environment)는 배출된 온실가스의 수치를 세부적으로 기록하며 3년마다 보고한다. 그 외 시애틀 시정부는 거버넌스 구조로 그린 리본 위원회(Green Ribbon Commission), 시애틀 기후 파트너십(Seattle Climate Partnership) 등을 구성하고, 지역사회의 여러 이익단체들과의 긴밀한 협력관계를 구축하며 기후변화 기본정책을 구축하였다. 기후변화 기본정책의 기획과 구축에 있어 이러한 지역사회단체들은 시장과 시정부에 참모와 전문적 자문, 정보제공 등 역할을 수행하여 시애틀 시는 구체적이며 종합적인 기후변화정책을 구축할 수 있었다.

반면, 시애틀과 비슷한 규모의 애너하임(Anaheim) 시는 다른 정책 결과를 보여준다. 애너하임은 미국 캘리포니아 오랜지 카운티(Orange County)에 위치한 도시이다. 캘리포니아주는 기후변화 정책의 기획과 실행에 있어 선도주자적인 역할을 수행하고 있다. 그러나 애너하임시는 포괄적이며 종합적인 기후변화정책을 수립하지 않았다. 이는 온실가스의 구체적인 분류 목록이 존재하지 않으며, 국가와 주정부 기후변화 정책과 시정부의 정책이 유기적으로 결합되지 않았다는 원인이 있다. 시정부의 공공사업부문만이 캘리포니아주의 기후변화협정을 준수하고 있으며, 시 전체의 기후변화와 관련된 기본정책의 수립은 난항이 존재한다. 이는 무엇보다 기후변화 문제를 종합적으로 접근하고 해결하려는 거버넌스 부재에 기인한다(Lee & Painter, 2015: 574).

결론적으로, 서울, 부산, 시애틀과 애너하임의 기후변화 정책의 사례 분석은, 전문가, 연구원, NGOs, 기업, 정부관계자 등 거버넌스 조직의 형성, 참여, 적극적 역할이 성공적인 기후변화 정책의 실행에 결정요인으로 적용된다는 것을 보여준다.

지역개발의 거버넌스의 형성과 역할도 중요하지만, 정치적 리더십의 중요성을 간과할 수 없다. 이태동과 코스키(Lee and Koski, 2012)의 연구는 미국 50개주(state) 내 591개 도시의 '녹색건물사업'(green building project) 분석을 통해, 지방정부의 리더십(시장)은 효과적인 기후변화정책의 결정과 추진에 있어 매우 중요한 역할을 한다는 결과를 도출하였다. 미국 내에서 지방정부의 시장(mayor)들은 도시의 환경문제를 포함한 여러 이슈와 문제를 다룬다. 시장과 시의 정치적 리더십이 다양하고 긴급한 문제와 더불어 그린빌딩이나 기후변화 문제에 관심을 가지고 시행하는 것은 큰 도전이 될 수 있다.

'녹색건물사업'(green building project)이란 친환경적인 가이드 라인에 따라 건축된 건물이며 미국에서 시장은 다양한 협의를 통해 녹색건물사업을 추진한다(Buntje, 2007). 시장은 이 과정에서 정책의 기획, 입법 및 추진과정에 영향을 발휘할 수 있다(Betsill & Bulkeley, 2004). 다시 말해 지방정부(시장)는 녹색 건물 사업을 기후변화 저감정책의 일환으로 녹색 건축물에 대한 세금 혜택, 건물 건설 허가 기간 단축, 공공 건물의 녹색 건물화 등을 통해 기후변화정책을 장려할 수 있다(Lee & Koski, 2012: 608). 591개 도시에 대한 통계 분석에서 시장이 기후변화에 관심을 가지고 기후변화와 관련된 지방자치단체 협약(international Council for Local Environmental Initiatives(ICLEI)), Cities for Climate Protection(CCP)과 U. S. Conference of Mayors Climate Protection Agreement(USCMCPA)에 가입한 도시들이 녹색 건축물을 더 많이 건설하는 경향을 발견하였다(Lee & Koski, 2012: 606).

3 토론 및 결론

지방 거버넌스는 세계화, 민주화, 정보화에 따라 정부 외에도 시장, 시민사회 등과 같은 다양한 행위자들의 중요성이 부각되면서 대두되었다. 지역개발정책은 이러한 패러다임의 변화 속에서 지역의 토지 등 자원의 이용과 환경의 보전, 사회 공공시설의 건설과 관리 등 광범위한 분야를 다룬다. 이러한 분야별 개발과 발전에 있어 중앙정부, 지방정부, 지역주민, 기업, 시민단체 등 다양한 행위자들의 이익 상충 현상이 발생할 수 있다. 그러므로 참여자들의 의견조정과 협상의 중요성이 부각되며 지역개발정책은 이러한 지방 거버넌스의 영향을 받는다(이미홍·김두환, 2007: 214).

　　지역개발 관련 이론은, 정치 엘리트 그 자체에 집중하거나 정치 엘리트와 경제 엘리트와의 밀접한 관계를 살펴보는 방식으로 발전되다가, 최근에는 다양한 이해·관계자들이 참여하는 다원주의적인 거버넌스 구조에 초점을 맞추고 있다. 제도, 구조, 그리고 행위자 모두 지역개발 과정을 설명하는 데 중요한 요소임이 틀림없다. 특히 지역개발에 있어 정치 리더십의 역할을 간과해서는 안 될 것이다. 아울러, 지역개발이 미치는 영향을 고려할 때, 시민들의 참여를 통해 정책 결정과 집행이 거버넌스 구조를 통하여 이루어질 때, 지역개발 정책이 성공적으로 진행될 수 있다는 것은 경험적인 사례들이 말해주고 있다.

연습문제

❶ 헌터(Hunter)의 엘리트론은 지역개발을 설명하고 이해하는 데 어떤 장점과 단점이 있는가?

❷ 달(Dahl)의 다원주의론의 주요 주장은 무엇인가? 지역개발을 이해함에 있어 이론적 적실성은 어떻게 평가할 수 있겠는가?

❸ 거버넌스의 정의와 구성 요소는 무엇인가? 거버넌스는 지역개발 과정 중에서 왜 중요한가?

❹ 어떤 경우에 지역개발이 성공/실패하는가? 지역개발의 성공과 실패를 어떻게 측정하고 평가할 수 있겠는가?

❺ 지역개발에 있어 정치 지도자의 역할은 무엇인가? 지방자치제하에서 지역개발에 있어 정치지도자의 정책결정과정을 돕거나, 과도한 권력을 제한하는 방법은 무엇인가?

참고문헌

김석준·이선우·문병기·곽진영(2000). 뉴거버넌스 연구. 도서출판 대영문화사.

박종민(2000). 집단이론, 후견주의 및 도시의 리더십. 한국행정학보, 34(3), 189−204.

박창근(2009). 녹색성장 정책과 4대강 살리기 사업의 문제. 경제와사회, 117−142.

소순창·유재원(2005). 로컬 거버넌스로의 짧은 여행과 새로운 여정. 한국사회와 행정연구, 15(4), 299−319.

오재일(2004). 지방분권과 로컬 거버넌스. 지방행정연구, 18(1), 3−18.

유재원(2000). 청주시 사례. 박종민 편. 한국의 지방정치와 도시 권력 구조. 나남출판. 39−105.

유재원(2011). 도시한계론의 핵심 가정에 대한 경험적 검증. 한국행정학보, 45(1), 101−121

이상헌(2009). MB 정부 '저탄소 녹색성장 전략'에 대한 정치경제학적 고찰. 환경사회학 연구 ECO, 13(2), 7−41.

홍성태(2005). 개발공사와 토건국가: 개발공사의 생태민주적 개혁과 생태사회의 전망.

Betsill, M. M., & Bulkeley, H.(2004). Transnational networks and global environmental governance: The cities for climate protection program. *International studies quarterly*, *48*(2), 471−493.

Coaffee, J., & Healey, P.(2003). 'My voice: My place': Tracking transformations in urban governance. *Urban studies*, *40*(10), 1979−1999.

DeLeon, R.(1992). Left Coast City: Progressive Politics in San Francisco, 1975−1991 Univ. of Kansas Press.

Feiock, R. C., & Clingermayer, J. C.(1992). Development policy choice: Four explanations for city implementation of economic development policies. *The American Review of Public Administration*, *22*(1), 49−63.

Hicken, A.(2011). Clientelism. *Annual Review of Political Science*, *14*, 289−310.

Kjaer, A. M.(2009). Governance and the urban bureaucracy. *Theories of urban politics*, *2*, 137−152.

Lee, T., & Koski, C.(2012). Building Green: Local Political Leadership Addressing Climate Change. Review of Policy Research, 29(6), 605−624

Lee, T., & Painter, M.(2015). Comprehensive Local Climate Policy: the Role of Urban Governance. Urban Climate, 14, 566−577

Lindblom, C. E.(1977). Politics and markets. New York: Basic Books.

Lynn Jr, L. E., Heinrich, C. J., & Hill, C. J.(2001). *Improving governance: A new logic for empirical research.* Georgetown University Press.

McCormack, G.(1996). The Emptiness of Japanese Affluence. *Armonk and London: ME Sharpe.*

Mossberger, K.(2009). Urban regime analysis. *Theories of urban politics,* 40−54.

Mouritzen, P. E., & Svara, J. H.(2002). *Leadership at the Apex: Politicians and administrators in Western local governments.* University of Pittsburgh Pre.

Murray, E.(1964). The symbolic uses of politics. *Urbana: University of Illinois Press.*

Olson, M.(2009). *The logic of collective action* (Vol. 124). Harvard University Press.

Pierre, J., & Peters, G. B.(2000). Governance, politics and the state. Macmillan Press, pp. 50−69.

Rubin, H. J.(1989). Symbolism and economic development work: Perceptions of urban economic development practitioners. *The American Review of Public Administration, 19*(3), 233−248.

Solutions, N. C.(2007). Climate protection manual for cities. In *Climate protection manual for cities.* NCS.

Stone, C.(1989). Regime Politics: Governing Atlanta, 1946−1988. Univ. of Kansas Press.

Yates, D.(1977). The Ungovernable City: the politics of urban problems and policy making. MIT Press.

지역개발과 주택

_ 강명구

주택은 주민들의 개인적 그리고 공동체적 삶에 미치는 영향이 매우 크며, 그 의미 또한 다양하게 이해되고 있다. 주택은 주변 위험으로부터 보호를 제공하는 물적 시설물로서의 의미에서부터, 사회의 안정과 발전의 기초가 되는 가정과 공동체의 기반으로서의 사회적 의미, 그리고 지역경제에 직간접적으로 미치는 영향이 매우 큰 경제적 의미로 이해되기도 한다. 본 장에서는 토지/주택/부동산이 갖는 의미를 살펴보고, 지역개발과 도시/주택/부동산의 경제적 관계에 대하여 논의할 것이다. 마지막으로 지역개발에서 신시가지 개발이 갖는 의미와 효과 등을 살펴본다.

1 지역개발과 주거

(1) 주택의 다양한 의미

주택은 다양한 의미로 인식되고 있다. 주택은 긴 역사 속에서, 기본적으로 비, 바람, 추위, 더위, 짐승들의 공격과 같은 자연적 위해와 도난, 파괴와 같은 사회적 침해로부터 인간을 보호하기 위한 시설물로 이해되어 왔다. 역사가 발전하면서, 인간은 이러한 위험으로부터의 1차원적인 안전을 넘어 그 이상의 요구를 부여하게 되었다. 오늘날의 주택은 특히 도시에서, 독립된 시설물이라는 물적 재화의 개념을 넘어 서비스로 인식되기도 한다. 상하수도, 에너지(전기, 가스 등), 교통(도로, 철도, 대중교통 등), 통신(전화, 인터넷 등), 쓰레기처리시스템 등과 같은 기초생활서비스뿐만 아니라 교육(학교 등), 시장(상업시설 등), 일자리, 주변 녹지와 공원 등 주택외부의 생활서비스를 포함하여 주택은 '서비스의 총합'으로 이해되기도 한다.

주택은 개인적인 사적 재화로 인식되기도 하지만, 좋은 외관 등이 주택소유주뿐만 아니라 주변 주민의 편익을 증가시키기도 한다는 측면에서 공공재적 성격을 일부 갖고 있는 것으로 인식된다. 주택을 사회적 측면에서 보는 시각에서는 사회조직의 기초단위로서의 가정 또는 가구를 보호하고, 공동체의 안정성을 높이는 역할을 하는 것으로 이해되기도 한다. 사회적 약자들에게 최소한의 주거 수준이 보장되어야 한다는 복지적 시각도 있고, 재분배를 통해 사회적 형평성을 제고하는 사회정의 실현의 기제로 이해되기도 한다.

경제적인 측면에서 주택을 포함한 부동산은 국민 자산에서 가장 큰 비중을 차지한다. 우리나라의 비금융자산 중 부동산이 차지하는 비중은 약 3/4에 이른다(김경환 외, 2015). 부동산의 가치는 국가의 부의 중요한 부분으로 국가경제의 일부분이며, 국민 개개인의 부와 깊이 연결되어 있어 부동산 가치의 변화는 국민들의 삶에 크게 영향을 미친다. 거시경제적인 관점에서 주택은 노동 생산성을 안정적으로 공급하는 역할을 하는 것으로도 이해된다. 부동산은 지역개발 차원에서 정책적으로 진행된 경우도 있다. 예를 들어, 대공황 당시 사회적으로 어려움을 겪고 있는 수많은 실업자들의 일자리와 소득을 창출하고 가난한 그들에게 주택을 공급하기 위하여 도시/주택/부동산 개발을 뉴딜정책의 일환으로 실시하여 침체된 경제의 활성화 수단으로 활용되기도 하였다.

"누구에게 어떤 주택이 주어져야 하는가"라는 분배와 관련하여서, 자본주의 경제에서는 주택이 일반적인 경제재(상품)처럼 자유로운 시장에서 당사자들 간의 자유로운 거래에 의하여 결정되는 것을 기본으로 하고 있다. 이 과정에서 주거비용적정성(housing affectability)이 이슈가 되곤 한다.

시장에서 결정되는 주택의 매매가 또는 임대료가 그 지역의 구성원이 감당할 수 있는 수준의 범위 내에 있는 것이 좋은데, 그 범위를 초과하는 경우에는 사회적 문제가 될 수 있다. 주거비용적정성은 일반적으로 소득 대비 주택 매매가 또는 임대료(Price-Income-Ratio, PIR or Rent-Income-Ratio, RIR)로 측정되는데, 주거비용적정성이 낮다는 것(PIR 또는 RIR 이 높은 경우)은, 소득에 비해 매매가(임대료)가 높거나, 매매가(임대료)보다 소득이 낮다는 상대적인 정도를 나타내므로 이 측정치의 해석은 주의를 요한다. Glaeser et al.(2008)은 주거비용적정성이 낮은 이유가 저소득층과 중소득층에서 다르다는 것을 보여주고 있다. 저소득층의 문제는 소득이 낮은 것이 원인이지만, 중소득층의 문제는 주택공급을 제약하는 규제로 인하여 가격이 높은 것이 원인이라고 밝히고 있다.

대부분의 국가에서 국민의 주거개선에 정부가 직간접적으로 개입한다. 국가 개입의 이유는 크게 다음 세 가지 이유로 볼 수 있다.[1] 첫째는 분배 형평성의 제고 목적이다. 시장기능에만 의존할 경우 계층간 또는 지역간 주거 불평등이 증가할 수 있기 때문에, 형평성을 높이고 불평등에서 오는 사회적 갈등을 줄이고자 노력한다. 둘째는 경제안정 및 성장을 위함이다. 주택이 국민경제에서 차지하는 비중이 크기 때문에, 주택의 생산과 분배, 그리고 투자가 적성수준에 부족하거나 과하면 지역경제를 불안정하게 만든다. 정부가 개입을 통해 주택관련 산업 및 자산시장을 안정시키고자 하는 것이다. 셋째는 주민들이 보다 나은 주거환경에서 괜찮은 삶의 질을 누릴 수 있도록 국가가 노력하는 것이다. 주택은 인간 삶의 기본적인 바탕이 되기 때문에 국가가 최소한의 주거수준을 영위할 수 있도록 개입하는 것이다. 주거분야에서 국가의 개입 정도는 나라별로 다양한 강도와 방법으로 진행되고 있다.

---

1 Bourne(1981), Malpass and Murie(1982). 하성규(1999)에서 재인용. 저자 일부 수정.

(2) 우리나라 주거수준의 변화

의식주는 인간다운 삶의 3대 기본조건으로 여겨지고 있으며 생활의 기본적 토대이고 행복의 질을 결정하는 주요 요건이다. 주거의 양과 질은 사람들의 행복과 삶의 질에 크게 영향을 미치므로, 주거는 인간다운 생활의 필수 요소이다. 우리나라는 국민의 주거수준 향상을 위하여 많은 노력을 기울였고 그 결과 우리나라 주거 여건은 크게 개선되었다.

주거수준의 변화에 앞서, 우리나라 인구의 변화를 먼저 살펴볼 필요가 있다. 우리나라 인구는 1960년에 2천 5백만명이었으나 2010년 4천 8백만명으로 약 2배 증가하였다. 지난 반세기 동안 증가한 인구수가 무려 2천 3백만명으로서, 매년 평균 약 5백만명씩 증가하였다. 1960년 우리나라 주거수준은 극빈하여 1인당 주거면적은 국제기준의 반에도 미치지 못하였다. 극빈했던 당시의 주거여건에 더하여 인구가 급증하면서 주거수준은 더욱더 악화될 수밖에 없는 여건이었다. 주거수준의 악화를 막고 양적 질적 개선을 이루어내는 데는 지역개발이라는 정부의 적극적인 개입이 절대적인 역할을 하였다.

주거수준의 개선에 있어서 우선적으로 긴급하게 필요했던 일은 주택의 공급이었다. 주택공급이 1970년대 96만호, 1980년대 180만호, 1990년대 380만호 등 대량으로 공급되었다. 새롭게 공급되는 주택의 양은 기존 주택의 22%(1970년대), 34%(1980년대), 53%(1990년대)에 이르렀다. 주택당 면적도 1970년에 47.9㎡에서 1990년 이후에는 80㎡ 이상이 되었고, 기본적인 주거서비스도 많은 개선이 이루어졌다(〈표 7-1〉 참조).

이러한 역사적 유래 없는 수준의 막대한 주택공급은 주택의 기초적인 양적 수요를 충족시키 데 유효하였고, 총가구수 이상의 주택수를 확보하였다(주택보급률 100% 이상). 1970년대 이래 우리나라의 주거수준은 꾸준히 개선되어 질적으로도 개선되었다. 1인당 주거면적은 국제권장기준보다 낮은 6.8㎡(1970년)에서 오늘날 25㎡(2010년)로 3배 이상 증가하였다. 주거의 물리적서비스 측면에서 볼 때, 1980년에는 수세식 화장실과 온수시설을 보유한 가구가 각각 18.3%, 9.9%에 불과하였으나, 이러한 기초적인 주거서비스는 현재는 거의 모든 가구가 누릴 수 있게 되었다. 나아가, 최저주거기준을 충족하지 못한 주택에 거주하는 인구의 비

중도 1995년 43.2%에서 2010년 10.8%로 급격히 감소하였다. 주거수준의 양적
질적 개선에서 이룬 성과는, 특히 인구의 급증이라는 여건을 고려할 때, 기적적
인 발전이다.

표 7-1 **우리나라 인구변화 및 주거수준 발전**

		1970	1980	1990	1995	2000	2005	2010
인구 및 가구	\<전국\>							
	인구수(백만명)	31.4	37.4	43.4	44.6	46.0	47.0	48.0
	가구수(천호)	5.9	8.0	11.4	13.0	14.3	15.9	17.3
	\<도시*\>							
	인구수(백만명)	12.9	21.4	32.3	38.5	40.4	42.3	43.5
	도시인구 비율(%)	41.1	57.2	74.4	86.4	87.8	89.8	90.7
	가구수(천호)	2.5	4.7	8.5	11.0	12.4	14.1	15.5
투입 Input	주택 재고량(백만호)	4.5	5.3	7.2	9.2	11.0	12.5	14.7
	\<주택공급\>							
	호수(백만호)	0.8	1.9	3.8*	-	3.7*	-	-
	증가율(%)	17.8	35.8	52.8*	-	33.6*	-	-
	주택당 면적(㎡)	47.9	68.4	80.8	80.7	81.7	83.7	-
산출 Output	인구 천인당 주택수(호)	141.2	142.1	169.5	214.5	248.7	279.7	302.1
	\<주택보급률\>							
	전국(%)	78.2	71.2	72.4	86.0	96.2	98.3**	100.5
	시부(%)	58.2	59.2	57.6	75.4	85.9	-	-
	1인당 주거면적(㎡)	6.8	10.1	13.8	17.2	20.2	22.9	25.0
	가구당 주거면적(㎡)	35.9	45.8	51.0	58.6	63.1	66.0	67.4
성과 Outcome	방 1개당 인구수(명)	-	2.1	1.5	1.1	0.8	0.7	-
	\<가구비율\>							
	방 1개 보유(%)	-	-	25.8	12.3	7.9	6.5	-
	수세식화장실 보유(%)	-	18.3	51.3	75.1	87.0	94.0	97.0
	온수시설 보유(%)	-	9.9	34.1	74.8	87.4	95.8	97.6
	소득대비주택가격비율(PIR)	-	-	-	-	-	4.2***	4.3
	최저주거기준미달 인구(%)	-	-	-	43.2	26.1	14.8	10.8

주: 1990년까지는 '시부'이고, 그 이후는 '동부'와 '읍부' 합계임.
　　1960년 인구 전국 25.0백만명, 시부 7.0백만명. 도시인구비율 28.0%.
　* 10년 단위 수치임. 1990-2000년, 2000-2010년.
　** 2005년부터는 신주택보급률 통계임.
*** 2006년 자료. 출처: e-나라지표
출처: 통계청, 인구주택총조사, 주택업무편람, 각 연도.
　　김경환 외(2009), 김경환 외(2015), 김용창 외(2013). 저자 추가 및 수정.

통계자료에 대한 보완설명

집과 관련하여, 가족, 세대, 그리고 가구라는 용어가 자주 사용된다. 가족은 혈연, 혼인, 입양 등으로 한 집안을 이룬 사람들의 집단인 반면, 가구는 혈연관계와는 상관 없이 주거와 생계를 같이 하는 단위를 말한다. 가구는 1인 또는 2인 이상이 모여서 취사, 취침 등 생계를 같이하는 생활 단위를 말하고, (주민등록상) 세대는 실제 함께 살고 있는 사람과 다르게 등록될 수 있기 때문에 실제 함께 살고 있는 사람만 포함하 는 가구와 개념적 차이가 있다. 주택과 관련하여 밀접한 관련이 있고 자주 사용되는 인구통계는 가구이다. (인구주택총조사는 가구를 단위로 조사되는 통계이다.)

통계에서 주택은 단독주택, 아파트, 연립주택, 다세대주택, 비거주용건물 내 주택 등 주택의 요건을 갖추고 가구가 살 수 있도록 지어진 거처를 의미한다. 여기서 주 택의 요건이란 ① 영구 또는 준영구 건물, ② 한 개 이상의 방과 부엌, ③ 독립된 출 입구, ④ 관습상 소유 또는 매매의 한 단위를 말한다.

주거관련 통계에서 사람이 주거의 목적으로 사용하지만 주택의 요건을 갖추지 못 하여 주택으로 산입되지 않는 '주택 이외의 거처'가 있다. 예를 들어, 오피스텔, 호텔, 여관 등 숙박업소의 객실, 기숙사 및 특수사회시설(기숙사, 수녀원, 양로원, 고아원, 보육원, 대사찰 등), 판잣집, 비닐하우스, 임시막사 등이 해당한다. 반대로 주택의 요 건은 갖추었지만 사람이 살지 않는 주택도 있으며 이를 '빈집'이라고 부른다. 빈집에 는 신축되어 아직 입주하지 않은 주택은 포함되고 폐가는 제외된다. 2015년 기준 우 리나라의 빈집은 약 107만호로서 전체 주택 중 6.5%에 해당한다.

우리나라 가구의 평균적인 주거수준은 향상되었지만, 격차는 개선되지 못하 였다. 주거면적, 소득, 주택자산 및 부동산자산에 대한 지니계수를 보면, 주거면 적의 불평등도는 괜찮은 편이나 경상소득을 이용하여 측정한 소득 지니계수는 2000년 0.39에서 2010년 0.46으로 증가하였다. 주택자산 지니계수는 2000년 0.57 에서 2010년 0.62로; 보유주택 및 토지, 건물 등 기타 부동산을 포함한 부동산자 산 지니계수는 2000년 0.62에서 2010년 0.70으로 증가하였다(〈표 7-2〉 참조).

표 7-2	주거면적, 소득, 주택자산, 부동산자산 지니계수		
	2000	2005	2010
주거면적	0.25	0.22	0.27
소득*	0.39	0.37	0.46
주택자산**	0.57	0.61	0.62
부동산자산***	0.62	0.66	0.70

* 2000년 소득은 총소득, 2005년, 2010년 소득은 경상소득
** 주택자산 = (현 거주주택의 가격) 또는 (보증금 + 현 거주 이외 보유주택가격)
*** 부동산자산 = 주택자산 + 보유 토지 또는 건물가격 + 분양 또는 중도금 납입액
출처: 통계청의 2000년 가구소비실태조사, 2006년 가계자산조사, 2011년 가계금융조사, 정의철(2012)

(3) 주거 수준 향상에서 지역개발의 중요성

모든 국민이 최소한의 기준 이상의 주거를 영위할 수 있도록 하는 것은 오늘날 개인의 차원을 넘어 사회적 공동체의 의무로 받아들여지고 있고, 주민들을 위한 쾌적한 주거의 확보는 지역사회 또는 국가의 주요 의제이다.[2] 주거관련한 불안과 불만은 사회적 안정에 위협이 되므로 주거문제는 사회의 안정 측면에서도 중요하게 여겨진다.

사회적 약자의 최소 주거수준 확보 및 지역의 전반적인 주거 수준 향상에 대한 공동체적 의무에 동의한다 하더라도, 그 구체적인 실현에 있어서, 무엇(구체적인 내용)을 얼마큼(범위와 대상) 어떻게(실행 방법) 할 것이며 누가 그것을 할 것인지(실행주체) 또는 누가 그것을 해야 하는지(의무)에 대한 생각은 사람마다 다르다.

우리나라 주거수준의 양적 질적 개선에는 정부의 리더십이 큰 역할을 하였다. 1960년대 이후 우리나라는 급격한 인구증가와 도시화가 진행되었기에 도시용지의 공급이 중요하였다. 주택관련 정책의 방향과 내용이 지역발전과 주거수준 개선, 그리고 사회적 형평성과 포용성의 정도에 큰 영향을 미치기 때문이다.

1970년대까지 토지구획정리 방식이 도시용지공급의 주된 수단이었다. 토지구획정리 방식은 기존 토지소유자들이 소유권을 유지한 채로 신규 또는 개선된 도시용지로 전환하는 방식이다. 비도시용 토지를 신규 도시용지로 개발하는 데도

---

2 우리나라는 헌법 제35조 ③항에서 "국가는 주택개발정책등을 통하여 모든 국민이 쾌적한 주거생활을 할 수 있도록 노력하여야 한다."고 규정하고 있다.

사용되었지만, 기존 도시용지를 새로운 수요에 맞추어 공간구조와 형태를 개조하는 데도 사용되었다. 개발에 필요한 비용을, 공공재정과 같은 외부재원의 투입 없이, 소유자들의 토지 일부를 매각하여 조달하는 자족형 토지기반금융(Land-based Financing) 방식이라는 특징을 갖고 있다. 기존의 토지소유자들은 기존에 소유하고 있던 토지면적에서 개발비용을 충당하기 위하여 매각해야하는 토지면적과 토지구획정리사업 대상지의 기반시설(예, 도로, 공원, 공공용지, 상하수도 등) 공급을 위한 토지를 공동체에 기여하고, 기여한 비율이 차감된 토지를 돌려받는다.[3]

토지구획정리 방식은 정부의 재정부담 없이 토지소유자들 스스로의 부담으로 토지를 개발하고 기반시설을 설치하여 공동체에 도시용토지와 기반시설을 공급한다는 장점이 있다. 서울의 토지구획정리사업의 경우 감보율이 평균적으로 40~50%에 이른다. 높은 감보율은 그만큼 지역개발에 주민들이 직접적으로 기여한다는 측면에서 장점이 있다. 다만, 기존에 작은 면적을 소유하고 있었던 토지소유자들이 돌려받게 되는 필지의 규모가 너무 작아져서 괜찮은 주택 또는 상업용으로 개발하기에 부적절해지는 경우가 발생하게 되었다. 이러한 과소필지 문제를 해결하기 위하여, 개별 필지들을 묶어서 아파트와 같은 공동주택을 지을 수 있도록 보완하였다.

높은 감보율에도 불구하고 토지소유자들이 동의하였던 이유는 기존의 효용성이 낮은 토지가 개발 후, 풍부한 기반시설과 쾌적한 도시환경을 갖추게 되고 물리적으로 더 많은 개발을 수용할 수 있게 됨으로써, 토지의 내재적 가치가 올라가고 이러한 좋은 도시용지에 대한 수요도 증가함으로써 가격이 빠르게 증가하였기 때문이다. 토지구획정리 사업을 통해 기존 토지소유자들이 돌려받은 토지의 면적은 비록 줄어들지만, 그 가치는 기존 토지의 가치보다 더 많이 상승함으로써 토지소유자들이 적극적으로 참여하는 동기를 주었다. 지역차원의 개선을 통해 발생할 수 있는 토지가치의 증가분을 지렛대 삼아 사적 효용과 지역 공동체의 효용을 동시에 증진시키는 방법이었고, 실행 가능성과 효과성 모두 높았다.

급격한 인구의 증가와 경제의 발전은 토지와 주택에 대한 수요 또한 급격하

---

3 토지구획정리사업에서는 도로, 공원 등 공공용 토지, 기반시설 공급을 위한 토지, 그리고 개발비용 충당을 위하여 매각하는 토지 등을 토지소유자가 부담하게 되는데, 기존 토지에서 개발을 위해 공동체에 무상으로 제공하는 토지의 비율을 감보율 또는 토지부담률이라고 한다.

게 상승시켰고 이는 전반적인 부동산의 가격을 빠르게 증가시켰다. 빠르게 증가하는 부동산 가치를 좀 더 적극적으로 공공의 이익으로 활용하고자, 1983년에 정부는 대도시지역의 토지구획정리 방식을 금지하고 공영개발 방식을 도입하였다. 공영개발이란 정부나 공공기관이 민간의 토지를 전면적으로 매수한 다음, 이를 개발하여 도시용지를 공급하거나 때로는 건축을 포함하여 주택을 공급하는 것을 말한다. 공영개발 방식은 토지가 공공재라는 인식을 바탕으로 개발이익의 사회적 환수 목적이 추가되었다고 할 수 있다. 실행에서는 일반적으로 공기업이 개발대상 토지를 전면 매수 또는 수용하여 일관된 계획에 따라 토지를 개발하고 기반시설을 설치한 뒤 개발된 토지를 공급하게 된다. 때로는 주택 건설을 직접하여 주택을 공급하기도 한다. 토지의 개발 내용은 정책 목표를 반영하여 계획되었는데, 서민들에게 주택을 저렴하게 공급하기 위하여 토지를 개발사업자들에게 조성원가보다 낮게 공급하는 것을 포함하고 있다. 공영개발 방식은 개발대상 토지를 매수하기 위한 초기자금 부담이 크지만, 짧은 시기에 대규모 토지를 개발할 수 있도록 하며, 도시차원에서 그 구조와 형태를 보다 직접적이고 효율적이며 형평성을 고려하여 계획할 수 있도록 하였다.

표 7-3 택지개발사업에서 공동주택 건설용지 규모별 배분비율

주택 규모	배분비율
60㎡ 이하	수도권 및 광역시: 30% 이상 기타지역: 20% 이상
85㎡ 이하	70% 이상(60㎡ 이하 포함)
85㎡ 초과	30% 미만

출처: 택지개발업무지침(2015. 4. 1.)

사람들의 주거수준의 개선에 있어서 공간적으로 지역적 접근이 중요하다. 사람들의 생활에 있어서 시 또는 군과 같은 행정구역의 경계는 크게 중요하지 않다. 이보다는 사람들의 (경제)생활권, 경제권, 또는 기능권(Functional Urban Area; FUA)이 더 중요하다. 예를 들어, 청주시의 경우 행정구역 경계가 있지만, 청주시에 일이 있는 사람들이 모두 청주시에 거주하는 사람도 아니며, 청주시에 거주하고 있는 사람들의 모두 청주시에서 일하거나 소비생활을 하는 것도 아니다.

| 표 7-4 | 택지 공급가격 기준 | | | (단위 %) |

구분	토지용도	공급지역		
		수도권, 부산권	광역시	기타지역

조성
원가
이하
	• 임대주택건설용지
	  - 60㎡ 이하 주택용지
		• 수도권 60(85)**
		  부산권 60(80)
			60(80)	60(70)

	- 60㎡ 초과 85㎡ 이하 주택용지	• 수도권 85(100) 부산권 80(90)	70(90)	60(80)

	• 국민주택규모의 용지
	  - 60㎡ 이하 주택용지
		• 수도권 95
		  부산권 90
			90	80

	• 공립학교용지
	  - 초·중·고
	  - 200세대규모 미만 지구의 초·중·고
		무상
		″
			무상
			″
				무상
				″

조성 원가 수준	• 공공용지* • 협의양도인택지(단독주택용지) • 사립학교용지 - 초·중·고	100 • 수도권: 감정가격 • 부산권: 110 100	100 110 100	100 110 100

조성
원가
이상
	• 임대주택건설용지
	  (85㎡ 초과 149㎡ 이하 주택용지)
	• 국민주택규모의용지
	  (60㎡ 초과 85㎡ 이하 주택용지)
	• 국민주택규모 초과용지
	  (85㎡ 초과주택용지)
	• 단독주택건설용지
	• 공공용지*
		감정가격
		″
		
		″
		
		″
		
		″
		″
			감정가격
			″
			
			″
			
			″
				감정가격
				″
				
				″
				
				″

	• 상업용지등(택지개발촉진법 시행령 제13 조의2제2항 단서)	• 경쟁입찰에 의한 낙찰가격		
	• 주상복합용지	• 주거부분: 감정가격 • 상업부분: 경쟁입찰에 의한 낙찰가격		

주: 공급가격은 상한가격 기준이며, 지역여건에 따라 기준가격 이하로 공급 가능
 * 공공시설용지와 기타 공공시설용지(학교포함)는 당해 공공시설의 관리주체 및 영리성에 의하여 구분하여 결정
** 임대주택건설용지의 공급가격 중 ( )는 임대주택법 제16조제1항제4호에 해당하는 임대주택건설용지의 공급가격임
출처: 택지개발업무지침(2015. 4. 1.)

청주 밖에서 살면서 청주에서 일하고 소비하는 사람들은 청주라는 (경제)생활권으로 바라보게 된다. 교통과 통신의 발달로 사람들 일상생활의 공간적 범위가 넓어졌다는 점을 고려할 때, 주택공급을 포함한 주거수준 향상을 위해서는 지역주민들의 실질적인 경제생활권을 고려하여 지역적 차원에서 접근하는 것이 필요하다.

주거수준 개선을 위한 지역개발에서 장기적인 접근도 필요하다. 일반 소비

재는 구매와 소비에 따른 효용이 즉각적으로 연결되어 있고, 소비되어 사라지며, 재사용이 매우 제한적이다. 예를 들어, 아이스크림은 소비자가 구매하고 며칠 내에 먹으면 사라진다. 하지만, 주택은 내구성이 높은 재화로서 최소 수십년에서 백년 이상의 긴 시간 동안 존재하면서 최초 소비자도 있지만, 소비하는 사람이 구매자와 완전히 다르기도 하고(예, 임대), 장기간에 걸쳐 다른 사람들에 의해서 재사용되는 경우(예, 양도)가 일반적이다.

이러한 이유로, 역설적으로 들릴 수 있지만, 중소득 또는 고소득을 위한 신규주택을 공급하는 것도 저소득의 주거개선을 위한 방안이 되기도 한다. 중·고소득을 위한 신규주택이 공급되는 경우, 중·고소득층이 신규주택으로 주거를 이동하게 되면 이들이 기존에 거주하고 있었던 주택이 지역의 주택시장에 공급된다. 저소득층은 기존의 상대적으로 저급한 주택에서 새롭게 가용하게 된 더 나은 주택으로 이동함으로써, 주거 수준이 개선되게 되고, 지역의 저급한 주택은 멸실된다. 김미경 외(2013)의 서울 가재울 뉴타운사업으로 발생한 주거이동과 가구의 주거소비 수준 변화에 대한 연구를 보면, 각 가구들의 평균적인 주거 수준이 주택 여과과정(필터링)을 통해서 전반적으로 향상됨을 보여준다. 모든 소득계층의 소득이 상승하는 경우, 필터링으로 인한 이득은 모두에게 더욱 크게 다가온다.

따라서, 지역개발에서 주거수준 개선을 위해서는, 공간적으로는 개별 행정구역이 아닌 주민들의 실질적인 경제생활권이 반영된 지역적 차원에서, 시간적으로는 주택의 내구성과 재사용성이 반영된 장기적 차원의 고려도 필요하다.

(4) 지역개발에서 토지/주택/부동산의 중요성

부동산과 부동산 산업은 그 규모나 파급효과에 있어서 지역경제에 미치는 영향이 매우 크다. 주택은 가계 자산 중 가장 많은 비중을 차지한다. 주택투자와 자가주택으로부터 창출되는 경제적 소득이 거시적인 지역경제의 소득에서 차지하는 비중도 크다. 부동산가격의 상승은 지역의 총수요를 증가시켜 경제활성화에 영향을 미치기도 한다.

주택투자는 생산, 고용, 소득, 그리고 수입 유발효과가 크다. 주택산업연구원(2004)에 따르면, 주택투자가 1조원 증가할 때 총생산은 2.08조원, 부가가치는

8,300억 원, 그리고 고용은 2만 3천명이 증가하는 것으로 나타난다. 주택투자의 생산유발계수와 부가가치 유발계수는 다른 산업에 비하여 높은 편이며, 고용유 발계수 23.6은 다른 어떤 산업보다도 크다.

표 7-5 토지/주택/부동산 투자의 사회경제효과

사회적 효과	경제적 효과
• 주거생활의 안정 • 주택의 양적 질적 향상 • 사회적 약자들의 최저주거수준 확보	• 생산 촉진, 경기 부양, 경제 활성화 • 일자리 창출(고용 유발) • 생산성 향상 • 지역 생산물의 경쟁력 강화

부동산 가격의 상승 또는 하락은, 어느 하나가 단편적으로 긍정적이다 또는 부정적이라고 보기 어려운, 다차원적인 맥락과 함께 이해되어야 하는 이슈이다. 부동산 가격의 상승은 자산가격의 상승을 의미하며 자산가격 상승에 따른 자산효 과를 통해 지역의 소비를 팽창시키고 일자리를 증가시키고 경제활성화에 기여할 수 있다. 하지만 부동산 가격이 생산성의 개선 이상으로 상승하면 지역 생산물의 시장경쟁력을 저하시켜 지역의 경제를 위축시킬 수 있다. 따라서, 지역의 생산성 과 경쟁력이 증가함에 따라 발생하는 부동산 가격의 상승은 긍정적이다.

부동산 가격의 하락은 자산효과로 인하여 지역 내 총수요를 감소시켜서 경 제를 위축시킬 수 있는 가능성이 있다. 기업의 담보제공능력도 낮아지고 금융기 관의 부실채권도 증가하며 기업의 투자가 줄어들게 되고 경기가 침체되는 결과 를 가져온다. 경기침체가 부동산 가격을 추가적으로 하락시키면서 악순환에 빠 지게 되면 자산 디플레이션 문제가 발생한다. 하지만 부동산 가격 하락은 지역 생산물의 생산비용을 낮추고 가격경쟁력을 높여서 생산량을 증가시킬 수도 있 다. 따라서, 지역의 부동산 가격이 하락하는 경우 이것이 생산비용의 하락으로 이어질 수 있어야 하고, 그 영향의 정도가 지역 생산물의 경쟁력을 끌어올릴 수 있는 정도가 될 때 긍정적인 효과를 낼 수 있다. 부동산 가격 상승이 지역경제의 생산성 범위 내에 있는 상황이라면 부정적이라고 볼 수 없다.

주택투자의 변동이 경제 전체의 경기순환에 미치는 영향도 커졌다. 부동산 가격의 상승은 가계의 소비와 저축, 기업의 투자와 생산비용 등에 영향을 미치고, 반대로 거시경제 변수들은 부동산 가격 변동에 영향을 끼친다. 2000년대 들어서

면서 미국의 주택가격이 폭발적으로 상승하였다가 급격히 하락하면서 2008년에 전세계적으로 발생한 경제위기의 경험은 부동산 시장이 갖는 경제적 파급력이 얼마나 큰지를 보여준다.

2008년 세계경제위기와 서브프라임 모기지 사태에서 보았듯이, 부동산에 대한 과잉 투자는 지역이나 국가 나아가 세계의 경제 전체를 위기로 몰아넣을 수 있다. 부동산에 대한 과소투자도 지역개발에서 문제가 되고 과잉투자도 문제가 된다. 지역개발에서 부동산의 과소투자 또는 과잉투자를 지양하고 적절한 투자를 하도록 하는 것이 중요하다. 다음 절에서는 지역개발과 토지/주택/부동산의 경제적 관계를 좀 더 자세히 살펴보고자 한다.

2 지역개발과 부동산의 경제적 관계[4]

한 지역의 성장 또는 쇠퇴에 영향을 주는 두 가지 주요한 요인은 일자리를 창출하는 지역의 산업 및 기업의 경쟁력과 그러한 생산을 가능하게 하는 지역의 생산요소인 노동과 부동산의 공급 역량이다. 전자는 지역 내의 내수뿐만 아니라 지역 밖으로의 수출을 포함하는 지역의 생산물 시장과 관련이 있고, 후자는 그러한 생산을 위해 필요한 요소인 노동과 부동산(토지와 주택 등 포함) 관련 시장과 관련이 있으며, 이 세 시장은 상호 연결되어 있다.

한 지역의 노동과 부동산은 그 지역의 생산을 위해서 투입되어야 하는 요소로서, 각 요소의 가격인 임금과 임대료는 그 지역에서 생산하는 생산물의 판매로부터 얻어지는 수입으로 충당하게 된다. 즉, 그 지역에서 생산하는 생산물의 경쟁력이 높아 매출과 이익이 많을수록, 지역의 노동과 부동산에 대한 수요가 높아져서 일자리가 증가하고 임금과 임대료가 높아지게 된다. 지역의 생산물이 경쟁력이 낮으면, 그 지역의 일자리가 줄어들고 임금과 임대료가 낮아지게 된다.

하지만, 생산물 시장과 생산요소 시장의 관계는 일방향적이 아닌 상호적인 관계가 있다는 점도 상기할 필요가 있다. 즉, 한 지역의 노동과 부동산의 공급

---

4 이 절의 주된 내용은 DiPasquale and Wheaton(1996)에서 가져왔다.

그리고 임금과 임대료가 그 지역 생산물의 시장 경쟁력에 영향을 미치는 측면이 있다. 예를 들어, 한 지역의 임금 또는 임대료가 높아지거나 생산성이 낮아지게 되면, 생산물의 비용이 상승하거나 품질이 저하되어 생산물 시장에서 그 지역 생산물의 경쟁력이 낮아질 수 있다. 한 지역 생산물의 시장 경쟁력이 낮아지면, 결국 그 지역의 일자리가 줄어들고, 임금과 임대료가 낮아지게 된다. 한 지역의 생산요소 시장이 생산물 시장에 영향을 미치는 관계가 존재하지만, 두 시장이 상호독립적인 대등한 관계라기보다는 거시적인 측면에서는 한 지역의 노동시장과 부동산시장은 그 지역 생산물의 시장 경쟁력 맥락 내에서 이해되어야 한다는 의미이다.

거시적인 측면에서, 한 지역의 성장은 그 지역 생산물의 수요에 좌우된다. 한 지역의 생산물에 대한 수요에 영향을 미치는 것은 그 생산물에 대한 시장의 여건과 지역내의 요소시장 여건이라는 두 가지에 의해서 영향을 받는다. 국가 또는 세계의 인구적 변화, 경제주기, 지역이 갖고 있는 산업 또는 기업의 종류와 특성, 비슷한 생산물을 공급하는 타 지역의 경쟁 등 생산물 시장의 수요-공급 변화가 한 지역의 생산물에 대한 수요에 영향을 미치게 된다. 한 지역의 생산물에 대한 수요가 증가하면 그 지역은 성장하게 된다. 반대로, 한 지역의 생산물에 대한 수요가 감소하면 그 지역은 쇠퇴하게 된다(이를 '수요주도 지역성장'이라 하고, 뒤에서 좀 더 설명하겠다).

한편으로, 한 지역에서 생산물을 만들기 위해 필요한 노동과 부동산 같은 생산요소가 충분히 그리고 낮은 가격에 공급된다면, 그 지역 생산물의 경쟁력을 높일 수 있는 기회를 제공하는 것이고, 생산물의 경쟁력으로 연결되면 지역이 성장하는 결과를 가져올 수 있다. 생산물 시장의 변화가 없는 경우라도, 한 지역의 인구가 증가하여 노동 공급이 증가하거나 부동산 개발이 원활해져 생산에 필요한 토지와 건물의 공급이 증가하고, 임금과 임대료가 낮아지게 되면 그 지역 생산물의 시장 경쟁력을 높이게 되어 지역의 성장을 순차적으로 견인하는 것이다. 생산에 필요한 노동 또는 부동산의 공급이 제한되거나 위축되면 생산물의 경쟁력에 부정적인 영향을 미치게 되고 지역이 쇠퇴하는 결과로 이어지는 경우도 발생할 수 있다(이를 '공급주도 지역성장'이라 하고, 뒤에서 좀 더 설명하겠다).

공급주도 지역성장 측면에서 볼 때, 어떤 지역이 사람들에게 매력적이면,

사람들이 이곳으로 오고 싶어 하고, 있는 사람들이 떠나고 싶어 하지 않게 되어 지역성장을 견인할 수 있다. 이러한 측면에서 지역을 사람들에게 매력적인 곳으로 만드는 것은 지역개발의 실천 방법 중 하나가 된다. 특히 오늘날 지식이 중심이 되고 글로벌화가 급속히 진행되고 있는 새로운 경제 상황에서 지역을 매력적으로 만드는 것은 지역개발 전략에서 그 중요성이 높아지고 있다. 사람들에게 비치는 한 지역의 매력도는 그 지역의 기후와 같은 자연적인 조건도 영향을 미치기도 하며, 삶의 질(Quality of Life), 도시의 문화적 특성(예, 관용, 다양성에 대한 존중 등), 교육 여건, 공공서비스 수준 등이 영향을 미친다. 반대로 지역의 매력도가 낮아져 인구유인 능력이 저하되거나 또는 부동산 공급확장 여건이 제한되면 경제성장이 제한되거나 장기적인 경제 성장 동력이 상실되어 쇠퇴하는 요인으로 작동하기도 있다.

(1) 지역의 생산물, 노동, 부동산 시장 간의 상호관계와 균형

한 지역의 생산물 시장, 노동 시장, 그리고 부동산 시장의 상호 연관성을 살펴보기 전에, 각 시장별 특성을 먼저 살펴보면 다음과 같다. 한 지역의 생산물에 대한 세상에서의 수요(D_Q)는 일반적으로 가격이 낮을수록 수요가 높아지는 우하향하는 곡선을 그린다. 한 지역의 생산물에 대한 수요곡선의 가격탄력성은 일반적으로 높게 나타난다.[5] 일반적인 재화와 서비스의 경우 시장특성이 경쟁시장이기 때문에, 시장의 공급곡선은 평평한 형태를 띠게 되며 그때의 시장가격(p)은 생산물의 생산비용(c)과 같아지게 된다(〈그림 7-1〉의 생산물시장 참조).

한 지역의 노동시장에서 노동공급(S_L)은 실효임금(effective wage)이 높아짐에 따라 증가하는 우상향 곡선의 모습을 나타내게 된다. 실효임금은 임금(w)을 그 지역의 물가수준(P)에 의해 조정한 것으로 장기에 있어서는 단순한 임금이 아닌 실효임금이 지역의 노동공급을 결정하는 것으로 알려져 있다. 우상향하는 곡선은 한 지역의 실효임금이 높아지면 그 지역에서 더 많은 사람들이 일하고자 하는 경향이 있음을 의미한다.[6] 노동 공급의 임금탄력성이 높은 지역에서는 실효임

---

5 한 지역의 산업 또는 기업이 높은 독점력을 가지거나 시장영향력이 강할 경우 수요곡선의 특성은 일반 재화와서비스(commodity)의 수요곡선 특성과 다를 수 있다. 여기에서는 일반 재화와서비스(commodity)를 기본으로 가정하여 설명한다.
6 더 많은 사람들이 일하고자 한다는 의미는, 그 지역의 기존 주민들의 노동참여 의사가 높아져 노동참

그림 7-1 생산물, 노동, 그리고 부동산 시장 간의 균형상태

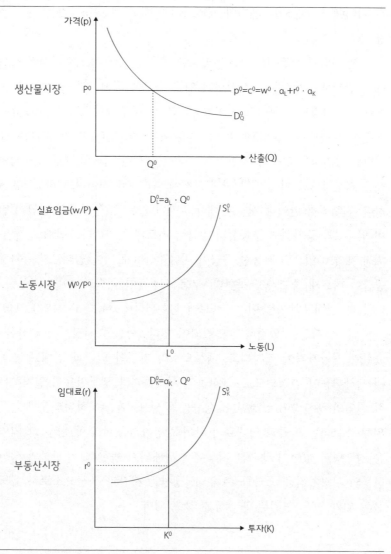

출처: DiPasquale and Wheaton(1996), 저자 일부 수정.

금이 증가할 때 일자리에 참여하려는 사람이 더 많이 증가한다는 것을 의미한다. 노동 공급의 임금탄력성이 낮으면 실효임금이 높아져도 필요한 노동력을 구하기가

여율이 증가하는 것을 의미하는데, 다른 지역에서 이 지역으로 일자리를 위해 이동할 의사가 많다는 것을 포함하기도 한다.

어렵다는 것을 의미한다. 한 지역에 필요로 하는 노동의 양, 즉 노동수요(D_L)는 그 지역에서 생산되는 재화와 서비스의 양에 의해 결정된다(〈그림 7-1〉의 노동시장 참조).

한 지역의 부동산(토지와 주택 포함)에 대한 수요(D_K)는 거시적으로는 그 지역에서 생산하는 생산물의 생산량과 인구 규모에 의해 영향을 받는다.[7] 어느 한 시점에서 생산량과 인구규모가 정해진다면, 이때 필요한 부동산의 수요는 정해진다(부동산 수요(D_K)가 수직선의 형태를 띠는 이유이다.). 부동산의 공급은 임대료가 증가하면 증가하는 우상향 곡선의 모습을 띤다.[8] 한 지역의 부동산 공급곡선의 탄력성은 지형적 특성이나 개발 관련 규제에 따라 탄력적이기도 하고 비탄력적이기도 하다. 지형적 제한이나 개발에 대한 규제가 없는 경우 부동산 공급이 탄력적이 되어 임대료가 증가하면 부동산의 공급이 빠르게 증가한다.[9] 반대로 자연적 또는 인위적 제약이 있으면 부동산 공급이 비탄력적이게 되어 임대료가 증가해도 부동산 공급이 빠르게 증가하지 못한다. 부동산 공급이 비탄력적이면 부동산 수요가 증가할 때 임대료의 상승이 더 빠르게 진행된다(〈그림 7-1〉 부동산 시장 참조).

이 세 시장은 밀접하게 연결되어 있다. 생산물 시장에서 생산물에 대한 수요량와 시장가격이 결정되고, 생산요소의 가격인 임금과 임대료에 의해 생산물의 생산비용이 결정되므로, 생산물의 시장가격과 생산비용이 일치하는 수준에서 한 지역의 생산량이 결정된다. 생산물의 생산비용, 즉 하나의 생산물을 생산하기 위해 소요되는 임금과 임대료의 합이 시장가격을 초과할 경우 그 지역의 생산물은 경쟁력이 없어져 생산물 시장에서 판매되지 못한다. 생산물의 생산비용은 생산물의 시장가격을 초과할 수 없다. 생산물 시장과 생산요소로서의 노동과 부동산은 위와 같은 연결된 관련성을 갖고 있다.

---

7 부동산은 토지와 건물, 그리고 주거와 상업및산업용 부동산과 같은 구별에 따라 나름의 특성이 있다. 여기에서는 지역전체의 거시적 차원의 이해에 중점을 두어 하나의 부동산으로 묶어서 다룬다. 부동산의 종류별 또는 하위시장별 특성에 대해 더 알고자 하면 부동산 관련 문헌을 추가로 참고하는 것이 필요하다.

8 여기서 부동산의 공급이란 '신규'공급을 의미하지 않는다. 부동산은 내구성이 높은 특성으로 인하여 장기적으로 사용되는 재화로서 '부동산 공급'은 '부동산 자산의 총합' 즉, 기 존재하는 부동산을 포함한다. 부동산 시장에서 '신규'공급이 차지하는 비중은 기존 자산의 양에 비하면 일반적으로 매우 작기 때문에 부동산 시장에서 공급을 이해하고자 할 때는 기존 자산에 대한 이해가 중요하다.

9 부동산의 신규공급에는 일반적으로 많은 시간이 소요된다. 여기에서는 장기적인 영향을 거시적으로 살펴보기 때문에, 부동산 개발에 필요한 시간은 고려하지 않는다.

위와 같은 지역경제 모형에서 지역성장을 주도하는 두 가지 요인을 생각해 볼 수 있다. 하나는 '수요주도 지역성장(Demand-induced Regional Growth)'으로서 생산물에 대한 수요가 외생적으로 증가하는 경우, 인구와 부동산 개발이 증가하는 경우이다. 반대로 생산물에 대한 수요가 감소하는 경우에는 지역이 쇠퇴하게 된다. 다른 하나는 '공급주도 지역성장(Supply-induced Regional Growth)'으로서 생산요소(노동 또는 부동산)의 공급이 증가할 때 생산요소의 가격이 낮아지면서 생산물의 경쟁력이 높아져 지역이 성장하는 경우이다. 반대로 생산요소의 공급이 감소하거나 생산요소의 가격이 적정 수준 이상으로 높아질 경우 지역 생산물의 경쟁력이 낮아져 지역이 쇠퇴하게 된다. 이에 대하여 자세히 살펴보자.

(2) 수요주도 지역성장(Demand-induced Regional Growth)

한 지역의 생산물에 대한 수요 변화는 여러 가지 요인으로 발생할 수 있다. 그 지역 생산물과 서비스의 매력이 증가하거나, 경쟁이 되는 다른 지역 또는 다른 생산물의 경쟁력이 약화되어 반사적으로 더 많은 사람들이 그 지역의 생산물을 찾는 경우도 있다. 더 일반적으로는 사람들의 소득이 증가하거나 연관재(보완재 또는 대체재)의 가격 변동, 사람들의 취향 변화, 경기순환, 기술의 변화 등으로 생산물의 수요가 변하기도 한다.

이렇게 한 지역의 생산물 또는 서비스에 대한 수요가 증가하면(①) 다음과 같은 변화가 예상된다. 생산물 수요 증가의 초기에는 수요량이 비교적 큰 폭으로 증가(Q')한다(②). 수요량을 충족시키기 위하여 더 많이 생산을 하려면 사업체는 노동과 부동산이라는 생산요소의 투입을 증가(L^1과 K^1)시키게 된다(③과 ⑤). 생산요소에 대한 수요의 증가는 임금과 임대료라는 생산요소의 가격을 증가(w'과 r')시키게 된다(④와 ⑥). 높아진 생산요소의 가격은 공급곡선을 위로 올리는 효과를 가져온다. 즉 생산물의 가격(p^1)이 증가하게 된다(⑦). 생산물의 가격 상승은 초기에 비교적 큰 폭으로 증가한 수요량을 일정정도 감소시켜 새로운 균형 생산량(Q^1)을 찾게 된다(⑧). 수요량이 일부 조정되면서 감소하더라도 이전의 균형 생산량보다는 새로운 균형 생산량이 더 크다. 또한 임금의 증가는 부동산 임대료 상승을 포함한 물가 상승률보다 크게 된다. 즉 실효임금이 높아진다(〈그림 7-2〉참조).

그림 7-2 수요주도 지역성장

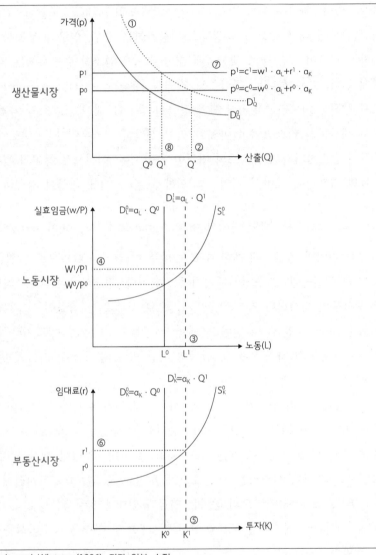

출처: DiPasquale and Wheaton(1996), 저자 일부 수정.

지역의 생산물에 대한 수요가 증가하면, 그 지역의 생산량이 증가하면서 생산을 위한 필요한 일자리와 부동산 수요가 증가하고, 따라서 노동에 대한 임금과 부동산에 대한 임대료가 상승한다. 한 지역의 생산물과 서비스 수요 증가 발생 전 균형상태와 발생 후 예상되는 새로운 균형상태를 비교하면 다음과 같이 정리할 수 있다.

- 생산량 및 생산물 가격이 증가한다.
- 일자리와 실효임금이 증가한다.
- 부동산 공급과 임대료가 증가한다.

그 지역의 생산요소 공급이 탄력적이면 수요주도의 지역성장은 생산량, 일자리, 그리고 부동산 공급을 크게 증가시키고 가격, 임금, 그리고 임대료는 작게 증가시킨다. 즉, 생산요소의 공급이 탄력적이면, 생산물의 가격과 임금 그리고 임대료의 증가 정도보다 일자리 수가 더 많이 증가한다. 반대로 생산요소 공급이 비탄력적이면 생산량, 일자리, 그리고 부동산 공급은 작게 증가하고 가격, 임금, 그리고 임대료는 크게 증가시키는 결과가 발생한다.

(3) 공급주도 지역성장(Supply-driven Regional Growth)

한 지역의 성장은 생산요소 측면의 변화에 의해서 발생하기도 한다. 대표적인 경우가 인구가 증가하는 경우이다. 경제발전이 진행되는 개발도상국의 경우, 식생활이 개선되고 보건의료가 발달하면서 사망률은 빠르게 낮아지는 데 반해 출산율은 천천히 낮아지면서 인구가 급증하게 된다. 이러한 베이비붐 시기 동안 인구가 급격히 증가하게 된다. 최근에는 글로벌화가 가속화되면서 국제적인 인구이동이 증가하고 있어 국제 이주에 의한 인구 변동도 커지고 있다. 도시화가 진행되는 시기를 겪는 국가의 경우에는 도시지역으로 인구가 이동하면서 그 지역의 인구가 증가하는 경우도 발생한다.

한 지역의 인구가 증가하는 경우, 초기에는 노동 공급의 증가로 임금이 낮아지는 현상이 생기고(임금이 w^0에서 w'로 감소), 임금의 감소는 생산물의 생산비용 감소로 이어진다. 생산비용 감소는 생산물의 경쟁력을 제고하여 생산물 수요를 증가시킨다(Q^0에서 Q'로 증가). 더 많은 생산을 위해서 노동과 부동산이 더 생산에 투입되고, 임금과 임대료는 올라가게 된다. 임금과 임대료의 상승은 생산물 가격의 상승으로 이어지면서, 일정정도 생산량이 줄어들게 된다(Q'에서 Q^1으로 감소).

그림 7-3　공급주도 지역성장

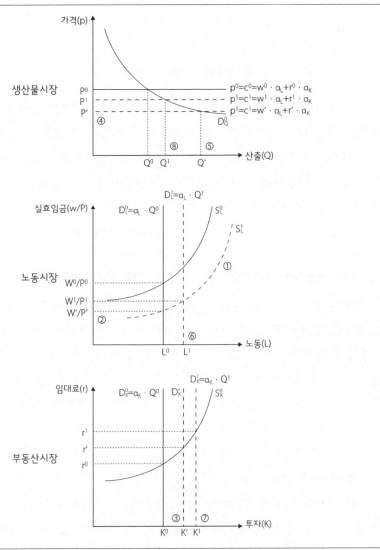

출처: DiPasquale and Wheaton(1996), 저자 일부 수정.

　　한 지역의 노동 공급이 증가하면, 임금이 하락하면서 생산물의 가격이 낮아져 생산물의 시장 경쟁력을 높이게 되어, 그 지역의 생산량이 증가하고, 일자리가 증가한다. 더 많은 생산과 더 많은 사람들을 위한 부동산 수요가 증가하면서, 부동산 공급과 부동산 임대료도 증가하게 된다. 노동 공급이 증가하면서 미치는 영향을 정리하면 다음과 같다.

- 생산량은 증가하고 생산물 가격은 하락한다.
- 일자리는 증가하고 임금은 하락한다.
- 부동산 공급과 임대료가 함께 증가한다.

노동공급이 증가할 때, 생산물 시장에서 생산물의 수요가 가격탄력적이면, 생산물의 생산량은 크게 증가하지만 가격은 소폭 감소한다. 생산량의 증가는 많은 일자리를 창출하여 많은 사람들이 일자리를 가질 수 있도록 하지만, 임금은 약간 감소한다. 새롭게 유입된 노동은 증가한 일자리를 통해 흡수될 수 있다. 부동산 공급도 증가하면서 임대료도 함께 증가하는 현상을 보인다. 지역의 부동산 공급여건이 용이하여 부동산 공급이 탄력적으로 증가할 수 있다면, 부동산의 공급이 충분히 증가할 수 있고 임대료의 상승은 상대적으로 작을 수 있다. 반대로 생산물 시장이 비탄력적인 경우에는 생산량과 일자리는 조금 증가하지만, 증가하는 노동력에게 일자리를 제공하지 못하는 상황이 발생할 수 있고, 임금은 낮아지게 된다. 부동산 공급량과 임대료의 상승도 제한적이 된다.

노동공급이 앞서와 같이 지역성장에 실질적인 효과로 나타나기 위해서는 인구증가의 규모가 임금을 낮출 정도로 충분히 커야만 가능하다. 또한, 노동공급 증가와 그로 인한 생산비 감소에 기반한 경쟁력은 지역이 성장하면서 사라질 수밖에 없어, 지역의 장기적 성장과 양립할 수 없다. 따라서 노동공급을 통한 비용경쟁력 기반의 지역성장은 급속한 인구증가와 도시화가 진행되는 국가의 개발 초기단계에는 역할을 할 수 있지만, 개발도상국에서 선진국으로 이행이 필요한 국가에서는 근본적으로 경제기반을 구축해야 한다. 최근 전세계적으로 지식경제로 전환되고 있기 때문에 창조적 일자리를 확보하는 것이 중요하다. 창조적 일

Moretti에 따르면(2013), 마이크로소프는 시애틀에서 1차적으로 1만 2천개의 창조적 일자리를 창출하였고, 이것이 경제기반이 되어 변호사, 회계사, 기업컨설턴트 등 전문직을 포함한 2만 5천개의 새로운 전문서비스 일자리를 창출하였으며, 또한 약 3만 5천개의 개인서비스 일자리를 창출하는 등 창조적 일자리의 승수효과는 약 5에 이른다. 같은 시애틀 지역에 입지한 비행기 제조업체인 보잉(Boeing)의 일자리 승수효과는 약 1.5 정도이다. Moretti 의 연구는 오늘날 창조적 일자리의 중요성을 보여준다.

자리는 지역의 경제기반으로서, 지역의 서비스를 포함한 비기반 경제부문의 일자리 창출 파급효과가 크고 지속가능하기 때문이다.

인구의 증가, 특히 고급인력의 유입과 유출이 중요한 영향을 미친다는 점에서, 최근 한국에서의 대졸인력 지역간 이동현황은 우려스러운 부분이 있다(〈표 7-6〉 참조). 노동 공급 측면에서는 지역에 고급인력이 부족한 것은 기업의 측면에서는 인력을 고용하고 싶어도 필요한 인력을 구하기 어려운 인력수급의 불일치를 일으킬 뿐만 아니라 구인난으로 인하여 기업이 지방에 입지하지 못하는 문제와 연결되어 있다. 지방의 성장을 위해서는 이러한 기업(노동수요)-인력(노동공급) 간의 관계를 이해하고, 단편적이 아닌 종합적인 접근이 필요하다.

표 7-6 대졸인력의 지역간 이동현황 (단위: %)

		수도권	충청권	호남권	대경권	동남권	강원권	제주권
2005	지역잔존율	89.2	75.1	87.4	80.1	91.7	66.2	91.2
	수도권유출률	-	15.9	9.5	8.0	4.6	27.0	5.7
2009	지역잔존율	91.5	42.3	65.8	59.2	77.5	39.2	74.3
	수도권유출률	-	51.0	25.0	22.4	15.1	56.4	19.9

주: 수도권유출률 = (수도권으로의 취업자 수 / 지역 대학졸업자 수) × 100
출처: 지역발전위(2013).

3 지역개발과 신시가지

(1) 신시가지 개발의 의의

토지는 사람들의 삶과 일에 기본적인 바탕을 제공한다. 하지만, 우리가 사용하는 토지는 자연 그대로의 토지가 아니라 일정정도 개발이 수반되어야만 한다. 자연상태의 토지를 농경지로 개간을 하기도 하고, 주택을 짓기 위해 정돈되고 단단하며 기반시설을 갖춘 택지로 조성하기도 한다. 일자리를 위한 공장이나 오피스, 상업용 시설 등이 들어갈 수 있도록 생산용 토지로 개발하기도 하며, 토지가 직접적으로 교통(예, 철도, 도로 등)이나 에너지(예, 전기, 가스 등), 물(예, 정수,

하수처리장 등)과 같은 기반시설을 짓기 위해서도 개발된다.

우리나라의 지난 반세기처럼, 인구가 급격히 증가하는 경우 심각한 주택부족 현상과 생활환경의 슬럼화 문제를 겪게 되게 되므로, 주택 공급과 생활환경의 개선을 위하여 대규모의 신시가지 개발이 필요하게 된다. 동시에, 주민들의 삶의 질을 받쳐주고 생활수준을 끌어올려 줄 기반으로서 산업과 경제를 성장시키기 위하여 생산용지를 공급하기 위한 신시가지 개발도 필요하다.

신시가지 개발을 통한 주거 공급의 의의는 ① 대규모 주택 공급을 통한 주택부족의 해소와 기성시가지의 슬럼 개선 및 과밀문제 완화, ② 난개발을 방지하고 토지이용의 효율화와 자연의 보호를 통한 지속가능성 제고, ③ 기반시설 및 공공서비스가 충분히 제공되는 생활환경의 창출, 그리고 ④ 사회적 포용성을 높이고 사회적 지속가능성이 높은 건전한 지역사회창출이라는 의미를 갖는다.

신시가지 개발을 통한 생산용지 공급의 의의 또한 중요한데, ① 기반시설을 갖춘 대규모 생산용지 공급을 통한 지역의 산업 경쟁력을 제고하고, ② 지역 주민들에게 필요한 일자리를 제공할 수 있도록 하며, ③ 난개발을 방지하고 토지이용의 효율화와 자연의 보호를 통한 지속가능성을 제고할 수 있다.

1960년대 우리나라는 극빈하였기 때문에 우리나라 신시가지의 개발은 일자리와 소득을 창출하기 위한 경제기반으로서의 생산주도 신시가지 개발이 중심이 되었다. 주거개선을 위한 신시가지 개발도 꾸준히 진행되어 왔지만, 어느 정도 경제개발이 이루어진 1980년대 이후 본격적으로 주거개선을 위한 주거주도 신시가지 개발이 진행되었다.

(2) 생산주도 신시가지 개발

생산주도 신시가지 개발은 일자리 창출과 소득 증대를 목적으로 하지만, 동시에 낮은 생활환경과 열악한 노동환경을 개선하기 위하여 만들게 되었다. 토지는 노동, 자본과 더불어 생산에 필요한 핵심 요소인데 산업화가 고도화될수록 충분한 기반시설과 양질의 서비스를 갖춘 대규모의 생산용 토지에 대한 수요가 증가하였다. 생산자는 가능하다면 노동력 확보에 용이하고 서비스가 갖추어진 기존 도시, 특히 대도시에 입지하고자 한다. 하지만 산업활동이 도시에 집중하게 되면, 교통 혼잡, 생활환경 악화, 환경오염과 같은 도시불경제가 발생하기 때문에 산업시설의 적절한 공간적 분산이 가능하도록 산업용지가 공급될 필요성이 있다. 나아가 전국에 산업이 입지할 수 있는 생산용지를 제공함으로써 지역산업이 육성되고 보다 균형 잡힌 발전을 이룰 수도 있다.

1960년대 우리나라는 경제개발계획에 따라 일자리 창출을 위한 산업기반 조성에 많은 노력을 기울였다. 수출공업단지개발조성(1964)에 따른 구로공업단지(1967), 공업기지건설사업에 따른 울산 중화학공업단지(1964)와 구미 수출산업공업단지(1964) 등 전국 대규모 공업단지가 조성되었다.

■ 구로 신시가지

수출공업단지개발조성법(1964)에 따라 1967년 우리나라 최초의 내륙 공업단지인 구로수출산업공업단지가 들어서게 되었다. 당시 우리나라가 보유한 자원은 저렴한 노동력이 전부였기 때문에 노동력 확보가 용이한 서울도심과 약 10㎞ 떨어진 곳에 생산용 신시가지를 만들게 되었다. 구로는 인천항까지 약 25㎞ 정도 떨어져 있었기 때문에 원료나 부자재 운반 수송에 용이한 지리적 입지 조건을 갖추고 있었고, 안양천과 도림천이 인접해 있어 공업용수 공급을 위한 취수장 설치가 용이했다. 초기에 입주한 업체들은 의류, 봉제제품이 가장 많았으며 그 다음은 전자, 음향기기, 전기, 광학기기 등의 순이었다. 1978년말 근로자수가 11만 4천명을 넘었고, 1988년 40억 달러를 넘겼던 구로공단은 국제 경쟁력이 약화됨에 따라 수출 규모는 1999년 15억 달러로 급감했고 근로자는 4만 2천명으로 줄었다. 이후 저임금 기반의 제조업에서 도시형 산업 단지로의 전환이 성공적으로 이루어졌다. 2000년 서울디지털산업단지로 이름이 바뀌었고, 2015년 기준으로 9,726개사가 입주해 있다. 도시형 첨단 IT업종인 디지털컨텐츠, 소프트웨어(SW), 게임, 애니메이션 등의 지식기반산업 등이 70%를 차지하고 있으며, 16만 명의 근로자들이 일하고 있다.

■ 여천(여수) 신시가지[10]

1967년 여천공업단지가 착공되었고, 1973년 종합적인 석유화학단지 개발계획이 수립되었으며, 1974년 공단의 주변지역까지 포함하여 산업기지개발구역으로 지정·고시되었다. 2014년 여수국가산업단지의 생산액은 92조 1천 497억 원으

---

10 여천은 지금의 여수시다.

로 전남 제조업 출하액의 78.7%를 차지할 만큼 지역에서 차지하는 비중이 크다.

■ 창원 신시가지

1973년에 기계공업기지로 지정되었고, '산업기지개발촉진법(1974년 제정)'에 따라 1974년에 산업기지개발구역으로 지정·고시되어 공업단지 조성이 시작되었다. 초기의 토지이용계획 구상을 보면 공업지역(유보지 포함)이 15.37㎢(38.8%)로서 가장 넓은 면적이다. 2008년 기준으로 가동 업체수는 1,660개이며, 총 고용은 79,977명이고, 연간 생산액은 약 44조 3천억 원, 수출액은 약 207억 달러에 이른다(국가기록원).

표 7-7 창원기계공업기지건설계획 중 토지이용계획 구상

구분	면적(㎢)	비중(%)
공업지역	13.16	33.2
유보지역	2.21	5.6
주거지역	8.10	20.4
녹지지역	12.23	30.8
기타공용용지	3.97	10.0
계	39.67	100.0

출처: 창원기계공업기지건설계획(1973)

그림 7-4 창원창원기계공업기지건설계획도

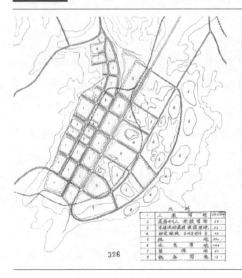
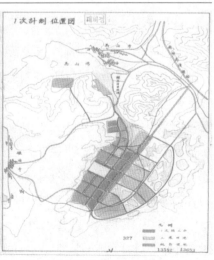

■ 대덕 신시가지

대덕연구학원도시건설기본계획(1973)에 따르면, 충청남도 대덕은 우리나라 중심부에 위치한 대전을 모도시로 하는 지역이고, 경부선과 호남선이 교차하는 교통의 요충지로서 우수 두뇌들의 집결이 용이하며 전국의 산업기지와의 연결이 편리하여 각 공업단지에 대한 기술지원이 용이하고, 금강을 옆에 끼고 있어 용수의 공급과 처리 등 연구 환경이 적합하였기 때문에 선정되었고 그 면적은 26.8㎢였다. 2000년 대덕연구단지를 산·학·연 복합단지로 발전시키기 위해 대덕연구단지와 인접한 곳에 대덕테크노밸리라는 일종의 산업단지를 조성하여 대덕연구단지의 연구소에서 나오는 연구성과물을 상업화하고자 하였다. 2003년 기존의 대덕연구단지에 대덕테크노밸리와 대전 3, 4산업단지를 모두 포함한 총 70.4㎢를 '대덕연구개발특구'로 지정하여 혁신클러스터로 재도약하고자 하였다. 대덕연구개발특구는 2011년 기준, 입주기업 3,000여 개, 매출액 33조 원, 벤처기업 집적도 1위, 고용 13만 4,000명, 기술이전 1,400건, 코스닥 등록 기업 59개, 연구소기업 106개, 대학 5개, 정부출연연구소 등 공공연구소 41개, 박사 28,000여 명이 모여 있다.

생산용지의 공급을 주목적으로 하는 개발이라 하더라도 주거 및 생활과 엄격히 분리되어 있지는 않았으나, 오늘날에는 이 두 가지 목적이 분리되는 모습을 보이고 있다.

(3) 주거주도 신시가지 개발

우리나라는 지난 반세기 동안 인구의 증가에 더불어 도시화의 진행으로 도시로의 집중은 가속화되었다. 도시로의 급격한 집중은 주택부족, 슬럼 문제, 정주환경 악화, 환경오염 등이 발생하면서 기존도시 내에서 문제를 해결하는 데 한계가 있기 때문에 신시가지의 개발과 공급이 필연적으로 요구된다. 이러한 주거문제를 해결하고 주민의 주거수준을 올리기 위해서는 단순히 주택을 공급하는 것 이상으로 지속가능한 시가지 조성이 필요하다. 즉 공공공간, 대중교통과 교통시설, 교육 및 의료시설 등 기반시설을 충분히 갖추어야 하며, 시가지의 구조와 형태 또한 지속가능한 발전이 가능하도록 만들어져야 하기에 종합적인 계획이 전제되어야 한다. 나아가 개별 신시가지를 넘어 기존 도시들과의 관계 및 농어촌과 같은 비도시 지역을 포함한 지역차원에서 종합적인 계획이 고려되어야 한다.

주택부족 해결과 정주환경 개선을 우선적 목적으로 하지만, 새롭게 만들어지는 신시가지가 주거만 집중하면 오히려 위 목적을 달성하기 어렵게 된다. 신시가지는 첫째로 충분한 일자리를 창출하고 다양한 경제적 기회를 공급할 수 있어야 한다. 둘째로 다양한 계층 다양한 특성의 사람들이 함께 교류하고 살아갈 수 있도록 사회적 균형을 갖도록 계획되어야 한다. 특정 계층의 사람들만을 대상으로 하는 주택단지 개발은 신시가지 개발이라고 할 수 없다.

주거주도 신시가지는 규모에 따라 소규모 5천~2만명, 중규모 2만~5만명, 대규모 5만~15만명, 그리고 15만명 이상의 특대규모로 분류할 수 있으며, 입지에 따라서는 기존도시 내(new town in town), 기존도시와 통근거리에 있는 근거리형, 기존도시와의 통근거리 보다 멀리 떨어진 원거리형 등이 있다. 과천(1979)은 중규모의 근거리형이며 동시에 행정기능의 분담이라는 기능적 특성을 갖고 있고, 서울의 개포(1981)와 목동(1983)은 대규모이며 기존도시 내(new town in town)에 입지한 특성을 갖고 있고, 1990년대 만들어진 서울 주변의 분당, 일산, 평촌, 중동, 산본은 특대규모이고 근거리형의 특성을 갖고 있다.

■ 제1기 신도시[11]

1980년대 말 가장 큰 사회문제로 주택문제가 꼽혔다. 전국의 주택보급률은 69.2%, 서울은 50.6%에 불과해 주택수요에 비하여 주택공급은 절반 수준에 머물렀다. 나아가 경제가 발전하면서 사람들의 더 나은 주거에 대한 수요가 높아지고 부동산으로 많은 자금이 유입되면서 주택가격이 폭등하였다. 가격의 급격한 상승은 투기까지 불러들이면서, 1년도 안 되는 사이에 서울 대형 아파트 값이 무려 57.4%나 오르는 현상도 벌어졌다. 특히 전·월세 가격 급등으로 집 없는 서민의 고통이 매우 심각했다. 이러한 문제를 해결하고자 정부는 2백만 가구 주택 건설 계획을 발표하고, 1989년 분당과 일산에 인구 39만명과 30만명을 수용하는 신도시를 개발하겠다고 전격 발표하였고 이미 추진중이던 평촌·중동·산본과 함께 제1기 신도시가 개발되었다.

11 '신시가지'가 맞는 표현이나, 통상적으로 불리는 '신도시'라고 표기하였다.

　　제1기 신도시는 1989년에 시작하여 1996년까지 약 7년간 분당, 일산, 평촌, 산본, 중동 등 5개 신시가지를 일컫는다. 서울시 외곽의 대규모 개발 가능지 중 1시간 이내에 출퇴근이 가능한 20~25km권에서, 기존 도시기반시설과 연계가 용이하고 쾌적한 환경유지가 가능하며 지가가 저렴한 지역이라는 입지기준에 의해 선정되었다. 분당·일산 신도시는 자족적인 도시 형성이 가능한 규모로서 각각 서울 동남부와 서북부의 중심도시를 목표로 하였고, 평촌·중동·산본 신도시는 기존도시 연계형 신도시로 개발되었다.

　　제1기 신도시는 개발 초기 모도시의 높은 의존성과 침상도시라는 비판을 받아왔는데, 최근에는 자족성이 높아졌고 일자리가 많이 생겨 모도시의 의존도도 낮아졌다. 제1기 신도시 개발로, 주택가격은 1991년부터 안정세를 이뤘고, 서울의 과밀해소와 서울대도시권의 주거수준 향상에 기여하였다.

표 7-8   제1기 신도시 개요

구 분	전 체	분 당	일 산	평 촌	산 본	중 동
위치		성남시	고양시	안양시	군포시	부천시
면적(천㎡)	50,140	19,639	15,736	5,106	4,203	5,456
수용인구(만명)	116.8	39.0	27.6	16.8	16.8	16.6
인구밀도(인/ha) (총인구/총면적)	1,406	199	175	329	399	304
개발밀도(인/ha) (총인구/주거+상업용지)	3,231	489	425	795	844	678
주택건설(천호) (공동주택)	292 (281)	97.6 (94.6)	69 (63.1)	42 (41.4)	42 (41.4)	41.4 (40.5)
용적률(%)		184	169	204	205	226
도로건설(km) (노선수)	232.2 (37)	82.8 (11)	51.4 (7)	69.6 (3)	0 (6)	28.4 (10)
전철(km)	62	25.1	21.1	15.7		
최초입주		'91.9	'92.8	'92.3	'92.4	'93.2
사업기간		'89.8~'96.12	'90.3~'95.12	'89.8~'95.12	'89.8~'95.1	'90.2~'96.1
총사업비(천억 원)	104.7	41.6	26.6	11.8	6.3	18.4
사업진행자		토지공사	토지공사	토지공사	주택공사	부천시 주택공사 토지공사

출처: 국토교통부 www.molit.go.kr

4 결론

　지역개발과 토지/주택/부동산 개발은 상호 연관성이 매우 높다. 지역개발을 하는 궁극적인 목적은 주민들의 삶의 질을 높이고 일자리와 경제적 풍요를 창출하며 환경적 지속가능성을 높이기 위해서이다. 반대로 적절한 토지/주택/부동산 개발이 이루어져 삶이 질이 높아지고 경제적 기회가 많아지며 환경적으로 살기 좋은 지역이 되면 지역은 더욱 발전하게 된다.

　지역개발에서 주거는 특히 중요한데, 주거는 인간 삶의 기본적인 토대를 제공하기 때문이다. 따라서, 모든 국민이 최소한의 기준 이상의 주거를 영위할 수 있도록 하는 것은 오늘날 개인의 차원을 넘어 사회적 공동체의 의무로 받아들여지고 있다.

　우리나라의 주거수준은 지난 반세기 동안, 특히 인구의 급증이라는 여건을 고려할 때, 기적적으로 개선되었다. 1인당 주거면적은 국제권장기준보다 낮은 $6.8m^2$(1970년)에서 오늘날 $25m^2$(2010년)로 3배 이상 증가하였고, 1980년에는 수세식 화장실과 온수시설을 보유한 가구가 각각 18.3%, 9.9%에 불과하였으나, 이러한 기초적인 주거서비스는 현재는 거의 모든 가구가 누릴 수 있게 되었다. 최저 주거기준을 충족하지 못한 주택에 거주하는 인구의 비중도 1995년 43.2%에서 2010년 10.8%로 급격히 감소하였다.

　이러한 주거수준의 개선은 적극적인 공급정책이 큰 역할을 하였다. 특히 신시가지의 공급을 통한 대규모 공급은 주택부족문제의 해결, 주거수준의 개선, 주거가격의 안정 등에 크게 기여하였고, 연쇄적으로 지역의 경제가 공급주도로 발전하는 데 도움을 주었다.

　지역의 경제는 지역의 생산물 시장, 노동 시장, 부동산 시장이 밀접하게 연결되어 있다. 지역 생산물의 경쟁력이 높아져 수요가 증가하게 되면, 더 많은 생산과 서비스를 만들게 되고 이에 따라 일자리가 늘어나고 부동산 수요도 증가한다. 임금과 임대료도 올라가게 된다. 지역의 노동 또는 부동산 시장이 좋아져 공급이 증가하고 가격이 낮아지게 되면, 지역 생산물의 경쟁력을 높여주어 일자리를 만들고 임대료를 상승시킨다. 이러한 효과의 크기는 각 시장의 탄력성에 따라 다르게 나타난다.

최근 교통과 통신의 발달로 인하여 사람들의 경제생활권이 크게 확장됨에 따라 지역개발과 토지/주택/부동산의 공간적 범위는 개별 행정구역을 넘어서 지역적 차원에서 접근하는 것이 매우 중요해졌다. 지역차원에서의 공간계획과 도시－비도시 간의 연계를 고려한 개발계획, 필요시 신시가지의 개발을 도입하여야 하며, 그리고 기존 도시의 개선과 관리도 주민들의 경제생활권인 지역적 차원에서 접근하는 것이 필요하다.

연습문제

❶ 주거의 물리적, 사회적, 그리고 경제적 의미를 설명하시오.

❷ 우리나라에서 최저주거기준을 충족하지 못하는 주택에 거주하는 인구의 비중이 1995년 43.2%에서 2010년 10.8%로 개선되었다. 이렇게 개선된 요인이 무엇인지 설명하시오.

❸ 지역경제에서 지역 생산물시장, 노동시장, 그리고 부동산시장은 밀접하게 연결되어 있다. 한 지역으로 많은 수의 인구가 유입되는 경우 지역경제에 미치는 영향을 설명하시오. 반대로 많은 수의 인구가 유출되는 경우에는 어떤 영향을 미치는지도 설명하시오.

❹ 신시가지 개발의 의의에 대하여 설명하시오.

❺ 오늘날 주거수준 향상을 위해서 지역적 차원의 접근이 중요한 이유가 무엇인가?

참고문헌

국가기록원 www.archives.go.kr

국토교통부 www.molit.go.kr

김용창·최은영(2013). 서울시 최저주거기준 미달가구의 시공간적 특성과 변화, 1995−
　　　2010. 대한지리학회지, 48(4).

김경환·서승환(2009). 도시경제, 4판.

김경환·손재영(2015). 부동산경제학, 개정판.

김미경·이창무(2013). 주택여과과정의 실증분석: 주택재개발사업의 신규주택공급효과를
　　　대상으로. 주택연구, 21(2).

이창무·김현아·조만(2012). 소득대비 주택가격 비율(PIR)의 산정방식 및 그 수준에 대한
　　　국제비교. 주택연구, 20(4).

임서환(2002). 주택정책 반세기: 정치경제환경 변화와 주택정책의 전개과정.

정의철(2012). 주거복지 현황과 정책방향. "부동산시장 동향분석" by KDI.

지역발전위원회(2013). 국민행복과 지역통합을 선도하는 새로운 지역발전 정책 방향.

하성규(1999). 주택정책론, 전정증보판.

DiPasquale, Denise, and William C. Wheaton(1996). Urban Economics and Real
　　　Estate Market. [조주현 역.(2004). 부동산시장분석론.]

Glaeser, Edward(2011). Triumph of The City: How Our Greatest Invention Makes Us
　　　Richer, Smarter, Greener, Healthier, and Happier. [번역.(2011). 도시의 승리.]

Glaeser, Edward, and Joseph Gyourko(2008). Rethinking Federal Housing Policy.
　　　American Economic Institute.

Howard(1898). To−morrow: A Peaceful Path to Real Reform.

Howard(1902). Garden Cities of Tomorrow. [조재성, 권원용 역.(2006). 내일의 전원도시.]

Moretti, Enrico(2012). The New Geography of Jobs. [번역.(2014). 직업의 지리학.]

O'Sullivan, Arthur(2009). Urban Economics, 7[th]Ed. [이번송, 홍성효, 김석영 역.(2004).
　　　오설리반의 도시경제학, 제7판.]

지역 개발과
농촌

_ 황지욱

농촌은 현대사회에 이르기까지 급변하는 대내외 여건에 따라 다양한 부침을 겪어왔다. 정부는 다양한 농가소득 증대사업, 농업활동 지원 및 마을정비 사업 등을 통하여 농촌의 발전을 도모하기도 하였다. 그럼에도 불구하고 수많은 농촌이 낙후지역의 문제점을 벗어나지 못하고 있다. 과연 농촌은 어떤 공간이기에, 또 어떠한 문제에 직면하고 있기에 이러한 문제점에 빠져 있는 것인가? 그렇다면 이러한 문제를 해결하기 위해 어떠한 방식의 개발과 정책적 접근이 필요한 것인가?

본 장에서는 농촌이란 어떤 공간인지에 대해 규명한 뒤, 농촌의 개발과 관련하여 우리사회에서 이루어진 농촌개발 정책으로서 생태마을 조성, 소도읍 육성계획과 농촌마을만들기 사업을 살펴보고, 앞으로 농촌이 나아가야 할 농촌개발의 방향을 제시하여 보고자 한다. 특히 국내외 사회환경의 변화와 발맞추어 농촌개발의 패러다임 변화가 갖는 의미와 효과를 살펴보고자 한다.

1 농촌의 이해

(1) 농촌이란?

1) 농촌의 정의

농촌이란 우리에게 어떤 공간이라고 느껴질까? 그 느낌이 다양하더라도 학술적으로 공간을 규정짓는 지표를 기준으로 살펴보면 좀 더 명확하게 이해할 수 있다. 국토를 도시 혹은 농촌과 같은 공간의 단위로 나눌 때 가장 일반적으로 활용되는 지표는 해당지역의 인구규모, 경제활동에 따른 산업구조, 토지이용의 특성이다. 특히 '농촌'이라는 개념을 사용할 때 좁게는 농업이라는 특정의 산업활동에 국한된 토지이용의 공간(agricultural area)을 지칭하며, 좀 더 넓은 의미로 농·축산업, 산림업 및 수산업과 같은 일차산업이 차지하는 비중이 높은 지역으로 산촌과 어촌을 포괄하는 공간(primary industrial area)을 통칭하기도 한다. 또한 행정체계와 사회학적 관점에서 바라볼 때는 도시화(urbanization)와 산업화(industrialization)가 이뤄진 정도를 상대적으로 비교하여 도시(urban area)와 대비되는 농촌(rural area)이라는 공간개념으로 사용되기도 한다. 특히 현대사회에서 농촌을 이해하고 진단하며 정책을 수립할 때는 이와 같은 사회학적 관점에 기초해 접근한다.

이러한 맥락에서 농촌과 도시의 관계는 학술적으로 살펴볼 때 크게 세 가지의 방식으로 이해될 수 있다. 첫째, 앞서 정의에서 보았듯이 이원론적 접근(dualistic approach)으로 농촌과 도시를 이질적이고, 독자적인 사회공간으로 보는 것이다. 둘째, 연속적 접근(successive approach)으로 공동사회(Gemeinschaft)에서 이익사회(Gesellschaft)로의 변화라는 연속적 개념에 주목하는 것이다(Tönnies, F., 1887; 고영복, 2000). 셋째, 공생적 접근(symbiotic approach)으로 농촌과 도시를 상호 유기적 관계 속에서 살펴보려는 접근방식이다. 이 세 가지의 이해방식이 어떻든 이념형으로서의 농촌과 도시는 서로 대비되는 특성을 가지고 있으며, 농촌을 규정하는 기준으로는 인구, 직업유형, 문화적 특성이 주로 활용된다. 다시 말해 첫째, 농촌은 일반적으로 도시보다 인구의 규모가 작으며, 낮은 인구 밀도를 보인다. 둘째, 농촌의 거주민 대부분이 종사하고 있는 농업, 어업 및 산림업과 같은 일차산업이 거주민의 대표적 생계수단이자 생활양식을 대표하는 산업이다. 반면 도시에 거주하는 사람들은 개인의 경제적 이익을 중심으로 대부분 공업이나 서비스업과 같은 이차산업 및 삼차산업에 종사한다. 셋째, 농촌은 도시와 비교하여 낮은 익명성과 분업체계를 보이지만, 혈연관계가 중심이 되어 거주민 간의 동질성은 높게 나타난다.

2) 농촌의 공간적 구성

이러한 농촌지역을 일정한 공간단위, 즉, 행정단위로 구분할 수 있다. 공간단위상의 구분은 물리적 또는 사회·경제적으로 유사한 속성을 갖는 일정한 범역을 묶어내는 것인데 앞서 언급한 바와 같이 공간구분을 위해 사용되는 가장 기본적인 지표가 인구규모이다. 일반적으로 우리나라에서는 인구 50,000명 이하의 읍·면·군을 농촌으로 구분하고 있다(지방자치법, 제7조, 2017). 물론 이러한 행정적 구분이 때로 이질적인 문화적 특성을 가진 지역과 합쳐져서 하나로 묶여지기도 하는데, 대표적인 것이 1995년부터 시작된 도농복합도시이다. 이 때문에 하나의 도농복합도시 안에 구/동과 군/면이, 그리고 도시적 특성과 농촌적 특성이 병존하는 것을 관찰할 수 있다(지방자치법, 제7조, 2017).

3) 농촌의 변화

농촌은 현대사회에 이르면서 급격한 대내·외적 변화에 직면하고 있다. 1950년대 이후 정부는 농촌을 대상으로 지역사회개발사업(1958)이 시작되어 마을의 주민을 조직하고, 부존자원을 최대한 이용하여 마을의 농업생산을 확대하고, 소득을 증대시켜 생활개선과 의식개혁을 도모하였다. 식량증산을 위하여서는 경지정리, 개간, 간척 등의 사업을 추진하였고, 농업정책의 중요한 기틀이 되는 토지개량사업법(1961), 공유수면매립법(1962)을 제정하여 토지개량사업도 본격적으로 추진하였다. 그럼에도 불구하고 1960년대 중반 이후 산업화가 급속도로 진행되면서 도시와 농촌의 소득격차가 심화되었고, 농촌인구의 유출이 지속적으로 발생해 왔다. 이로 말미암아 농민의 불만이 끊임없이 제기되자 정부는 이에 대한 처방으로 1970년대에 들어서 이중곡가제와 새마을운동을 전개하였다. 이중곡가제는 정부가 1969년에 보리와 쌀에 대해 처음으로 도입된 제도로 농업인과 도시 산업종사자와의 소득격차를 줄이기 위하여 농민들에 대한 곡물 수매가격은 높게 책정하되, 소비자에게는 낮은 가격의 판매가를 책정하는 것이었다. 이를 통해 농업인에 대해 최소한의 농업소득을 보장해 주면서도 수출 지향적 경제성장을 유지하기 위해서 물가상승을 억제할 필요가 있었기에 저임금·저곡가 정책도 유지하는 이중전략을 취하고자 하였던 것이다. 그러나 1970년대에 들어 이중곡가제에 따른 정부의 예산적자가 누되어 오래 지속될 수는 없었다. 반면에 예산지원정책보다는 공간계획정책이 효과적이고 오랜 기간 지속될 수 있었는데, 이것은 1970년에 농촌 근대화를 목표로 시작된 새마을운동에서 찾을 수 있다. 새마을운동은 1971년 새마을운동 부서가 내무부, 농수산부, 상공부, 문교부 등에 만들어지고 전국적 운동으로 전개하면서 확산되었다. 주요 사업으로는 농촌주택 개량, 농가소득 증대, 새마을운동 정신의 생활화 등을 꼽을 수 있다. 그러나 새마을운동에 대해서도 학계에서는 엇갈린 평가를 내놓고 있다. 긍정적인 평가로는 농민들의 자긍심을 높이고, 농업 경쟁력을 제고시켜 농촌 근대화에 기여하였다고 하나, 부정적으로는 주택개량 사업 등 외형변화에 주력하여 실제 농촌 발전에 기여한 바가 적으며, 산업화를 통한 수출주도정책의 비중에 비해 농촌과 농업인에 대한 정부의 지원과 관심은 상대적으로 취약하여 격차의 해소는 이뤄지지 않았다는 평가도 있다.

1980년대에 들어서 소비구조의 다양화와 상업적 영농의 지향 그리고 무엇보다 농수산물의 수입개방이 가속화되자 농촌은 더욱 피폐해졌다. 농산물이 저가로 수입되면서 추곡수매가는 동결되었고, 농민들의 생활수준은 더욱 악화되었다. 세계적으로 신자유주의의 물결 속에 우루과이라운드를 통한 한국 농산물시장의 개방 압력도 높아졌다. 결과적으로 1986년 18억 달러였던 농산물 수입은 1990년에 37억 달러로 늘어났다. 결국 열악한 농촌의 현실 속에서 1980년대 이후 농민운동과 대규모 농민시위가 이어졌다. 1984년 9월 함평과 무안 지역 농민들이 대규모 시위를 벌이며 농축산물 수입금지를 요구하였고, 1985년에는 고성에서 시작된 소값 폭락에 항의하는 '소몰이 투쟁'은 전국적으로 확산되기도 하였다. 농산물 수입 자유화가 추진된 이래, 1988년 한 해 동안 전국적으로 연인원 20여 만의 농민이 270여 회에 걸쳐 시위를 벌였다(한국민족문화대백과, 한국학중앙연구원). 1990년대에 들어 농어촌지역종합개발의 필요성이 대두되어 농어촌발전특별조치법(1990)이 제정되면서 한국농업의 국제경쟁력 강화를 위한 농어촌 구조개선 사업이 추진되었다. 그러나 이 또한 농업구조개선을 실현하기 위한 산업정책에 초점을 맞춘 계획이었기에 농촌의 공간에 대한 계획적 요소가 결여된 한계를 드러내었다.

4) 농촌의 문제

① 지역 불균형 발전과 농업의 위기

정부의 도시−산업 중심의 발전 전략은 도농간 심각한 불균형 발전을 초래했다. 국민경제의 틀 안에서 공업과 농업이 균형 있게 발전하지 못한 것이다. 1960년대 이후 수출 지향적 산업화 전략은 공산품에 대한 고부가가치를 창출하는 제화로 인식한 반면, 농촌의 가용자원은 상대적으로 그 가치를 제대로 인정받지 못하였다. 이 과정에서 농촌의 물적·인적 자원이 도시로 빨려 들어가면서 농촌 위기의 구조적 상황이 만들어졌다. 낮은 농산물 가격으로 농가의 소득이 감소하면서 도농격차는 심화되고 농민의 빈곤화는 가속화되었다. 정부의 산업 기반에 대한 투자도 도시와 산업에 집중되었다. 결과적으로 농촌과 도시의 불균형 발전이 심화되었으며, 농업의 위기와 농촌사회의 붕괴라는 위기상황에 직면하게 되었다. 2008년을 기준으로 농가소득은 도시 가구 소득의 65.3%에 불과했으며, 농가부채의 악화가 농촌사회를 위협하였다. 1970년대 이후 농가소득에 비해 농가부채가 훨씬 빠른 속도로 증가하였다. 1970년의 농가 소득대비 부채비율은 6.3%였으나, 1985년 35.3%, 2000년 87.6%, 그리고 2005년에는 89.2%에 달했다. 그리고 시장개방으로 인한 농산물 가격 하락과 생산비용의 증가가 농가경제를 부채로 몰고 가고 있는 상황이다. 이처럼 한국의 농촌은 1990년대 이후부터 끊임없는 어려움을 겪고 있다. 1993년 12월 우루과이라운드가 타결되었고, 이어서 세계무역기구(WTO)가 설립되어 농산물 시장이 빠르게 개방되면서 한국의 농업은 세계의 농업과 경쟁하는 상황에 놓이게 된 것이다. 더욱이 정부와 기업들이 자유무역협정(Free Trade Agreement)을 적극 추진하면서 농가 경제는 또 다른 어려움에 직면하고 있다. 특히 미국, 유럽연합, 호주 등과의 무역 및 농업협정은 취약한 생산구조를 보이고 있는 국내 농축산물 농가에 커다란 위협이자 피해를 가져올 것으로도 인식되고도 있다(한국민족문화대백과, 한국학중앙연구원).

② 농촌 인구의 급감과 초고령화 시대의 도래

농촌 위기의 가장 중요한 요인은 농사를 지을 사람이 없다는 것이다. 근대화가 본격화되기 이전인 1963년에는 전체 경제활동인구의 63%가 농업에 종사하고 있었다. 그러나 계속되는 이농, 혼인율의 감소, 출산률 저하 등은 농촌인구의 감소를 가져왔다. 통계청의 조사에 따르면, 1980년만 해도 농가인구는 1,000만 명을 넘어 전체 인구에 대비하여 28.9%에 달하였다. 그러나 이 비율은 계속 줄어들어 2005년 우리나라 농가인구수는 약 343만 명으로 전체 인구의 7.3%에 불과했다. 앞으로도 농가인구는 계속 감소해서 2020년에는 234만 명으로 전체 인구 대비 4.7%로 줄어들 것으로 예측되고 있다. 이러한 현상은 단순히 탄생과 사망이라는 인구의 자연증감에 영향을 받았다기보다는 산업화에 따른 사회적 이동에 커다란 영향을 받은 것이다. 즉, 산업화 초기 한국의 급속한 경제성장은 값싼 노동력을 바탕으로 했다. 포드주의(Fordism)[1]의 병폐적 현상이라고 알려진 '주변부적 포드주의'에 의해 부의 축적체계가 사회전체에 골고루 혜택을 주는 민주적 조절양식으로 나타나지 않고, 오히려 산업화 정책을 강화하면서 빈곤에 시달리던 농촌으로부터 엄청난 수의 젊은 인력을 흡수하는 데서 뚜렷이 나타났다(학술단체협의회, 1997: 223). 특히 젊은 여성들이 농촌을 떠나 도시의 공업단지와 수출자유지역 등에 대량으로 이주하였다. 이들은 의류, 섬유, 신발 등 노동집약적 산업의 근로자층을 형성했다.

농촌 인구 유출의 또 다른 유형은 교육이주였다. 다수의 농가들이 가계가 가진 경제적 자원을 최대한 동원하여 주로 자녀를 도시의 학교로 유학시켰다. 이들 대부분은 고등교육을 받은 후, 이차산업과 삼차산업 분야의 전문 인력으로 양성되어 이러한 산업이 집중된 대도시에서 직장을 갖고 가정을 이루었다. 농촌에서 도시로의 인구 이동은 1960년대 247만 명, 1970년대 428만 명, 그리고 1980년대 476만 명이었다. 결국 농촌에는 심각한 인구과소 현상이, 도시에는 인구과잉 현상이 나타나게 되었다. 이에 따른 결과는 농촌지역의 인구가 감소하여 절대노동력이 급감하고, 농업노동력의 양적·질적 하락이 이어진 것이다.

인구의 감소와 함께 또 다른 심각한 문제는 농촌 인구의 급속한 고령화이

---

1 헨리 포드(Henry Ford)가 컨베이어벨트 시스템을 갖춘 'T형 포드'자동차 생산 공장을 지어 대량생산형 공장을 채택하여, 포드의 모델과 같은 기계화된 대량생산 체제로 산업구조가 개편된 것을 '포디즘'이라고 한다. 이러한 포디즘은 조립라인 및 연속공정 기술을 이용한 표준화된 제품의 대량 생산과 대량 소비의 축적체제를 일컫는 말이며, 사회현상으로는 석유와 에너지를 많이 소모하는 대량생산과 대량생산과정에서 저렴하게 생산된 생산물이 대량소비 패턴으로 이어졌던 것을 뜻한다. 결국 이는 에너지 및 생태환경의 위기와 연관을 맺은 것으로 간주되기도 한다.
[네이버 지식백과] 포디즘 (시사상식사전, 박문각)

다. 교육연한이 길어지면서 농촌의 젊은 노동계층이 줄어들고, 혼인 시기도 늦춰지면서, 자녀의 출산율 역시 낮아지게 되었다. 이는 농촌의 고령화 속도를 상대적으로 빠르게 진행되도록 만들었으며, 농업에 종사하는 후속세대의 단절을 초래하는 것이기도 하였다. 이에 대한 통계자료가 보여주는 바는 1980년 전체 농가인구의 인구비율이 0~14세는 33%, 15~64세는 60%, 65세 이상 노인 인구는 6.7%였으나, 1990년에 이르러는 0~14세 비율이 20.6%, 15~64세는 67.9%, 65세 이상은 11.5%로 전환된 것이었다. 유소년 인구의 감소와 노령인구의 증가는 계속되어 2005년에는 0~14세가 9.8%, 15~64세는 61.1%, 그리고 65세 이상 노인 인구는 29.1%에 이르게 되었다(한국민족문화대백과, 한국학중앙연구원). 이는 인구 과소화와 저출산의 문제를 넘어 고령층의 인구비중이 급증하는 사회로 변모된 것을 보여준다. UN의 기준에 따를 때 총인구 중 65세 이상의 인구비율이 7% 이상이면 고령화 사회 또는 노령화 사회(Aging Society)라고 하며, 14%를 넘으면 고령사회(Aged Society), 총인구에 대비하여 20% 이상을 차지하면 초고령 사회(Post-Aged Society)로 간주하는데 우리나라의 농촌은 이미 2000년대에 들어 초고령화 사회로 접어들었음을 알 수 있다. 이로 인해 농촌사회의 재생산 구조가 심각한 위기상황에 봉착하고 있음을 알 수 있다.

③ 다문화가족의 증가

양성평등의 시대에 접어들면서 남녀 누구에게나 주어진 교육의 기회는 젊은 여성층의 의식변화와 전문지식의 습득은 도시에서의 직업 및 사회활동을 촉진시키는 촉매제의 역할을 하였다. 이는 전통적으로 여성에게 가사중심의 활동에 매이게 했던 사회적 가치관의 종말을 의미하는 것이었으며, 이에 따라 여성의 도시전출 비중은 날로 증가하는 추세를 보이고 있다. 이로 말미암아 농촌의 삶이나 농촌의 미혼 남성들에 대한 선호도를 떨어뜨리는 원인이 되기도 하였으며, 농촌에서 배우자를 찾기 어려운 젊은 남성들은 만혼이나 미혼의 문제에 직면하게 되었다. 결국 농촌 남성의 혼인율 저하나, 혼인의 감소는 자연스럽게 출산의 저하를 가져와 학령인구의 감소에 따른 농촌 학교들의 폐교로 이어졌다. 1990년대 들어 일부 농촌 총각들이 만혼 혹은 미혼의 문제를 해결하는 방법으로 국제결혼을 선택하기에 이르렀는데, 2000년대 들어서는 중국, 필리핀, 베트남, 캄보디아 등에 거주하던 아시아계 여성들과의 국제결혼이 빠르게 확산되었다.

이는 서구 유럽이나 미주 국가에서도 산업화를 겪는 과정에서 유사하게 나타났던 현상으로, 농촌에는 다문화가정이 급증하고 있다. 농촌 지역의 국제결혼 추이를 통계청 자료로 살펴보면 2004년 국제결혼은 1,814건으로 농촌전체 결혼(농촌 결혼 건수 6,629건)의 27.4%였던 것이 2007년(농촌 결혼 건수 7,667건)에는 3,171건으로 41.4%로 증가했다.

이러한 국제결혼은 농촌사회에 여러 가지 변화를 가져오고 있다. 우선 결혼한 이주여성들은 농촌 가정에서 아내요, 어머니요, 며느리의 역할을 담당하고 있으며, 농사일에서도 큰 역할을 하고 있다. 그러나 이러한 긍정적 역할이나 기대감과는 달리 언어의 장벽, 문화의 장벽, 기대감과 다른 저소득의 문제, 결혼 이주여성의 인권문제, 사회적 부적응 등으로 예기치 못했던 갈등도 대두되고 있다. 물론 향후에는 다문화가정에 의한 출산이 고령화 문제를 완화하고, 농촌사회의 재생산에 기여할 것으로 보인다. 또한 자녀들이 성장하게 되면 어머니 나라와 아버지 나라와의 양대 문화를 누구보다 깊이 이해하며, 외교와 교류에 적극 기여할 수 있는 인적 자원으로 큰 역할을 할 수 있을 것으로 기대된다. 2005년 현재 다문화자녀수는 12,516명으로 추계되었으며, 이 숫자는 2020년이 되면 13만명 정도로 증가할 것으로 예측된다. 이는 전체 19세 미만 농가 인구의 거의 절반에 해당되는 숫자이다. 따라서 인종, 언어, 문화적으로 새로운 정체성을 지닌 다문화 자녀가 성장하면서 농촌의 가족, 학교, 지역 등에 장기적이고 심대한 변화를 가져올 것이므로 전통적 단일민족주의 가치체계를 넘어서 다문화 정체성을 깊이 인식하는 새로운 정책이 각 분야에서 이뤄져야 할 것이다. 중앙정부를 비롯한 지역사회도 이에 발맞춘 노력을 경주해야 할 것이다(한국민족문화대백과, 한국학중앙연구원).

2 농촌개발

농촌계획이란 농어산촌을 대상으로 공간과 사회·경제 및 정주환경에 대해 과거보다 나은 공간구조로 변화시켜 나아가고 앞으로 다가올 시대를 준비하기 위해 수단을 선택하고 실행에 옮겨가는 일련의 정책행위이다. 특히 현대사회에 있어서 농촌이 생산중심의 공간을 넘어 도시에서는 찾아보기 어려운 고유의 자원을 간직한 공간으로 인식되면서 종래의 국가경제성장을 위한 식량생산 지원공간으로 간주하던 관점은 실효를 다하게 되었다. 이에 따라 농촌이 가지고 있는 독특한 가치를 재조명하는 정책적 고민이 깊어지고 있다. 즉, "지역마다 다양하게 내재되어 있는 자원을 어떻게 관리할 것인가?, 지역의 고유한 역사성과 문화성을 어떻게 회복해 낼 것인가?, 자연환경이 보존된 생명의 공간을 어떻게 가꾸어 나갈 것인가?"에 대한 혁신적이고 창조적인 계획적 전략이 요구되는 것이다.

(1) 농촌개발의 이론적 접근

우리나라에서는 1980년대 들어 계획방식도 과거의 농업개발론과 같은 농가소득 개선방식이나 단순히 생활개선에 초점을 맞춘 마을중심의 계획에 대한 전면적 반성을 통해 변화가 이루어지기 시작했다. 즉, 지역생활권 개념과 정주생활권 개념이 도입된 한 제2차 국토종합개발계획을 거치면서 새로운 패러다임으로서 농촌의 정비를 위해 '농촌의 지속가능한 발전계획'과 '농촌 어메니티[2]'를 발굴하는 개념이 대두되면서 커다란 변화를 겪게 된다.

1) 농촌의 지속가능한 발전

농촌의 지속가능한 개발을 실천하기 위한 목적으로 국제농업식량기구(FAO)는 1991년 4월, 네덜란드와 공동학술회의를 개최하면서 처음으로 지속가능한 농업과 농촌개발(SARD: Sustainable Agriculture and Rural Development)이라는 개념을

---

2 '어메니티(amenity)'란 어원에 '쾌적한', '기쁜' 감정의 표현이라는 라틴어 '아모에니타스(amoenitas)' 또는 '사랑하다'라는 의미의 라틴어 '아마레(amare)'에서 유래한다. 사전적으로 쾌적함, 즐거움, 예의 등 다양한 뜻을 가지고 있는데, 도시나 농촌 또는 주거환경의 분야에서 어메니티란 '쾌적하고 매력적인 환경과 행위'를 포괄하는 개념을 뜻한다. 이러한 어메니티는 산업혁명이 이루어진 19세기 영국에서 도시로 몰려든 노동자의 열악한 주거환경에서 발생하는 질병, 사망률 등을 낮추기 위해 공중위생 정책이 도입되는 데서 시작되었으며, 하워드의 전원도시에서 개념이 구체화되고 있다. 즉, 단순히 주거시설의 개선뿐만이 아니라 근대도시계획의 상징이 된 것이다. 1990년대에 들어서 서유럽을 중심으로 농촌 어메니티 운동 정책이 활발해지면서 농어촌 발전계획(예를 들어 Cultivating rural amenities: an economic development, OECD, 1999)에 도입되기 시작하였으며, '농촌 어메니티'란 농촌 특유의 전원 풍경, 역사적 기념물, 지방고유의 축제나 문화적 전통, 토속음식, 야생 동식물 등 관광이나 특산품으로 활용할 수 있는 경제적 자원을 이르는 말로 확대되었다. 즉 쾌적한 농촌 환경을 만들자는 것으로, 과거 '개발' 개념과는 다르게 농촌이 갖는 자연환경을 그대로 유지하면서 지역별 특성을 연구하고 이를 잘 활용할 수 있도록 체계적으로 계획을 세워서 가꿔나가는 것이다((사)농촌어메니티연구회, 2007, pp.4-5.)

제시하였다(FAO, 1991). 그 개념의 세 가지 핵심목표는 ① 친환경 농업과 농산물을 통한 식량안보의 확보, ② 고용과 소득 창출, ③ 자연자원 보전과 환경보호를 포함하고 있다(임상봉·정해창, 2011: 223.). 특히 환경보전을 개발과 연계시키는 것은 한편으로 지속가능한 개발이라는 측면을 고려하는 것이며, 다른 한편으로는 환경, 경관 그리고 어메니티 자원이 특정한 이용객에게 국한되지 않고, 모든 사람에게 이익과 혜택을 가져다 줄 수 있는 공공재의 속성을 지닌 자원으로 간주하였기 때문이다. 그러므로 환경보전과 연계한 지속가능한 개발은 공적 개입의 필요성이 있으며, 이에 따라 공공의 정책적 접근을 필요로 하는 재화라는 논지인 것이다. 이것이 의미하는 것은 오늘날의 농촌개발정책이 추구하는 지속가능한 농촌지역개발은 단순히 농업과 농산어업의 특정지역의 정주환경이나 해당지역의 주민만을 위한 개발이 아니라 농업 이외의 산업, 환경과 경관, 농업인과 비농업인을 모두 아우르면서 농어산촌을 이용하는 모든 이용객의 정주 및 생활여건 개선을 포함하고 있음을 알 수 있다(농림수산식품부 농촌정책국, 2009).

그렇다면 지속가능한 개발의 정책은 농어산촌의 지역개발을 위해 어떻게 기여할 수 있을까? 이는 정책이란 것이 환경보전과 경제, 사회 발전을 조화시키기 위한 사업을 발굴하고 추진하며, 궁극적으로 효과적인 사업을 채택하여, 결정적으로는 목표로 제시한 성과를 내는 역할을 담당하는 데서 발견할 수 있다. 이러한 정책을 통해 농어산촌의 경제적, 사회적 기능을 활성화시킬 뿐만 아니라 농어산촌이 가지고 있는 공익적 기능인 환경보전과 경관, 어메니티 창출 및 전통문화 보전 등을 효과적으로 관리하며 발전시켜 나갈 수 있는 것이다. 이러한 점에서 공공의 정책을 효과적으로 집행하기 위하여 지역사회 주민과 지자체 및 중앙정부가 협력하는 공공투자 방안을 마련하는 것이 중요하다. 특히 어메니티 자원이 공공재적 속성을 갖는다는 점에서 농어촌 환경과 경관 자원에 대한 공공투자는 사적투자가 빚어낼 수 있는 독점이나 무분별한 개발을 예방하고, 체계적 관리와 이용을 효과적으로 제어할 수 있다.

2) 농촌 어메니티

농촌 어메니티란 야생지, 경작지, 경관, 역사적 기념물, 문화적 전통을 포함하여 농촌에 광범위하게 존재하는 고유자원을 포괄하는 용어로서, 이러한 어메니티는 농촌이라는 지역의 한계를 넘어 사회·경제적으로 커다란 잠재적 가치를 지니고 있으며, 사회 구성원에게 효용을 주는 자원으로 간주된다. 즉, 농촌 어메니티란 농촌의 자연과 지역적 정체성을 반영하고, 국민에게 사회적 소속감을 부여하는 요소이며, 사회구성원에게 휴양적, 심미적 가치를 제공하는 생활환경적 자원이자 관광자원으로서의 상품적 가치를 제공한다. 이러한 어메티니를 바탕으로 농촌지역의 활성화를 지향하는 가치의 발견과 이를 지역발전의 동인으로 삼으려는 정책이 수립된다.

우리나라에서는 농촌진흥청(2004)이 농촌 어메니티를 자원이라는 관점에서 자연자원, 문화자원 및 사회자원으로 분류하면서, 자연자원에는 환경과 생태자원을, 문화자원에는 역사와 경관자원을 그리고 사회자원에는 시설, 경제활동 및 공동체 활동자원을 포함시켜 정책수립의 근간으로 삼고 있다.

표 8-1 **어메니티의 분류**

구 분		종 류
자연자원	환경자원	- 깨끗한 공기, 맑은 물, 소음 없는 정온한 환경
	생태자원	- 비옥한 토양, 미기후, 특이 지형 - 동물, 식생(천연기념물, 보호종·희귀종, 보호수, 마을숲 등) - 수자원(하천, 저수지, 지하수 등), 습지
문화자원	역사자원	- 전통건조물(문화재, 정자, 사당 등) - 전통주택 및 마을의 전통적인 요소 - 풍수지리나 전설(마을유래, 설화 등)
	경관자원	- 농업경관(다락논, 마을평야, 밭, 과수원 등) - 하천경관(하천흐름, 식생 등) - 산림경관(산세, 배후 구릉지 등) - 주거지경관(건축미, 주거지 스카이라인 등)
사회자원	시설자원	- 공동생활시설, 기반시설, 공공편익시설 등 농업시설(공동창고, 공동작업장, 집하장, 관정농로 등)
	경제활동 자원	- 도농교류활동(관광농원, 휴양단지, 민박 등) - 특산물(유기농산물, 특산가공품 등)
	공동체 활동자원	- 공동체 활동, 씨족행사, 마을문화활동, 명절놀이, 홍보활동 등

출처: 농촌진흥청 농촌자원개발연구소, 2004.

이러한 농촌의 어메티니는 도시의 개발정책과는 명확한 구분이 필요하다. 즉, 어메니티 자원은 지역마다 가지고 있는 독특한 문화, 역사, 기후조건, 정서 등의 특성과 밀접한 관련을 맺고 있는 속지성으로 말미암아 자원의 내용도 다르며 이를 관리하고 운영하는 정책적 접근방법도 상이할 수밖에 없다. 따라서 국가와 지역사회는 이러한 어메니티를 주어진 여건 아래서 지속적으로 개선하고 영속적으로 향유할 수 있도록 하기 위해 어메니티의 원천에 대한 보호와 보전정책을 펼쳐나가야 한다. 유럽에서는 농촌의 어메니티가 전체 국민에 대한 삶의 질 향상에 차지하는 비중을 경제 가치로 평가하여 이를 농가소득의 40~60%까지 직접지원(direct payment)하고 있기도 하다는 점은 우리에게 시사하는 바가 크다(김성훈, 2006, pp.2-3).

(2) 농촌개발의 정책적 접근

2000년대가 들어서면서 농촌의 지속가능한 개발과 어메니티의 발굴은 정책적 접근에 근본적인 변화와 진보를 유도한다. 이에 따라 과거의 일차 산업의 생산력 증대에 초점을 맞추거나 소외·낙후된 지역의 특정시설 개선에 맞춰지던 정책에서 국토공간의 균형적 발전을 도모하는 정책, 해당 거주민에게는 어떤 곳에 거주하든 기회균등이 제공된 삶의 공간을 확보하는 정책, 그리고 방문객 모두에게도 도시에서 느끼지 못했던 자연과 환경이 어우러진 공간을 창출하는 정책으로 전환된 것이다. 이러한 것은 생태마을조성계획, 소도읍육성계획, 농촌마을만들기에서 뚜렷하게 나타나고 있다.

1) 생태마을조성

1992년 브라질의 리우데자네이루에서 개최된 유엔환경개발회의(UNCED)를 통해 환경문제에 대한 인식이 전 세계적으로 확산되면서 우리나라에도 지속가능한 개발(ESSD: Environmentally sound and sustainable development), 의제21(Agenda 21)

그림 8-1 생태마을 구성요소 모식도

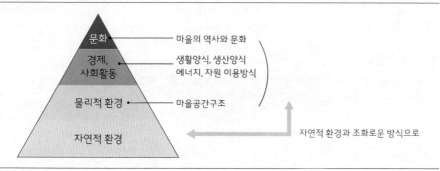

출처: 환경부, 2004, p.11.

등이 핵심어로 등장하게 되었다. 이에 발맞춰 대규모의 인위적 개발보다 생태적 세계관과 생명의 가치를 존중하는 생태마을운동도 확산되기에 이르렀다. 특히 농어산촌을 중심으로 도시의 일반적 주거양식에서 벗어나 자연과 환경친화적 삶을 영위하는 새로운 주거형태와 문화의 향유 그리고 에너지·폐기물·자원의 순환체계를 가지고, 건강한 먹거리를 생산해 내는 마을계획이 중앙정부와 지방정부에 의해 정책적 과제로 채택되기에 이르렀다.

① 생태마을의 정의와 의의

생태마을이 추구하는 가치는 생태적 공동체를 형성하는 것으로, 이 공동체는 생태적 위기를 극복하고 지속가능한 삶을 영위하기 위해 모인 사람들이 일정한 공간에 정주촌을 형성하며, 인간과 자연이 협동적 관계를 맺은 공동체의 일원으로 여기는 사회적 형태이다. 따라서 생태마을의 정의는 "생활양식, 생산양식이 주변 자연생태계의 원리와 조화되고, 자원과 에너지의 순환을 통해 재생하거나 소비가 절감되며, 지역의 역사·문화 등이 안정된 하나의 단위로 형성되는 공간이자 장소이다."라고 볼 수 있다(이상엽·심문보·정건섭, 2003: 22). 이러한 생태마을은 기술문명의 발전을 응용하여 현대적 양식으로 재해석되기도 하지만 자연의 원리를 바탕으로 삶을 영위한다는 근본원칙은 변함이 없다. 따라서 생태마을이 추구하는 특징은 다음과 같이 기술될 수 있다. 첫째, 주변의 자연과 조화를 이루어 지속적으로 발전하는 마을이다. 둘째, 마을주민의 생활이 환경친화적이고 에너지와 물의 자급자족, 폐기물의 순환 등으로 자연생태계와 조화를 이룬다. 셋째, 환경오염을 일으키지 않고 자연생태계의 질서에 부합되는 환경친화적인

그림 8-2   생태마을 관련 정의에 따른 활동영역

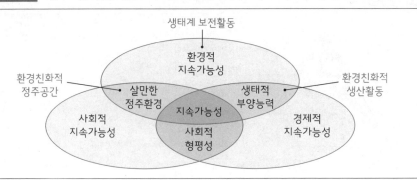

출처: 환경부, 2004, p.13.

생산활동을 영위한다. 넷째, 마을과 마을주변의 환경을 최대한 활용하여 생산·가공하고 직거래 유통, 도·농 교류를 통하여 경제적 자립을 이룩한다. 다섯째, 마을주민들, 주변의 이웃들이 마을공동체, 사회공동체 속에서 상부상조하는 공동체를 형성한다. 여섯째, 마을공동체를 기반으로 마을과 지역의 전통문화를 계승하고 창조하는 문화공동체를 형성한다.

따라서 생태마을은 현대의 도시사회에 나타나고 있는 물질만능주의적 가치의 선호, 공동체의 경시, 자연환경의 남용과 같은 문제점을 해결하는 대안이라는 점에서 의의를 찾을 수 있다. 녹색연합은 생태마을의 의의를 기술함에 있어서 일곱 가지의 가치를 제시하고 있다(녹색연합, 1998). 첫째, 급속한 도시화와 경제성장 위주의 개발로 마을 공동체와 문화가 단절되었던 것을 회복하여 지역공동체의 회복을 위한 계기가 된다. 둘째, 지역사회와 지역생태계를 소외시키는 대규모 외부자본의 투입에 따른 대형개발보다 지역자본에 의한 소규모 개발로 지역사회 발전과 지역생태계 보전을 함께 이룬다. 셋째, 현대산업사회의 도시와 농촌 문제를 분리하지 않고, 하나의 문제로 인식하여 전체적 맥락에서 구체적 해결방안과 실천방안을 제시한다. 넷째, 중앙집권방식의 불균등한 국토개발과 지역경제 낙후에서 벗어나 지역사회 중심의 지역개발을 유도하여 지속가능한 지역사회 발전을 이룬다. 다섯째, 정치·자본으로부터 소외되는 불특정 다수가 주체로 참여하는 기초단위를 만들어 풀뿌리 민주주의를 실현한다. 여섯째, 현대산업사회의 대량생산, 대량소비의 사회체제에 대한 새로운 대안으로 소량생산, 저소비의 생활양식·생산양식을 사회시스템으로 제시한다. 일곱째, 인류가 처해있는 식량위기와 에너지위기에 대하여 근본적이며 현실적 대안이다.

② 생태마을 조성 현황

우리나라에서 생태마을의 조성은 1976년에 시작된 정농회의 유기농산물생산자를 중심으로 생태공동체운동에서 모태를 찾을 수 있으며, 1990년대에 생태적 자각과 유기농 생산물의 직거래 그리고 생활협동조합과 시민사화단체가 조직적으로 활동하면서 경제적 공동체로서의 생태마을이 활성화기에 이르렀다. 정주형태를 띤 생태공동체운동은 1998년부터 농림부가 친환경농업육성을 목적으로 친환경농업지구 조성사업과 친환경농업시범마을 조성사업을 수립한 것에서 환경농업의 정책적 출발점을, 그리고 1999년 녹색연합이 전국생태마을네트워크 구축사업을 시도하여 전국 10개 지역에 생태마을 조성계획을 수립한 것에서 공간적 적용의 출발점을 찾을 수 있다. 농림부의 경우 1998년부터 2004년까지 총 110개소에 친환경농업 실천 대상지구 설치를 목표로 지구당 20억 원의 투자계획을 수립하였고, 시범마을은 농약·화학비료 등의 사용을 최소화하고, 친환경농업 직접지불제를 추진하여 환경규제 지역 내에서 친환경농업을 희망하는 농가와 환경농산물 품질인증을 받은 농가를 우선적으로 지원하여 왔다.

지방정부에서도 다양한 역점사업을 추진하여 왔는데, 그 사업을 살펴보면, '살아 숨 쉬는 맑은 물 만들기', '친환경농업추진', '자연경관보전조례 제정', '생태산촌마을 조성', '그린투어리즘 육성지원조례', '친환경 건축물 포상금 지급 건축조례 제정', '추진협의회 구성'과 같은 지속가능하고 친환경적인 농촌마을을 만들거나 친환경작물의 재배를 통한 자립경제의 기반을 구축하는 것과 2000년대 이후에는 도시문화권에서 벗어나 생태적 귀농을 꿈꾸는 귀농·귀촌 희망자를 대상으로 대안적 삶의 공간이 되는 생태마을 조성에 이르기까지 다양한 형태로 전개되고 있다. 산림청에 의해 산촌생태마을로 지정된 것을 살펴보면 1996년 4개 마을을 지정한 것에서 시작하여 2010년에 이르기까지 240개 마을이 지정되어 왔다. 2011년부터는 국가균형발전 특별법의 개정으로 농림수산식품부에서 마을지정을 추진하여 2013년에 이르기까지 총 312개 마을이 산촌생태마을로 거듭나게 되었다.

표 8-2 산촌생태마을 지정 현황(240개 마을, 1995~2010년)

연도		1995~2013년까지 현황							
	소계	경기도	강원도	충청북도	충청남도	전라북도	전라남도	경상북도	경상남도
합계	240	22	50	23	29	38	24	34	20
'96	4	-	춘천 사북 지암	영동 용화 조동	-	장수 천천 와룡	-	-	거창 북상 월성
'97	5	양평 단월 석산	-	-	공주 정안 내문	-	곡성 죽곡 원달 보성 웅치 대산	영주 봉현 두산	-
'00	16	동두천 광암	철원 금남 잠곡 양양 현북 어성전 정선 정선 회동	괴산 연풍 신혜 청원 미원 금관	부여 외산 삼산 청양 대치 오룡	순창 구리 안정 고창 부안 용산	구례 산동 위안	영양 수비 신원 울진 북 상당 안동 길안 고란	함양 마천 삼정 산청 삼장 홍계
'01	34	여주 산북 하품 안성 금광 삼중 가평 북 백둔	인제 기린 방동 고성 토성 도원 홍천 내 자운 강릉 왕산 대기 평창 대화 하안미	단양 가곡 어의곡 보은 산외 신정 제천 봉양 옥전 옥천 군서 금산	보령 청라 장현 천안 동남 광덕 금산 남이 건천	남원 주천 용궁 무주 적상 방이 정읍 산외 종산 완주 운주 금당 고창 고수 은사	정성 서삼 모암 순천 황전 덕림 광양 다암 금천 장흥 유치 신월	봉화 춘양 서벽 상주 은척 남곡 성주 가천 신계 의성 옥사 금봉 고령 덕곡 노	거제 동부 구천 합천 대병 하금 의령 화정 상일 하동 청당 묵계 창녕 영산 구계

연도	소계	1995~2013년까지 현황							
		경기도	강원도	충청북도	충청남도	전라북도	전라남도	경상북도	경상남도
'03	34	파주 적성 객현 양평 청운 도원	인제 상남 미산 화천 화천 동촌 양구 양구 월명 영월 하동 내 횡성 갑천 병지방 원주 신림 황둔 삼척 노곡 중마읍	괴산 청천 상신 제천 백운 덕동 충주 소태 복탄	논산 벌곡 만목 아산 송악 거산 청양 장평 도림 예산 대술 송석 서천 판교 심동 홍성 광천 담산	장수 장계 대곡 순창 쌍치 학선 김제 금산 선동 임실 성수 성수 진안 백운 신암 무주 적상 사천	담양 창평 외동 나주 다도 방산 강진 대구 용운 광양 진상 비촌	문경 동로 석항 구미 옥성 태봉 예천 보문 우래	진해 웅동 대장 남해 삼동 봉화 밀양 단장 구천
'04	15	여주 금사 주록 남양주 수동 외반 양평 서종 명달	고성 죽왕 구성 강릉 연곡 삼산 양양 현북 대치 평창 평창 지동	단양 영춘 오사	보령 미산 도흥 예산 신양 여래미	장수 번암 동화 고창 아산 반암	순천 외서 신덕	갬천 대항 주례 상주 화북 입석	
'05	10	남양주 수동 내방	삼척 하장 번천 홍천 두촌 천현	-	보령 청라 라원	임실 관촌 상월 순창 복흥 대방	영암 금정 아천	예천 상리 용두 군위 효령 노행 울진 서면 쌍전	
'06	20	가평 설악 엄소	화천 사내 삼일 양구 양구 웅진 인제 인제 가아 정선 동 몰운 영월 영월 문산 횡성 청일 신대 원주 귀래 운계	제천 송학 오미 제천 봉양 명암	금산 국북 산안 청양 대치 광금 홍성 장곡 광성	정읍 칠보 백암 장수 계남 장안 진안 정천 봉학	화순 도암 봉하	영덕 달산 옥계	하동 화계 범왕 함양 유전 송전
'07	15	광주 중부 하번천 여주 금사 장흥 포천 신북 금동 양평 용문 중원 양평 양동 고송	화천 화천 풍상 인제 인제 귀둔 홍천 동 신봉	-	-	남원 산동 대상 장수 계북 임평 부안 진서 운호	순천 송광 후곡 장흥 용산 운주	안동 임동 마령 청송 진보 괴정	
'08	18	남양주 수동 수산 연천 신서 대광	춘천 북산 부귀 평창 도암 차항 원주 소초 둔du	보은 회인 건천 진천 백곡 명암	청양 정산 남천 논산 양촌 오산	무주 무풍 덕지 정읍 산외 상두 진안 주천 대불	광양 봉강 조령 공성 오곡 봉조	포항 기북 탑정 영천 신녕 치산 영양 수비 수하	함양 마천 창원
'09	33	-	춘천 사북 고성 화천 간동 유촌 고성 현내 배봉 인제 서화 서화 평창 진부 탑동 홍천 서석 검산 횡성 강림 월현	충주 수안보 화천 제천 한수 타지 제천 금성 중전 보은 산외 대원	아산 송악 종곡 부여 은산 거전 부여 은산 각대 예산 대술 이티	남원 산내 장항 정읍 산내 종성 김제 금산 화율 진안 용담 송풍 진안 안천 신괴 장수 천천 용광 장수 천천 연평	고흥 영남 양사 보성 유어 선암	김천 구성 금평 포항 죽장 두마 청송 부동 이전 성주 가천 법전 경산 용성 부일 울진 근남 구산	고성 개천 나선 거창 신원 구사 합천 가회 중촌
'10	36	양평 양동 계정 양평 양동 단석 양평 서종 서후	양구 남 가오작 인제 기린 진동 삼척 가곡 풍곡 영월 중동 직동 평창 용평 도사 홍천 내촌 와야 정선 남 광덕 정선 남 문곡	제천 덕산 선고 제천 백운 운학 충주 소태 덕은 청원 낭성 호정	보령 청소 성연 청양 대치 장곡 아산 송악 강당 예산 대술 방산 청양 정산 백곡	남원 주천 고기 무주 적상 괴목 진안 성수 도통 완주 동상 신월	곡성 죽곡 유봉 장흥 장동 하산 보성 겸백 수남 장흥 장동 용곡	문경 농암 궁기 김천 대덕 덕산 군위 고로 석산 성주 금수 영천 영덕 지품 속곡	함양 병곡 광평 하동 적량 서 합천 가야 야천

출처: 산림청, 산림휴양치유과.

③ 생태마을 관련 법·제도와 지원정책

생태마을 진흥을 위한 법·제도로는 과거에 농어촌정비법, 농어촌발전특별조치법 등을 비롯하여 산림법, 산림정책기본법, 환경농업육성법 등이 가장 근접한 법률로 활용되었으며, 현재는 자연환경보전법에 '생태마을'과 관련된 사항이 명시되어 있다(자연환경보전법, 2016, 제2조17항 및 제42조). 지원정책으로는 농산어촌개발사업, 친환경농업 실천농업인 지원사업, 친환경농업 직접지불제 등과 더불어 농림부의 농어촌정주권개발사업, 농촌진흥청의 농촌전통테마마을사업, 행정자치부의 농어촌주거환경개선사업, 소도읍개발사업, 해양수산부의 어촌체험관광마을 등이 생태마을의 취지를 반영하는 정책으로 활용되어 왔다. 그러나 자연환경보전법을 제외한 대부분의 법·제도는 직접적으로 생태마을을 위한 법률이라기보다는 일반적으로 농어산촌의 기능을 유지하면서 지속적 발전을 도모하는 취지를 갖춘 법률이라는 한계를 보여 왔다. 이러한 법률의 한계는 자연환경보전법에 생태마을의 개념이 도입되기 전까지 다양한 부처에서 시행하는 생태마을 정책을 통해 보완되어 왔는데, 환경농업과 녹색관광 지원사업들이 확대되면서 기존 마을에서도 생산방식의 전환을 통해 생태마을을 지향하는 움직임이 확대되어 왔다.

표 8-3 친환경 생산마을 육성정책 현황

구분	개념 정의	관련 마을지원 정책
생태 관광	자연그대로의 모습을 관광대상으로 하여 가급적 자연적 생태에 영향을 주지 않고 관찰과 감상을 중심으로 하는 관광	자연환경보전법제46조에 관련 법령이 있으나 마을지원 사업은 없음
녹색 관광	농산촌의 풍성하고 깨끗한 지연경관과 지역의 전통문화·생활 및 산업을 매개로 하는 도시민과 농산촌 주민간의 체류형 교류활동(농림부, 2001)	아름마을가꾸기시범사업(행정자치부) 농촌전통테마마을사업(농진청) 산촌종합개발사업(산림청) 녹색관광체험마을사업(농림부) 어촌체험관광마을사업(해양수산부)
환경 농업	농업과 환경을 조화시켜 농업의 생산을 지속가능하게 하는 농업형태로서, 농업생산의 경제성 확보, 환경보전 및 농산물의 안전성 등을 동시에 추구하는 농업(환경농업육성법) ※ 유기농업: 화학비료, 유기합성농약(농약, 생장조절제, 제초제), 가축사료첨가제 등 일체의 합성화학물질을 사용하지 않고 유기물과 자연광석 미생물 등 자연적인 자재만을 사용하는 농법	환경농업시범마을사업/환경농업지구 조성사업(농림부)

출처: 환경부, 2004, 생태마을 활성화방안 연구, p.16.

구체적으로 환경보전과 지역경제 활성화의 두 가지 목표를 달성하기 위하여 농어산촌지역이 가지고 있는 지역고유의 생태자원, 생산자원을 지속가능한 차원에서 보존하며, 농외소득을 증대와 농가소득의 안정화를 도모하기 위한 정책사업으로 농림부는 녹색농촌체험마을사업과 환경농업시범사업을, 해양수산부는 어촌체험관광마을사업을, 그리고 행정자치부는 아름마을가꾸기 사업 등을 시행하였던 것이다. 특히 환경부는 자연생태우수마을과 자연생태성복원의 우수사례를 선정하기 위하여 지침을 제시하였는데, 평가항목으로는 잘 보전된 자연환경, 마을 경과, 지역문화를 포함하여 지역주민의 활동을 들 수 있다. 여기서 주목할 만한 사항은 지역주민의 노력을 통한 지역리더의 구성, 지역주민의 교육, 마을간 협력과 같은 자치적 활동으로 이는 지속가능성의 원리를 가장 잘 구현할 수 있는 밑거름에 해당하기 때문이다. 이 외에도 생태마을과 관련된 중요한 정책으로 경관의 가치를 회복하고 유지하려는 제도적 지원방안이 마련되어 왔다. 대표적 사례가 2005년부터 시행되어 온 경관직불제로서 이는 일종의 자발적 협약으로 지역적 특성이 있는 경관을 발굴해 마을 및 지역단위와 협약을 체결하여 인센티브를 제공하는 정책에 해당한다.

④ 생태마을 조성의 나아갈 방향

지금까지 상당수의 생태마을 조성되어 왔다. 평균적으로 매년 15개가량의 생태마을이 지정되어 왔다. 그러나 이러한 추세는 점차 감소될 것으로 예상되며, 앞으로는 생태마을의 신규지정보다 사후관리를 위한 모니터링체계의 구축이 더욱 절실해질 것이다. 또한 마을사업 내용이 마을이나 주변의 자연생태계에 대한 영향과 보전·복원 등에 대한 연관성 검토가 강화되어야 하며, 예산지원 시설들이 자연지형과 경관을 고려한 시설입지인지에 대한 세세한 평가기준을 마련하는 것이 필요하다. 무엇보다 부처별로 이루어지고 있는 생태마을의 조성이나 평가에 대해 환경부와 같이 환경과 생태를 중심으로 정책을 펼치는 부처에서 '생태마을 가이드라인'을 마련하여 이를 통합적으로 적용할 수 있도록 부처간 협의규정을 만들고, 제도적 장치를 보완하는 것도 필요할 것이다. 특히 생태마을과 관련된 지방조례를 제정하고 운영함으로써 실질적인 보완이 이루어질 수 있으리라 판단된다. 이미 2003년 전라북도 진안군에서 '진안군 으뜸마을 가꾸기 조례'를 제정하거나 전라북도 순창군에서 '그린투어리즘 육성지원 조례'를 제정한 사례와 같이 지속적으로 생태마을을 조성하고, 관리하며, 환경보전을 장려하도록 하는 조례제정은 생태마을이 단순히 우리나라에 국한된 지역발전의 차원을 넘어 지구촌(Global Village)시대에 부응하는 것이라고 볼 수 있다. 이러한 점에서 '지방의제 21'과도 적극 연계하여 시민사회단체와 비정부적 민간기구와의 주체별 역할분담이 이뤄지도록 하는 것이 필요하다. 이는 궁극적으로 지속가능한 개발(ESSD: Environmentally Sound and Sustainable Development)이 추구하는 세계화와 지방화(Globalization and Localization)를 실현할 수 있을 것이다.

2) 소도읍육성계획

소도읍육성계획은 행정자치부를 주무부처로 지방소도읍육성지원법(2001.01.08, 법률 제6341호)과 시행령(2001.07.07)이 제정되면서 시작되었다. 행정자치부는 지역 간 건전한 경쟁을 통해 우수한 계획을 공모하는 「상향식 공모제」와 선정된 지역에 필요한 사업비를 집중 지원하는 「선택과 집중」방식 그리고 정부가 필요한 재정지원을 하고 자치단체장의 책임으로 추진하는 「육성협약제도」를 도입하여 2003년부터 전국 65개 소도읍으로부터 제안서를 받았으며, 선정된 지방자치단체를 육성하기 위한 협약을 체결하였다.

지방 소도읍은 전통적으로 농어산촌지역의 핵심거점으로 농어산촌지역의 중심지기능, 도시형 취락기능, 산업입지 기능, 개발거점 기능 및 일부는 대도시권의 위성도시 기능을 수행하여 왔다. 그러나 대도시에 인접한 소도읍을 제외한 대부분의 소도읍은 지역거점의 기능을 상실하고, 산업기반의 약화와 재래화로 인구유출이 지속적으로 발생하여, 지역 경제의 붕괴라는 위기에 직면하기도 하였다. 이러한 지역불균형의 문제점을 해소하며, 교통발달에 따라 소도읍의 잠재력이 향상되는 입지적 잠재력을 활용하여 과소도읍의 도시개발시설 개선과 신산업 입지의 기반을 조성하고, 다양한 어메니티를 활용한 전원도시의 환경을 조성함으로써 도시민의 유입을 촉진하는 공간중심의 개발계획이 시행되기에 이른 것이다.

① 소도읍의 육성방향과 전략

소도읍의 육성을 위한 기본방향은 다음과 같은 원칙을 기반으로 수립된다. 첫째, 지방 주도성의 확립과 주민참여를 통한 개발이다. 둘째, 지역실정에 부합한 계획을 수립하고, 집행의 추진력을 확보하도록 지방자치단체와 지역주민이 협력적으로 주도하는 개발체제를 확립한다. 셋째, 정보화, 신산업화 등 사회경제적 변화라는 현실에 부합하면서 미래지향적 개발전략을 수립한다. 넷째, 중장기적 종합육성전략과 지속적 추진체계를 구축한다. 다섯째, 도·농 통합적 접근을 중시한다. 여섯째, 선택과 집중의 지원을 통해 자원의 효율적 투자를 도모한다. 일곱째, 지역적 기반산업 육성에 중점을 둔다.

이러한 원칙의 목표는 산업기능에 있어서 경쟁력을 갖추며, 정주환경에 있어서 자족적 발전역량을 갖춘 소도시를 만드는 것이다. 이에 따라 소도읍은 국토공간의 균형발전을 견인하는 새로운 성장초점(growth point)으로서의 역할과 도시적 편리성과 전원적 쾌적성이 조화를 이루어 한국형 전원도시의 기능을 수행하며, 배후 농어산촌지역의 정주성 제고와 지역경제의 활성화를 촉진·지원하는 지방정주생활권의 중심지요, 신산업의 입지로 육성되는 것이었다.

② 소도읍의 육성부문별 시책과제

지방소도읍육성지원법(제4조 제3항)에 따르면 「지방소도읍종합육성계획」을 수립할 때 포함되어야 할 사항은 첫째, 지방소도읍 육성을 위한 기본방침에 관한 사항, 둘째, 농림·수산업, 상공업, 관광산업 등 지역산업의 진흥에 관한 사항, 셋째, 도로, 상하수도, 주차시설 등 도시기반시설의 확충에 관한 사항, 넷째, 주거환경, 도시공원, 교육과 문화의 진흥 등 주민생활환경의 개선과 복지증진에 관한 사항, 다섯째, 기타 지방소도읍 경제활성화에 필요한 사항으로 이루어져 있다. 이러한 사항을 기반으로 공모주체인 지방자치단체는 해당 지역주민과 더불어 지역에 적합한 사업을 발굴하게 되며, 이를 지역발전의 촉매제로 활용하게 되는 것이다.

③ 소도읍종합육성계획의 추진과정과 주요내용

소도읍종합육성계획의 수립과정은 크게 계획작성과 계획확정의 과정으로 구분된다. 구체적으로 시장·군수는 관할 시·도시자와 협의를 거쳐 종합육성계획을 수립하고, 행정자치부장관은 관계 중앙행정기관장과 협의를 거쳐 확정·고시한다.

이렇게 수립된 계획은 장기비전 아래 10개년 계획기간의 육성목표를 설정하고, 부문별 개발사업을 선정하며, 그 각각에 대한 기본계획 및 투자계획을 수립한다.

그림 8-3 소도읍종합육성계획의 추진절차

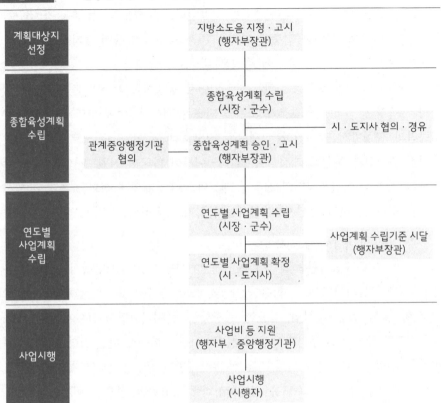

출처: 김정연·한상욱, 2003, 소도읍종합육성계획 수립방안, p.99.

④ 소도읍육성을 위한 접근자세

소도읍육성계획은 이론에서 실무에 이르기까지 다양한 이해당사자들이 계획에 참여하는 의사결정과정이기도 하기에 계획의 결과와 더불어 계획과정도 중시되고 있다는 점이다. 이를 위해 필요한 접근자세는 다음과 같이 요약될 수 있다. 첫째, 계획에 대한 인식전환이 요구된다. 적극적으로 참여와 파트너십이 계획과정에 포함되어야 하며, 이것은 지역사회가 자체적 역동성을 확보하여 발전할 수 있도록 하려는 새로운 시도이다. 이를 통해 기존의 하향식 계획에서 발생하였던 문제들을 지양하고, 천편일률적인 타 사례의 적용이나 모방에 머물지 않고, 지역특성에 부합한 실현 가능 대안을 마련하게 되는 것이다. 둘째, 기본사업과 전략사업이 조화를 이루도록 해야 한다. 과거와 같이 단순한 시설 설치나 정비에 그치지 않는 것이 아니라, 소도읍이 하나의 도시이자 배후농촌의 거점으로 존속되도록 하는 기본사업의 발굴과, 소도읍 고유의 자산을 선택하여 집중적으로 개발함으로써 실질적인 주민생활의 편익이 증진되도록 하는 전략사업을 조화시켜, 장기적으로 소도읍의 활성화와 재생이 이루어질 수 있도록 하는 것이다. 셋째, 지역에 적합하며, 실현 가능한 사업계획을 수립하는 것이다. 처음부터 고비용의 대규모 시설을 마련하는 사업계획이 아니라, 창의적이고 파급효과가 큰 소프트사업을 적극 개발하여 발전시켜나가는 것이다. 이때 시행단계에서 모니터링과 평가를 통해 중앙정부와 지방정부의 협력이 원활하게 이뤄질 수 있다. 넷째, 여건변화에 대응한 유연한 접근방식과 지역사회 주도의 협력적 개발계획을 수립하는 것이다. 기초지방자치단체가 직면한 커다란 문제점 중의 하나가 인적자원의 결핍이라는 인식에 빠져있는 것이다. 이러한 인식을 계획수립과정에서부터 내부적으로 지역사회의 파트너십을 확립함으로써 시민들의 에너지를 일깨워 자체적 발전역량을 키워나가는 것이다.

3) 농촌마을만들기

농촌마을만들기는 본격적으로 시작된 것은 1995년에 지방자치제가 시행된 시기라고 볼 수 있다. 산업화와 도시화 과정에서 농어산촌지역의 도농간 소득격차에 따른 인구유출로 공동체가 붕괴되는 위기상황에서 지방자치단체들이 도시민의 귀농·귀촌을 유인하여 지역활성화를 도모하면서 마을만들기 사업이 시행되었던 것이다(서정호, 2013: 33). 물론 이것이 전국적으로 확산된 것은 2006년 균형발전위원회의 「살고 싶은 도시 만들기」를 추진하면서 도시지역에서뿐만 아니라 농촌지역에서도 「살고 싶은 농촌 만들기」의 정책이 수립되면서 더욱 확산되기에 이르렀다.

① 마을만들기 개념의 기본이해

마을만들기에 대한 정의가 학술적으로 명확히 이뤄지지는 않았으나, 일반적으로 '지역공간을 주민들이 스스로 디자인해 나가는 과정'(서정호, 2013: 34)이라고 간주하고 있으며, 마을만들기 운동은 마을 디자인, 마을 가꾸기, 마을 진흥사업, 생태마을 운동, 공동체 운동, 주민자치 운동, 마을의제 운동 등 다양한 형태를 포함한 모든 활동이라고 볼 수 있다. 주로 농어산촌을 대상으로 살펴볼 경우에 농촌마을만들기란 시골과 같은 곳에서 사람들이 모여 살면서 공동체를 이뤄 삶을 영위하는 공간의 형성과 관계망의 구축이라는 두 가지의 취지를 포괄해서 이해할 수 있다.

　이러한 마을만들기 운동은 마을이라는 공간이 여러 가지 측면에서 잦은 접촉을 가능하게 하고, 마을주민 서로 간에 동질감을 유도할 수 있는 다양한 장점을 가지고 있기 때문에 주목을 받을 수 있다. 다시 말해 첫째, 마을이라는 공간은 물리적으로 작은 공간의 속성을 가지고 있다. 계획가의 입장에서 속속들이 들여다볼 수 있고, 읽어내기 쉬워 계획과 설계가 용이한 공간이다. 비교적 동질적 토지이용과 시설요소가 공간 속에 집합되어 있으며 주요한 동선도 동질적인 요소와 더불어 약간의 다양성을 혼합한 형태로 배치되어 있는 경우가 많기 때문이다. 둘째, 환경이나 생태적인 측면에서도 작고 유사한 지형적 영역 안에 마을이 배치되어 있어 계획과정에서 환경영향이나 생태계에 미치는 영향을 비교적 쉽게 예측할 수 있는 공간적 속성을 갖고 있기도 하다. 셋째, 심리적 관점에서 주민참여를 이끌어내기 좋은 사회적 속성을 갖고 있다. 마을주민은 누구나 길든 짧든 마을이 겪어온 같은 역사적 경험을 배경으로 살아왔으며 상대적으로 친밀하게 서로 간의 관계를 맺고 있다. 또한 마을주민 한 사람의 활동은 이웃 주민에게 빠르게 전파되어 영향을 미치며 파급될 수 있고 이를 예측하거나 파악하기 좋기 때문에 주민들이 의사결정을 하기 용이한 측면을 가진다. 넷째, 경제적 측면에서는 개인적이고 사사로운 이익도 중요하지만 공동체의 이익을 함께 나누려는 경향도 갖춰져 있어 공동의 목적을 추구하는 사업추진과 영감의 공유가 용이한 측면도 있다.

② 마을만들기 정책의 역사와 의미

　농촌에서는 전통적으로 농어산촌의 마을지도자들에 의해 자연마을을 중심으로 다양한 활동이 있어 왔다. 이런 활동을 기반으로 우리나라에서 농촌마을만들기는 1958년의 지역사회개발사업에 의해 정부의 정책으로 반영되었다. 지역사회개발사업은 주민의 창의와 노력이라는 자조협동정신을 함양하여 생활환경을 개선하고 생산기반을 정비하는 사업으로 주민의 소득증대에 중점을 두었다((정기환, 2002; 문지환, 2012). 이후 마을만들기사업은 1976년에 취락구조개선사업으로, 전국의 20가구 이상의 자연마을을 대상으로 지역실정에 맞는 상하수도설치, 마을진입로 및 안길 확·포장 등 생활편익기반시설을 현지개발방식으로 정비한 것이다. 1980년대와 1990년대에는 다양한 마을만들기사업이 시행되었으며, 농촌지역개발사업의 성격을 띤다. 1981년부터의 농어촌주거환경개선사업, 1987년부터의 도서종합개발사업, 1988년부터의 농가주거환경개선사업, 1989년의 농어촌종합발전대책과 농어촌발전특별조치법 시행 그리고 민선자치시대에 접어들면서 농어촌정주권개발사업(1990), 오지종합개발사업(1990), 문화마을조성사업(1991) 등이 시행되었다. 2000년대에 들어와서는 중앙부처의 지원종류가 수없이 많이 늘어났으며, 과거의 중앙정부의 정책적 지시에 의해 일괄적으로 이뤄지던 하향식 마을

표 8-4 마을단위 주요사업개요

구 분	대상범위	사업 목적	사업 내용
취락구조 개선사업	8,083개 자연마을	주택개량과 마을정비사업을 연계 추진	- 농어촌 마을 하수도, 기반정비 시설 - '95년 이후 하수도 및 기반시설 정비 사업과 패키지마을로 전환하여 추진
패키지 마을조성사업	32,529개 자연마을 (20호 이상)	주택개량, 마을기반정비사업 등과 타 부처사업을 패키지화하여 추진	- 주택개량, 마을기반시설(도로, 공동주차장 등), 오폐수 처리시설 등 기반정비 - 소득기반정비 등 연계추진
정보화 시범마을	낙후지역 중 정보욕구가 강한 마을	정보화 확산 및 정보격차 조기해소, 주민소득창출 및 지역경제 활성화	- 초고속인터넷망, 마을정보센터, 가구별 인터넷 이용환경, 정보콘텐츠구축 - 주민정보화교육
아름마을 가꾸기 시범사업	경쟁에 의해 선정된 마을	환경친화적 농촌조성, 높은 소득과 정이 살아있는 지역공동체 재건	- 환경친화적 테마마을 조성 - 관광자원을 활용한 삶의 질 향상과 도시민의 여가공간 제공, 소득원 발굴
문화마을 조성사업	정주권면의 중심마을	정주권개발면의 중심마을을 대상으로 생활환경을 현대적으로 정비	- 마을기반정비(상하수도, 도로 등), 주택 정비, 공도이용시설, 오폐수처리시설, 소득기반조성 등
녹색농촌 체험마을 조성사업	경쟁에 의해 선정된 마을	농촌관광 활성화	- 여가기반시설, 마을경관조성, 생활편의 시설 등 하드웨어 정비 - 여가체험프로그램, 컨설팅 등 소프트웨어 개발, 사업모델 발굴제시 등
농촌마을 종합개발사업	경쟁에 의해 선정된 3~5개 마을의 소규모 권역	전원생활, 여가휴양, 자연환경 보전공간으로 역할을 할 수 있도록 다원적 기능을 확충, 지역별 특성을 살려 여건에 따라 다양한 유형으로 특성화 개발	- 지역실정에 따라 기초생활시설, 소득확충 및 농촌의 다원적 기능을 확충하는 소권역별 특성화시설 설치를 지원
농촌전통 테마마을육성	경쟁에 의해 선정된 마을	전통테마를 발굴·보전하여 농촌생활의 활력화 및 도농 교류에 기여할 수 있는 농촌마을	- 교육 및 체험시설, 마을환경정비 등 기반정비와 체험학습 프로그램 개발, 주민의 능력향상 교육, 컨설팅 등 소프트웨어 개발
어촌체험관광 마을조성사업	어촌마을	도시민에게 어촌체험을 제공하고 안전하고 편안한 휴식공간을 제공하고 어업인에게는 어업의 소득향상에 기여	- 안내센터, 주차장, 가로등, 화장실, 샤워장, 휴식공원, 오폐수 정화시설, 상하수도, 낚시잔교, 체험어장 등
새농촌 건설운동	경쟁에 의한 우수마을	정신개혁, 소득배가, 환경개선	- 주민숙원사업을 자율적으로 선정하여 추진

출처: 대한국토·도시계획학회, 2006, pp.198-199.

만들기 사업에서 마을의 창의성과 독자성을 기반으로 이루어진 상향식 마을만들기사업이 자리를 잡아가기 시작했다. 이 당시에 이루어진 정책적 개발사업은 2000년부터의 아름마을가꾸기사업, 정보화시범마을사업(2001), 녹색농촌체험마을사업(2002) 등을 대표적으로 열거할 수 있으며, 그 외에도 농촌전통테마마을사업, 산촌생태마을조성사업, 소도읍육성사업, 우수생태마을지원사업, 농촌마을종합개발사업 등 마을자원을 활용하고 주제를 살려 마을을 개발할 수 있는 마을개발사업이 이루어져 왔다(서정호, 2013: 35).

이러한 농촌마을만들기 사업의 역사성 속에 두드러진 변화와 특징은 2000년대에 들어서면서 상향식 제도가 정착된 것이다. 2000년대 이전에는 마을개발이 외부의 경제와 정책적 지원에 의존된 방식이었기에 스스로의 자립적 개발은 한계가 있다고 인식하였으나, 상향식 개발방식이 도입되면서 마을주민의 지속적 교육과 참여는 계획과정의 하나가 되었고, 이를 통해 마을주민의 역량을 단계적으로 끌어올릴 수 있었다. 결국, 마을주민이 마을에 대해 가장 잘 알고 있으며 풍부한 경험을 쌓은 전문가로 인식되면서 독창성을 갖춘 마을이 개발되는 효과를 기대하게 되었다. 현재 마을전문가의 육성과 참여, 농촌마을의 결합을 통한 마을만들기 운동은 협력적 마을만들기 사업방식으로 커다란 호응을 얻고 있다.

1990년대 후반 녹색연합의 참여로 이루어진 금산 건천리 생태마을 사업은 이러한 상향식 계획과정의 출발점이 되었으며, 이후에 녹색연합은 강화도 장화리, 무주 진도리, 홍성 문당리 생태마을 사업을 추진하면서 농촌에서의 마을만들기 운동을 주도하였다. 특히 홍성 문당리에 있어 마을지도자와 녹색연합에 참여하고 있는 대학교수 등의 전문가가 결합하여 농촌마을에 있어 마을만들기의 전형을 제시하였다. 이를 계기로 중앙정부의 예산지원뿐만이 아닌 민간기업과 연계된 1촌1사운동 등을 바탕으로 농촌살리기, 그린투어리즘 차원의 농촌 마을가꾸기 사업들도 활발하게 이루어졌다. 이러한 농촌에 있어서 마을만들기 운동은 정부의 지원으로 도시에서의 마을만들기와 달리 시민운동의 영역에서 사업영역으로 발전하게 되었고 농촌 마을만들기와 관련한 사회적 기업형태의 비즈니스 그룹들이 나타나게도 되었다.

2010년대에 들어서는 농촌마을만들기가 정착되고 새로운 흐름이 나타나고 있다. 생태적인 삶을 지향하는 사람들이 귀향·귀촌을 이루며 농촌지역을 거점으로 새로운 마을을 만들려는 시도를 하고 있다는 것이다. 물론 귀농·귀촌의 초기에는 도시민이 낯선 농촌환경과 농촌주민과의 이질적 삶으로 정착에 애로를 겪기도 하였다.

표 8-5 농어촌 이주 희망자와 농어촌 기 이주자의 장애 및 애로사항

구 분	농어촌 이주 희망자	농어촌 이주자
농어촌 생활에 평가	• 농어촌 생활에 대해 긍정적 기대감	• 농어촌 생활에 대해 높은 만족도
장애 및 애로사항	• 불편한 생활환경 • 경제생활(일자리) • 지인과의 격리	• 농어촌의 낙후한 생활환경 • 낮은 소득 • 정착 자금 부족

출처: 임경수, 2006, p.34.

하지만, 지방자치단체의 적극적 협조와 정책적 지원을 바탕으로 안정화되는 효과가 나타나고 있다. 이는 도시민이 농촌으로 역류하는 인구유입 현상을 의미하는 것이며, 도시의 삶에 대한 경험을 바탕으로 도시 소비자와 적절한 연계성을 가지며 생산된 농산품의 판로를 창출하고 있다는 측면에서 지역경제의 활성화를 비롯한 사회발전의 긍정적 효과를 나타내는 것이라 볼 수 있다. 이러한 마을개발의 사례로는 경남 산청의 안솔기 마을, 전북 무주 진도리의 귀농마을, 경남 함양의 청미래 마을, 최근 장수군청의 지원으로 시작된 전북 장수 하늘소 마을 등이 이러한 사례에 속한다고 할 수 있다.

③ 농촌마을만들기 운동의 과제

1990년 이래 우리나라에서 진행되어 온 농촌마을만들기의 성과는 물리적 시설개선에서 다양한 변화를 맞고 있다. 농촌마을만들기 사업에 대한 연구평가에 따르면 초기의 사업모델이 중앙정부 주도의 하향식 사업, 지역자원을 고려하지 않은 기반시설구축형 사업추진, 주민의 주도적 참여결여 등과 같은 비판에 직면하며, 마을의 개성이나 특성이 살아나지 못했다는 평가를 받아야 했다. 서정호(2006: 113)가 지적했던 것과 같이 "녹색농촌체험마을사업의 경우 하향식 사업추진, 이해대립에 의한 갈등, 인력부족, 소득증대효과 미흡 등의 장애요인 발생"이나, 문지환(2012)이 지적했던 "비슷한 내용의 사업이 부처별 분산·다기화된 현상" 등은 대표적 정책비판과 평가의 사례이다. 이에 대한 대안으로 지금까지 이루어진 지역개발 차원의 농촌지역 마을만들기를 '농촌지역개발은 공동체와 사람, 교육, 복지의 강화로 연결되는 것이 바람직하다'(Simpson et al, 2003)는 견해나, "농촌지역개발의 소득부분은 지역역량강화나 공동체 활성화를 바탕으로 추진되어야 한다."(이해진, 2009: 44)는 견해는 마을만들기 사업이 물리적 시설확충에 머물지 않고 공동체의 역량강화 속에서 지속가능한 성장동력을 확보하게 되는 방향전환을 맞이하도록 하였다. 이와 더불어 마을만들기에서 공간적 범위를 읍·면 단위로 넓히는 문제도 제기되었다. 성주인(2012)은 "중심지는 배후 농어촌 주민의 생활서비스 장소이자 주거공간으로서 기능이 강화되고 있어 읍·면 소재지 활성화 사업을 본격적으로 추진할 필요가 있다."고 하였으며, 농어촌의 환경·경관·전통의 체계적 보전과 자원관리가 필요함을 역설하기도 하였다. 이는 소규모 마을단위에 한정된 계획수립에서 생활권개념의 체계적 개발이 이루어질 수 있도록 하는 연구성과이자 정책방향의 새로운 전환을 유도하는 것이기도 하였다.

현 시점에서 주민의 역량을 지속성 있게 강화하고 지역발전을 도모하기 위해서는 민간 주체 육성이다. 이는 주민 스스로 기업을 운영하는 마을기업을 육성하여 경제자립형 마을만들기를 추구할 수 있도록 지속적으로 사회적 기업과 같은 민간기구와 경제적 사회단체를 육성하는 것이 필요하다. 이때 이들의 전문지식과 참여 그리고 끊임없는 마을주민과의 협력을 통해 농어산촌이 단순히 생산기능만을 담당하는 곳이 아닌 6차산업지역³으로 거듭나 국토발전의 핵심지역으로 성장할 수 있게 되는 것이다.

---

3 6차산업이란 1차 산업의 농림수산업, 2차 산업의 제조·가공업, 3차 산업의 서비스업을 복합한 산업구조를 형성하여, 농산물을 생산만 하던 농가가 고부가가치 상품을 가공하고 향토 자원을 이용해 체험 프로그램 등 서비스업으로 확대시켜 높은 부가가치를 창출하는 지역으로 발전시키는 것이며, 이 과정에서 농어산촌의 소득증대만이 아닌 신규 노동인력의 유입을 통해 지역간 인구균형화도 도모할 수 있게 된다.

3 농촌개발정책의 나아갈 방향

농촌개발은 인간의 주거와 생산활동이 자연에 미칠 수 있는 환경부하를 최소화하여 자연에 조화롭게 살아갈 수 있도록 만드는 공간이다. 건강한 인간정주 공간의 적극적인 대안임을 의미하며, 마을에 거주하는 사람이나 방문객 모두의 생활양식과 생산방식도 친환경적으로 이루어지도록 하는 것이다.

따라서 농어산촌의 개발정책이 바람직하게 추진되기 위해서는 다음과 같은 기본적인 전제조건이 충족되어야 할 것으로 보인다. 우선 모든 개발사업의 핵심대상은 공간이 아니라 사람이라는 점이다. 그래서 사람이 살만한 공간을 만드는 것이지 만들어진 공간에 사람이 살도록 하는 것이 아니란 점이다. 따라서 사람도 무작정 농어촌에 거주하도록 사람의 유입을 권장하는 것이 아니라 농어촌과 도시의 차이점을 이해하고 인정하며, 농어촌 활성화에 기여할 수 있도록 충분한 사전지식과 정보 그리고 지속적인 교육기회를 부여해야 한다. 둘째로는 도시민이 귀농·귀촌을 통해 농어촌에 정착하도록 하는 사업을 추진할 때 도시민뿐 아니라 농어촌 지역주민을 함께 고려해야 한다. 지역주민은 새롭게 마을로 이주해오는 도시민이 마을의 새로운 구성원이 될 수 있도록 협력해야 하며, 이는 상호교류를 통해 지역주민이 이주하는 도시민을 돕고 이주한 도시민은 도시에서의 경험을 살려 농촌을 활성화할 수 있도록 상호간의 윈-윈체계(Win-Win System)가 구축될 때 가능하다. 셋째, 정부가 농촌개발사업을 추진하고 지원할 때는 과거의 성과위주의 혹은 하향식 관주도의 사업추진에서 쌍방향식 협력체계를 갖추어 추진하도록 해야 한다. 과거에 정부가 일괄적으로 하향식 정책을 추진했던 것은 기본적 사회기반시설이 미비되어 이를 충족시키는 차원에서 이루어졌던 것이므로, 현 시대적 상황에는 적합하지 않는 경우가 다반사이다. 따라서 농어산촌 지역이 가지고 있는 독특한 역사, 문화, 경관, 인적 자원이 제대로 발굴되고 살아날 수 있도록 지역의 의견을 종합하고, 각 지역에 맞는 정책을 펼칠 수 있도록 지원하는 방안을 모색해야 할 것이다. 나아가 도시민이 귀농·귀촌을 결심하였을 때는 분명한 목적과 목표의식을 가지고 농어산촌의 생활을 영위하고자 하는 것이므로 지역주민과 이주민이 스스로 자신의 생활환경을 개선하고 삶의 질을 높일 수 있도록 보조자의 역할을 담당하는 것이 바람직할 것이다. 끝으로 농어산촌의 개발정책은 오늘날 한 지역만의 개발을 위한 문제가 아니라는 점이다. "지역(Local)"이라는 단어는 "세계(Global)"라는 단어와 어우러져 있기에 우리나라 사람만의 농촌이 아닌 세계인이 찾는 농촌, 세계인이 함께 들어와 사는 세계 속의 농촌(Global Village)으로 변모해 나가도록 하는 사고가 필요할 것이다. 이미 농어산촌에서 다문화가정의 비율은 확대일로를 걷고 있으며, 이는 앞으로 단순히 저소득계층의 다문화가정에 국한되었던 현상이 아닌 신선한 공기, 신선한 물 그리고 신선한 먹거리를 향유하고자 하는 수많은 세계인의 농어산촌 마을로 개발될 것이다. 그러므로 열린 마음을 갖춘 공동체 의식을 높이고, 일자리 및 소득 증대 사업을 꾸준히 추진하는 것은 농촌개발에 있어서 대단히 유효한 전략이 될 것이다. 무엇보다 이주민들과 거주민들의 마을활동과 사업에 참여기회를 높이고 마을리더를 육성하는 것이 무엇보다도 중요하다. 이때 개인적 차원의 역량이 공동체 차원의 역량으로 변화될 것이기에 구체적인 역량강화 프로그램을 개발하여 꾸준히 시행하면 농촌개발과 지역개발의 효과가 훨씬 크게 나타날 것이다.

연습문제

❶ 현대의 농촌사회가 겪고 있는 사회적 문제점이 무엇인지 논하여 보시오.

❷ 농촌 어메니티에 대해 정의하여 보고, 왜 이것이 농촌개발에 반영되어야 하는지 필요성을 논하여 보시오.

❸ 우리나라 농촌개발의 정책과 변화에 대해 설명하여 보시오.

❹ 생태마을의 특징에 대해 논하여 보시오.

❺ 우리나라의 농촌마을만들기 정책이 역사적으로 어떠한 특징을 보이며 전개되어 왔는지 논하여 보시오.

참고문헌

고영복(2000). 사회학사전, 사회문제연구소.

김성훈(2006). 녹색어메니티의 창출과 지속가능한 국토관리, 국토연구원, 국토, 통권 298, pp.2-3.

김정연·한상욱(2003). 소도읍종합육성계획 수립방안, 충남발전연구원, 열린충남, 제25권, pp.86-106.

농림수산식품부 농촌정책국(2009).

농촌진흥청 농촌자원개발연구소(2004). 주민참여계획모델에 의한 농촌어메니티 자원발굴 및 설계기술 현장적용.

대한국토·도시계획학회(2006). 농촌계획의 이론과 실제, 보성각.

문지환(2012). 주민참여형 농촌마을만들기에 관한 연구, 광주대학교, 석사학위논문.

(사)농촌어메니티연구회(2007). 농촌어메니티 개발에 관한 연구 —유형별 모형 및 사례 중심으로—, 대산농촌문화재단.

산림청·산림휴양치유과, http://www.foreston.go.kr/newkfsweb /cop/bbs/selectBoard Article.do?nttId=3085989&bbsId=BBSMSTR_1504&mn=KFS_38_03_03, 2017.05. 검색.

서정호(2006). 녹색농촌체험마을사업의 장애요인에 관한 연구, 농촌사회, 제16권 제2호, pp.89-116.

서정호(2013). 구례군의 사례를 통하여 본 농촌마을만들기의 방향, 농촌계획, 제19권 제1호, pp.33-41.

성주인(2012). 농어촌정책 외양 아닌 내실을 다져보자, 농정이슈 심층토론회: 농정 새로운 전략이 필요하다, 한국농촌경제연구원.

이상엽·심문보·정건섭(2003). 지방자치단체의 생태마을 조성방안, 한국토지행정학회보, 제10권 제1호, pp. 19-49.

이원주·이유직(2013). 단계별 주민역량강화를 통한 농촌마을만들기의 효과연구 —전라 북도 진안군을 대상으로—, 농촌계획, 제19권 제4호, pp.269-281.

이해진(2009). 농촌정책 패러다임의 변화와 농촌지역개발사업 —'농촌마을종합개발사업' 을 사례로—, 농촌사회, 제19권 제1호, pp.7-47.

임경수(2006). 우리나라 마을만들기 운동의 현황과 과제.

임경수(2006). '살기좋은 농촌 만들기'의 국내외 사례.

임상봉·정해창(2011). 지속가능한 농어촌 지역개발을 위한 정책방향 연구, 한국관개배수
　　논문집, 제18권 제2호, pp. 221－230.

자연환경보전법, [시행 2016.1.27] [법률 제 13885호, 2016.1.27., 일부개정].

조영재 등(2011). 충청남도 살기좋은 마을만들기의 추진과제, 열린충남, 제55호, 충남발전
　　연구원, pp.13－25.

지방소도읍 육성 지원법, [시행 2017.1.20.] [법률 제13797호, 2016.1.19., 타법개정].

지방자치법, [시행 2017.4.18.] [법률 제14768호, 2017.4.18., 일부개정].

학술단체협의회(1997). 6월 민주항쟁과 한국사회 10년 Ⅱ, 당대.

한국민족문화대백과, 한국학중앙연구원, http://terms.naver.com/entry.nhn?docId＝7945
　　25&cid＝46636&categoryId＝46636, 2017.05.10. 검색.

환경부(2004). 생태마을 활성화방안 연구, 사단법인 녹색연합 부설 녹색사회연구소, 최종
　　보고서.

Simpson, Lyn, Leanne Wood and Leonie Daws(2003). Community capacity building:
　　Starting with people not projects, Community Development Journal Vol. 38 n. 4,
　　pp.277－286.

Tönnies, Ferdinand(1887). Gemeinschaft und Gesellschaft.

지역개발과 환경 및 에너지

_ 배정환

본 장에서는 지역개발을 위해 고려해야 할 환경 문제와 에너지 문제를 이론적 측면에서 살펴보고 이와 관련된 정책들을 소개하고자 한다. 한 지역이 지속적으로 발전하기 위해서는 경제성장뿐만 아니라 환경보전, 소득 분배적 형평성을 아우르는 패러다임을 지향할 필요가 있다. 제1절에서는 지속가능발전의 개념을 소개하고 세 가지 주요 축들을 구성하는 개념들을 소개하였다. 제2절에서는 환경문제를 다양한 기준에 따라 유형을 어떻게 분류하고 있는지를 알아보고 환경문제의 발생 요인을 규명하기 위해 개발된 이론들을 살펴보았다. 제3절에서는 환경문제를 해결하는 수단으로 직접규제제도와 환경세, 보조금 정책, 배출권 거래제도 등 경제적 유인 제도를 소개하고, 이론적인 틀을 이용하여 어떤 제도가 사회후생 측면에서 바람직한지를 설명하였다. 제4절에서는 에너지와 관련한 이슈들을 살펴보았다. 우선 에너지의 종류와 주요 정책 목표를 설명하고, 화석에너지 소비가 어떻게 환경문제에 영향을 미치는지를 설명하였다. 마지막으로 기후변화의 심각성과 온실가스 감축을 위한 국제협약을 조명하고, 신재생에너지 비중 증가와 에너지 신산업 육성 등 에너지 전환을 위한 노력들을 소개하였다.

1 지속가능한 지역 발전의 개념: 개발과 보전

한 지역이 지속적인 발전(sustainable development)을 달성하기 위해서는 지역경제의 성장뿐만 아니라 지역의 환경과 공평한 소득 분배가 함께 고려되어야한다. 19세기 서구를 중심으로 한 산업혁명 시대에는 환경오염으로 인한 피해와소득 불평등에 따른 소득 계층간 사회적 갈등을 감수하고 경제성장을 최우선적인과제로 삼았으나 환경 피해의 규모가 커지고 소득 불평등 문제가 심각해지면서사람들은 이러한 세 가지 목표들 간의 적절한 조화가 필요함을 깨닫게 되었다.즉 성장과 환경보전, 그리고 균등한 소득 분배가 전 세계적인 화두로 등장하게된 것이다.

이러한 내용을 처음으로 다룬 국제적인 보고서로는 환경과 개발에 관한 세계위원회(WCED)의 브룬트란트 보고서(Brundtland et al., 1987)가 있다. 브룬트란트는 노르웨이의 여성총리로 그녀는 이 보고서에서 지속가능발전의 개념을 '미래세대의 필요를 충족할 능력을 훼손하지 않는 한도 내에서 현 세대의 필요를충족시키는 것'으로 정의하였다. 이러한 지속가능발전 개념을 더욱 발전적으로계승하기 위해서 1992년 브라질의 리우에서는 유엔환경개발회의가 개최되었고,여기에서 의제 21(agenda 21)이 채택되었다. 여기서는 환경적으로 건전하고 지속가능한 발전을 기본원칙으로 천명하고, 이를 실천하기 위해 오염원인자부담원칙(polluter pays principle: PPP), 사용자부담 원칙(user pays principle), 사전예방의 원칙(precautionary principle), 최근접결정의 원칙(subsidiarity principle)을 제시하였다(이정전, 2007).

오염원인자 부담원칙은 환경오염 유발자가 환경오염에 따른 정화비용과 피해비용을 부담해야 한다는 원칙이고, 사용자 부담원칙은 자연자원의 사용자가이용에 수반되는 모든 비용을 부담해야 한다는 원칙이다. 사전예방의 원칙은 환경오염이 초래할 피해가 불확실하고 비가역적(irreversible)이기 때문에 충분한 과학적 증거가 확보될 때까지 환경보전대책을 연기해서는 안 된다는 원칙이다. 최근접결정원칙은 환경문제에 관한 의사결정은 이해 당사자와 가장 근접한 정부수준에서 이루어져야 한다는 것이다.

사실 오염원인자부담원칙과 사용자부담원칙은 매우 당연해 보이는 원칙이
지만 시장 가격에는 환경오염에 따른 비용이 제대로 반영되지 못하는 이른바 시
장실패(market failure)가 발생하기 때문에 실제로는 제대로 지켜지지 못하고 있
다. 시장실패 문제를 해결하기 위해서 정부가 직접 환경오염 유발자를 규제하거
나 환경세와 같은 경제적 유인정책을 이용하여 시장가격에 환경오염으로 인한
비용이 반영되도록 한다. 한편 국내 환경오염 문제는 시장기능과 정부간섭에 의해
해결될 수 있지만 인접 국가 간 환경오염 문제인 월경환경오염문제(transboundary
environmental pollution)나 기후변화와 같은 지구적 환경 문제는 오염원인자부담
원칙이나 사용자부담원칙을 적용할 수 없게 된다. 예를 들어 중국에서 우리나라
와 일본으로 넘어오는 스모그나 봄철 황사 문제는 3개국이 서로 협력해야 하지
만 중국은 한국과 일본으로 날아가는 대기오염물질의 양이 그렇게 많지 않다고
주장하거나 다른 나라들이 오염집약산업을 중국에 이전해서 발생한 것이므로 중
국의 책임이 없다고 주장한다. 이와 같이 월경환경오염 문제의 경우 오염원인자
가 협력할 의지가 없으면 결국 비협조게임(non-coordination game)의 상황이 될
수 있다. 즉 중국이 월경환경오염문제에 대해 비협조 전략으로 일관할 경우 한
국과 일본은 중국의 오염집약상품에 대해 황사부담금이나 생태관세(eco-tariff)를
부과하는 등의 응징전략(tit-for-tat strategy)으로 대응할 수 있다는 것이다. 이렇
게 거두어들인 관세수입으로 서해안 지대나 수도권 지역에 대규모 방풍림을 조
성하거나, 미세먼지가 심한 날에 진공청소차 운행을 늘리거나, 살수(sprinkling)
기능을 강화하는 등의 다양한 적응적 조치가 가능할 것이다. 또한 중국 입장에
서는 오염집약상품의 가격경쟁력이 약화되면서 생산이 감소함에 따라 중국발 스
모그 또한 감소할 것이다.

지속가능발전의 또 다른 한 축인 분배적 형평성은 세대 내 형평성과 세대간
형평성으로 구분된다. 전자는 한 세대 내에서의 소득 분배 상태와 관련된 반면,
후자는 현세대와 미래세대간의 분배 상태와 연관되어 있다. 소득분배와 경제성
장간의 관계에 대해서는 일찍이 사이먼 쿠즈네츠(Simon Kuznets, 1955)가 역U자
(inverted-U shaped curve)의 형태를 갖는다고 주장하였다. 즉 그의 가설에 따르
면 경제가 성장함에 따라 초기에는 사회내의 모든 자원이 경제성장을 위해 집중
되고, 소득재분배 정책을 실시할 여력이 없기 때문에 소득 불평등이 심화되지만,

소득 전환점(income turning point)을 지나면 사회 구성원들의 분배적 정의에 대한 관심이 증가하고, 소득격차로 인한 사회적 비용이 급격하게 증가하면서 정부도 소득재분배 정책에 많은 자원을 할당하면서 소득 불평등도가 완화된다고 하였다.

그러나 선진국이라고 해서 소득 불평등도가 완화되고 있다는 증거는 별로 찾아볼 수 없다. 오히려 세계 주요 20개국인 G20의 지난 20년간의 소득 불평등도를 나타내는 GINI계수를 살펴보면, 경제성장이 소득 불평등도를 완화시키기보다는 악화시켜 왔음을 알 수 있다(〈그림 9-1〉). 그림에서 0을 기준으로 왼편으로 갈수록 소득 불평등도가 악화되고, 오른편으로 갈수록 소득 불평등도가 개선된다고 할 수 있다. 또한 연한 막대 그래프는 1990~2000년 사이의 GINI계수의 상대적 변화를 나타내고, 진한 막대 그래프는 2000이후의 GINI계수의 상대적 변화를 나타내는데, 브라질, 한국,[1] 아르헨티나, 멕시코, 미국만이 과거에 비해 최근 들어 소득 불평등도가 개선되었음을 알 수 있다. 반면에 주요 선진국인 프랑스, 이탈리아, 호주, 영국, 독일, 일본 등은 소득 분배 상태가 더욱 악화되고 있음을 알 수 있다.

이러한 사실은 소득불평등도가 경제가 성장하면 자연스럽게 극복될 수 있는 문제가 아니라 지속적인 소득재분배 정책을 통해 부단히 노력해야만 해결할 수 있음을 보여준다고 하겠다. 한편 세대간 소득 분배의 공평성에 대한 논쟁은 약한 지속가능성(weak sustainability)과 강한 지속가능성(strong sustainability)으로 분화를 촉진시켰다(Kolstad, 2011). 즉 로버트 솔로우(1992)는 지속가능성이란 지속적으로 현세대가 누리는 복지수준을 미래세대도 향유할 수 있도록 보장하는 것이라고 주장하면서 자연자본(natural capital)과 인공자본(man-made capital)은 대체관계(substitutability)가 존재한다고 보았다. 이후 Neumayer(2003) 등은 자연자본과 인공자본 간에는 대체가 가능하다는 약한 지속가능성과 자연자본과 인공자본은 근본적으로 대체불가능하다고 보는 강한 지속가능성으로 구분하였다. 강한 지속가능성을 주장하는 사람들은 자연의 야생성(wilderness)이나 흰코뿔소, 백

---

1 우리나라의 GINI계수를 살펴보면 2000년에 0.28에서 2010년 0.31로 지속적으로 악화되고 있다. 특히 통계청은 2013년도에 신지니계수를 작성하였는데, 이는 기존의 가계동향조사가 고소득층의 금융소득을 제대로 파악하지 못하였고, 이에 가계 금융복지 조사 자료를 이용하여 GINI계수를 보완하였다. 그 결과 우리나라 GINI계수는 보정 전 기준으로 0.315에서 보정 후에는 0.353으로 크게 치솟아 OECD 국가 가운데 가장 불평등한 국가 6위에 올랐다.

두산 호랑이 등 멸종위기종(endangered species)의 경우 인공자본과 대체불가능하다는 입장이다. 반면에 약한 지속가능성을 주장하는 입장에서는 인간에 의한 기술진보를 통해 자연자본의 감소를 극복할 수 있다는 입장이다. 최근에 유전공학 기술의 발달로 과거에 멸종된 맘모스나 시이라칸스와 같은 동물들을 복원하는 프로젝트들이 진행 중이라고 한다. 이에 대해 윤리적 측면에서 다양한 논쟁이 벌어지고 있는데, 지속가능성 측면에서도 기술 진보가 자연 자본을 대체할 수 있다면 과연 약한 지속가능성과 강한 지속가능성 가운데 어느 것이 더 적절한 주장인지에 대한 논쟁도 뜨거워질 것으로 보인다.

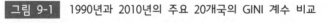

그림 9-1 1990년과 2010년의 주요 20개국의 GINI 계수 비교

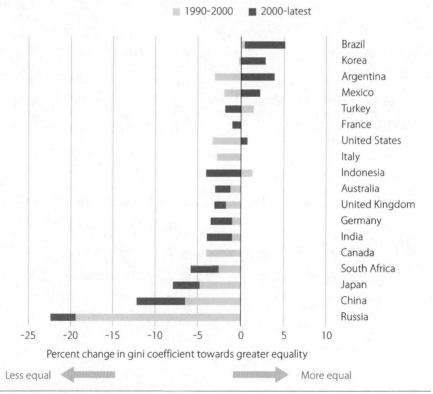

출처: Oxfam, 2012, "Left behind by the G20? How inequality and environmental degradation threaten to exclude poor people from the benefits of economic growth," 157 Oxfam Briefing Paper

2 환경 문제의 유형과 원인 규명

(1) 환경 문제의 유형

환경 문제는 유형별로 대기오염과 수질오염, 독성화학물질 오염, 생태계 파괴 등으로 구분할 수 있다. 대기오염은 주로 에너지 연소에 의해 발생하며, 수송 부문과 발전부문이 대부분을 차지하고 있다. 또한 산업공정에 의해서도 대기오염물질이 배출되기도 한다. 환경부에서는 아황산가스(SO_X), 질소산화물(NO_X), 일산화탄소(CO), 총먼지(TSP), 미세먼지(PM10), 암모니아(NH3), 초미세먼지(PM2.5) 배출량과 배출농도에 대한 데이터를 매년 발표하고 있다. 이러한 대기오염물질에 과도하게 노출되면 기관지염과 폐암, 아토피 피부병, 알레르기성 질환 등을 유발하며, 조기사망률이 증가하게 된다. 또한 야외활동의 제약을 받게 되고, 뿌연 하늘로 인해 심리적으로 우울해지는 등의 간접적인 피해가 발생한다. 한편 대기오염문제가 심각해지면 농축산물의 생산성도 감소하고, 반도체 산업과 같이 대기질이나 수질에 민감한 산업의 생산성에도 부정적인 영향을 미친다. 대기오염물질은 비단 인간과 경제계에만 영향을 미칠 뿐만 아니라 동식물이나 생태계에도 부정적인 영향을 미치는 것으로 알려져 있다. 환경오염물질은 인간에게 부정적인 영향을 미친다는 점에서 공공악화(public bads)로 불리기도 한다. 일반적으로 공공재(public goods)는 비배제성(non-excludability)과 비경합성(non-rivalry)으로 정의된다. 즉 일단 재화가 공급되면 이를 이용하지 못하도록 배제하는 것이 불가능하고, 한 사람이 재화를 소비하더라도 다른 사람의 소비를 감소시키지 못한다는 것이다. 공공재가 사람들의 효용을 증가시키는 반면에 공공악화는 사람들의 효용을 감소시키며 공공재와 마찬가지로 비배제성과 비경합성의 성질을 갖기 때문에 시장에서 공공악화의 적절한 공급량을 결정할 수 없는 시장실패 문제가 발생하는 것이다.

환경문제는 그 영향이 미치는 공간적 범위에 따라 국지적(local) 환경오염과 월경(transboundary) 환경오염, 전지구적(global) 환경오염으로 구분할 수 있다. 오염원의 발생경로에 따라 점오염원(point pollutant)과 비점오염원(non-point pollutant)으로 구분할 수도 있다(권오상, 2013). 국지적 환경오염문제는 공간적 영향 범위가 특정 지역에 한정되어 있고 비교적 규제가 용이하다. 즉 직접규제 또는 경제적 유인정책과 같은 국내의 환경정책으로 해결이 가능하다. 반면에 월경환경오염이나 전 지구적 환경오염 문제는 영향이 광범위하고 해결이 쉽지 않다.

(2) 환경 문제의 발생요인

환경 경제학에서는 환경오염물질이 배출되는 요인을 상품의 생산과 소비, 폐기과정 등 인간의 다양한 경제 활동에서 발생하는 것으로 보고 있다. 경제성장이 환경문제의 주요 요인이라는 주장에 관해서는 그로스만과 크루거(Grossman and Kruger, 1995), 홀츠-아킨과 셀덴(Holtz-Eakin and Selden, 1992), 셀덴과 송(Selden and Song, 1994)과 같은 학자들이 선구자라고 할 수 있다. 이들은 일인당 국민소득이 환경오염에 영향을 미치는 가장 중요한 변수이고, 이들 간에는 역U자형의 관계를 갖는다고 주장하였다. 즉 경제성장의 초기에는 모든 자원이 일인당 국민소득을 늘리는 데에 집중되고, 환경오염에 대한 규제수준도 낮기 때문에 환경오염이 심화되지만, 소득전환점(일인당 5~8천 달러)을 지나면서 산업구조가 오염 집약적 제조업 중심에서 서비스 및 지식산업과 같이 환경친화적인 산업중심으로 전환되고, 환경오염에 대한 인식이 향상되면서 환경오염에 대한 규제가 강화되어 환경오염이 점차 감소한다고 주장하였다. 파나요투(Panayotou, 1993)는 이들의 주장이 쿠즈네츠가 주장한 역U자 가설과 유사하다는 점에서 환경쿠즈네츠곡선(Environmental Kuznets Curve: EKC) 가설로 명명하였다.

EKC에서 중요한 쟁점 중에 한 가지는 소득전환점이 어디에서 형성되는지인데, 학자들마다 그 요인을 두고 다양한 의견들이 제시되어 왔다. 기본적으로 산업구조와 기술혁신, 시민들의 환경에 대한 선호도의 변화가 소득 전환점에 영향을 미치는 것으로 알려져 있다. 또한 McConnell(1997)은 소득 전환점에 이르게 되면 사람들의 환경 질에 대한 수요가 타 재화보다 더 빨리 증가하기 때문이라고 보았고, Stockey(1998)는 소득 증가로 환경오염의 한계비용이 높아짐에 따라 오염저감 기술에 대한 투자가 증가하고 이에 따라 환경이 개선된다고 보았다. 한편 다스굽타 등(Dasgupta et al., 2002)은 기존의 EKC(conventional EKC) 경로 이외에도 다양한 유형의 가능성이 존재한다고 보았다(〈그림 9-2〉). 즉 EKC에 대해 회의적인 시각에 따르면 무역 자유화에 따른 세계화는 자원 고갈 경쟁을 심화시켜 환경오염과 소득 간에는 수평 상태(Race to the Bottom)가 지속될 수 있고, 기존 환경오염 물질이 감소함에 따라 새로운 종류의 환경오염 물질이 발생할 경우 소득 전환점은 매우 높은 수준에서야 나타날 수 있다는 것이다(New Toxics). 한편 낙관적인 학자들은 성장이 과거와 달리 덜 오염집약적이고, 보다 에너지 효율적인 경로를 따라가면서 소득 전환점이 8,000달러가 아닌 5,000달러로 감소하였다고 주장한다.

또한 환경오염물질이 국지적 오염물질(SO_2, NO_2, CO, PM)인지, 지구적 오염물질(CO_2)인지, 고소득 그룹인지, 저소득 그룹인지, 유럽 지역인지, 아시아, 혹은 라틴 아메리카 지역인지에 따라서도 소득 – 환경 간에는 역U자형이나 선형, N자형의 관계가 나타날 수 있다.

그림 9-2 유형별 환경쿠즈네츠곡선

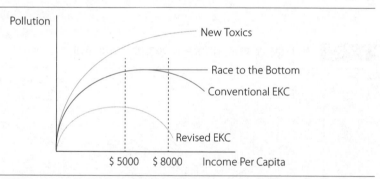

출처: Dasgupta, S., B. Laplante, H. Wang, D. Wheeler, 2002, 'Confronting the Environmental Kuznets Curve', The Journal of Economic Perspectives, Vol. 16, No. 1: 147-168

3 환경 문제의 해결 방법

(1) 환경세의 부과와 직접규제제도

경제학에서는 환경오염문제를 근본적으로 시장실패의 결과로 보고 있다. 즉 환경오염으로 인한 피해 비용이 시장 가격에 적절하게 반영되지 못하기 때문에 환경오염물질이 사회적으로 적정한 수준보다 과도하게 배출된다고 보는 것이다.

이를 그림으로 이해하면 〈그림 9-3〉과 같다.

우선 가로축은 생산 수준(Q)을 나타내고, 세로축은 가격과 비용을 나타낸다. 예를 들어 석탄화력발전소를 이용하여 전기를 생산하는 경우 전기 생산에 따른 사적한계생산비(MPC: marginal private production cost)[2]는 전기 생산이 증가함에 따라 증가하고, 전기를 소비하는 소비자는 전기 생산이 증가함에 따라 한계 편익(MB: marginal benefit)[3]이 감소한다. 경제학 이론에 따르면 기업의 한계생산비용곡선이 곧 공급곡선이 되고, 소비자의 한계편익곡선이 수요곡선이 된다. 이에 따라 수요와 공급이 일치하는 생산수준은 Q_1이 되고, 이때의 가격은 P_1이 된다. 그러나 전기 생산이 증가함에 따라 석탄화력발전소에서는 아황산가스, 분진, 중금속, 석탄재 등 각종 대기오염물질이 함께 배출된다. 이로 인해 발생하는 한계피해비용(MDC: marginal damage cost) 곡선이 전기 생산 증가에 따라 우상향하도록 그려져 있다. 이러한 한계피해비용과 사적한계생산비용을 합하면 사회적

그림 9-3 전기 생산에 따른 환경오염과 환경세 부과의 효과

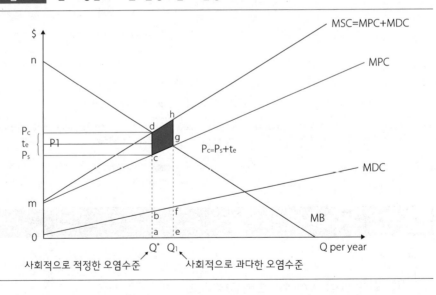

---

2 한계생산비는 생산량이 한 단위 증가할 때 추가되는 총생산비를 의미한다. 한계생산비용과 관련한 자세한 내용은 미시경제학 교과서를 참조하기 바란다.

3 한계편익은 소비자가 재화를 한 단위 더 소비할 때 얻을 수 있는 추가적인 편익을 의미한다. 한계편익과 관련한 자세한 내용은 미시경제학 교과서를 참조하기 바란다.

한계생산비(MSC: marginal social cost)가 된다. 따라서 사회적으로 적정한 수준의 전기 생산량은 Q_1이 아니라 Q^*가 되는 것이다.

그렇다면 전기 생산 수준을 어떻게 하면 사회적으로 적정한 수준까지 줄일 것인지가 중요해진다. 일찍이 피구(Pigou)는 환경오염에 따른 피해 비용만큼 환경세를 부과할 것을 주장하였는데, 이러한 환경세를 전기 생산에 따른 오염 배출량에 대해 부과할 수 있다. 즉 전기 생산에 따른 한계피해비용만큼 환경세(t_e)를 부과하면 기업의 사적한계생산비용은 사회적 한계생산비용이 될 때까지 증가하게 된다. 기업에게 환경세를 부과하면 조세부과에 따른 왜곡비용(distortion cost)이 발생할 수 있다. 따라서 환경오염문제에 대해 환경세를 부과하면 사회적으로 득이 되는지, 실이 되는지를 따져보아야 한다. 이를 위해 소비자와 생산자, 정부 부문별 편익의 변화를 살펴보고, 환경개선효과와 비교해 보도록 하자.

즉 전기 생산량이 Q_1에서 Q^* 수준으로 감소하면 소비자 잉여는 □P_edgP_1만큼 줄어들고, 생산자 잉여는 □P_1gcP_s만큼 줄어든다. 소비자 잉여는 수요곡선 또는 한계편익곡선의 면적에서 전기 소비를 위한 지출액을 제외한 편익을 말한다. 즉 그림에서 Q_1에서의 소비자 잉여는 △ngP_1이고, Q^*에서 소비자 잉여는 △ndP_c가 되어 감소된 소비자 잉여는 □P_edgP_1가 된다. 생산자 잉여는 전기를 판매한 총수입에서 총생산비를 제외한 편익을 말한다. 그림에서 Q_1에서의 생산자 잉여는 △P_1gm이고, Q^*에서 생산자 잉여는 △P_scm이다. 따라서 감소된 생산자 잉여는 □P_1gcP_s이 된다. 한편 정부가 환경세를 부과하면 이로부터 수입이 발생하는데 이는 t_e와 Q^*의 곱으로 나타낼 수 있고 그림에서 □P_cdcP_s가 된다.

소비자 잉여과 생산자 잉여 감소분에서 정부의 환경세 수입을 제외하면 △dgc만큼의 후생 손실이 남게 된다. 그러나 Q_1에서 Q^*로 전기 생산이 감소하면 환경개선에 따른 편익이 발생하는데 이는 □$dhgc$로 표시된다. 즉 사회적 한계생산비에서 사적 한계생산비를 제외한 영역이고 이는 한계피해비용의 감소분(□$bfea$)이 된다. 따라서 환경개선효과를 감안하게 되면 사회 전체적으로는 △dhg만큼의 순편익이 발생하는 것이다. 이는 환경세 부과에 의해 정부가 환경오염 문제에 개입할 경우 사회 전체적으로는 바람직하다고 볼 수 있는 것이다.

기업의 환경오염행위에 대해 환경세를 부과하는 것은 오염원인자 부담원칙에 기초해 있으며, 기업이 환경오염 배출량을 줄이는 경우 이에 대해 보조금을 지급할 수도 있다. 이는 피해자 지불원칙(VPP: victims pay principle)에 입각해 있으며 기업들의 생산구조가 동질적이고(homogeneous), 단기적인 상황에서는 환경세 부과와 동일한 효과를 달성할 수 있다. 이를 증명하기 위해 우선 기업i는 y만큼의 오염 집약적 상품을 생산하고, 그 부산물로 e만큼의 오염물질을 배출한다고 가정한다. 생산 수준과 오염물질 배출량의 관계는 $e = a \times y(a > 0)$으로 주어져 있다. 이때 a는 산출물 한 단위당의 배출 계수를 의미한다. 정부에서 배출량 단위당 t_e만큼의 환경세를 부과할 경우 기업의 생산비용 최소화 전략에 의한 최적생산조건은 다음과 같이 결정된다.

$$Min\,[TC(y,e) = VC(y,e) + FC + t_e*e] \text{-------------------------------} (1)$$

즉 총생산비용(TC)은 가변비용(VC)과 고정비용(FC), 그리고 환경세 납부금($t_e \times e$)로 구성된다. 위 식에서 오염배출량 e를 $a \times y$로 치환하고 산출수준 y에 대해 편미분하면, 다음과 같은 1계 조건(first order condition)이 도출된다.

$$\frac{\partial TC(y)}{\partial y} = \frac{\partial VC(y)}{\partial y} + t_e*a = MVC(y) + t_e*a = 0 \text{---------------------} (2)$$

이때 MVC(y)는 한계가변비용이고, 기업i는 1계 조건을 만족시키는 산출 수준에서 생산하게 된다. 한편 기업이 오염물질을 저감하는 경우 보조금이 s만큼 지급된다면 기업i의 비용최소화 전략은 다음과 같이 바뀐다.

$$Min\,[TC(y,e) = VC(y,e) + FC - s\,(\overline{e}-e)] \text{----------------------------} (3)$$

이 경우 $\overline{e}$는 정부의 목표 배출량이고, e는 기업i의 배출량으로 보조금을 받기 위해서는 $e < \overline{e}$가 성립해야 한다. 여기서 $e = ay$를 대입하고 산출수준에 대해 편미분을 하면 다음의 1계조건이 도출된다.

$$\frac{\partial TC(y)}{\partial y} = MVC(y) + s \times a = 0 \text{--} (4)$$

이 식을 식 (2)와 비교하면 $s = t_e$가 됨을 알 수 있다. 즉 보조금과 환경세의 크기가 같아지게 되고, 기업의 최적생산수준도 동일하게 되는 것이다.

우리나라는 환경세와 유사한 제도로서 환경오염에 대한 배출부과금제도와 환경개선부담금 제도를 운영하고 있고, 대부분의 선진국에서도 환경문제에 관한 주요 환경정책 수단으로 환경세와 유사한 제도를 채택하고 있다. 이러한 환경세나 보조금 제도는 경제적 유인제도라고 한다. 즉 오염원인자에게 환경세를 부과하거나 보조금을 지원하는 것과 같은 경제적 유인을 제공함으로써 오염원인자 스스로 배출량이나 배출방법을 선택하도록 하는 제도이다. 경제적 유인제도는 시장 기구를 활용하므로 정보 요구량이 비교적 적고, 기술혁신 유인을 제공하며, 비용효과적이다. 반면에 오염원인자가 다양하고 규모가 큰 경우에는 제대로 작동하기 어렵고 한계저감비용이나 한계피해비용에 불확실성 문제가 발생하면 사회적으로 적정한 수준의 배출량 결정이 어렵다. 또한 가격을 통제하는 방식이라서 목표로 하는 저감량 달성을 확신할 수 없다.

개도국에서는 주로 직접규제정책(C&C: command and control policy)을 채택하고 있다. 직접규제제도는 오염원인자가 준수해야 할 법규나 환경기준을 국가가 정하고 이를 위반할 경우 벌금이나 행정조치, 경찰력, 사법권 등의 공권력을 동원하여 제재를 가하는 방식의 환경정책이다. 시행과정이 비교적 단순하고 모니터링 비용이 적게 들고 목표 달성이 용이하며, 환경오염 유발행위는 비도덕적이라는 사회 윤리의식과 부합되는 정책이다. 그러나 정부에서 오염원인자의 오염저감 비용에 관한 정보를 요구하는 경우 도덕적 해이로 인해 정확한 정보를 제공하지 않을 가능성이 높고, 규제자와 피규제자간의 부패문제로 직접 규제정책의 실효성이 감소할 수 있다. 특히 다수의 오염원인자가 존재하고 이들의 한계저감비용이 상이할 경우 경제적 유인정책에 비해 비용효과적이지 못하며 기술혁신유인이 존재하지 않는 단점이 있다.

우리나라를 비롯한 선진국에서도 직접규제정책이 보완적으로 실시되고 있다. 예를 들어 석탄화력발전소나 오염유발공장의 굴뚝에 탈황시설과 집진시설을 의무적으로 설치하도록 하거나 휘발유에 납 성분을 제거한 무연(無鉛) 휘발유만 판매하는 제도가 운영되고 있다. 또한 정부의 미세먼지 저감 특별대책의 일환으로 매연을 유발하는 노후 경유 차량의 경우 수도권 진입을 제한하고 있다.

한편 이론적으로 동일한 환경오염저감효과를 거두기 위해 환경세와 직접규제정책을 실시하면 환경세가 더 비용효과적인 것으로 알려져 있다. 이를 그림을 통해 설명하면 〈그림 9-4〉와 같다. 우선 두 기업이 오염물질을 배출하고 있고, 각 기업의 오염저감을 위한 한계오염저감비용(MAC: marginal abatement cost)은 상이하다고 가정한다. 그림에서 가로축의 맨 왼편에는 기업 X의 오염물질 저감량이 0에서 오른편으로 갈수록 커지고, 가로축 맨 오른쪽에서는 기업 Y의 오염물질 저감량이 0에서 왼편으로 갈수록 커지게 된다. 두 기업이 모두 합쳐서 100단위의 오염물질을 저감해야 한다고 가정하였다. 이때 직접규제정책을 실시하면 두 기업 모두 공평하게 50단위의 오염물질을 저감해야 한다. 이로 인해 발생하는 각 기업의 오염저감비용을 계산해 보자. 이를 계산하기 위해서는 우선 각 기업의 한계저감비용곡선을 알아야 한다. 기업 X의 한계저감비용은 MAC_X이고, 기업 Y의 한계저감비용은 MAC_Y로 표시된다. 즉 오염저감량이 증가할수록 한계오염저감비용은 커지게 되는 것이다. 기업 X의 저감비용은 O_X에서 50단위까지의 한계저감비용을 적분한 면적이 되고 이는 면적 B가 된다. 또한 기업 Y의 저감비용은 O_Y에서 50단위까지의 한계저감비용을 적분한 면적이고, 이는 면적 $C+D+E$가 된다. 따라서 직접규제에 따른 총저감비용은 $B+C+D+E$가 된다.

한편 환경세를 부과하기 위해서는 두 기업의 한계저감비용이 일치하는 수준에서 결정되는데, 이는 e^*로 표시된다. 이 경우 기업 X의 저감비용은 $B+D$가 되고, 기업 Y의 저감비용은 E가 되어 환경세 부과에 따른 총저감비용은 $B+D+E$가 된다.

직접규제에 의한 총저감비용이 $B+C+D+E$이고, 환경세 부과에 따른 총저감비용이 $B+D+E$이므로 직접규제의 저감비용이 C만큼 더 들게 된다. 즉 환경세를 부과하는 것이 직접규제보다 더 비용 효과적이라고 할 수 있다.

그림 9-4 직접규제제도와 환경세 제도의 비용 효과성 비교

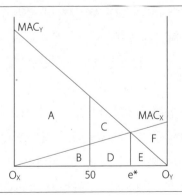

(2) 월경환경오염 문제의 해결방안

월경환경오염 문제에 대한 해결방안은 크게 협조 전략과 비협조 전략으로 구분할 수 있다. 전자의 경우 협력기금조성과 배출권거래제도를 적용할 수 있고, 후자의 경우 상계관세나 배출부과금, 상품표준화를 고려할 수 있다. 협력기금조성의 경우에도 공동으로 목표환경기준을 설정한 뒤 가해국과 피해국간에 공동 출연금을 조성하거나 가해국이 전액 부담하는 방안이 있다. 이러한 협력기금의 조성을 위해서는 이해 당사국들이 어떻게 분담할 것인지에 대한 합의가 가능해야 하지만 가해국이 피해국에 대한 환경오염 영향 자체를 부정하는 경우 합의에 이르기 어렵다. 중국과 한국, 일본간의 황사나 스모그 문제의 경우에도 상호 협력하기로 하였으나 중국은 자국에서 발생하는 환경오염이 한국이나 일본에 미치는 영향이 크지 않다고 주장하고 있고, 특히 선진국들이 오염집약산업을 중국에 수출했기 때문이라고 하면서 공동 책임론을 제기하고 있어 협력기금 조성은 더욱 어려워지고 있다. 이처럼 협조 전략이 더 이상 작동하지 않는 경우 비협조 전략으로 상계관세나 배출부과금, 상품표준화, 수입금지와 같은 조치들을 취할 수 있다. 그러나 가해국에서 이러한 조치들을 환경 보호무역주의라고 WTO(World Trade Organization)에 제소할 수 있고, WTO의 의결에 따라 피해국 조치가 실현될 수도 있고, 그렇지 않을 수도 있다. 예를 들어 덴마크는 캔 맥주의 수입을 자국의 환경오염을 이유로 수입 금지 조치하였는데 유럽연합에서는 덴마크의 조치가 타당하다고 결정하였다. 미국은 멕시코가 참치를 잡는 과정에서 돌고래에게 피해를 주기 때문에 자국 해양포유동물보호법에 위배된다고 주장하면서 멕시코산 참치 수입을 금지하였고, 이에 멕시코가 WTO에 이러한 조치가 부당하다고 소송을 제기하였다. 이에 대해 WTO는 멕시코에 손을 들어 주었다(이정전, 2000).

중국에서 발생하는 황사나 스모그는 우리나라의 대기질에 50~80% 정도 영향을 미치고, 일본에는 40~60% 정도 영향을 미치는 것으로 알려져 있기 때문에 우리나라와 일본이 공동 대응할 필요가 있다.[4] 중국에서 수입되는 오염집약적 공산품에 대해 생태관세(eco-tariff)나 대기오염세를 일본과 공동으로 부과한다면

---

4 중국의 일본 대기질에 미치는 영향에 관해서는 일본 메이죠 대학 이수철 교수(2017)의 발표자료를 참조하였다.

중국의 공산품 가격이 상승하여 수요가 감소하게 되고 오염집약적 상품의 생산이 감소하여 중국 내 대기오염이 감소함으로써 월경환경오염도 그만큼 저감될 수 있을 것이다.

(3) 코우즈 정리와 배출권거래제도

환경문제를 해결하기 위한 정책 수단으로 전통적으로는 정부가 주도적으로 개입하여 환경세를 부과하거나 직접 규제 정책을 주로 사용해 왔다. 그러나 법경제학자인 코우즈(Coase, 1960)는 환경오염 문제와 같은 외부효과의 경우에도 가해자와 피해자간에 소유권만 명확하고 협상과 관련한 거래비용(transaction cost)이 무시할 정도로 낮다면, 소유권이 누구에게 있든 상관없이 사회적으로 바람직한 수준의 오염물질 배출 저감이 가능하다는 주장을 하였다. 그는 추가적으로 부의 효과(wealth effect)가 없어야 하고, 당사자가 완전정보를 가져야 하며, 가격 수용자이며, 이윤 극대화와 효용 극대화를 추구하는 합리적인 인간이며, 분쟁이 발생하는 경우 소송비용이 매우 낮아야 한다는 전제조건이 필요하다고 하였다.

코우즈 정리가 작동하는 원리를 간단한 모형을 이용해서 증명해 보도록 하자. 우선 오염물질 배출자는 강의 상류에서 염색공장을 운영하고 있고, 피해자는 강의 하류에서 민물고기를 잡아서 생계를 유지하고 있다고 하자. 이때 환경오염물질을 배출할 권리가 오염물질 배출자에게 있다고 하자. 그러면 피해자인 어부는 염색공장의 생산량(S)을 줄이는 대가로 수입의 일부를 보상해 주겠다고 제안할 수 있다. 그렇게 되면 염색공장의 이윤함수(π_S)는 다음의 식(5)와 같이 결정된다.

$$\pi_S(S) = P_S \times S - C_S(S) + [\pi_L(L,S) - \pi_L(L,S_0)] \quad \text{------------------------ (5)}$$

염색공장의 수입은 $P_S S$이고, 생산비는 $C_S(S)$이다. 염색공장이 생산량을 줄이는 대가로 어부는 자신이 얻는 이윤의 일부를 염색공장에 보상을 하며 염색공장의 생산량 감소로 오염이 줄어들었을 때의 어부의 이윤인 $\pi_L(L,S)$에서 염색공장의 초기 생산량에서의 어부의 이윤인 $\pi_L(L,S_0)$를 차감한 것이 보상액이 된다.

이윤 극대화를 위해 식 (5)를 염색공장 생산량인 S에 대해 편미분하면 다음 식(6)과 같다.

$$\frac{\partial \pi_S(S)}{\partial S} = P_S - \frac{\partial C_S(S)}{\partial S} + \frac{\partial \pi_L(L,S)}{\partial S} = 0 \text{ -------------------------- (6)}$$

식 (6)은 다시 식 (7)과 같이 정리할 수 있다. 즉 좌변에 염색제품의 가격 (PS)을 놓고, 우변에 염색공장의 사적한계생산비용(PMCS)과 환경오염에 따른 어부의 한계피해비용(MD)으로 두면, 염색 공장은 염색 제품의 시장가격이 자신의 사적한계비용과 어부의 한계피해비용을 합한 사회적 한계생산비용과 일치하는 수준에서 생산량을 결정하게 되는 것이다. 이를 통해 환경오염으로 인한 외부비용인 오염의 한계피해비용이 가해자인 염색공장 주인에게 반영됨으로써 외부비용의 내부화가 정부 개입 없이도 가능하게 되는 것이다.

$$P_S = PMC_S + MD_L = SMC_S \text{ ----------------------------------- (7)}$$
$$MD_L = -\frac{\partial \pi_L}{\partial S}$$

이처럼 코우즈는 기존에 환경문제가 발생하는 경우 항상 정부의 힘을 빌어서 해결하는 방식에 비해 매우 색다른 접근법을 제시했다는 점에서 환경 문제의 해결에 큰 공헌을 했다고 볼 수 있다. 이러한 코우즈 식의 자발적 협상 방식은 정부 개입을 최소화하고 효율적인 시장을 적극 활용하는 길을 열어 주었고, 배출권 거래제도는 코우즈 정리에 이론적 토대를 둔 제도라고 할 수 있다.

배출권거래제도는 크로커(Crocker, 1966)와 데일즈(Dales, 1968)가 처음 제안하였고, 미국에서는 1977년에 거래가능 오염권(TPP: tradable pollution permit)이 아황산가스 배출을 감축할 목적으로 처음 도입되었다. 1980년대 미국의 아황산가스 배출량은 연간 2억톤이었으며 배출량의 50%인 1억톤의 아황산가스를 감축하기 위해 TPP 제도가 운영되었다. 1990년대에 접어들어 미국은 산성비 프로그램을 도입하는 데 산성비의 주원인인 아황산가스 배출을 저감할 목적으로 석탄화력발전소에 배출권을 할당하고 부족분을 배출권거래시장에서 살 수 있도록 하였다. 그 결과 비용효과적으로 아황산가스를 감축할 수 있었다.

배출권거래제도의 작동원리를 간단한 모형을 통해 살펴보면, 우선 정부에서는 오염배출 기업들이 제출한 한계오염저감비용(MAC)과 정부가 추산한 오염에 따른 한계피해비용(MDC)에 기초하여 허용 배출량인 $\bar{e}$를 설정한다. 허용 배출량이 결정되면 각 기업들은 역사적 배출량과 예상 산업 성장률 등을 고려하여 초기 할당량을 무상(grandfathering) 또는 유상으로 e_{i0}만큼 배분받게 된다. 따라서 다음과 같이 기업들의 초기 할당량의 합은 허용 배출량과 같아야 한다.

$$\bar{e} = \sum_{i=1}^{n} e_{i0} \tag{8}$$

각 기업들은 자신의 실제 배출량(e_{ai})과 초기 할당량(e_{i0})을 비교하여 실제 배출량이 할당량보다 많으면 배출권을 구매하는 수요자(D_e)가 되고, 실제 배출량이 할당량보다 적으면 배출권의 공급자(S_e)가 된다. 이렇게 배출권거래시장이 형성되면 수요와 공급의 균형점에서 배출권거래가격과 배출량이 결정된다.

이론적으로 시장이 왜곡 상태에 있지 않은 최선의 세계(first best world)에서는 환경세와 보조금, 그리고 배출권거래제도는 동일한 환경오염 저감효과를 달성하는 것으로 알려져 있다. 그러나 한계저감비용이나 한계피해비용에 불확실성(uncertainty) 문제가 발생하면 환경세와 배출권거래제도의 효과는 달라질 수 있다(Kolstad, 2011). 이는 규제 당국과 피규제자인 오염유발 기업간에 정보 비대칭성(information asymmetry)이 존재하기 때문이다.

우선 한계저감비용에 불확실성이 존재하고 한계저감비용곡선의 기울기가 한계피해비용곡선의 기울기보다 더 가파른 경우에 환경세와 배출권거래제도의 효과를 비교해 보자(〈그림 9-5〉). 정부는 초기에 한계저감비용과 한계피해비용을 MAC_e와 MDC로 인식하여 환경세는 t_e^*에서 결정하고, 허용 배출량은 e_0^*에서 결정한다. 그러나 실제 기업의 한계저감비용이 더 높은 MAC_H인 경우에는 환경세는 초기 수준보다 높은 t_e^H에서 결정되고 허용 배출량은 초기 수준보다 더 많은 e_t^H에서 결정된다. 따라서 MAC_H와 t_e가 교차하는 점에서의 배출량은 $MDC > MAC$가 되므로 과다 배출되고 있다고 볼 수 있고, MDC와 MAC의 차이에 해당되는 삼각형 DWL_t^H만큼의 후생손실이 발생하고 있음을 알 수 있다.

한편 배출권거래제하에서는 e_H^*가 적정 허용 배출량이지만 정부는 이보다 더 적은 e_0^*를 허용 배출량으로 정하게 되어 이번에는 $MAC > MDC$가 된다. 즉 과소 배출량 설정으로 DWL_p^H만큼의 후생 손실이 발생한다. 그렇다면 환경세와 배출권거래제 가운데 어떤 제도가 후생 손실이 더 적은 제도인가? 환경세가 배출권거래제보다 후생 손실이 더 적음을 알 수 있다. 이때 전제조건은 한계저감비용에 불확실성이 존재하여 실제 한계저감비용이 추정된 한계저감비용보다 더 높아야 하고,

한계저감비용의 기울기가 한계피해비용의 기울기보다 더 가팔라야 한다.

　　만약 실제 한계저감 비용곡선이 추정된 한계저감 비용곡선보다 더 낮은 경우에는 환경세와 배출권거래제 가운데 어떤 제도가 후생 손실이 더 적은가? 위에서 살펴본 단계를 통해 분석해 보면 이번에도 환경세가 배출권거래제보다 후생손실이 더 적다는 깃을 도출할 수 있고, 〈그림 9-5〉를 이용하여 독자 여러분이 직접 증명해 보기 바란다.

그림 9-5　한계저감비용에 불확실성이 존재할 경우 환경세와 배출권거래제의 효과 비교

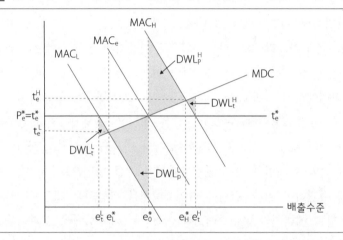

　　한편 한계피해비용에 불확실성이 존재하는 경우에도 환경세와 배출권거래제의 효과는 달라진다. 만약 한계피해비용곡선의 기울기가 한계저감비용곡선의 기울기보다 높다면 실제 한계피해비용이 기준 한계피해비용보다 높거나 낮거나에 상관없이 항상 환경세로 인한 사회적 후생손실이 배출권거래제로 인한 손실보다 작은 것으로 나타난다. 독자들은 〈그림 9-5〉를 이용하여 이를 직접 증명해 보기 바란다.

　　이와 같이 경제적 유인정책은 한계저감비용이나 한계피해비용에 불확실성이 존재하면 사회적으로 적정한 오염배출량 달성이 어렵게 되며 후생손실이 발생한다. 이에 대해 로버츠와 스펜서(Roberts and Spense, 1976)는 허용 배출총량을 기준으로 이보다 더 많이 배출하면 오염원인자에게 환경세를 부과하고 더 적게 배출하면 보조금을 지불하는 혼합형 유인 제도를 제안하였다.

4 환경과 에너지 개발

(1) 에너지의 종류와 주요 이슈

인류는 삶을 영위하기 위해 고대로부터 다양한 종류의 에너지를 이용해 왔다. 고대에는 주로 자연 에너지인 태양과 바람, 물을 주요 에너지원으로 이용했었고, 중세 시대에는 주로 목재(biomass)가 에너지원이었다. 그러나 무분별한 벌채로 말미암아 에너지로 이용가능한 목재는 급격하게 감소되었다. 근대로 접어들면서 산업혁명 이후 필요한 에너지가 기하급수적으로 증가함에 따라 인류는 석탄, 석유, 천연가스를 주요 에너지원으로 이용하였다. 최근에는 우라늄을 연료로 하는 원자력(nuclear power) 기술이 보편화되면서 이들 4가지 유형의 에너지를 통상 화석에너지(fossil energy)라고 부른다. 2000년대에 들어와서는 셰일가스 (Shale gas) 및 셰일오일(Shale oil)과 같은 비전통 화석에너지(non-conventional fossil energy)5의 채굴 경제성이 개선됨에 따라 미국을 중심으로 생산량이 확대되고 있지만 수압 파쇄법과 같은 환경파괴적인 채굴 방식으로 지하수 및 토양 오염 문제에 직면하고 있다. 반면에 자연에너지를 활용하는 태양에너지, 풍력, 수력, 조력, 파력 에너지와 바이오매스를 이용하는 바이오에너지, 폐기물을 재활용하는 폐기물에너지, 땅속의 지열을 에너지로 이용하는 지열에너지와 같은 에너지는 재생가능 에너지(renewable energy)라고 부르며, 우리나라는 수소를 이용하는 연료전지와 석탄액화가스화(IGCC: Integrated Gasification with Combined Cycle) 등 신에너지와 재생가능에너지를 통칭하여 신·재생에너지(new and renewable energy) 라고 한다.

화석에너지는 한 번 사용하고 나면 다시 자연에서 생성되기까지 수백에서 수천년이 걸리며 에너지 연소과정에서 대기오염을 일으키는 오염물질과 온실가스(green house gases)를 발생시킨다. 또한 화석 에너지 생산 과정에서도 수질오염이나 대기오염, 토양오염을 일으킬 수 있다. 화석에너지는 환경오염 문제와 더불어 고갈 가능성이 높아짐에 따라 공급 불안정성 문제가 있고, 우리나라와 같

---

5 비전통 화석에너지란 기존에는 경제성이 낮아서 채굴이 불가능했던 오일샌드, 셰일가스, 셰일오일,
 가스하이드레이트 등을 말한다.

이 대부분의 화석에너지를 수입에 의존하는 나라에서는 수출국의 정치적 상황이나 가격정책에 따라 에너지 안보가 위협을 받을 수 있다.

우리나라를 포함하여 대부분의 나라들이 당면하는 에너지에 관련된 문제를 세계에너지협회(World energy council)는 에너지 트라일레마(trilemma)라고 규정하고 있다. 즉 에너지 안보(energy security)와 에너지 형평성(energy equity),[6] 환경적 지속가능성(environmental sustainability)이라는 세 가지 에너지 정책 목표를 동시에 달성하기란 매우 어렵다는 것이다. 에너지 안보는 보다 구체적으로 국내외의 에너지 자원으로부터 효과적인 일차에너지(primary energy)[7] 공급 관리와 에너지 기반시설에 대한 신뢰도(reliability), 에너지 공급자가 현재 및 미래 수요를 충족시킬 능력을 뜻한다. 한편 에너지 형평성은 모든 인구가 에너지를 사용할 수 있도록 하는 접근권을 의미하고, 환경적 지속가능성은 에너지 공급과 수요 측면의 효율개선과 재생가능에너지 및 저탄소 에너지 개발을 의미한다.

그림 9-6 에너지 안보, 에너지 형평성, 환경적 지속가능성에 관한 트라일레마

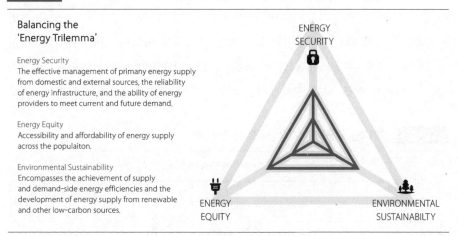

출처: World Energy Council, 2015, '2014 World Energy Issues Monitor'

---

6 우리나라는 저소득층의 에너지 복지를 위해 연탄이나 경유에 대한 연료비 지원, 에너지바우처 지급, 심야전기보일러 지원사업, 가정용 전기요금 누진제 등을 실시해 왔다.

7 에너지의 공급과 수요는 일반 재화와 다른 구조를 갖고 있는데 일차에너지 공급과, 전환에너지 수요, 그리고 최종에너지 수요로 구성된다. 즉 최종 소비자(가정, 상업, 산업, 수송, 공공 부문)가 에너지를 수요하기 위해서는 일차 에너지를 대부분 그대로 사용하지 않고 석유류의 경우 정제 과정을 거쳐 이용되고, 전기는 발전소를 통해 최종 소비된다. 이와 같이 일차에너지를 최종 에너지로 전환하는 과정에서 사용되는 에너지를 전환 에너지 수요라고 한다.

(2) 환경문제와 에너지 소비

대부분의 대기오염 문제는 에너지의 연소과정에서 발생하는 아황산가스(SO_x)나 질소산화물(NO_x), 일산화탄소(CO), 휘발성유기화합물(VOC), 미세먼지($PM10$), 초미세먼지($PM2.5$)와 같은 오염물질들이 적절하게 관리되지 않아서 발생한다고 볼 수 있다. 물론 건설(construction)이나 조리(cooking), 화학비료 이용과정 등에서도 발생하고, 해외 요인도 존재하지만, 대도시의 대기오염문제는 주로 수송용 연료나 발전용 연료의 연소에서 주로 발생한다. 〈그림 9-7〉과 같이 환경부의 공식 자료에 따르면 아황산가스를 제외하고 대기오염배출량에서 도로이동오염원이 가장 큰 비중을 차지하는 것으로 나타난다. 따라서 국내 배출오염원으로 수송부문 연료에 대한 규제를 강화할 필요가 있다. 환경부에서도 수송부문에서 대기오염물질 배출량을 저감하기 위해 수도권 대기환경관리 기본계획을 수립하여 시행중이다.

최근 들어 우리나라의 미세먼지 및 초미세먼지 농도는 경제가 선진국 수준에 근접했음에도 불구하고 오히려 증가하는 경향을 보인다. 〈그림 9-8〉을 보면 2014년 기준 서울의 미세먼지와 초미세먼지 농도는 파리나 런던, 베를린, 워싱턴 등 세계 주요 수도보다 훨씬 더 높은 것으로 나타난다. OECD(2016)는 현재와 같은 미세먼지 배출 저감 정책에서는 오는 2060년경이 되면 한국의 미세먼지로

그림 9-7 2012년 부문별 대기오염물질 배출량 비교

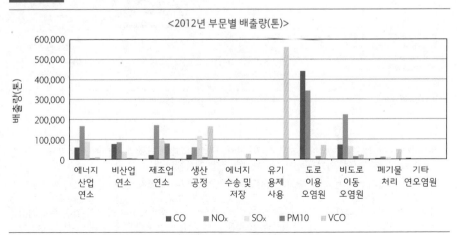

출처: 국립환경과학원, 2015, '2012년 대기오염물질 배출량 산정결과'

인한 사회적 비용이 국민 일인당 연간 500달러로 중국 다음으로 높을 것으로 추정하였다. 미세먼지 증가로 인한 사회적 비용으로는 기관지 및 폐질환과 같은 질병으로 인한 비용과 야외활동 제한에 따른 비용이 포함되어 있다. 이에 따라 환경부는 2016년부터는 미세먼지 문제가 심각해짐에 따라 미세먼지 관리 특별대책을 시행하고 있다.

수송용 연료 가운데에서도 경유는 특히 휘발유나 LPG, LNG에 비해 대기오염물질 배출량이 높은 편이다. 배정환(2016)의 연구에 의하면 경유가격이 1% 증가하면 단기적으로는 경유 소비가 0.23% 감소하고, 장기에는 0.987% 감소하는 것으로 추정되었다. 또한 경유소비가 1% 감소하면 대기오염물질별로 PM10은 0.342% 감소하고, NOx는 0.42% 감소되며, CO는 0.32%, VOC는 0.53% 저감되는 것으로 분석되었다. 이에 따라 경유 가격이 1% 증가하면 PM10은 단기적으로는 0.08% 감소하고, NOx는 0.1% 감소하며, CO는 0.07%, VOC는 0.12% 감소하는 것으로 나타났다. 또한 경유 소비자가 단기적으로는 경유 소비 감소에 소극적이지만 장기가 되면 차량교체나 소비 패턴의 변화와 같은 적극적인 대응을 함에 따라 경유 소비가 1% 증가하면 장기적으로 PM10은 0.34%, NOx는 0.42%, CO는 0.31%, VOC는 0.53% 감소하는 것으로 예측되었다.

2016년 기준 휘발유와 경유에 대한 유류세를 비교하면 100 : 85로 경유에 부과되는 유류세가 휘발유보다 리터당 200원 이상 낮다. 비록 경유가 휘발유보다 발열량은 더 높지만 대기오염 배출량이 더 많은 것을 감안하면 경유에 대한 유류

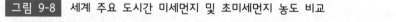

그림 9-8 세계 주요 도시간 미세먼지 및 초미세먼지 농도 비교 (단위: ㎍/㎥)

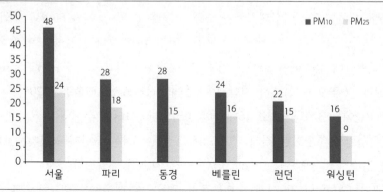

주: 2014년을 기준으로 하되, 동경은 2012년 런던은 2013년 자료임.
출처: 세계보건기구(WHO), *Global Urban Ambient Air Pollution Database*, 2016.

세 비중이 휘발유 대비 상향 조정될 필요가 있다. 더구나 경유의 공장도 가격이나 국제시장 거래가격은 휘발유보다 더 높지만 경유에 대한 유류세가 휘발유보다 더 높기 때문에 경유의 소매가격이 휘발유보다 더 높아지는 가격 역전 현상이 발생하고 있다는 점에서 휘발유 소비자와 경유 소비자간 조세 부담의 형평성에 관한 문제도 존재한다. 물론 경유는 트럭이나 화물차에 주로 이용된다는 점에서 경유에 대한 유류세 인상시 상대적으로 저소득층에서 더 많이 부담한다는 측면과 산업 경쟁력이 약화되고, 경유에 지원되는 유류 보조금이 증가할 수 있기 때문에 경유가격 인상 정책에 앞서 다양한 이해집단의 의견을 수렴할 필요가 있다.

(3) 기후변화와 에너지 전환

한때 기후변화는 유럽 국가들이 자신들의 강점인 친환경 시장을 독점하기 위해 날조된 현상으로 그 과학적 근거가 미약하다는 음모론이 제기되기도 했으나, IPCC(Inter-governmental Panel on Climate Change) 제5차 보고서(IPCC, 2014)를 통해 인간활동이 기후 시스템에 영향을 미치고 있다는 것이 확실하고, 그 정도가 점차 더 심화되고 있으며, 전 대륙과 해양에 걸쳐 광범위하게 진행되고 있음이 확인되었다.

기후변화를 일으키는 기체를 온실가스(GHG: green house gases)라고 하고, 여기에는 수증기(vapor), 이산화탄소(CO_2: Carbon Dioxide), 염화불화탄소(CFC: Chlorofluorocarbons), 메탄(methane), 아산화질소(N_2O: nitrous oxide), 오존(Ozone)이 포함된다. 이 가운데 이산화탄소는 전체 온실가스의 55%를 차지하고 있어 주요한 온실가스로 알려져 있고, 다음으로 메탄이 18%를 차지하며, 염화불화탄소가 13%, 오존이 7%, 아산화질소가 6%를 차지하고 있다. 지난 80만년 동안 이산화탄소의 농도는 180~280ppm 수준에서 안정적이었으나 산업혁명 이후 약 2백년간 급격하게 상승하여 2008년 기준 전 세계 이산화탄소 농도는 385ppm을 기록하였다〈그림 9-9〉. 특히 지난 1900년에 이산화탄소 배출량은 20억톤이었으나 2008년에는 320억톤으로 16배나 상승하였다. 이러한 추세대로 간다면 전 세계는 극심한 기후변화를 겪게 되고 2100년경에는 기온이 현재 평균기온보다 3.7도 더 상승하고, 해수면은 67cm 더 올라갈 것으로 예측된다.

과거 120여 년 간 세계 주요국들의 온실가스 배출량을 비교해보면 미국과

EU국가들의 배출량은 50% 가까이 감소해 왔으나 중국이나 인도, 러시아 및 기타 국가들의 온실가스 배출량은 급격하게 증가해왔다는 점에서 선진국과 개도국의 공동 대응이 필요하다〈그림 9−10〉. 한편 온실가스 증가로 인한 기후변화 문제에 있어서 에너지 연소가 가장 중요한 배출원인 것으로 알려져 있다. 〈그림 9−11〉을 보면 1990년의 전 세계 온실가스 배출량은 약 300억톤이고, 2005년에 약 380억톤으로 증가했다. 부문별 온실가스 배출 기여도를 보면 에너지 부문이 1995년 73%에서 2005년에 78%로 대부분을 차지하고 있음을 알 수 있다.

그림 9-9 지구의 이산화탄소 배출농도 변화

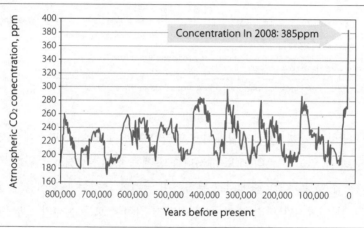

출처: Deutsche Bank Group, 2008, 'Investing in Climate Change 2009'.

그림 9-10 주요국의 온실가스 배출량 변화 비교

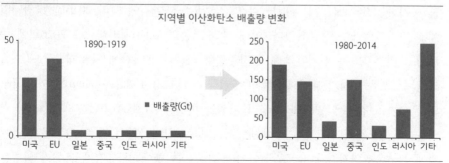

출처: International Energy Agency, 2015, 'World Energy Outlook Special Report: energy and climate change'

그림 9-11 부문별 전 세계 온실가스 배출량

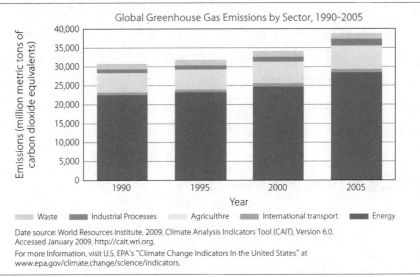

Global Greenhouse Gas Emissions by Sector, 1990-2005

Date source: World Resources Institute. 2009. Climate Analysis Indicators Tool (CAIT). Version 6.0.
Accessed January 2009. http://cait.wri.org.
For more Information, visit U.S. EPA's "Climate Change Indicators In the United States" at
www.epa.gov/climate.change/science/indicators.

출처: IPCC, 2006, 'Guidlines for national green house gases inventories'

기후변화 문제가 날로 심각해짐에 따라 2015년 12월에는 파리에서 기후변화 당사국 총회를 열고 기존의 교토 메커니즘 체제를 신기후체제로 전환하기로 합의했다. 기존의 교토 메커니즘에서는 부속서 II 국가에 속하는 선진국들만 온실가스 감축 의무가 있었지만 파리 총회에서는 195개 참여국 모두 온실가스 감축에 관한 자발적 의무를 부담하기로 하였다. 또한 지구 평균온도 상승을 1.5도 이하에서 유지하기로 합의하였다. 이에 따라 각국은 자발적 감축목표(INDC: Intended Nationally Determined Contributions)를 2016년까지 제출하였고, 전 세계 배출량의 55% 이상을 차지하는 55개국 이상 국가들이 INDC 비준을 마침에 따라 2016년 11월 4일에 파리기후협약이 발효되었다. 이에 따라 기존의 교토 메커니즘은 2020년에 종료되고 이후부터는 신기후체제로 전환된다. 신기후체제하에서는 개도국도 자발적 감축 의무를 지기 때문에 세계기후기금(GCF: Global Climate Fund)은 개도국들의 온실가스 감축에 필요한 재정적 지원금 마련을 위해 2020년까지 1,000억 달러를 모금할 계획이다. 신기후체제에서는 모든 참여국들이 감축 의무를 진다는 점에서는 교토의정서보다 포괄적이지만 감축 미이행에 따른 강제 조치가 없다는 점에서 온실가스 감축 목표 실현 가능성이 낮을 것이라는 비판도 존재한다.

우리나라는 2030년까지 기준 시나리오(BaU: Business as Usual) 대비 37%의 온실가스를 감축하겠다는 자발적 감축목표를 파리기후협약에 제출했다. 2030년 기준 온실가스 배출 전망치는 850.06백만톤[8]인데 37%인 314.52백만톤을 감축하기로 한 것이다. 이 가운데 25.7%인 218.47백만톤은 국내에서 감축하고, 나머지 11.3%인 96.06백만톤은 국제탄소배출권시장에서 매입할 계획이다. 국내의 온실가스 감축 목표를 달성하기 위해 가정, 상업, 산업, 수송, 발전, 공공부문별로 온실가스 감축노력을 하기로 했으며 주요 감축 수단은 신재생에너지 보급 확대와 에너지수요관리, 에너지신산업 육성, 온실가스 배출권 거래제도 등이다.

신재생에너지 보급확대를 위해 정부는 초기에 신재생에너지 생산비용과 전력 가격간의 가격 차이를 보전해주는 가격지원정책인 FIT(Feed-In Tariff)제도를 운영하였으나, 2012년부터 신재생에너지의무화제도(RPS: Renewable Portfolio Standard)로 전환하였다. 이 제도는 발전규모 500MW급 이상의 발전사가 연간 총 발전량의 일정 비중 이상을 신재생에너지에 의해 생산하도록 의무화하고 신재생에너지 인증서(REC: Renewable Energy Certificate) 시장을 개설하여 RPS를 충족하지 못한 발전사가 REC를 구매할 수 있도록 하였다. REC에 대한 가중치는 신재생에너지 원별로 상이한데 예를 들어 IGCC(Integrated coal gasification and combined cycle)나 부생가스는 가중치가 0.25이나 수력이나 육상풍력은 1이며, 연료전지와 해상풍력은 2, 태양광은 설치유형에 따라 0.7~1.5, ESS(Energy Storage System) 연계설비의 경우 4.5~5.5를 받도록 되어 있다. 2012년에 신재생에너지 의무비율은 2%였고 2016년 기준 3.5%이며, 2024년까지 10%까지 확대될 계획이다.

한편 수송부문의 신재생에너지 보급 확대를 위해 2012년부터 정유회사들에게 매년 일정 비율로 바이오디젤(biodiesel)을 경유(petro-diesel)에 혼합하도록 의무화하고 있다. 이미 2007년에 정부와 정유회사간의 협약을 통해 바이오디젤을 0.5% 혼합하고 혼합되는 바이오디젤에 대해서는 유류세를 부과하지 않는 면세유 정책을 2011년까지 실시하였다. 2016년 기준 바이오디젤 혼합비중은 2.5%이며 점진적으로 휘발유에 혼합하는 바이오에탄올이나 ETBE(Ethyl tert-butyl ether), 바이오부탄올, LNG에 혼합하는 바이오가스도 도입될 계획이다.

---

8 온실가스 배출량은 이산화탄소 배출량으로 환산하여 TCO_2로 통상 표시하며 여기서는 편의상 톤으로 표시했다.

우리나라의 최종에너지 소비량 대비 신재생에너지 비중은 선진국에 비해 매우 낮은 편인데 향후 2030년까지 37%의 온실가스 감축 목표를 달성하기 위해서는 현재 수준보다 훨씬 더 적극적인 신재생에너지 보급 정책이 필요하다. 이와 더불어 에너지 효율개선과 에너지 절약을 위한 지속적이고 체계적인 캠페인과 교육이 필요하고, 스마트그리드, 전기자동차, 에너지저장장치와 같은 에너지 신기술을 사물인터넷이나 인공지능, 빅데이터, 클라우드와 같은 4차 산업 혁신 기술과 에너지 프로슈머 제도에 연계할 필요가 있다. 이와 더불어 성장 위주의 정책 패러다임과 물질 중심주의에서 벗어나 성장과 분배, 환경이 조화를 이루는 지속가능발전 패러다임으로 전환할 필요가 있다.

연습문제

❶ 정부에서는 미세먼지 배출권 거래제도와 미세먼지에 대한 환경세 제도 가운데 한 가지 제도를 실시하고자 한다. 이때 미세먼지로 인한 한계피해비용곡선(MDC)상에 불확실성(uncertainty) 문제가 발생하여 추정된 MDC와 실제 MDC가 다르다고 한다. 한계저감비용곡선(MAC)의 기울기가 MDC의 기울기보다 더 낮다면 배출권거래제와 환경세 가운데 어떤 정책을 적용하는 것이 자중손실(DWL)을 줄일 수 있는지 그래프를 그려 각 정책별 사회 후생의 변화를 비교하여 제시하라.

❷ 본 장의 3절에서 환경세의 효과를 후생 변화를 통해 분석해보았다. 최근에 우리나라를 비롯해 많은 나라들이 전기자동차 구매시 세금공제와 보조금을 지급하고 있다. 이러한 보조금 지급제도의 사회후생 변화를 그래프를 이용하여 분석하라.
※ 힌트: 전기자동차의 수요 곡선에 긍정적 외부효과가 발생하므로 PMB(사적한계편익)≠ SMB(사회적한계편익) 임을 이용하라.

❸ 에너지 효율을 개선하면 리바운드 효과(rebound effect)가 발생하는 것으로 알려져 있다. 즉 에너지 효율이 개선됨에도 불구하고 에너지 소비가 더 늘어나는 현상이다. 왜 이런 현상이 발생하는지를 수요-공급 곡선을 이용하여 설명해 보시오.

❹ 정부는 저소득층에게 에너지 복지 차원에서 연탄구매가격을 보조하기도 하고, 경유에 대해 유류보조금을 지급하기도 한다. 이러한 가격보조금 제도를 소득 직접 보조 제도와 비교하고, 장단점을 논하시오.

❺ 우리나라가 파리기후변화협약에서 공언한 2030년 기준 37%의 온실가스 저감 목표는 실현 가능하다고 생각하는가? 그렇게 대답한 이유를 설명하고, 이러한 목표를 실현시키기 위해서 어떤 노력들을 해야 할 것인지 논하시오.

참고문헌

국립환경과학원(2015). '2012년 대기오염물질 배출량 산정결과'.

권오상(2013). '환경경제학', 박영사.

배정환·김유선(2016). '우리나라 대기오염배출 원인과 저감 정책 효과 분석', 자원환경경제연구 제25권 제4호.

이수철(2017). '일본의 초미세먼지 대책과 미세먼지 저감을 위한 한중일 협력', 경제학공동학술대회 발표자료.

이정전(2000). '환경경제학', 박영사.

Brundtland, Gro Halem et al.(1987). 'Report of the World Commission on Environment and Development: Our Common Future'.

Coase(1960). "The Problem of Social Cost," *Journal of Law and Economics*, Vol.3.

Crocker(1966). The structuring of Atmospheric Pollution Control Sysyems. In The Economics of Air Pollution, edited by Harold Wolozin. New York.

Dales(1968). Pollution, Property, and Prices, Toronto: University of Toronto Press.

Dasgupta, S., B. Laplante, H. Wang, D. Wheeler(2002). 'Confronting the Environmental Kuznets Curve', *The Journal of Economic Perspectives*, Vol. 16, No. 1: 147-168.

Dasgupta, S., B. Laplante, H. Wang, D. Wheeler(2002). 'Confronting the Environmental Kuznets Curve', *The Journal of Economic Perspectives*, Vol. 16, No. 1: 147-168.

Deutsche Bank Group(2008). 'Investing in Climate Change 2009'.

Grossman and Kruger(1995). *NBER Working Paper n.4634; also in Quarterly Journal of Economics* Vol. 110(1995), pp.353-377.

Holtz-Eakin and Selden(1992). "Stoking the Fires? CO_2 Emissions and Economic Growth," NBER Working paper No.4248

International Energy Agency(2015). 'World Energy Outlook Special Report: energy and climate change'

IPCC(2006). 'Guidlines for national green house gases inventories'.

IPCC(2014). 'Synthesis Report: Contribution of Working groups I, II, and III to the 5th

Assessment report of the Intergovernmental Panel on Climate Change [Core Writing team, R.K., Pachauri and L.A. Mayer(eds.)]. IPCC, Geneva, Switzerland.

Kolstad(2011). 'Intermediate Environmental Economics', International second edition, Oxford University Press, New York.

Kuznets S.(1955) "Economic growth and income inequality", *American Economic Review*, vol.45, pp.1−28.

Neumayer, Eric(2003). 'Weak versus Strong Sustainability: Exploring the limits of two opposing paradigms, 2nd Ed. Edward Elgar, England.

OECD(2016). "The economic consequences of outdoor air pollution".

Oxfam(2012). "Left behind by the G20? How inequality and environmental degradation threaten to exclude poor people from the benefits of economic growth," 157 Oxfam Briefing Paper.

Panayotou(1997). Demystifying the Environmental Kuznets Curve: turning a black box into a policy tool, Environment and Development Economics 2(4): 465−484.

Roberts and Spense(1976). "Effluent Charges and Licenses under Uncertainty," *Journal of Public Economics V*(April/May, 1976), 193−208.

Roberts and Spense(1976). Effluent charges and licenses under uncertainty. *Journal of Environmental Economics and Management* 5, 193-208

Selden and Song(1994). Environmental quality and development: is there a Kuznets Curve for air pollution emissions? *Journal of Environmental Economics and Management* 27: 147−162.

Solow, Robert(1992). 'An almost practical step towards sustainability,' invited lecture, Resources for the Future, Washington, DC.

Stockey(1998). 'Are there limits to growth?', *International Economic Review* 39: 1-31.

WHO(2016). 'Global Urban Ambient Air Pollution Database'.

World Energy Council(2015). '2014 World Energy Issues Monitor'.

지역개발과 안전

_ 최충익

　　지방자치제도 실시 이후 지역개발에 대한 지역주민들의 관심이 고조되고, 더불어 안전에 대한 욕구도 커지고 있다. 본 장에서는 안전을 인간 삶에 있어서 근본적 가치로 파악하고 지역개발과 지역사회에서 무시되어서는 안 될 중대한 가치로 인식한다.

　　본 장에서는 지역개발과 안전관련 법체계를 다룸으로써 지역개발 과정에서 현재 운영되는 제도적인 안전관리 시스템이 제대로 작동되는지를 점검하고자 하였다. 보다 체계적이고 근본적인 지역개발의 안전 시스템 마련을 위해 하인리히 이론, 정상사고이론, 재난배양이론, 고도신뢰이론 등의 다양한 안전관리이론에 대해 살펴보았다. 아울러 재난발생에 따른 지역사회의 서비스 수준이 어떻게 변화하는지에 대해 살펴봄으로써 향후 지역사회에 재난발생시 어떤 대응체계가 이루어져야하는지 이론적으로 고찰해보았다. 마지막으로 안전한 지역개발을 위한 제언으로써 안전을 위한 체크리스트를 제안하고 있으며 위험사회의 국토관리와 지역개발이 어떻게 이루어져야 하는지에 대한 대안적 담론을 다룬다.

1 지역개발과 안전의 의의

국민들의 안전에 대한 관심이 커지고 있다. Maslow(1959)는 인간의 욕구를 생리적 욕구, 안전 욕구, 애정 욕구, 존경 욕구, 자아실현 욕구로 구분하였는데, 안전욕구는 생리적 욕구와 함께 인간의 자아실현 구현을 위해 사전에 충족되어야 할 가장 기본이 되는 하위욕구에 해당한다. 안전은 인간의 삶에 있어서 근본적 가치로 작용하기에 인간 집단이 이루는 지역사회에서도 안전이 무시되어서는 안 될 중대한 가치로 인식되고 있다.

지역개발은 안전과 어떤 관계에 있는 것일까. 어떤 지역은 안전을 위해서 지역개발이 이루어지는 경우가 있으며, 반면 지역개발을 통해 주민안전이 위협받는 지역이 생기는 경우도 많다. 재난발생은 대부분 물리적 공간상에서 이루어지며 지역개발은 물리적 공간의 구조를 변형하고 개발하기에 재난의 예방과 발생에 직접적인 관련이 있다.

정주환경이 도시화 및 산업화되면서 삶의 공간에서 재난과 같은 굵직한 사건·사고들이 흔히 발생하고 있다. 수많은 재산피해와 더불어 인명피해도 동반하는 경우가 적지 않다. 1960년대 이후 경제성장과 국토개발이 지역개발정책 패러다임의 중심에 있었다. 안전은 행복한 지역사회 구현을 위해 우선적으로 확보되어야 할 본질적 가치임에도 개발과 성장이라는 수단적 가치에 밀릴 수밖에 없었다. 하지만, 점차 지속가능성과 안전의 가치가 부각되고 있다. 지역개발에 있어서 재난과 안전에 대한 관심도 부쩍 커졌다. 과거 개발위주의 패러다임에서 지속가능한 개발과 환경에 대한 관심이 증폭되면서 지역개발 분야에서도 재난과 안전에 대한 관심이 커지고 있다. 본 장에서는 지역개발과 안전에 대한 논의를 법체계와 이론 그리고 실천방안의 측면에서 살펴보도록 하겠다.

2 지역개발과 안전관련 법체계

우리사회의 안전에 대한 관심이 고조되면서 법체계적인 정비와 더불어 관련법과 규정이 많아졌다. 2017년 3월 현재 우리나라 법제처 국가법령정보센터에 등록된 법, 시행령과 시행규칙 상 안전이라는 용어를 포함하고 있는 법령은 198개나 될 정도로 안전에 대한 법제도적인 관심도 지대하다. 여기에 법명이 아닌 내용에 안전을 포함하는 법령까지 모두 포함한다면 그 숫자는 훨씬 많아진다. 이같은 맥락에서 지역개발과 안전에 대한 담론의 하나로 지역개발과 안전관리 법체계를 살펴보는 것은 의미 있는 과정이다.

「재난 및 안전관리 기본법」에서 재난은 자연재난과 사회재난으로 구분된다. 과거에는 재난을 자연재난과 인적재난 그리고 사회재난으로 구분했지만, 지난 2013년 개정에서 재난 개념을 자연재난과 사회재난으로만 구분하였다. 자연재난은 "태풍, 홍수, 호우(豪雨), 강풍, 풍랑, 해일(海溢), 대설, 낙뢰, 가뭄, 지진, 황사(黃砂), 조류(藻類) 대발생, 조수(潮水), 그 밖에 이에 준하는 자연현상으로 인하여 발생하는 재해"로 파악된다. 반면, 인적재난은 사회재난의 한 범주로 파악되며, 사회재난이란 "화재·붕괴·폭발·교통사고·화생방사고·환경오염사고 등으로 인하여 발생하는 대통령령으로 정하는 규모 이상의 피해와 에너지·통신·교통·금융·의료·수도 등 국가기반체계의 마비, '감염병의 예방 및 관리에 관한 법률'에 따른 감염병 또는 '가축전염병예방법'에 따른 가축전염병의 확산 등으로 인한 피해"를 뜻한다. 한편, 해외재난을 "대한민국의 영역 밖에서 대한민국 국민의 생명·신체 및 재산에 피해를 주거나 줄 수 있는 재난으로서 정부차원에서 대처할 필요가 있는 재난"으로 규정하고 있다.

현행 법 체계에서 안전은 재난에 대응하는 예방적 시스템으로 인식되는 경우가 많으며 대표적으로 「재난 및 안전관리 기본법」은 국민 안전뿐만 아니라 지역개발에 대한 기본적 사항을 담고 있다. 「재난 및 안전관리 기본법」상에서 지역개발에 대한 직접적인 언급은 없으나 지역사회 재난관리를 통해 간접적으로 다루고 있다. 재난의 종류와 분류에 대한 내용을 표로 정리하면 다음과 같다.

표 10-1 재난의 분류(행정안전부(구 국민안전처), 2014)

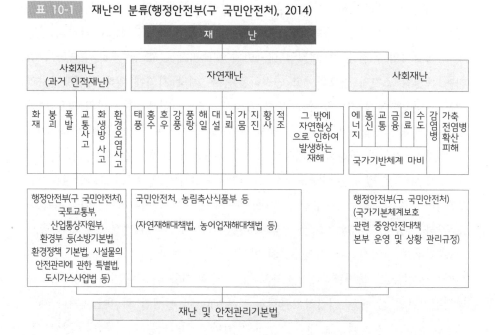

	재 난		

사회재난 (과거 인적재난)	자연재난		사회재난
화재 / 붕괴 / 폭발 / 교통사고 / 화생방사고 / 환경오염사고	태풍 / 홍수 / 호우 / 강풍 / 풍랑 / 해일 / 대설 / 낙뢰 / 가뭄 / 지진 / 황사 / 적조 / 그 밖에 자연현상으로 인하여 발생하는 재해		에너지 / 통신 / 교통 / 금융 / 의료 / 수도 / 감염병 / 가축전염병 확산 피해
			국가기반체계 마비
행정안전부(구 국민안전처), 국토교통부, 산업통상자원부, 환경부 등(소방기본법, 환경정책 기본법, 시설물의 안전관리에 관한 특별법, 도시가스사업법 등)	국민안전처, 농림축산식품부 등 (자연재해대책법, 농어업재해대책법 등)		행정안전부(구 국민안전처) (국가기본체계보호 관련 중앙안전대책 본부 운영 및 상황 관리규정)

재난 및 안전관리기본법

　　지역개발과 안전이슈에 대한 법제도적 접근을 살펴보면 다음과 같다. 「국토기본법」과 「국토의 계획 및 이용에 관한 법률」에서는 도시·군 기본계획에 방재 및 안전에 관한 사항에 대한 정책방향이 포함되어야 함을 규정하고 있다. 기초지방자치단체뿐만 아니라 광역지방자치단체도 해당 지역의 기본적인 공간구조와 장기 발전 방향을 제시할 때 도시와 지역의 안전에 대한 사항을 다루어야 한다. 「재난 및 안전관리 기본법」은 안전관리를 재난이나 그 밖의 각종 사고로부터 사람의 생명·신체 및 재산의 안전을 확보하기 위하여 하는 모든 활동으로 정의하고 있다. 이와 유사하게 「경찰법」에서는 국가경찰의 임무를 국민의 생명과 신체 및 재산의 보호와 기타 공공의 안녕과 질서 유지 등으로 정하고 있다. 최근에는 안전에 대한 관심 증대가 지속가능한 발전과 환경으로 그 범위가 확장되고 있다. 「지속가능발전법」에서는 국내의 지속가능한 발전 노력뿐만 아니라 지속가능발전을 위한 국제사회의 노력에 동참할 것을 도모하고 있으며, 나아가 현재 세대와 미래 세대가 보다 나은 삶의 질을 누릴 수 있는 세대 간 형평성에 대해 언급되어 있다. 「저탄소 녹색성장 기본법」 역시 경제와 환경의 조화로운 발전을 통해 국민경제의 발전을 도모하고, 저탄소의 친환경 안전사회 구현에 대해 규정하고 있다.

　　「재난 및 안전관리 기본법」상의 대표적인 지역개발관련 규정으로 먼저 특별재난지역의 선포를 들 수 있다. 제60조에서 대규모 재난발생으로 국가의 안녕 및 사회질서의 유지에 중대한 영향을 미치거나 피해를 효과적으로 수습하기 위하여 특별한 조치가 필요하다고 인정하는 경우 해당 지역에 대해 특별재난지역 선포를 대통령에게 건의할 수 있도록 규정하고 있다. 특별재난지역의 경우 대통령령이 정하는 응급대책 및 재난구호와 복구에 필요한 특별지원을 받을 수 있다. 두 번째로, 지역의 안전관리 기구로서 지역위원회의 운영을 들 수 있다. 특별시장·광역시장·특별자치시장·도지사·특별자치도지사의 경우 시·도 안전관리위원회를 두고, 시장·군수·구청장 소속으로 시·군·구 안전관리위원회를 운영하도록 하고 있다. 지역위원회는 지역에 대한 재난 및 안전관리정책에 대한 총괄적인 업무를 운영하기에 지역개발의 안전가치를 확보할 수 있는 제도적 수단이 된다. 세 번째로, 특정관리대상지역의 지정 및 관리를 들 수 있다. 제27조는 중앙행정기관의 장 또는 지방자치단체의 장은 재난이 발생할 위험이 높거나 재난예방을 위하여 계속적으로 관리할 필요가 있다고 인정되는 지역을 대통령령으로 정하는 바에 따라 특정관리대상지역으로 지정할 수 있도록 규정하고 있다. 아울러 재난관리책임기관의 장은 지정된 특정관리대상지역에 대하여 재난 발생의 위험성을 제거하기 위한 조치 등 특정관리대상지역의 관리·정비에 필요한 조치를 해야 하기에 특정관리대상지역은 지역개발의 안전을 담보하는 중요한 수단이 된다. 넷째, 위험구역의 설정이다. 제41조에는 시장·군수·구청장과 지역통제단장은 재난이 발생하거나 발생할 우려가 있는 경우에 사람의 생명 또는 신체에 대한 위해 방지나 질서의 유지를 위하여 필요하면 위험구역을 설정하고, 응급조치에 종사하지 아니하는 사람에게 적절한 조치를 명할 수 있도록 규정하고 있다. 지역개발 과정에 있어서 위험구역의 설정 및 관리가 적절히 이루어질 경우 주민 안전을 확보할 수 있는 중요한 수단이 될 수 있다. 아울러 제66조의 안전사업지구지정과 함께 지역사회의 안전수준을 높이기 위한 대책으로 이해될 수 있다. 다섯째, 지역축제 개최 시 안전관리조치이다. 제66조에서는 지방자치단체의 장은 지역축제를 개최하려면 해당 지역축제가 안전하게 진행될 수 있도록 지역축제 안전관리계획을 수립하고, 그 밖에 안전관리에 필요한 조치를 하여야 한다고 규정한다. 전국적으로 다양한 축제가 수시로 개최되고 그에 따른 각종 지역개발이 활발하게 이루어지기에 적절하게 운용될 경우 지역개발과 안전가치를 제고하는 시의성 있는 제도로 파악된다.

특별재난지역은 지역재난안전대책본부와 함께 사후적 조치의 성격이 강한 반면 지역위원회, 특정관리대상지역, 위험구역설정, 지역축제의 안전관리조치는 사전적 조치의 성격이 강하다.

한편, 지역단위와는 달리 국가차원의 안전관리체제는 의사결정 및 총괄, 협의·조정 및 지원을 주 기능으로 하는 전국적 범위의 체제로 구성된다. 이러한 체제는 크게 위원회 체제와 대책본부 체제로 구분된다. 첫째, 위원회 체제는 국무총리가 위원장인 '중앙안전관리위원회'로서, 범정부 재난관리 체계의 최고 의사결정 기관이며, 위원은 중앙행정기관 또는 관계 기관·단체의 장이 되며, 산하에 경미한 사항의 협의·조정을 위하여 조정위원회를 두고 필요한 경우 분과위원회를 설치할 수 있다(행정안전부(구 국민안전처), 2014). 이를 표로 나타내면 다음과 같다.

그림 10-1 위원회형 재난관리 체계

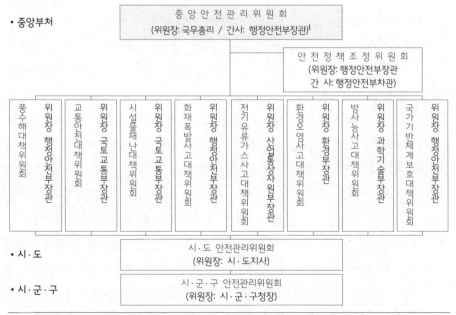

출처: 행정안전부(구 국민안전처), 2014

---

1 재난관리법 개정안에서는 국가안전처의 신설에 따라 국가안전처장관이 (개정 전) 안전행정부 장관의 역할을 대신한다.

둘째, 국가적 차원 안전관리 체계의 다른 하나는 '중앙재난안전대책본부'(본부장: 행정자치부장관) 체제로서, '중앙재난안전대책본부'는 전국적 범위 또는 대규모 재난의 예방·대비·대응·복구 등에 관한 사항을 총괄·조정하고 필요한 조치를 하기 위해 사전 구성되고 한시적으로 가동되는 조직으로서, 대규모 재난에 관해 범정부·범지역 차원에서 실제로 취해야 할 집행적 조치 사항을 그 대상으로 한다. 특히 '중앙재난안전대책본부'는 태풍, 지진 등 자연재난 외의 재난이 발생하여 주무부처의 장 소속하에 설치되는 중앙사고수습(대책)본부와 유기적인 연계 협력구조를 갖고 운영된다.

3 지역개발과 안전관리이론

(1) 하인리히의 법칙(Heinrich's law)과 안전관리

Heinrich(1959)는 재난의 발생과 예방에 관한 일련의 법칙을 연구했다. 대부분 어쩔 수 없는 것으로 여겼던 사고에 대해 우연히 발생하기보다 과학적 규칙성이 존재한다는 접근을 하며 관심을 받았다. 하인리히는 도미노 이론에서 사고가 발생하는 과정을 다섯 단계로 설명한다. 첫째, 지역사회에 배태된 사회적 환경과 행태를 습득하는 단계이다. 사람들은 한 사회에 적응하고 학습하는 과정에서 사회적 환경과 행태를 습득하게 되고 그 가운데서 사람의 실수가 발생하게 되는 틈이 생긴다는 것이다. 둘째, 못된 기질이나 부주의함과 같은 사람의 실수들은 그 사회의 생활습관과 패턴 속에서 학습된 사회적 환경의 결과로 나타난다. 사람의 잘못과 실수는 그 사람이 속했던 사회적 환경과 행태적 습관에 의해 발생한다는 것이다. 셋째, 인적 및 기술적 위험은 사람의 부주의함과 부적절하게 유지·관리된 장비(equipment)를 통해서만 존재한다는 것이다. 위험을 과업수행에 있어서 적절한 주의를 기울이지 않고 필요한 안전수칙을 수행하지 않음에 따르는 결과로 파악한다. 넷째, 사고는 이와 같이 인적 또는 기술적 위험의 발생결과로 발생한다는 것이다. 사람이 부주의하지 않고 기계적 유지관리의 결함을 막는다면 사고는 발생하지 않는다고 주장한다. 다섯째, 마지막 도미노는 사고의 결과를 의미하며 인명피해와 재산피해가 될 수 있다. 인명피해는 사고의 결과로서 나타나며 모든 사고가 인명피해로 이어지지는 않음을 강조한다.

하인리히는 인명피해와 재산피해에 대한 강조보다 사고 자체를 강조한다. 사고는 계획되지도 조절되지도 않는 매우 불확실성이 높은 사건이기에 사람의 인명과 재산을 동시에 빼앗아갈 수 있는 영향력이 있다. 인명피해와 재산피해를 줄이는 것도 중요하지만 사고 자체를 줄이는 것이 바람직한 재난관리시스템에서 더 중요하다는 것이다. 재난관리담당자는 하인리히가 주장한 다섯 단계 모두에 대해 예의주시해야 하며 특히 재난과 같은 사고발생에 주로 관심을 집중할 필요가 있다는 것이다. 모든 사고가 인명피해를 동반하고 재산피해를 일으키지는 않는다고 사소한 사고를 무시해서는 안 된다는 것이다. 결국 작은 사고가 많아지면 필연적으로 막대한 인명피해와 재산피해를 동반하는 큰 재난으로 연결된다는 것이다.

그림 10-2 하인리히 법칙(Heinrich, 1959)

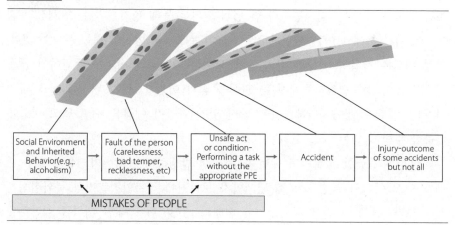

도미노 법칙과 더불어 1 : 29 : 300법칙으로 알려진 하인리히 법칙은 위험사회에서 지역개발이 어떻게 이루어져야 하는지에 대해 시사하는 바가 크다. 이는 큰 재난(serious accidents)은 우연히 갑작스럽게 발생하는 것이 아니라 그 전에 인식 못한 경미한 사고(potential accidents)들의 반복 속에서 발생한다는 것을 실증한 이론이다(Heinrich, 1959). 결국 큰 재난·재해(disasters)가 터지기 전 일정 기간

경고성 사건들이 존재하게 됨을 의미하며 재앙은 이 같은 사소한 것들을 방치할 때 발생한다는 논리다. 2014년 6월 세월호 참사는 이익을 위해 작은 사건·사고가 주는 일련의 경고를 무시한 채 위험을 감수함으로써 얼마나 엄청난 대가를 치러야 하는지 적나라하게 보여주었다. 아울러 안전 불감에 익숙한 위험사회가 얼마나 끔찍한 결과를 초래할 수 있는지도 알 수 있었다.

역으로 사소한 경고 메시지에 대한 신속한 조치와 대응은 큰 사건과 사고를 미연에 예방할 수 있음을 의미한다. 위험사회에서 안전하게 국토를 성장시키고 관리하기 위한 우리의 노력은 이 같은 맥락에서 시작된다(최충익, 2015). 무엇보다 안전에 대한 사회적 가치가 재조명될 필요가 있으며 정부 부처와 지방자치단체의 안전에 대한 인식 및 의식 변화도 동반되어야 한다. 최근 빈번하게 발생하는 대형 사건·사고들이 단순한 대응미비로 인한 우발적 사건이 아니라 우리 사회전체의 위기관리 및 재해대응 시스템의 위기로 파악되어야 하는 이유다. 정부 부처에서의 안전에 대한 투자는 여타 사업 예산에 밀리기 일쑤며 사건·사고가 발생하지 않을 경우 가장 먼저 예산이 삭감되는 것이 불편한 진실이다. 지방자치단체 역시 마찬가지다 4년마다 한 번씩 선거를 통해 평가를 받는 단체장의 경우 재임기간 눈에 보이는 사업으로 주민들의 눈도장을 받아야 하는 부담이 있다. 안전 예산은 사업성 예산과 같이 눈에 보이는 가시적인 성과를 동반하지 않는 경우가 많아 정책결정자들에게 큰 관심을 받기 어렵다. 임기 내 성과를 나타내야 하는 많은 지방자치단체장들은 안전 및 재난관리 예산을 뒤로 하고 사업에 치중할 수밖에 없는 구조다(최충익, 2015).

아무리 위험한 국토라도 매번 큰 재난이 발생하지는 않는다. 대형 재난·재해가 언제 어디서 어떤 강도로 발생할지 모르기에 국토안전관리의 불확실성은 실로 크다. 결국 이 같은 불확실성이 미래의 재해위험에 대한 대비를 취약하게 만들곤 한다. 향후 발생하지 않을지도 모르는 재난과 재해에 대한 대응 준비로 엄청난 예산을 낭비했다는 비판에서 자유로울 수 없기 때문이다. 하지만 어느 누구도 36조원(2014년 국가예산의 10%)에 달하는 엄청난 돈을 쓰고도 전쟁이 발생하지 않았다는 이유로 예산을 낭비했다며 국방부를 비판하는 사람은 없을 것이다. 국가의 생존을 위협하는 전쟁의 위험이 그만큼 크기 때문이다. 우리는 매년 2조원에 달하는 자연재해 피해를 겪으면서도 자연재해는 내가 살고 있는 공간에서는 발생하지 않을 것이라는 위험한 확신을 갖고 생활한다. 또한, 투자성공을 위해 위험지역에 과도한 개발행위가 이루어지도록 허용하며 국토공간을 위험천만하게 이용한다. 위험사회에서 안전한 국토공간을 구축하기 위해서 안전에 대한 투자와 의식의 변화가 선행되어야 하는 이유가 여기에 있다. 안전투자의 결과는 사업성과가 아니라 국민들의 재산과 생명을 보호하는 것이기 때문이다(최충익, 2015).

위험사회 시대의 안전사회를 향한 지역개발과 국토안전관리는 중앙정부나 지방자치단체의 안전인프라 투자는 물론이고 시민사회의 안전문화 성숙이 선행되어야 한다. 미국은 안전에 대한 높은 사회적 가치를 지니고 있어 재난발생 시 호들갑스러울 정도로 예민하면서도 치밀하게 대응하는 문화를 갖고 있다. 한편, 다양한 재난·재해에 익숙한 일본은 대형 사건에도 놀랍도록 침착함을 보이는 안전문화를 가지고 있다. 위험사회에 적응하는 두 선진국의 안전문화가 한편으로는 불편하고 답답하게 보일 수 있지만, 그 저변에는 인간에 대한 존엄성이라는 핵심정서가 흐르고 있다. 사람이 물질보다 존중되고 안전이 개발에 우선할 수 있는 본질로 회귀하는 사회를 이룰 때, 비로소 위험사회에서 안전사회로의 전환이 이루어질 것이다(최충익, 2015).

버드(Bird)는 미국의 297개 회사에서 보고된 1,753,498건의 재해와 사고에 관한 통계자료를 분석하여 사각지대 없는 안전대책을 강조했다(Bird, 1974; Bird & Germain, 1986). 그의 이론은 하인리히의 이론과 재해의 분류 및 수량적 차이는 있으나, 근본적으로 맥락을 같이한다. 버드는 관리·통제의 상실과 부적절한 의

그림 10-3 버드의 도미노이론(Bird, 1974)

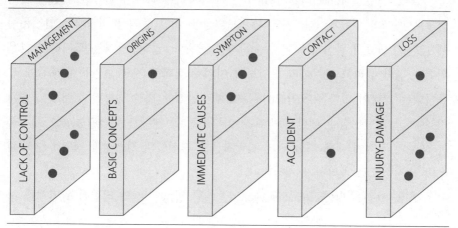

사결정체계가 재난 발생의 원인이라고 규정한다. 그러면서 하인리히와는 달리 한 가지 요소에 의해서만 사고가 발생하지 않으며 사고는 복합적 요소가 장기간의 시스템 에러를 통해 배태된다고 주장한다. 결국 이는 재난발생의 복잡성을 나타내는 다원인 원칙(principle of multiple causation)을 의미한다.

버드에 의하면 인적 사고 발생비율은 1 : 10 : 30 : 600으로 나타난다. 경험적으로 1번의 중상은 10번의 상해와 30번의 무상해 물적 손해, 그리고 600번의 무상해 무손해의 위험순간을 동반한다는 것이다. 결국 재해방지를 위해서는 사고의 기본원인이 되는 무상해 무손해의 위험순간을 최소화해야 한다는 것을 골자로 한다. 우리 지역사회는 눈에 보이는 중상이나 사망에만 관심을 가지는 경향이 있다. 눈에 보이지 않는 가벼운 재해와 위험순간에 대한 관리가 이루어져야 보다 안전한 지역사회가 구축될 수 있고, 이를 위한 지역개발이 선행되어야 하겠다.

(2) 재난배양이론(disaster incubation theory)

재난배양이론은 영국의 사회학자 Turner(1978)이 주장한 것으로 재난발생의 원인을 사회문화적 측면에서 접근하고 있다. 재난배양이론에서 재난은 사고의 원인이 누적되어 재난으로 나타나기까지 6단계로 세분하여 제시하고 있다. 재난배양이론을 지역사회의 재난 발생과 연계해 시간의 흐름에 따라 설명하면 다음과 같다.

첫째, 시작 단계(nationally normal starting point)이다. 이 시기 지역사회 속에 내재된 위험요소는 아직 표출되지 않고 잉태되어 있으며, 재난위험 발생의 다양한 경고와 우려의 목소리들이 지역사회에 잠재되어 있는 단계이다.

둘째, 배양시기(incubation period)는 지역사회에서 발생 가능한 위험이 본격적으로 배양되는 단계이다. 지역사회의 위험에 대한 인식이 경직되고 안전문제에 대한 주민들의 관심이 떨어지는 시기를 말한다. 정책결정자는 드러나지 않은 위험을 명확히 하고 파악하려 하기보다 이미 조직화된 지역 현안문제 해결에 집중하려는 경향이 있다는 것이다. 때문에 위험발생에 대한 정보가 제대로 구축되지 못하고 재난위험에 대한 저평가가 이루어진다. 게다가 위험가능성을 제기하는 외부의 지적에 대해 위험 담당 관리자들은 자신들의 전문성과 지역성을 내세우며 조직적으로 배타하기 시작한다.

셋째, 사건 촉발(precipitating event)은 재난 발생 직전의 직접적 원인제공 사건이 발생하는 단계이다. 2015년 첫 메르스 환자 발병에 대한 대응은 재난 상황이 아니라 사건 촉발 단계라고 볼 수 있다. 메르스 질병에 대한 정확한 사전지식을 보건당국에서 인지하고 못하였고 결국 음압병상이 아닌 일반 병실에 환자를 치료함으로써 오히려 대량으로 전염병 환자를 양산해내는 사건 촉발의 기능을 하였기 때문이다.

넷째, 재난 발생(onset) 단계이다. 재난 발생은 주민들의 생명과 재산에 심각한 영향을 미치고 국가나 지역사회에 피해를 줄 수 있는 사건이 발생한 것을 의미한다.

다섯째, 대응과 구조(rescue and salvage first stage adjustment)는 재난 발생 후 지역사회의 초기 대응과 피해자들에 대한 구호조치가 이루어지는 단계를 말한다.

여섯째, 문화적 변화(full cultural readjustment)는 재난 대응과 복구가 모두 마무리 된 후 지역사회에 문화적 조정이 일어남을 의미한다. 재난발생 및 대응 과정에서 발생한 각종 미비사항의 개선과 위험과 관련한 지역문화의 생성 등이 일어날 수 있다.

재난배양이론은 재난 발생의 사회적, 문화적 측면에 주목한다. 재난 발생은 1단계부터 이루어지며 지역사회 속에 재난이 잠재되고 누적되어 감에 중점을 둔다. 재난 그 자체보다는 재난을 야기하는 사회적 상황에 대하여 사전적 관심이 필요하다는 관점이다(조석현, 2016). 재난은 다양한 단계에 걸쳐 진행되며 재난이 배양되는 기간은 수년 이상이 걸릴 수 있다. 문제는 지역사회에서 재난이 배양되는 긴 기간 동안 급박한 위험의 사인들이 무시되거나 잘못 이해되면서 재난이 이르게 된다는 것이다(정병도, 2015). 이의 개선을 위해 위험평가에서 무시되었던 것에 대한 성찰의 필요성이 강조된다. 지역사회의 사회문화적 여건을 정확히 인식하고, 부적절한 정보를 수정하고, 합리적인 위험 커뮤니케이션 체계를 갖추는 것이 필요하다.

(3) 정상사고이론(normal accidents theory)

정상사고이론은 Perrow(1984)가 그의 논문 "Normal Accidents: Living with High Risk Systems"에 소개한 개념이다. 현대사회는 기술적으로 복잡하고 꽉 짜인 조직적 시스템이기에 그 제어하기 어려운 전문성으로 인해 사고의 필연성이

유발될 수밖에 없다는 것이다. 기술적으로 전문화되고 복잡한 시스템에서는 예기치 못한 조그만 사건이 곧 가속화 과정을 거쳐 거대한 재난으로 확대되는 경향성이 있다. 정상사고이론에서는 현대 산업사회의 전문성과 고도기술성이 사고의 발생을 불가피하게 만들며 사고의 확대를 촉진한다고 주장한다. 현대사회가 고도로 전문화된 소수의 기술자들에 의해 의존하고 있으며 이것이 오히려 더 큰 재난발생을 촉발시킬 수 있다고 경고한다.

Perrow(1984)는 특수한 기술적 시스템 속에서 치명적 사고의 발생이 불가피하다고 주장한다. 기술적인 시스템의 복잡성 때문에 실패가 나타나며, 상호작용적인 복잡성 속에서 계획되지 않고 예상치 못한 결과가 나타난다는 것이다. 아울러 기술적으로 복잡한 시스템과 느슨한 시스템 사이에서 사고가 발생하기 쉬움을 지적한다. 결국 정상사건이론은 우리사회가 도시화되고 산업화되어 편리해질 수 있지만, 그 가운데서 재난 위험의 가능성은 인지하지 못한 채 커질 수 있음을 경고하고 있다. 현대 첨단 과학기술이 아무리 발전해도 재난 발생 위험 자체를 제거할 수 없으며, 결국 복잡한 시스템에 기인한 한계로 인해 재난이 발생한다는 것이다.

복잡한 상호작용은 친숙하지 않은 연속동작이나 계획되지 않고 기대되지 않은 연속동작, 그리고 볼 수도 즉각적으로 이해할 수 없는 것들로 규정한다. 꽉 짜인 시스템에서 하나의 사건은 다른 사건으로 작업자가 관여할 기회는 거의 없이 신속하고 변함없이 진행된다. 상호적인 복잡성과 꽉 짜인 시스템의 조합은 신속하게 통제를 넘어 실패로 도달하고 사고를 불가피하게 만든다. 재난은 복잡계 시스템에서 고질적인 정상사고로 규정된다. 정상사건이론은 사건의 발생이 불가피하며 복잡계 시스템이 사고의 확대를 촉진함에 주목한다. 재난발생의 필연성을 강조하는 것으로 그 관리에 대해서 비관적 관점을 견지한다(조석현, 2016; 정병도, 2015).

최근 지역개발은 스마트 시티나 유비쿼터스 시티 등을 표방하며 개발과정에서 고도의 첨단기술이 복잡하게 내재되어 있음을 광고한다. 하지만, 정상사고이론의 관점에서 첨단기술을 활용한 도시개발이나 지역개발이 오히려 소수의 전문가들에게 복잡한 시스템의 관리를 백지위임할 수 있어 사건발생의 위험이 높아질 수 있다는 점이다. 지역개발 시 기술적으로 복잡한 시스템 내에서 정상 사고를 통제하고 주민안전을 확보할 수 있는 지역사회의 담론이 활성화될 필요가 있다.

(4) 고도신뢰이론(high reliability theory)

고도신뢰이론은 사고가 예방될 수 있다는 믿음에 기초한다. 이 같은 측면에서 고도신뢰이론은 사고발생이 불가피하다는 정상사고이론과 출발을 달리한다. 정상사고이론이 이해하기 힘든 복잡계 시스템에서 불가피하게 발생한다고 가정하지만, 고도신뢰이론에서 위험은 항상 예방할 수 있다는 전제에서 시작한다. 지역사회의 관심과 전략에 따라 사고예방은 물론 안전에 대한 신뢰성을 높일 수 있다는 점을 강조한다. 재난대응과정에서 회복력 있는 시스템과 조직들은 신속하게 정보를 얻고, 변화된 환경에 행동과 구조적인 적응을 유연하게 잘 할 수 있음에 주목한다. 이를 통해 정상사고이론의 비관적 관점과 결정론적 세계관에 근거한 불합리한 의사결정체계를 극복하고자 하였다. 회복력 있는 조직들이 정상모드에서 위기모드 사이의 전환능력이 있다. 정상모드에서는 계획과 일상에 초점을 두면서 일상적인 재난관리를 하고 위기모드에서는 신속한 대응과 적응적인 대처를 강조한다.

고도신뢰조직(high reliability organizations)은 재난이 많이 발생하더라도 적절한 대응실패로 인한 극심한 피해상황의 횟수가 현저히 적은 조직을 의미한다. 고도신뢰조직은 원자력 발전소, 병원 응급실, 소방대 등과 같이 상시 돌발사고의 위험을 다루는 조직을 의미한다. 이 조직들의 특성은 매우 많은 예측 불가능의 사고를 경험하고 학습하면서 재난대응의 노하우를 습득함으로써 위기 대응의 실패확률을 현격히 줄이는 데에 있다. 고도신뢰조직을 이루기 위해서는 작은 실패사건들을 통해 시스템을 점검하고 수정하여 더 나은 시스템으로 진화하는 학습시스템을 갖추어야 한다는 것이다.

그러면서 조직적인 회복력이 기술적 위험요소가 존재하는 산업에만 적용될 뿐만 아니라, 자연재난과 사회적 재난에도 적용될 수 있다고 주장한다. 고도신뢰이론은 비관적이지 않으며 좋은 조직 설계와 관리를 통해 복잡계 시스템이 지니는 치명적 실수를 제어할 수 있다는 입장을 견지한다. 하지만, 고도신뢰이론을 주장한 학자들 사이에서도 La Porte and Rochlin(1994)는 일부 장소에서는 정상사고이론에서와 같이 피할 수 없는 사고가 존재한다고 주장한다. 한편에서는 아무리 시스템과 조직들을 잘 관리하고 적응을 잘 해도 막을 수 없는 재난이 존재함을 인정하고 있다.

4 위험사회의 국토관리와 지역개발

압축적 산업화 및 근대화과정에서 축적된 위험요인들이 지역사회에서 각종 재난 및 재해로 현재화되고 있다. 그럼에도 불구하고 현대 위험사회에서 축적된 위험요소가 지역사회에 재난으로 다가올 것에 대해 지역개발은 위험과 무관한 방식으로 이루어졌다. 결국 이 같은 '나 아닌 타자' 현상이 위험을 방치하고 조장하는 결과를 초래하여 지역사회를 더욱 위험하게 조장해오고 있다(Beck, 1992; Beck, 1999; Norman, 2008; Klein et al., 2007; 최충익, 2011; Joffe, 1999). 우리 주변을 둘러봐도 대형 사고나 자연재해가 발생하면 공학·자연과학 중심의 대증적 처방만이 이루어질 뿐 '위험과 안전'에 관한 담론이 제대로 이루어지지 못했다. 눈부신 경제성장과 더불어 근대화과정을 거치면서도 이들에 의해 만들어진 그늘을 보지 못하고 정작 안전과 위험사회에 대한 고민은 부족했다(최충익, 2015).

위험사회(risk society)에서 새롭게 등장한 위험은 특정 지역이나 집단에 한정되지 않으며 초국가적이며 비계급적이다(Beck, 1992; Beck, 1999). 예를 들어, 중국에서 넘어오는 황사와 미세먼지와 후쿠시마 원전 폭발사고는 위험사회의 재난발생이 초국경적으로 발생할 수 있음을 단적으로 보여준다. 아울러 재난 및 재해피해 발생은 모든 계급과 계층의 사람들에게 동등하게 발생한다. 가령, 불확실성이 큰 자연재해로 인한 위협에는 어떤 특정 계급과 계층도 예외적이지 않다는 점이다. 계급 및 계층에 따라 재난 발생 이후의 대응 및 대책의 안전 정도는 달라질 수 있지만 재난발생 자체가 특정 지역이나 집단에 한정되는 경우는 드물다. 이 같은 재난의 비계급성과 비지역성은 지역개발의 안전관리 측면에서 두 가지 시사점을 던져준다.

첫째, 지역개발의 안전관리는 사회적 약자에 대해 우선적 고려가 있어야 한다. 재난 발생 자체는 사회적으로 지극히 평등하게 이루어지지만 대응과정은 철저하게 비대칭을 이루는 경우가 많다. 특히 사회적 약자는 위험지역에 거주하는 경우가 많기에 동일 강도의 재해라도 더 심각한 영향을 받을 수밖에 없다. 위험사회에서 무엇보다 사회적 약자의 재해대응에 대한 고려가 우선적으로 이루어져야 할 이유가 여기에 있다. 공교롭게도, 실제 지역개발의 안전관리는 반대로 이루어지는 경우가 흔하다. 경제적으로 부유한 사람들이 사는 곳은 상대적으로 안전한 곳이 많다. 아이러니하게도 정부의 안전에 관한 투자는 영향력을 행사하는 기득권층이 밀집된, 상대적으로 안전한 지역에 우선적으로 할당되는 경향을 보인다. 때문에 지역개발의 안전관리는 국가의 개입 말고는 자체적인 안전시스템 개선을 이루기 어려운 사회적 취약계층이 있는 곳에 우선적으로 눈을 돌려야 한다(최충익, 2015). 안전은 부유층만 누려야 하는 특권이 아니라 지역사회의 주민 모두가 함께 누려야 하는 공동체적 가치이기 때문이다.

둘째, 지역개발에 있어서 지역사회의 불확실성을 감안한 재해관리 대응체계를 구축해야 한다는 점이다. 위험사회에서는 정도의 차이만 있을 뿐 어느 지역도 안전할 수 없기 때문이다. 기후변화의 불확실성은 자연재해 발생의 불확실성 증가 현상을 더욱 가속화시키고 있다. 과거 패턴에 근거해 설계된 재난방지 구조물이 이를 넘는 자연재해로 인해 속수무책으로 무너지는 현상이 자주 관찰된다. 예를 들어, 100년 홍수빈도의 강도를 고려하여 설계된 예방구조물이 이상기후로 인해 200년 빈도 이상의 강도의 홍수발생으로 맥없이 무너지는 일은 비일비재하며 더 이상 놀라운 뉴스도 아니다. 2010년 서울 도심 한복판을 강타했던 광화문 홍수는 좋은 사례다. 100년 홍수빈도로 구조물을 세우면 그 정도의 홍수량에 대해서만 방어능력을 갖추는 것일 뿐 그 이상의 강도에 대해서는 방어력이 떨어질 수밖에 없다는 점이다. 하지만 재해 발생은 설계된 예방 범위 내에서만 발생하지 않을 수 있다는 불확실성이 상존한다는 점을 주목할 필요가 있다. 위험사회에서는 과거 재해가 발생하지 않았던 지역은 미래 재해 발생 가능성이 낮을 것이라는 예측이 위험할 수 있음을 경고한다. 흔히 법정 설계기준으로 구조물이 건축되면 피해가 발생하지 않을 것이라고 믿기 쉽다. 행정 관료들뿐만 아니라 전문가들조차도 큰 규모로 설계하는 것이 경제적이고 안전하다고 주장한다. 하지만, 위험사회에서는 발생빈도 개념 자체가 갖는 공학적 의미에 절대적 신뢰를 부여하는 것이 더욱 위험할 수 있는 점을 주지해야 한다. 내가 살고 있는 지역은 과거에 안전했기 때문에 앞으로도 안전할 것이라는 확률론적 사고가 오히려 더 큰 재앙으로 연결될 수 있음을 주지해야 한다(최충익, 2015).

무엇보다 위험사회를 극복하고 재해에 안전한 국토관리를 위해서는 개발과 성장이라는 목표보다 안전이라는 가치가 더 존중될 수 있는 패러다임으로의 전환이 필요하다. 위험사회의 국토관리와 지역개발을 위한 안전 패러다임이란 무엇일까. 안전패러다임은 인간의 존엄성에 근거한 안전관리시스템을 구축하는 것을 의미한다. 안전 패러다임의 핵심은 재해대응 시스템 향상 자체에 있는 것이 아니라 개선된 시스템을 통해 지켜야하는 인간의 존엄성 자체에 있기 때문이다. 미래의 바람직한 지역개발과 국토안전관리는 이 같은 위험사회의 안전 패러다임으로의 변화와 동일선상에서 논의되어야 하겠다(최충익, 2015).

5 재난발생과 지역사회 서비스 수준의 변화

재난발생은 국가와 지역사회의 서비스 공급에 막대한 영향을 미친다. 재난으로 인한 공공시설물의 파괴는 주민들이 원하는 때에 원하는 장소로 도시 서비스 공급이 원활하게 이루어지지 못하게 한다. 이에 대해 도시 및 지역의 서비스 수준이 시간의 흐름에 따라 재난발생과 대응의 측면에서 어떻게 달라지는지 살펴본다. 재난 발생은 통상적으로 국가나 지역이 제공하는 서비스의 정도를 급작스럽게 하락시킨다. 〈그림 10-4〉는 재해 발생 전후 국가 혹은 지역이 제공하는 서비스 수준변화를 나타내고 있다(최충익, 2011).

그림 10-4 재난과 도시기능의 변화

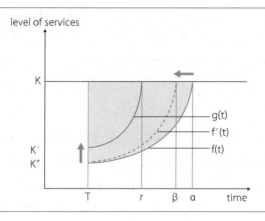

출처: 최충익, 2011

〈그림 10-4〉는 T 시점에서 발생한 재난발생의 결과로 국가나 지역의 서비스 수준은 기존 k에서 급격히 k'으로 떨어지게 된다. $f(t)$, $f'(t)$, $g(t)$는 재난 발생 후 서비스 수준의 회복정도를 나타내주는 함수를 의미한다. $f(t)$의 회복함수를 가진 국가나 지역의 경우 T시점에서 발생한 재해는 α가 지난 후에야 정상기능 k로 회복됨을 알 수 있다. 하지만 경제적 여건이 나은 국가의 경우 효율적 대응으로 회복곡선은 $f'(t)$로 나타나며, 회복의 시기가 β로 빨라지게 된다. 결국 서비스 제공 측면에서 재난발생 이후의 피해를 살펴보면 $f(t)$ 회복곡선의 경우 정상적인 서비스제공 기능을 발휘하지 못한 데에 따르는 피해크기는 $\int_{T}^{\alpha} k - f(t) dt$가 된다. 반면 $f'(t)$의 경우는 $\int_{T}^{\beta} k - f'(t) dt$가 되어 결국 경제적 여건이 다른 국가 간

피해액의 차이는 $\int_{T}^{\beta} f'(t) - f(t) dt + \int_{\beta}^{\alpha} k - f(t) dt = R$이 된다. 결국 R은 동일한 재난에도 피해액의 차이가 다를 수 있음을 의미하며 R값이 클수록 국가 간 또는 지역 간 불평등의 정도는 심하다고 할 수 있다. 이 경우 양변을 미분하게 되면 $f'(\beta) - f(\beta) - f'(T) + f(T) - f(\alpha) + f(\beta) = 0$라는 등식이 성립하게 되고 이 식을 정리하면 $f'(\beta) - f(\alpha) = f(T) - f'(T)$이 된다(최충익, 2011). 재난이 발생한 T시점에서는 서비스 제공 수준이 동일하기에 $f(T)$와 $f'(T)$는 같아지게 되고 결국 $f'(\beta) = f(\alpha) = k$가 됨을 알 수 있다. 이는 국가나 지역의 재난대응은 재난 이전 서비스수준을 회복할 때까지 이루어짐을 의미하며 α와 β의 차이가 클수록 불평등 정도를 나타내는 R의 규모는 더욱 커지게 된다.

$f(t)$와 $f'(t)$의 사례를 통해 재난발생에 따라 서비스수준의 감소정도가 동일한 상태에서 대응수준에 따라 서비스수준 회복속도가 상이함을 보여준다. 앞선 두 함수의 경우 재난 발생 당시 도시의 방어능력에 차이가 없기 때문에 도시 기능저하는 동일하게 k수준까지 떨어지게 된다. 하지만, 동일한 강도의 재난발생에도 서비스수준 감소가 다를 수 있다. 경제력 측면에서 탁월하게 부유한 국가나 지역의 경우 회복력에 대한 논의는 뒤로하더라도 재난 피해액 자체가 적어질 수 있다. 때문에 당초 $f(t)$보다 향상된 방어수준을 가지기에 도시의 기능저하는 k''로 떨어지게 된다. 이 경우 국가 나 지역이 입는 피해액은 $\int_{T}^{r} k - g(t) dt$가 되

고 앞선 두 함수와 비교하여 $\int_{T}^{r} g(t)-f(t)dt+\int_{r}^{\alpha} k-f(t)dt=P$만큼의 피해 감소 효과를 보게 된다. R이 대응수준에 따른 불평등이라면 P는 예방수준에 따른 불평등으로 파악할 수 있다. 향상된 재난 대응 능력으로 인해 국가나 지역의 서비스제공 기능의 회복이 가속화됨을 의미하며 국가나 지역경제 자원의 투입이 원활하게 이루어져 피해기간이 현저하게 단축되고 있음을 의미한다. 마찬가지로 양변을 t에 대해 미분하게 되면, $g(r)-f(r)-g(T)+f(T)-f(\alpha)+f(r)=0$라는 항등식을 얻게 되고 식을 정리하면 $g(r)-g(T)+f(T)-f(\alpha)=0$가 된다. 이는 다시 $g(r)-f(\alpha)=g(T)-f(T)$가 되는데 여기서 $g(T)-f(T)$의 값은 0보다 크게 된다. 이는 부유한 국가와 가난한 국가의 초기 피해액 차이를 반영하며 재해 발생의 초기 피해액의 불평등 정도를 나타낸다. 따라서 $g(r)>f(r)$이 성립되어 시간 단축효과뿐만 아니라 기존의 서비스 수준보다 더욱 향상된 국가 기능을 갖게 됨을 의미한다. 결국 경제성장을 이룬 부유한 나라는 복구의 시간을 단축시킬 수 있을 뿐만 아니라 보다 단기간에 서비스제공 기능을 회복할 수 있게 해준다는 것이다(최충익, 2011). 결국 유사한 재난발생이라도 국가나 지역의 경제상황에 따라 상이한 경제적 영향을 받을 수 있기에 견고한 경제발전을 이루는 것이 효과적인 재난 대응을 위한 체력을 비축하는 것이라 볼 수 있겠다.

6 안전한 지역개발을 향한 제언: 안전을 위한 체크리스트

미국의 유명한 록 밴드 반 헤일런(Van Halen)이 콘서트 기획사와 맺은 계약서에는 늘 이상한 조항이 따라 붙는다고 한다. 콘서트 무대 뒤에 반드시 m&m 초콜릿을 담은 그릇을 비치하되, 그 안에 갈색 초콜릿은 넣지 말아야 한다는 것이다. 만약 이를 어겨서 갈색 초콜릿이 하나라도 눈에 띄면 콘서트는 취소되고 기획사는 밴드에게 피해액을 보상해야 한다는 것이다(Gawande, 2011). 왜 이 같은 규정이 존재하는 것일까. 초콜릿이 반 헤일런의 까다롭고 독특한 개인취향을 나타낸다기보다 공연시설의 안전을 점검하려는 나름대로의 지표로 활용된 것이다. 공연 때마다 대형 트레일러 9대 분량의 장치들과 중장비들이 활용되기에 늘 그의 무대는 많은 하중에 견뎌내야 했다. 당시 공연과정에서 무대바닥이 꺼지는 사고가 자주 발생하는 것을 목격했기에 견고한 무대바닥 설치를 강력히 요청하는 일환으로 초콜릿을 활용한 것이다. 무대시설이 매우 복잡하여 항상 공연자와 관객들이 부상당할 위험이 있기에 이를 꼼꼼히 점검해달라는 의도다. 계약서에 있는 사항을 제대로 점검하지 않으면서 복잡하고 위험한 무대장치 설치를 제대로 했는지 믿기 어렵다는 논리를 적용한 것이다.

지역개발에도 초콜릿과 같은 안전지표가 필요하다. 안전한 지역사회 건설을 위한 지역개발 체크리스트로서의 초콜릿은 무엇이 될 수 있을까. 지역개발 관련 법에 안전관련 법체계를 상세하게 규정해 놓으면 체크리스트의 기능을 할 수 있을까? 지역개발 당사자에게 안전한 지역개발을 위한 가이드라인을 만들어 제시하면 가능할까? 중앙정부와 지방자치단체가 지역사회의 안전을 저해하는 지역개발에 대해 엄격한 허가조건을 갖추고 있으면 되는가? 시민사회가 지역개발에 있어서 감시자로서의 역할을 충실히 하면 가능한가? 안전한 지역사회는 특정 당사자의 노력만으로 이루어지기 어렵다. 안전한 지역사회를 만들기 위해 정치인, 중앙정부, 지방자치단체, 시민사회 모두의 노력이 동반되어야 한다.

법은 지역개발에 있어서 안전 확보를 위한 최소한의 체크리스트로서 기능할 수 있지만 현실은 그렇지 못하다. 지역개발의 핵심적 제도라고 할 수 있는 「지역개발 및 지원에 관한 법률」이 2017년 1월부터 시행 중이다. 공교롭게도 이 법에는 안전이라는 용어가 단 한건도 등장하지 않는다. 다만, 재해 복구 또는 재난 수습에 필요한 응급조치행위에 대해 행위제한규정을 완화하고 있는 것이 전부다. 지역의 성장 잠재력을 개발하고 공공과 민간의 투자를 촉진하여 지역개발사업이 효율적으로 시행될 수 있도록 지원하여 지역경제를 활성화하고 나아가 국토의 균형 있는 발전에 이바지하는 것이 법의 목적이다. 목적에도 명시되어 있듯이 성장잠재력의 극대화와 효율적 시행 그리고 지역경제 활성화가 여전히 우리의 지역개발에 있어서 핵심가치로 자리매김되어 있다. 법에 제시된 체크리스트는 최소한의 가이드라인으로서 기능하며 피할 수 있는 실수들을 막아줄 수 있다. 지역개발에 있어서 안전에 대한 제도적인 보완이 시급한 이유다.

지금까지 살펴본 체크리스트가 안전을 위한 사전적 대응에 대한 논의라면 재난관리 방식은 안전을 위한 사후적 대응에 대한 논의로 파악될 수 있다. 통상적으로 재난관리 대응방식에서는 의사결정의 효율성과 신속성이 강조되며 권력집중형 하향식 대응이 이루어져 왔고, 우리나라의 국가재난관리의 컨트롤타워역시 대통령 – 중앙재난안전대책본부 – 시도 재난안전대책본부 – 시군구 재난안전대책본부라는 선명한 위계시스템을 지니고 있다. 재난발생 후 대부분의 책임자들은 위험에 직면했을 때, 권력을 집중해 의사를 결정한다. 여기서 체크리스트와 매뉴얼의 기능이 발휘된다. 재난관리 매뉴얼과 같은 체크리스트는 상부에서 원하는 방식으로 밑에서 근무하는 하위 직급자들에게 지시를 내려서 효과적이고 신속하게 일을 처리하게 만든다. 이것이 바로 체크리스트와 매뉴얼이 가지는 강제적 역할 수행 기능이다. 하지만 복잡성과 불확실성이 커진 위험사회에서 매뉴얼과 체크리스트만으로는 합리적이고 효율적인 재난관리가 이루어지기 어렵다.

지역개발에 있어서 효율적인 재난관리시스템 구축을 위해 다음의 좋은 사례가 하나 있다. 2005년 8월 29일 오전 6시 미국 뉴올리언스에 카트리나가 상륙하여 막대한 피해를 일으키기 시작했다. 연방재난관리청(FEMA)에는 다양한 정보원이 속해 있지만, 당시 뉴올리언스 현장에 있던 관리청의 대표자는 1명이었고, 이메일로 긴급 보고서를 보냈지만 정부의 고위관료들은 이메일을 사용하지 않았다고 한다. 상원 청문회에 밝혀진 바에 따르면 태풍이 발생한 다음날까지 그 메시지내용을 통보받지 못하였고, 그때는 이미 뉴올리언스는 80%가 물에 잠긴 상태였다(Gawande, 2011). 재난 담당자는 수많은 지역공무원들과 즉석에서 구호 활동 조직을 만들었고, 이를 관계 당국에 연락해 무엇이 필요한지 알리려고 했지만 누구와도 연락이 닿지 않았던 것이다. 누군가와 통화가 됐지만 그 요구사항을 윗선에 전달해야 하기 때문에 기다리라는 답변만 듣게 된다. 신속한 대응은 고사하고 전통적인 지휘통제 체계는 급속히 붕괴됐다. 여기서 발생한 문제는 내려야 할 결정은 너무나 많은데 어디서 어떤 도움을 필요로 하는지에 대한 정보는 거의 전무했다는 점이다. 즉, 상황이 악화되는 와중에 구호 재원을 제공하고 결정을 내릴 권한이 누구에게 있는지에 대해 실랑이가 발생해 정작 중요한 대응이 신속하게 이루어지지 못했다는 것이다. 위기대응에 있어서 연방정부는 주정부에게 그 권한을 내주려 하지 않았고, 주정부는 지방정부에게 그 권한을 주려하지 않았으며, 지방정부도 그 권한을 민간부문에 있는 사람들에게 선뜻 내주려하지 않았기 때문이다. 급박한 위기상황에서 권한이 누구에게 있는 것이 무엇이 그리 중요하단 말인가?

하버드 대학교 케네디 정책대학원 사례조사에 의하면 카트리나 재난발생 시 월마트만이 그 복잡한 상황의 본질을 제대로 이해했다고 전한다. 월마트 최고경영자인 리 스콧은 단순한 재난대응 지침을 발표하는데 그 내용은 다음과 같다(Gawande, 2011).

"여러분 중 많은 분들이 자신의 권한을 넘어서는 결정을 내려야 할 것입니다. 그때 구할 수 있는 정보를 가지고 최선의 결정을 내려주시기 바랍니다. 그리고 무엇보다 올바른 일을 해 주세요." 이후 월마트의 재난대응의 목적은 신속한 피해복구에서 "어떻게 하면 그 사람들을 도울 수 있을까?"로 바뀌게 된 것이다. 이때 각 매장의 지점장들은 각자의 권한으로 기저귀, 물, 분유, 얼음 등을 주민들에게 보급하기 시작했으며, 필요한 경우 외상 거래를 종이로 적기 시작하였고, 임시 이동 약국 세 곳을 설치하고 긴급한 경우 심지어 처방전 없이 의약품 공급 계획까지 수립했다는 것이다. 의료법에 의해 진료와 처방이 철저히 분리되어 있는 미국에서 어떻게 이런 대응이 가능할 수 있었을까.

이 사례는 위기대응에서의 민간부문의 우수성을 이야기하는 것이 아니다. 재난과 같이 예상 밖의 일이 발생했을 때 지역사회가 어떻게 효율적으로 대응해야 하는지를 보여 주는지에 대해 중요 단서를 찾고 싶은 것이다. 이때 적용해야 하는 재난관리 중요원칙은 의사결정의 권력을 중앙에서 주변으로 밀어내어 분산시키고 나누는 것이다. 그 일을 직접하고 있는 이들에게 자신들의 경험과 전문지식, 기술을 적용할 수 있는 재량을 주어야 한다. 그리고 서로 토론하게 하고 책임을 지게 하는 것이 가장 효과적이라는 것이다.

지역사회가 체크리스트와 매뉴얼을 사용해 위험과 위기에 대응하기 위해서는 균형을 맞추어야 한다. 먼저 일련의 체크로 단순하지만 중요한 절차들이 지역개발에서 생략되는 일이 없도록 꼼꼼이 준비해야 한다. 그러고 나서 또 다른 체크로 사람들이 서로 대화하고 조정하고 책임을 질 수 있도록 하면서 그들이 아는 최선의 노하우를 통해 미묘한 차이와 예측 불가능한 점을 관리할 수 있게 권한을 부여해야 한다는 것이다. 여기서 중요한 것은 매뉴얼이 제대로 기능하기 위해서는 기계적인 매뉴얼 작동과 함께 예측 불가능한 상황에서 작동할 수 있는 유연성을 부여해야 한다는 점이다. 정상사고이론에서 살펴본 바와 같이 예방에 최선의 노력을 다해도 불가피하게 재난이 발생할 수 있다. 그 재난이 매뉴얼에 기재된 내용대로 효과적인 재난대응이 될 수도 있지만, 매뉴얼 밖의 영역에서 중대한 문제가 발생할 수 있다는 것이다. 이 경우 위기대응이 어떻게 이루어져야 하는가. 지역사회에서 매뉴얼이 감당하지 못할 만한 사건이 터진다면 어떻게 대처해야 하는가에 대해 고민해야 한다. 이때 가장 중요하게 고려되어야 할 것이 바로 인간의 존엄성이다.

세월호 사고 대응 때 더욱 안타까운 것은 사고 직후 침몰하는 동안 그 귀중한 시간이 어떻게 대응해야 하는지에 대해 방향을 잡지 못하고 낭비되었다는 점이다. 법 규정이야 어찌되었던지, 현장 최고지휘권자가 누구이던지, 매뉴얼이야 어떻게 쓰여 있든 지간에 중요한 것은 배에 갇혀 있는 사람들을 안전하게 구조하는 데에 모든 사람들이 신속하게 힘을 모았어야 했다는 점이다. 재난대응에서 인간의 존엄성보다 더 중요한 가치가 어디 있단 말인가? 수년이 지나도록 세월호 참사는 국민들에게 여전히 커다란 슬픔과 상처로 남아 있다. 무엇이 그처럼 참담한 결과를 초래했을까. 선체에 수많은 학생들이 두려움에 떨고 있는데, 구조활동에 있어서 매뉴얼에 기재된 행동이 무엇이 중요하단 말인가. 인간의 존엄성 앞에 매뉴얼은 부수적인 도구일 뿐인데. 생명을 구조하는 과정에서 설사 일부 매뉴얼 규정을 어기는 행위가 나오더라도 이에 대해 합목적적 가치판단을 해야 한다. 과정과 형식을 지키기 위해 목적이 희생되는 번문욕례(red tape)의 불상사가 재난대응에 있어서 다시는 발생해서는 안 되겠다. 위험사회의 지역개발에 있어서도 합목적적 가치판단이 이루어질 필요가 있으며, 인간의 존엄성회복과 안전이라는 근본적 가치가 개발이익 극대화와 같은 부수적 가치에 전도되는 불상사가 일어나서는 안 되겠다.

연습문제

❶ 지역개발에서 안전에 대한 관심이 커진 이유에 대해 설명하시오.

❷ 법체계적으로 지역개발의 안전을 확보하려는 제도적 방안에 대해 설명하시오.

❸ 재난발생에 따른 지역사회 서비스 수준의 변화에 대해 설명하시오.

❹ 안전관리이론의 종류와 내용적 차이점에 대해서 설명하시오.

❺ 지역개발에서 안전을 확보할 수 있는 구체적인 방안에 대해 논하시오.

참고문헌

행정안전부(구 국민안전처)(2014). 안전 및 재난관련 법체계의 합리화 및 개선방안에 관한 연구

이성근(2013). 지역개발론, 집현재

김하연·이정일(2017). 안전관리론, 화수목

조석현(2016). 재난관리론, 화수목

정병도(2015). 재난관리론, 동화기술

최충익(2011). 지방자치단체 기후변화 적응정책의 의사결정 과정과 함의. 「한국행정학보」, 45(1): 257–274.

최충익(2013). 기후변화 다이내믹스, 대영문화사

최충익(2015). "위험사회의 국토안전관리에 대한 고찰", 한국지적정보학회 17(1)

한상진(2008). 위험사회 분석과 비판이론, 사회와 이론 통권 12권

Maslow, A.(1959), *New Knowledge in Human Values*, Harper

Turner, B. A.(1978), *Man–Made Disaster*, Wykeham Science Press: London

Perrow, C.(1984), *Normal Accidents: Living with High Risk Systems*, Basic Books: New York

Gawande, Atul(2011). The Checklist Manifesto: How to Get Things Right, St Martins Press

Choi, Choongik(2015). "A Discourse on the Paradigm Shift of National Risk Management in Risk Society", Journal of the Korean Cadastre Information Association 17(2): 37–45

Beck, Ulich(1992). Risk Society, Sage: London

Beck, Ulich(1999). World Risk Society, Polity Press

Bird, F. E.(1974). Management guide to loss control, Institute Press: Atlanta

Bird, F. E. and Germain, G.L.(1986). Practical Loss Control Leadership, International Loss Control Institute: Georgia.

Biesbroek, G. r., r. j. Swart and Wim G.M. van der Knaap(2009). "The Mitigation–Adaptation Dichotomy and the Role of Spatial Planning", *Habitat International*,

33(3): 230-237.

Bizikova, Livia, John Robinson and Stewart Cohen(2007). "Linking Climate Change and Sustainable Development at the Local Level", *Climate Policy*, 7(4): 271-277.

Dang, Hanh H., Michaelowa, Axel and Dao D. Tuna(2003). "Synergy of Adaptation and Mitigation Strategies in the Context of Sustainable Development: the Case of Vietnam", *Climate Policy*, 3(1): 81-96.

Giddens, A.(2009). The Politics of Climate Change. *John Wiley & Sons Inc*, Cambridge, USA.

Heinrich, H. W.(1959) Industrial Accidents Prevention: A scientific Approach, McGraw-Hill: New York

Joffe, H.(1999). Risk and The Other, Cambridge University Press

Norman, Barnara(2009). "Principles for an intergovernmental agreement for coastal planning and climate change in Australia", Habitate International, 30: 1-7.

Wilbanks, J. T. , Leiby, P., Perlack, R., Ensminger, T. and S. Wright(2007). "Toward an Integrated Analysis of Mitigation and Adaptation: Some Preliminary Findings", *Mitigation and Adaptation Strategies for Global Change 12*. 713-725.

La Porte, T.R. and Rochlin, G.(1994). A rejoinder to Perrow, Journal of Contingencies Crisis Management, 2(4): 221-227

지역개발과
교통

_ 성현곤

본 장에서는 경제발전에서의 교통의 역할을 소개하고, 이후 이론과 실증에 근거한 지역개발에서의 교통의 역할을 검토한 후 21세기에서의 지역개발과 교통의 새로운 역할과 정책방향을 제시하고 있다. 과거와 마찬가지로 오늘날의 국토 및 지역경제에서 교통 및 물류 비중이 차지하는 비중은 상당히 높기 때문에 교통의 역할은 경제발전에서 중요하다. 또한 교통 기반시설은 전기와 상하수도와 같은 다른 기반시설에 비하여 경제성장에 보다 중요한 역할을 담당하고 있으며, 지역의 생산성 증대나 생산비용 절감효과에 유의하게 기여하여 왔다. 또한 교통기반시설의 새로운 투자나 개선은 주거와 고용의 집적과 분산의 효과가 있기 때문에 경제의 재구조화를 유도하는 효과가 있다. 우리나라는 적기에 효율적인 교통 기반시설의 투자를 통하여 국가의 경제성장을 효과적으로 견인하여 왔으며 지역의 인구와 사업의 발전에 기여하여 왔다. 경제성장 안정기에 접어든 21세기에는 지역발전을 도모하기 위하여서는 과거와 달리 혼잡과 병목 구간의 해소 등을 통한 평균 통행속도의 향상, 토지이용과 교통의 통합적 접근, 디지털 기술을 접목한 교통 문제의 해결, 그리고 지속가능한 발전의 도모 등과 같은 정책방향으로 교통 기반시설의 투자와 운영에서의 패러다임 전환이 필요하다.

1 서론: 경제발전에서의 교통의 역할

우리나라의 경제성장을 견인한 중요한 요소 중의 하나는 교통 기반시설의 선제적 투자이다. 1960년대 이후부터 경제성장의 도약기에서는 인천고속도로와 경부고속도로가 우리나라의 경제발전의 견인하는 데 중요한 역할을 담당하였다고 볼 수 있다. 이후 남해고속도로, 영동고속도로 등의 31개의 고속도로 노선을 신설하였으며, 총 연장 4,200km가 우리나라의 대동맥의 역할을 담당하여 오고 있다. 이러한 도로뿐만 아니라 경제성장에서의 철도 기반시설의 투자가 경제성장과 지역균형 발전에 기여한 바가 크다. 1960~1970년대 사이에서는 고속도로의 건설에도 불구하고 여객과 화물의 운송에 커다란 기여를 하여 왔다. 그리고 1980년대 이후로 운송부문에서 지역간 간선교통의 역할에서 철도가 우월적 지위를 고속도로와 항공 부문에 양보한 이래로 도시교통에서의 여객의 수송수단으로 도시철도가 중요한 역할을 담당하여 왔다. 그리고 2000년대 이후는 고속철도의 등장으로 지역 내뿐만 아니라 지역간 여객 수송에서 다시 한 번 중요한 역할을 담당하여 오고 있다.

교통은 여객의 이동과 함께 화물의 운송과 집하, 보관 등의 효율화를 통하여 경제발전의 중요한 역할을 담당하고 있다. 많은 연구자들이 경제성장이 고도화되거나 도시화가 진전될수록 교통이 경제발전에 기여하는 정도가 점점 낮아진다고 주장하고 있다(Park, 2000; Leunig, 2011). 특히, Leunig(2011)는 유럽의 경제발전에서의 교통과의 관계를 고찰하면서, 교통의 역할을 경제발전에서 말(horse)과 카트(cart)에 비유하고 있다. 그는 교통개선(transport improvement)이 획기적이거나 경제발전에 선행하거나, 또는 경제발전을 위하여 공간적 확장이 이루어질 때는 경제를 이끄는 말(horse)의 역할을 할 것이라고 역설하고 있다. 그러나 교통개선이 점증적, 즉 그 효과가 적거나 경제발전에 후행할 때는 떠밀려서 이동하는 카트(cart)가 될 것이라고 설명하고 있다. 그는 대부분의 국가에서는 말과 카트의 역할 중 후자가 더욱 공통적이라고 주장하고 있다. 이러한 주장과 유사하게 안근원 외(2014)는 경제성장의 안정기에 접어든 21세기에서는 지난 세기와는 달리 교통 기반시설 투자가 지역의 경제발전을 견인한다는 시각에서 탈피하여야 한다고 주장하고 있다.

　교통 기반시설의 투자가 국가 및 지역의 경제성장을 견인하는 데 유의하지 않을 수 있다는 주장에도 불구하고 교통이 국가경제에서 중요한 역할을 담당할 수밖에 없다는 증거는 한국, 미국, 일본의 주요 국가의 물류비가 국내총생산 (Growth Domestic Product, GDP)에서 차지하는 비중의 추세를 〈그림 11−1〉을 통하여 살펴볼 수 있다. 물류비는 직접 비용인 수송비와 간접비용인 재고유지관리비, 포장비, 하역비 등을 포괄하는 비용으로, 미국의 경우는 21세기 접어들면서 지속적으로 증가하고 있으며, 2014년 기준으로는 17.4%의 비중을 차지하고 있다. 미국의 2008년 기준 물류비 비중의 급격한 증가는 부동산 버블 붕괴와 이에 따른 모기지론(Mortgage loan)의 부실화, 그리고 이의 증권화가 결합되어 금융위기가 발생하였기 때문으로 풀이된다. 일본은 물류비의 비중이 GDP의 8~9%를 차지하고 있으며, 완만한 유지 추세를 보이고 있다. 물류비의 비중을 보면, 우리나라의 경우는 미국보다는 낮으며, 일본보다는 높은 추세를 보이고 있으며, 일본과 유사하게 그 비중이 안정적인 추세를 유지하고 있다. 이와 같이 국가별 추세와 비중의 차이가 존재함에도 불구하고, 대부분의 국가들의 물류비 비중이 GDP의 8~15% 정도를 차지할 정도로 국가 전반의 경제에 커다란 기여를 하고 있음을 알 수 있다.

　이와 유사하게 미국 교통부에서 매년 발간하고 있는 교통위성회계(transportation

그림 11-1 주요 국가별 GDP 대비 수송 및 물류 비용의 비중 추세

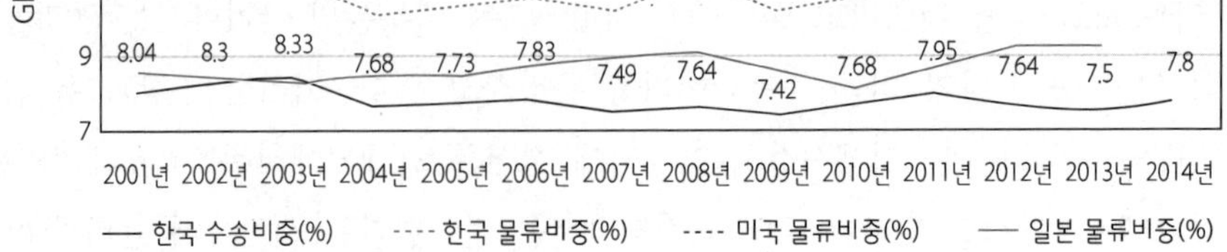

출처: 권혁구·권태우(2016)의 자료를 재정리

satellite accounts, 2016)에서 교통서비스의 국가경제에 대한 기여도는 산업별 경제 활동에 의한 부가가치가 전체 GDP 비중의 약 5.2%를 차지하고 있음을 보고하고 있다(〈그림 11-2〉 참조). 이러한 비중을 교통부문별로 보면 전체 GDP 중에서 임차수송(for-hire transport)이 2.8%, 자가수송(in-house transport)이 1.2%, 가계 부문 수송, 즉 통행부문이 1.8%를 점유하고 있다. 이를 가계부문을 제외한 운송 수단별로 보면, 트럭의 GDP 기여도가 가장 높고, 그 다음으로 기타, 항공, 해운 등의 순임을 알 수 있다. 전반적으로 물류 수송이 자체적인 운송체계보다는 위탁하여 운송하는 임차운송의 비중이 절대적으로 높음을 알 수 있다.

그림 11-2 미국 교통(수송) 부문의 GDP 비중과 부문별 기여도

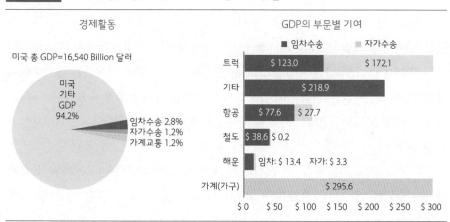

출처: U.S DOT(2016, p.7)

경제성장의 고도화 단계에 접어든 미국과 일본, 그리고 우리나라의 교통 기반시설과 이를 통하여 제공되는 서비스는 국가 경제에 커다란 기여와 역할을 하고 있다. 이러한 국가경제의 높은 기여와 더불어 교통 기반시설은 지역개발에 어떠한 역할을 하고 있을까? 여기에서는 교통과 지역발전과의 이론적 접근과 실증적 고찰을 통하여 교통 기반시설이 지역의 경제발전에 어떠한 영향을 주게 되고, 실제 지역의 발전을 견인하게 되는지에 대한 살펴보고자 한다. 그리고 마지막으로 결론부에서는 21세기에서의 지역발전에서의 교통의 새로운 역할과 정책 방향에 대하여 제시하고자 한다.

2 지역개발에서의 교통의 역할

(1) 교통기반시설의 구성요소와 지역발전

지역개발의 성공과 실패에 직간접적으로 영향을 주는 기반시설의 종류는 다양하다. 일반적으로 기반시설(infrastructure)은 국가, 지역, 도시 등의 공간적 단위에서 경제활동의 기반을 형성하는 기초적인 시설들을 말하며, 도로나 철도, 항만, 공항 등과 같은 교통시설뿐만 아니라 광장, 공원 등의 공간시설, 수도, 전기, 가스, 통신 등의 공급시설, 하수도, 폐기물 처리시설 등의 환경기초시설 등도 기반시설이라 할 수 있다.

도로, 철도, 항만, 공항 등의 도시-지역-국가-세계를 연결하는 교통기반시설은 여객과 화물의 연결성과 접근성을 향상시키는 사회간접자본이다. 이러한 교통기반시설을 구성하는 주요 요소로는 경제활동의 지원을 촉진하는 공급측면과 경제활동이 교통기반시설을 이용함으로써 나타나는 통행발생의 수요측면, 그리고 발생한 통행수요를 연결하는 네트워크 측면으로 대별할 수 있다(〈그림 11-3〉의 좌측 그림 참조).

교통 기반시설의 투자 및 개선은 주요 구성요소별로 각각의 지역발전 효과를 유발한다(〈그림 11-3〉의 우측 표 참조). 먼저, 직접적으로 지역의 생산 및 고용

그림 11-3 교통인프라 주요 구성요소와 지역발전

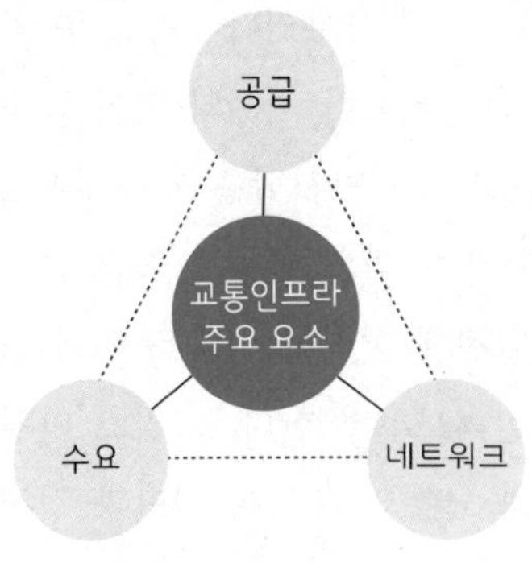

주요 요소	지역발전
공급	교통 기반시설 공급에 따른 지역발전 (스톡과 서비스 수준)
수요	여객 및 화물의 통행 발생에 따른 지역발전
네트워크	교통 네트워크의 중심성 및 연결성에 따른 지역발전

(a) 교통 기반시설 구성요소   (b) 교통 구성요소와 지역발전과의 관계

출처: 안근원 외(2014, p.38~39)

유발효과를, 공급으로 인한 통행발생 수요로 인한 구매력 향상효과를 간접적으로 기대할 수 있게 된다. 또한 개선된 교통 서비스 향상으로 인하여 새로운 통행이 유발되고, 이로 인하여 다른 지역과의 교류가 활발해지며, 부가적으로 생산 및 소비가 이루어져 지역발전에 기여하게 된다. 교통 기반시설의 공급과 수요는 직접적으로 상호 연결되는 지역의 발전에 기여하기도 하지만 다른 교통 기반시설의 네트워크와 연결되어 특정 지역의 중심성이 강해지거나 다른 지역과의 연결성이 강화되어 나타나는 네트워크화로 인한 지역발전의 기대효과도 유발할 수 있다. 이와 같이 도로, 철도 등의 교통 기반시설의 투자는 직간접적인 경제활동의 사회적 기반이 되는 시설이며, 부가적인 서비스 수요와 공급을 통하여 지역경제를 촉진하기 때문에 다른 정책들에 비하여 위험도가 낮은 정책으로 알려져 있다(Park, 2000).

교통 기반시설의 지역 경제발전과 공간구조의 재구조화의 구조적 관계를 이론에 기반하여 도식화 하면 〈그림 11-4〉와 같이 표현할 수 있다. 먼저 도로

그림 11-4 교통 기반시설 개선과 경제발전 및 공간구조 재구조화의 구조적 관계 개념도

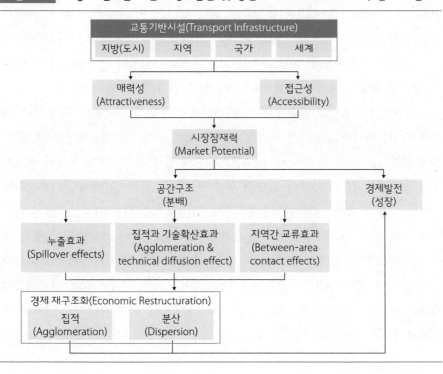

와 철도와 같은 교통 기반시설의 투자와 개선은 도시－지역－국가－세계라는 공간 단위 내외의 연결성을 강화시켜 시공간의 압축 효과를 유발하게 된다.

교통 기반시설의 개선은 연결된 공간간의 시장 네트워크로서의 공간경제이론에 의하여 설명이 가능하다(Ottaviano, 2008). 즉, 상호 연결된 시장 네트워크는 기업들에 대한 생산 장소(또는 지역)는 연결된 장소(또는 지역)와 비교한 시장의 상대적인 크기(매력성, attraction)와 시장간의 네트워크에서의 상대적인 중심성(접근성, accessibility)에 의존하게 된다(Behrens et al., 2007: Ottaviano, 2008). 시장의 크기와 네트워크의 중심성은 어떤 장소(또는 지역)의 고객 또는 구매자와 경쟁자와의 근접성으로 설명되는 '시장 잠재력(market potential)'에 내재되어 있다. 이 시장 잠재력은 각각의 장소(또는 지역)의 총 판매액과 기업의 총 이윤이라고 표현할 수 있다.

매력성과 접근성의 구분은 다른 유형의 교통 기반시설의 개선에 따른 입지들간의 시장규모와 생산비용에서의 차이에 미치는 영향을 구별하는 데 유용하다. 도시 또는 지역 내에서의 집적의 경제에 영향을 주는 유형의 교통 기반시설은 단거리 상호작용에 유의한 영향을 미치고, 이는 주로 시장의 상대적 크기를 변동시키는 매력성을 제고하는 역할을 하게 된다. 반면에 지역－국가－세계의 공간 단위들간의 이동성에 영향을 주는 유형의 교통 기반시설은 단거리뿐만 아니라 장거리 상호작용에 영향을 주어 네트워크의 중심성의 변화를 유발하게 되는 접근성 향상의 효과가 보다 크게 작용하게 된다.

이 두 가지 측면의 교통 기반시설 개선효과는 장소(또는 지역) 내에 뿐만 아니라 지역간기업과 노동자의 지리적 분포와 집적에 커다란 영향을 미치게 된다. 만약 교통 기반시설 개선이 국지적 장소의 매력성의 변화보다는 장거리 상호작용의 접근성에 더 큰 영향이 있다면 시장 규모의 우위를 향유하고 있는 지역에 비하여 그렇지 않은 지역에서의 매력성을 감소시키게 되는 효과가 있다. 이는 빨대 효과(straw effect)로도 불리며, 교역/교류의 벽이 낮아짐에 따라 경쟁의 분산 원심력 보다 규모의 차이에서 유발되는 집적의 구심력이 보다 빠르게 약화되는 현상을 유발하게 된다. 즉, 지역간 가격 차이가 크지 않다면 교통 기반시설의 개선은 시장규모가 보다 큰 지역에서의 시장잠재력을 더욱 확대하는 결과를 초래하게 된다는 것이다.

또한 교통 기반시설의 개선에 대한 효과 또는 결과로서 개선된 교통 기반시설 투자는 특정 장소(또는 지역)를 더욱더 매력적이게 하지는 않는다는 그림자 효과(shadow effect)가 있다. 두 지역 간의 교통 기반시설의 개선과 밀접하게 연관된 제3의 지역이 교통 허브(hub) 또는 관문(gate)으로써 더 큰 매력성을 가지고 있고 다른 두 개의 지역간 연결성이 좋다면 두 지역간의 연결성 향상으로 인하여 특정 지역의 시장규모에서의 증가 또는 생산비용에서의 감소는 오히려 생산성의 점유에서의 감소를 유발할 수 있다. 이는 개선된 교통 기반시설의 접근성은 불균형적으로 제3의 교통 관문 또는 허브 지역으로의 교역의 증가를 유발하는 그림자 효과가 발생할 수 있다. 즉, 두 지역간의 교통 접근성 향상은 두 지역보다는 교통 중심성이나 연결성이 강한 제3의 지역에서의 집중을 유발하게 된다는 것이다.

위의 두 가지 효과와 달리 여전히 지역간 교통 기반시설의 개선효과는 지리적 불균형을 해소하는 효과를 가질 수 있다. 이에 대한 경우는 세 가지로 대별할수 있다. 첫째, 비교역재의 가격이 주변부지역보다 훨씬 낮다면 중심부와 개선된 교통 기반시설 연결은 기업들과 노동자들이 주변부로 재이주하는 결과를 유발하게 될 것이다. 둘째, 장거리 통근을 가능하게 하는 교통 기반시설의 투자는 노동자들이 그들의 소득을 주거지역 이외의 지역에서 소비함에 따라 중심부의 기업들의 집중이 국지적 시장크기로부터 이탈하게 될 것이다. 이는 경제활동의 지리적분산을 의미한다. 셋째, 보다 빠르고 효율적인 교통 기반시설은 국지적 지식의 분산을 보다 먼 거리의 지역으로 확산을 동일하게 유발하는 효과가 있게 된다. 이는 지식의 누출 효과(spill-over effect)가 집적 경제의 중요 요인이고, 생산 비용의 불균형이 해소됨에 따라 보다 균등한 경제의 지리 분포를 유발하게 된다는 것이다.

(2) 교통과 경제발전

l) 교통 기반시설과 국가경쟁력

교통 기반시설의 투자 또는 개선은 네트워크가 연결되는 지역의 접근성 향상으로 지역발전 또는 성장에 직접적으로 영향을 줄 수 있으며, 잠재된 성장의공간적 분배 기능을 통하여 지역경제의 재구조화를 유발하면서 연결된 지역간차별적인 성장을 유발할 수 있다. 그러나 교통기반시설의 투자는 전반적으로 국가의 경제 전반의 발전을 촉진하는 효과가 있다. 예를 들어 교통 기반시설을 포함한 사회간접자본 질적 지수와 국가간 세계경쟁력 지수는 긍정적인 상관관계를 가지고 있음을 〈그림 11-5〉는 보여주고 있다(OECD, 2012). 그림에서 볼 수 있듯이 스웨덴, 덴마크, 핀란드와 같은 북유럽 국가들은 사회간접자본의 질적인 측면이 높으면서 국가경쟁력이 높은 특징을 보이고 있다. 반면에, 러시아와 인도, 브라질, 이탈리아와 같은 국가들은 사회간접자본의 질적인 측면이 낮으면서 세계경쟁력 지수도 낮은 집단에 속하고 있음을 알 수 있다.

그림 11-5 사회간접자본 지수와 국가별 세계경쟁력 지수와의 연관성

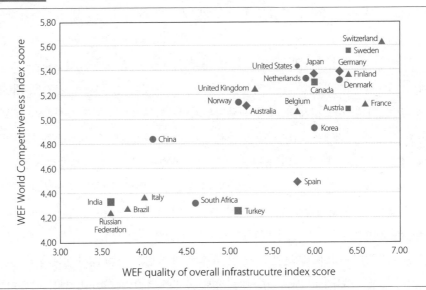

출처: OECD(2012 p.53)과 안근원 외(2014, p.16)에서 재인용.

우리나라는 상대적으로 사회간접자본 질적 측면이 높지만, 캐나다, 일본과 같은 비슷한 수준의 국가들에 비하여 국가경쟁력 지수는 낮음을 알 수 있다. 우리나라와 비교하여 질적 사회간접자본 점수가 비슷하면서도 세계경쟁력 지수가 낮은 국가는 스페인임을 또한 알 수 있다. 이러한 상대적 차이에 대한 원인은 국가의 청렴도나 노동생산성 등과 같은 다른 요인들에 의한 것일 수 있다. 그러나 전반적으로 사회간접자본의 질적인 측면은 국가의 세계경쟁력 지수와 긍정적인 영향관계를 가지고 있음을 OECD(2012)는 보여주고 있다.

OECD(2012)의 "모든 지역에서의 성장의 촉진(Promoting Growth in All Regions)" 이라는 또 다른 보고서에서는 지역발전을 선도하는 요인으로 생산성, 인적자본, 노동시장, 혁신, 집적, 교통기반시설과 연결성이 중요함을 보고하고 있다. 이 보고서에서는 유럽의 지난 12년간(1995~2007)의 지역발전이 평균 이상을 상회하는 12개 지역들 중에서 약 66.7%에 해당하는 지역들이 교통 기반시설과 이의 연결성이 중요한 결정요인이었음을 보여주고 있다.

2) 교통 기반시설의 생산성 증대효과

생산량과 생산요소 사이의 관계를 설명하기 위한 함수로 가장 많이 인용되는 것이 생산함수(Cobb−Douglas Production Function)이다. 이 생산함수를 응용하여 국내외의 많은 연구자들은 사회간접자본이 민간부문의 경제성장에 미치는 영향을 분석하여 왔다. 〈표 11−1〉은 교통 기반시설을 포함한 국가별 사회간접자본의 생산성 증대효과에 대한 연구결과를 요약하여 제시하고 있다.

미국의 사회간접자본 투자의 생산성 증대효과는 0.04~0.39의 탄력성을 가지고 있는 것으로 나타났다. 이는 사회간접자본의 1단위 투자는 민간 자본의 생산성을 4~39% 범위로 증대시키는 효과가 있음을 의미한다. 그리고 이러한 미국의 사회간접자본 투자는 분석단위가 전국, 주정부, 지역의 특정 교통수단인 화물인 경우에도 모두 민간자본의 긍정적인 생산성 증대효과가 있음을 보여주는 것이다. 이러한 결과는 일본, 프랑스, 중국뿐만 아니라 우리나라의 경우에도 유사한 결과를 보여주고 있다.

표 11-1 국가별 사회간접자본의 생산성 증대효과

국가	분석기준(연구연도)	기반시설 종류	단위	탄력성 범위
미국	전국	공공투자	생산	0.05~0.39
	주정부	공공투자	생산	0.19~0.26
	주정부	고속도로	생산	0.04~0.15
	지역(화물트럭)	고속도로	비용	0.044~-0.07
일본	지역	교통 및 통신 기반시설	생산	0.35~0.42
영국	전국	공공투자	비용	(-)
프랑스	지역	공공투자와 고속도로	생산	(+)
독일	산업	공공투자와 고속도로	비용	(-)

국가	분석기준(연구연도)	기반시설 종류	단위	탄력성 범위
인도	전국/주	도로, 철도, 전기시설	비용	-0.01~-0.47
멕시코	전국/26개 산업	교통, 통신, 전기, 공공투자	생산	0.054~-0.073
중국	지역(북동부) 전국 지역	교통 기반시설 고속도로와 철도 교통 기반시설	생산 생산 생산	0.390 고속도로: 0.224, 철도: 0.087 0.106; 동부지역: 0.121; 중부지역: 0.123; 서부지역: 0.106
한국	지역(1996) 지역(1998) 지역(2000)	공공투자 공공투자 교통기반시설 (도로, 철도, 공항)	생산 생산 생산	0.063, 교통부문: 0.162, 기타: 0.008 0.248~0.283 0.345~0.483

출처: 안홍기·김민철(2006, p22). Lakshaman(2011)과 Jiang et al.(2017)의 내용을 선별하여 정리함

　　한편, 사회간접자본의 투자에 대한 지역발전의 효과를 생산성 증대 측면에서뿐만 아니라 비용 절감의 측면에서도 분석을 시도한 연구들이 있다. 이러한 사례는 영국, 독일, 인도 등의 연구사례에서 살펴볼 수 있다. 이들 연구들에 따르면 영국과 독일의 경우에는 모두 민간 자본의 비용 절감효과가 있음을 보여주고 있다. 예를 들어 인도의 교통, 통신, 전기 등의 공공자본 투자는 전국 및 주 단위 지역별로 민간자본의 생산비용의 절감효과가 최소 1%에서 최대 47%에 달함을 보여주고 있다.

　　중국과 우리나라의 공공부문 사회간접자본의 투자는 민간부문의 생산성 증대효과에 따른 대부분의 국가의 연구결과와 마찬가지로 긍정적인 효과가 있음을 보여주고 있다. 특히, 이들 두 국가에 대한 공공부문 사회간접자본 투자의 분석 결과를 볼 때, 부문별, 지역별 생산성 증대효과는 차별적일 수 있음을 알 수 있다. 예를 들어, 중국의 경우, 철도보다는 고속도로에서 생산성 증대효과가 보다 크다는 것을 알 수 있다. 구체적으로 살펴보면, 철도 기반시설의 투자는 민간부문 생산성 측면에서 탄력성이 8.7%임에 비하여 고속도로 기반시설의 투자는 22.4%로 거의 2.5배 이상 높음을 보고하고 있다. 뿐만 아니라 교통기반시설의 투자는 지역별로 생산성 증대효과의 차이가 있음을 알 수 있다. 중국의 경우, 지역별 생산성 증대효과가 평균적으로 10.6%임에 비하여, 동부지역은 12.1%, 중부지역은 12.3%, 서부지역은 10.6%로, 지역별로 균등하게 지역발전 효과가 있지 않음을 보여주고 있다.

우리나라의 사회간접자본 투자에 대한 민간부문의 생산성 증대효과에 대한 연구결과를 볼 때, 도로, 철도, 공항 등의 교통 기반시설의 투자가 모든 사회간접자본 투자에 비하여 생산성 증대효과가 보다 크다는 것을 시사하여 준다. 예를 들어, 공공투자 전체의 생산성 증대 효과는 6.3%인데, 이를 교통 기반시설과 기타 기반시설로 대별하여 살펴보면, 전자가 22.4%에 달하는 것에 비하여, 후자는 0.8%에 불과함을 알 수 있다. 이러한 사실은 공공투자 전체에 대하여 분석한 생산성 증대효과가 24.8~28.3%이고, 교통기반시설만 분석한 생산성 증대효과는 34.5~48.3%라는 결과와 유사하다. 이는 다른 유형의 사회간접자본 투자보다는 상대적으로 교통 기반시설의 투자가 민간자본의 생산성의 증대 또는 비용의 절감 효과가 보다 클 수 있음을 시사한다.

국가별 교통기반시설의 투자 효과를 살펴보았을 때, 다른 유형의 사회간접자본의 투자보다는 국가 및 지역경제의 발전에 상대적으로 보다 중요하지만, 이러한 투자의 효과는 국가내 지역별로 차별적일 수 있음을 알 수 있었다. 여기서 또한 알 수 있는 것은 국가별로도 생산성 증대효과는 서로 상이하다는 것이다. 교통 기반시설을 포함한 사회간접자본의 지역별, 국가별 차이가 발생하는 원인 중의 하나로 알려져 있는 것은 그 지역 또는 국가의 경제성장 단계별로 그 생산성 유발효과의 차이가 있기 때문이라는 것이다(Leunig, 2011).

3) 경제성장단계와 교통 기반시설 투자의 연관성

교통기술의 발전으로 나타나는 새로운 교통수단의 출현은 국가와 지역의 경제성장을 견인하는 데 커다란 효과가 있을 뿐만 아니라 국가 및 지역의 공간구조를 변화시키는 데도 중요한 역할을 하게 된다. 예를 들어, 증기기관인 철도의 등장은 1차 산업혁명을 선도하면서 선형의 공간구조를, 휘발유를 주요 원료로 하는 자동차의 등장은 2차 산업혁명을 견인하면서 도시의 전면적, 외연적 확장을 유도하는 데 중요한 역할을 담당하였다. 또한 새로운 교통수단의 출현과 더불어 주요 교통수단의 속도의 증가, 예를 들어 고속도로와 고속철도의 등장은 국토 및 지역의 시공간적 압축 효과로 여객과 화물의 이동성을 증대시켜 전반적인 경제성장과 국토의 공간구조를 변화시키는 데 기여하였다.

이와 같이 새로운 교통수단의 등장과 보다 빠른 교통수단의 발전은 국가 및 지역의 경제성장을 촉진하는 데 커다란 기여를 하게 되지만, 이후의 추가적인 교통 기반시설의 개선은 초기의 새로운 수단 또는 보다 빠른 교통수단의 효과만큼 크지 않은 수확체증의 법칙이 작용하게 된다(Leunig, 2011). 이는 국가별로 경제성장의 초기 단계에서는 새로운 교통수단과 새로운 교통 기반시설의 투자를 통하여 경제발전에서 교통의 역할이 보다 더 중요하지만, 그 이후로부터 경제가 발전하더라도 교통 기반시설의 지역개발 효과는 상대적으로 덜 중요해지는 것을 의미한다.

우리나라도 이러한 측면에서 예외가 아닐 수 있다. 경제성장의 도약기인 1970년대에는 지역간 고속도로의 투자는 우리나라의 경제성장의 발전을 선도하는 역할을 하였다고 볼 수 있다. 즉, 고속도로와 같은 기반시설의 집중적 투자는 우리나라의 경제성장의 압축적 성장과 경제구조의 고도화를 원활하게 하는 데 커다란 기여를 하였다. 그러나 고도의 경제성장기를 지나 안정적 성장기에 접어든 경제발전 단계에서는 교통 기반시설의 투자 또는 개선이 경제성장을 효과적으로 유도하는 성공요인 중의 하나이지만 절대적 요인은 아닐 수 있다. Leunig(2011)는 북미와 남미, 유럽 등의 경제성장과 교통 기반시설의 투자에 대한 연관성을 역사적으로 살펴보면서, 교통 기반시설은 수확체감의 법칙(diminishing marginal returns)이 작용함을 주장하고 있다. 즉, 교통 기반시설의 최초의 투자는 매우 중요하지만 점차적으로 추가적인 교통 기반시설의 개선의 효과는 감소하여 왔다는 것이다.

교통 기반시설의 투자 또는 개선이 지역경제에 미치는 영향이 경제성장 단계에 따라 차이가 있으며 점차적으로 감소한다는 사실은 안홍기·김민철(2006)의 연구에서도 살펴볼 수 있다. 이들은 우리나라의 경제성장 단계별 교통 기반시설 투자와 지역경제 발전과의 인과성에 대한 분석을 수행한 결과, 1998년 외환위기를 분기로 하여 그 구조적 관계가 차이가 남을 밝히고 있다. 그들의 연구에 따르면, 1998년 이전의 고도의 경제성장기에서는 교통 기반시설의 투자가 증가하면 지역경제가 성장하고, 이러한 성장은 다시 교통 기반시설의 투자를 증대시키는 선순환 효과가 작용하였으나, 이후의 경제적 안정기 또는 재구조화기에서는 교통 기반시설의 투자가 지역의 경제성장을 유발하지만, 이로 인한 구조적 순환관계를 보이지 않음을 밝히고 있다(〈그림 11-6〉 참조). 이러한 구조적 인과관계의 변화의 원인 중의 하나로 그들은 경제성장 초기 단계에서는 교통 기반시설의 투자가 지역의 경제성장에 커다란 영향을 주었으나, 경제성장이 어느 정도 안정화되고 교통 기반시설의 스톡(stock)도 어느 정도도 축적됨에 따라 그 영향이 감소되기 때문으로 지적하고 있다.

교통기반시설 투자와 지역경제 성장과의 인과관계

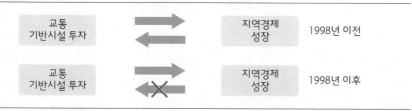

출처: 안홍기·김민철(2006, p.95).

3 교통과 지역개발의 실제

(I) 한국의 교통과 지역개발 정책의 변화

우리나라 교통물류 기반시설 네트워크는 1960년대 경제 도약기를 시작으로 하여 지난 60여 년간 압축적이고 효과적인 투자를 통하여 국제 경쟁력을 갖춘 효율적인 교통체계로 성장하였다(한국교통연구원, 2016). 1970년대 이전까지의 교통체계는 주로 철도 중심으로 구축되어 운영되어 왔으나, 제조업 중심의 산업구조와 이를 효과적으로 수용하기 위한 산업도시의 개발 시기인 1970년대 이후부터는 철도에서 고속도로 등과 같은 고속중심의 도로 기반시설의 투자가 집중적으로 이루어지기 시작하였다. 우리나라의 국가 기간 교통네트워크를 철도 중심에서 도로 중심으로 변화한 원인 중의 하나는 도로가 철도에 비하여 재정 투자비용이 적고 건설기간도 상대적으로 짧고, 또한 이동성과 접근성의 효과가 크기 때문이다. 도로 중심의 교통체계 변화의 원인 중의 또 다른 하나는 도로 중심의 교통체계를 구축함으로써 우리나라의 자동차 내수의 활성화를 통한 이들 산업의 부흥을 위한 원동력으로 작용했기 때문으로 풀이할 수 있다.

표 11-2 한국의 성장단계별 국토 및 교통정책의 변화

		1960년대	1970년대	1980년대	1990년대	2000년대	2010년대
경제개발		경제도약기	중공업 선도기	성장 및 균형 안정화기		경제위기 및 재구조화기	
국토개발		성장거점개발	인구분산 및 산업도시개발	대도시권 중심 성장거점 개발 및 신도시 개발		지역균형발전 (혁신도시, 기업도시 등)	도시재생 등 생활밀착형 성장관리
교통 정책	도로	국도 포장 본격화 및 고속도로 건설		국도 및 주요 지방도 포장 완료	고속도로망 2배 확충 및 국도 확장 본격 추진	간선도로망 연계 확충 및 환경, 안전 강화	친환경 인간 중심의 도로투자 및 지역개발 연계 고속도로 확충
	철도	산업철도 확충 및 복선전철화를 통한 효율적 수송체계 확립		도시철도 및 수도권 전철망 확충을 통한 혼잡해소		고속철도 확충 및 직결운행을 통한 수송효율화	광역도시철도 의 고속화 및 철도경쟁체계 도입

성장거점 중심의 국토공간구조의 재편과 새로운 신도시의 개발을 통하여 부족한 주택의 원활한 공급이 본격화한 시기인 1980년대와 1990년대는 우리나라의 경제성장 및 소득수준의 향상으로 자동차 통행이 급증한 시기이다. 이 시기는 도시 내부에서만 교통혼잡이 존재하였던 것이 이제는 도시의 외연적 확산과 자동차 중심의 통행으로 인하여 도시 외부에서도 심각한 수준으로 도시 및 국토의 경쟁력을 저하시키는 요인으로 인식하고, 이를 개선하기 위한 교통정책이 중점적으로 추진되던 시기이기도 하였다. 교통혼잡의 해소를 위한 정책은 도시 고속도로와 국도의 신설 및 확장과 더불어 수도권을 포함한 대도시권 차원의 도시철도망의 확충이라고 볼 수 있다.

1998년 경제 위기 이후 2000년대 접어들면서는 고속철도가 개통되고, 1970년대 이후로 상대적으로 투자가 위축되었던 철도 기반시설의 네트워크 확충에 대한 투자가 재개되기 시작하였다. 이 당시에는 수도권에 집중되었던 경제 및 산업의 의도적 분산화를 통하여 지역균형발전을 추진하고자 하는 시기였다. 우리나라 정부는 이를 위하여 행정중심복합도시인 세종특별자치시의 개발과 함께 지방거점 도시에서 기업도시 및 혁신도시 등과 같은 새로운 신도시개발을 통하여 균형발전을 도모하고자 하였다. 이 시기의 주요 교통정책은 고속철도 등의 교통 기반시설 투자, 주요 지역간선망 도로의 연계 네트워크 구축, 그리고 교통시설물에서의 환경과 안전을 강화하는 법제도의 개선이 이루어졌다.

1960년대 이후의 지난 반세기는 경제성장을 효과적으로 달성하기 위하여 산업도시 및 신도시, 기업 및 혁신도시 등 새로운 도시의 건설과 더불어 이동성 중심의 교통 기반시설, 특히 도로의 집중적 투자가 이루어진 시기라 할 수 있다. 이러한 도시의 외연적 확산에 초점을 둔 지역개발과 도로 중심의 교통체계의 구축은 압축적인 고도의 경제성장을 효과적으로 유도하였다. 이로 인하여 우리나라의 1970년 도시화율은 50.1%에서 2010년 90.9%, 1인당 소득은 255달러에서 20,562달러, 고속도로 연장은 551km에서 3913km, 고속도로 이용차량은 하루 8천대에서 377만대로 비약적인 성장과 증가를 경험하게 되었다(김종학, 2013). 특히, 우리나라의 고속도로 기반시설 네트워크와 그 서비스 영역의 변화를 시대별로 살펴보면 〈그림 11-7〉과 같다. 고속도로 진출입구(Interchange)에서 30분 내 접근 가능한 지역을 시대별로 살펴보면, 1970년은 전체 국토의 14%, 1990년은 35.4%, 2010년은 63.4%가 고속도로를 이용할 수 있는 도로 중심의 국토공간구조 변화가 이루어졌다. 이러한 고속도로 중심의 국토공간구조의 구축의 사회적

그림 11-7 고속도로 기반시설 네트워크와

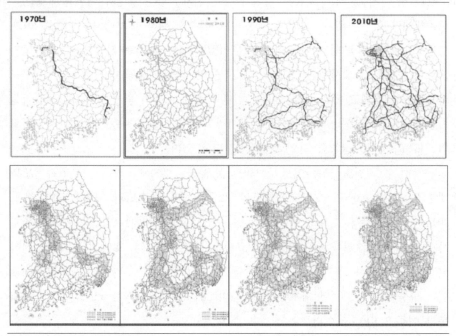

출처: 김종학(2013, p.2 & p.4)

편익은 연간 119.7조원에 이르는 것으로 나타났다(김종학, 2013).

그러나 이러한 긍정적인 측면도 있지만 교통혼잡과 대기오염의 악화 등과 같은 사회적 부담의 가중이라는 부정적 측면도 있다. 즉, 산업과 교통물류의 효율적 성장의 기반은 마련하였지만 사람 중심이 아닌 자동차 중심의 교통체계로 인간다운 삶의 질 제고에는 그 역할을 다하지 못한 것이 사실이다. 2010년대에는 이러한 교통체계의 부정적 효과를 저감시키고, 삶의 질 제고를 위한 노력으로 철도 중심의 교통체계에 대한 지속적 투자와 더불어 보행과 대중교통 중심 도시권 교통체계의 재구조화를 시도하고 있다. 이러한 새로운 노력은 도로 및 자동차 중심의 교통체계에 대한 반성과 함께 인구와 경제의 저성장 시대에서의 패러다임의 변화에 기인하기도 한다. 예를 들어, 경제성장이 안정화되고 있는 시기에서는 새로운 도시개발의 압력이 감소하고, 기성시가지의 도시쇠퇴가 가속화되고 있다는 점에서 도시재생에 대한 정부의 꾸준한 관심과 투자가 필요하다. 또한 이러한 도시재생에서는 이동성 중심이 아닌 접근성 중심으로, 자동차 중심이 아닌 사람 중심, 그리고 경제성장 중심이 아닌 복지와 사회적 형평성 중심의 교통체계 구축이 보다 중요하다. 이러한 교통체계는 사람들이 서로의 삶을 관찰하고 관심을 가지고, 서로 소통의 기회가 충분히 제공되는 보행과 대중교통 중심의 교통체계라 할 수 있다. 이러한 교통체계 구축을 위하여 보행자우선도로(2012), 생활도로구역(2010) 등의 제도화가 이루어졌고, 서울역 주변지역 노후화된 고가도로의 보행길 조성사업인 "서울역7017" 등의 수많은 사람 중심의 도로 재구조화사업이 추진되고 있다. 물론 이와 함께 지역간 교통의 원활한 이용을 위한 고속철도 사업의 지속적 투자와 더불어 광역화된 도시권의 이동을 위한 광역철도의 신규 투자 및 급행화 사업 등도 추진되고 있다.

특히, 고속철도 교통 기반시설의 네트워크는 2004년 최초 경부고속철도의 개통 이래로, 2015년 호남고속철도의 개통, 2016년 수도권 고속철도의 개통, 2017년 원주~강릉 고속화 철도의 추진 등으로 전국적 네트워크의 구축이 원활하게 이루어지고 있다. 2015년 현재 고속철도망은 경부선, 호남선, 경전선, 전라선 등을 포함하여 1,172km가 운영 중에 있다. 〈그림 11-8〉은 고속도로의 네트원의 확충시기와 2004년 최초 개통 당시와 2015년 현재의 서비스 접근성의 변화를 보여주고 있는 것이다.

그림 11-8 　단계별 고속철도 확충과 국토의 고속철도 접근성 변화

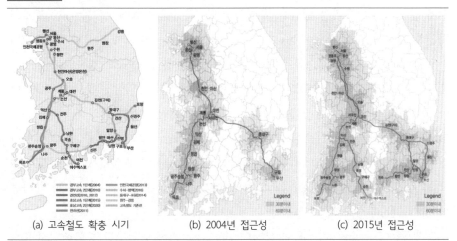

(a) 고속철도 확충 시기 　　　(b) 2004년 접근성 　　　(c) 2015년 접근성

주: 접근성 변화에서 보다 진한 음영은 고속철도 정차역 30분이내, 보다 약한 음영은 60분 이내 접근이 가능한
　　지역을 의미함
출처: 한국교통연구원(2016, p.167; 2013, pp.39~40))

　　　이러한 고속철도 네트워크의 확충은 인구의 집중 완화, 지역상권 활성화,
지역특화산업의 원활한 유도, 지역고용창출, 온실가스감축 등의 다양한 사회경
제적 파급효과를 유발하였음을 보고하고 있다(권영종·이주연, 2015). 이러한 사회
경제적 파급효과는 고속철도 이용자수의 증대와 토지가격 상승으로도 유추하여
볼 수 있다. 2015년 현재 고속철도 1일 평균 이용자수는 16만명에 이르며, 고속
철도 정차역까지 60분 이내 접근 가능한 지역은 전국토의 55%에 달하는 것으로
나타났다. 고속철도 개통으로 대구시 동구, 경주치 충효동, 천안시 쌍용동, 대정
시 중구 대흥동 등 주요 지역에서의 지가 상승이 이루어져 이들 주변지역으로의
역세권 개발 잠재력도 증가한 것으로 보고되고 있다.

(2) 교통기반시설 투자와 지역경제

1) 고속도로 기반시설 투자와 지역경제

　　　해외에서 뿐만 아니라 국내에서도 고속도로의 기반시설의 신규 투자에 대
한 실증연구들의 분석결과는 지역경제 발전의 효과에 대하여 완전히 일치하지
않고 있다. 예를 들어, 전경구(1997)는 고속도로 접근성 개선이 단기적으로는 대

도시의 유통업 시장권역의 확장을 유발하지만 장기적으로는 낙후지역의 경제발전에 긍정적 기여효과가 있음을 밝히고 있다. 반면에 김원배(2002)는 고속도로의 접근성 개선이 대도시에는 유리하고, 중소도시에는 불리하게 작용하게 될 것이라고 전망하고 있다. 최준섭 외(2011)는 대전-통영 고속도로 개통의 지역경제 효과를 분석한 결과, 도시지역보다는 농촌지역에서의 지역발전 효과가 크게 나타났고, 고속도로와 직접 인접한 1차 영향권이 2차 영향권보다 크게 나타났음을 보고하고 있다. 한편, 김윤식(2009)은 고속도로 기반시설의 투자를 통한 교통여건의 개선이 이론적 측면에서 주변지역의 경제에 긍정적 효과가 반드시 있지 않으며, 대도시 지역이 연결된 중소도시의 지역 시장을 흡수하는 빨대효과의 가능성이 있음을 주장하고 있다.

새로운 고속도로 기반시설 투자에 대한 과거의 실증연구를 종합하면서 Kim and Han(2016)은 중심지역과 주변지역의 잠재적 발전효과를 세 가지로 대별하여 정리하고 있다. 첫째는 고속도로 접근성의 개선은 대도시와 중소도시 지역 모두 인구 등의 성장이 유도되는 동일한 긍정적 효과(constant positive effect, 〈그림 11-9(a)〉), 둘째는 대도시 지역에서의 성장은 유발됨에 비하여 다른 중소도시에는 변화가 없는 차별적 긍정적 효과(differential positive effect, 〈그림 11-9(b)〉), 그리고 마지막으로는 대도시의 성장이 중소도시의 현재의 잠재력을 흡수하게 되는 빨대효과(straw effect, 〈그림 11-9(c)〉)가 그것이다.

Kim and Han(2016)은 서울-춘천 고속도로와 여주-구미 중부내륙 고속도

그림 11-9 고속도로 기반시설 투자와 중심부 및 주변부 지역발전 관계 유형

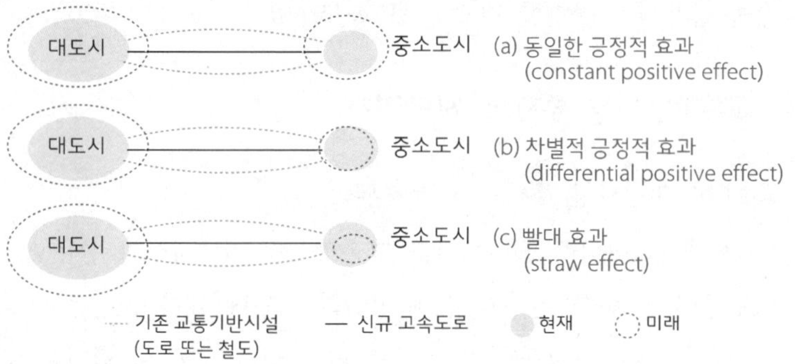

대도시 ———— 중소도시	(a) 동일한 긍정적 효과 (constant positive effect)
대도시 ———— 중소도시	(b) 차별적 긍정적 효과 (differential positive effect)
대도시 ———— 중소도시	(c) 빨대 효과 (straw effect)

···· 기존 교통기반시설 (도로 또는 철도) — 신규 고속도로 ● 현재 ○ 미래

출처: Kim and Han(2016, p.125)

로의 개통이 빨대효과가 있는지 여부를 판단하기 위하여 그 영향권을 개통 전후와 영향지역과 비영향 처리지역으로 구분하고, 인구와 고용변화에 대한 이중차이모델(difference－in－difference model)을 적용하여 실증분석을 수행하였다. 이들의 분석결과는 새로운 고속도로 기반시설의 투자로 인하여 도시지역이 낙후지역의 인구와 고용의 성장을 흡수하는 빨대효과는 나타나지 않았을 뿐만 아니라, 두 지역 모두 인구와 고용에서의 성장에 기여한 동일한 긍정적 효과가 있음을 밝히고 있다. 특히, 인구성장에서는 고속도로와 인접한 지역에서의 인구성장이 인접하지 않은 지역에 비하여 보다 높음을 확인하여 주고 있다.

2) 고속철도 기반시설 투자와 빨대효과

고속철도는 우리나라와 일본, 미국의 경우에는 지역간 이동성을, 프랑스, 영국, 독일 등과 같은 유럽에서는 지역간 및 국가간 이동성을 향상시켜주는 속도의 획기적 향상이라는 새로운 교통수단으로서의 역할을 수행하고 있다. 이러한 고속철도의 새로운 투자는 지역의 경제성장에 다양한 형태로 기여하고 있다. 특히, 우리나라는 일본(1964년 최초 개통)과 프랑스, 독일 등에 비하여 상대적으로 고속철도의 도입이 늦게 도입되었다는 특징이 있다. 〈그림 11－10〉은 유럽과 동아시아의 고속철도 네트워크 구축현황을 보여주고 있다. 그럼에도 불구하고 고속철도는 속도의 획기적 향상이라는 특징을 가진 새로운 교통수단이기 때문에 전반적으로 지역의 성장과 발전에 커다란 기여를 할 것으로 예상할 수 있다.

그림 11-10 유럽과 동아시의 고속철도 네트워크 현황

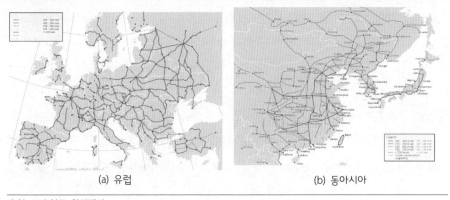

(a) 유럽   (b) 동아시아

출처: 고속철도-위키백과

　　고속철도가 지역의 발전에 기여를 할 것이라는 일반적인 믿음과 더불어 일본의 사례를 살펴보면, 지역 발전 기여효과 세 가지 유형(Kim and Han, 2016) 중에서 상대적으로 규모가 큰 도시가 규모가 적은 도시의 시장잠재력을 흡수하여 특정 지역의 지역발전이 위축될 것이라는 빨대효과의 가능성에 대한 우려도 있다. 이에 대한 근거는 일본의 고속철도인 신칸센의 개통 이후 대도시 지역이 네트워크로 연결된 중소도시의 상권이 흡수되었다는 실증적인 연구(전명진, 2010에서 인용)의 결과에 기반한 것이다.

　　우리나라도 고속철도의 개통에 따른 지역경제 성장효과나 빨대효과에 연구(나영·김용구, 2016; 박미숙·김용구, 2016)가 최근 추진되었다. 이들 연구는 분석자료의 한계로 인하여 정확한 진단은 어려울 수 있으나, 빨대효과보다는 주요 도시지역들의 지역 동반발전 효과의 가능성이 있는 것으로 확인하고 있다. 또한 나영·김용구(2016)은 공간패널모형을 이용하여 고속철도 개통이 지역소비에 미친 영향을 분석하였다. 분석결과, 고속철도 네트워크의 구축으로 해당 정차지역의 임금소득, 주택가격 매매지수, 그리고 실질 금리의 상승에 통계적으로 유의한 긍정적인 영향을 주었음을 보여주고 있다.

　　이러한 계량분석의 결과와 유사하게 전명진(2010)은 관련 자료의 시계열 기초통계 분석을 통하여 빨대효과의 부정적 효과보다는 긍정적인 지역발전의 효과가 있음을 주장하고 있다. 그는 고속철도의 개통에 따른 수도권 인구집중의 가속화, 원정쇼핑으로 인한 지방상권의 위축 등의 연구질문에 대한 분석결과로 빨대효과의 유의성을 확인할 수 없다고 하였다. 그는 또한 일본과 달리 고속철도의 개통에 따른 빨대효과가 나타나지 않은 것에 대하여 세 가지 이유를 제시하고 있다. 첫째, 고속철도 개통시점에서의 교통여건의 차이이다. 일본은 주로 철도 중심의 교통체계임에 비하여 우리나라는 도로 중심의 교통체계이기 때문에 그 영향이 상대적으로 적었다고 볼 수 있다. 즉, 고속도로 네트워크가 미약하면서 저속의 철도 중심 교통체계를 형성하였던 일본은 고속의 대중교통 수단의 등장으로 중소도시에서 대도시로의 원정쇼핑의 가능성 큰 폭으로 증가하였으나 우리나라는 대안적 교통수단인 고속도로가 여전히 중요한 지역간 통행을 이미 차지하고 있었기 때문이다. 둘째, 고속철도 개통시점의 당시의 지역개발 또는 발전의 정도에서 차이이다. 1960년대 일본은 대도시와 중소도시간 유통 및 서비스

시설의 격차가 큰 반면에 2000년대의 우리나라는 상대적으로 그 격차가 작기 때문에 빨대효과가 나타나지 않는다는 것이다. 마지막으로 최근의 정보통신 기술의 발달에 따른 온라인 쇼핑의 확대현상에 기인한다. 2000년대의 우리나라는 물리적 이동을 필요로 하는 오프라인보다는 온라인 쇼핑의 비중이 급격히 증가하고 있다. 이러한 점에서 물리적 이동을 동반하는 유통 및 서비스 오프라인 구매 수요가 커지 않았기 때문에 빨대효과가 유의할 정도로 나타나지 않았다는 것이다.

4 결론: 지역발전과 교통의 미래

교통 기반시설의 적시의 효율적 투자는 경제성장의 도약기와 고도화기에 지역의 발전을 유도하는 데 커다란 기여를 하였다. 뿐만 아니라 경제성장이 안정화되고 있는 21세기에는 새로운 교통수단이라고 할 수 있는 고속철도의 전국 네트워크화와 대중교통 중심의 대도시권 교통체계의 구축 노력을 통하여 지역의 성장과 국토의 균형적 발전을 도모하는 데 중요한 역할을 담당하고 있다. 교통과 지역발전과의 연관성을 역사적 고찰을 통하여 파악하고 있는 Leunig(2011)는 교통 기반시설이 지역경제의 성장에 효과적으로 기여한 것은 증기기관, 자동차와 같은 새로운 교통수단의 출현, 고속도로와 고속철도와 같은 고속의 이동이 가능하도록 기반시설의 새로운 투자, 그리고 전반적인 평균적 이동속도의 효율성 유지라고 제시하고 있다. 우리나라는 경제 도약기를 시작으로 오늘날의 경제 안정화기에 이르기까지 고속도로와 고속철도의 적기의 효율적 투자를 통하여 국가 및 지역의 경제발전을 효과적으로 도모하여 왔다고 볼 수 있다.

Leunig(2011)의 주장에 근거한다면, 21세기의 지역성장을 바람직하게 유도하기 위하여 교통정책의 방향은 고속의 이동성을 담보하는 교통 기반시설의 지속적 투자와 더불어 도로 및 철도의 미연결 구간(missing link), 병목구간, 그리고 혼잡구간의 해소를 통하여 예상되는 통행속도를 상시적으로 유지하려는 노력이 추진되어야 한다. 특히, 우리나라는 도시화율이 90% 이상이라는 점에서 주요 도시지역에서의 교통혼잡의 해소는 도시 및 지역발전의 중요한 문제이며, 상대적으로 효과적으로 풀기 어려운 교통문제라고 할 수 있다. 왜냐하면 도시지역의 주요 교통혼잡 구간은 여객과 화물의 이동수요가 높고, 기반시설의 투자를 위하여 가용한 토지는 적고, 또한 개선을 위한 비용은 천문학적으로 비싸기 때문이다. 이러한 혼잡구간의 해소는 단일한 교통정책으로 효과적으로 풀기 어렵다. 그러므로 종합적인 교통정책의 통합적 추진이 필요할 것이다. 추진 가능한 정책으로는 기반시설의 효율적 투자, 혼잡통행료 부과 및 주차상한제 등과 같은 교통수요관리, 대안적 교통수단으로의 전환, 재택 근무 및 전자상거래 활성화 등의 정책을 들 수 있다.

경제성장의 도약기와 고도화기에서는 교통 기반시설의 효율적 투자가 지역의 경제발전을 견인하였거나 최소한 그의 성공에 중요한 역할을 하였다고 볼 수 있다. 그러나 경제성장이 안정화되어 있는 오늘날에는 교통 기반시설의 투자와 지역의 발전 전략을 동시에 추구하여야 한다. 새로운 교통시설의 선도적 투자가 주택 및 고용 성장을 견인할 것이라는 믿음은 이제는 약해질 수밖에 없다. 그러므로 바람직한 효과적인 지역성장을 유도하기 위하여서는 토지이용과 교통의 통합적 접근이 이루어질 필요가 있다. 그리고 오늘날의 심각한 대기오염과 공로상의 교통혼잡을 해소하기 위하여서 도로보다는 대중교통 중심의 도시 및 지역발전을 유도할 필요가 있다. 그리고 그러한 통합적 접근은 구상과 계획단계에서부터 이루어질 필요가 있다. 이러한 접근의 사례로 미국의 "소의 눈(bull's eye)", 덴마크의 "손가락(finger)", 한국의 "염주알(Rosario)" 계획을 들 수 있다. 이들 사례들은 지역의 발전을 대중교통과 밀접하게 연계하여 추진한 사례라 할 수 있다.

지역발전을 위한 교통 기반시설의 투자 및 운영 정책은 새로운 기술의 발전을 또한 고려하여야 한다. 인간과 사물의 모두 연결되는 디지털 사회에서는 교통수단과 교통시설물, 그리고 화물과 여행자 모두 실시간 교통흐름의 정보를 주고 받고, 이를 이용하여 실시간 의사결정이 원활하고 합리적으로 이루어질 수 있도록 디지털 연결성(digital connection)을 강화하여야 한다. 이미 국내에서도 첨단교통체계(Intelligent Transport System, ITS)가 대부분의 시군에서 구축되고 있으며, 도시개발과 운영에서도 유비쿼터스 도시에서 스마트 도시의 개념이 도입되고 있다. 사람과 사람, 사물과 사물, 그리고 사람과 사물 모두가 인터넷으로 연결되고 있는 오늘날의 사회에서는 교통의 하드웨어뿐만 아니라 소프트웨어를 적극적으로 활용하여 당면하고 있는 혼잡과 병목 등의 교통문제를 해결하는 데 노력을 기하여야 한다. 통행의 발생수요를 원천적으로 차단시키는 재택근무, 스마트 워크 시스템, 화상회의, 전자상거래 등은 디지털 연결성을 보다 강화함으로써 더욱 촉진될 수 있다. 또한 교통수요의 발생시간, 통행경로, 교통수단의 전환을 통하여 공로상의 특정 시간대 교통혼잡을 완화시킬 수도 있을 것이다. 이는 통행경로상의 혼잡 발생시간대의 예측기술과 대안적 통행경로의 정보제공, 자동차가 아닌 대중교통과 같은 대안적 교통수단의 출도착 등의 실시간 이용정보제공 시스템의 구축 등을 예로 들 수 있다. 뿐만 아니라 새로운 교통수단인 드론과 같은 무인택배 시스템의 조기 구축은 도시 및 지역 내의 물류교통수요를 효율적으로 관리하는 데 기여를 할 수 있을 것이다. 그리고 최근에 국내에서도 시험운행 중인 무인자율주행 자동차를 활용한 공유교통경제의 실현은 자동차의 소유와 이용에 따른 개인의 주택뿐만 아니라 모든 건축물의 주차수요를 획기적으로 감소시킴으로써 개발 잠재력이 높은 토지자원을 제공하는 계기가 될 것이다.

또한 지역발전에서의 교통의 역할은 20세기 경주하여 왔던 이동성 향상을 통한 경제성장뿐만 아니라 사회적 형평성과 환경적 정의를 제고할 수 있는 지속가능한 발전(sustainable development)을 이루는 데 초점을 두어야 할 것이다. 앞으로의 미래는 초고령사회, 소득의 양극화 등과 같은 다소 어두운 현실을 극복하여야 하는 당면과제를 안고 있다. 사회적으로 약자인 이들에게 교통의 복지와 이동의 기본권 보장 등을 제공함으로써 사회적 형평성을 담보하도록 하여야 할 것이다. 그리고 기술의 발전이 가속화되고 있는 오늘날의 디지털 사회에서도 자동차 중심의 교통체계에 의한 토지자원의 조기고갈과 대기오염의 악화 등과 같은 환경문제에 적극적으로 대응하여야 할 것이다. 이는 전기자동차의 상용화와 자동차 교통수요의 억제 및 대중교통으로의 수단전환 등의 교통정책을 추진함으로써 가능하게 될 것이다. 지역발전에서의 교통의 역할은 차량 중심에서 사람 중심으로, 이동성 중심의 접근성 중심으로의 패러다임의 전환, 즉 경제성장 중심에서 지속가능성 중심으로 전환되어야 하며, 이러한 명제는 기술의 발전이 가속화되고 있는 오늘날의 사회에서 특히 중요함에 틀림없다.

연습문제

❶ 교통기반시설의 주요 요소 세 가지가 지역발전을 어떻게 유발하는지에 대하여 설명하시오.

❷ 교통은 경제성장을 유도하기도 하지만 국토 및 지역의 공간구조를 변화시키는 분배효과도 존재한다. 교통 기반시설의 투자에 따른 세 가지 분배효과는 무엇인가?

❸ 경제성장 단계별로 교통 기반시설의 투자는 서로 다르게 작동한다고 한다. 우리나라는 경제 성장의 고도화기에서 안정기로 전환된 1998년 전후의 교통과 지역발전은 어떤 다른 연관 성을 지니고 있는지 토론하여 보자.

❹ 신문 등 언론매체에서는 고속철도의 개통이 상대적으로 규모가 적은 도시의 성장 잠재력을 흡입하는 빨대효과(straw effects)가 나타날 것이라고 우려하였으나, 실질적으로 지역의 성장과 균형발전을 도모하는 데 기여한 것으로 예상되고 있다. 일본에 비하여 우리나라에 서 빨대효과가 유의하게 나타나지 않는 이유는 무엇인지 설명하시오.

❺ 21세기의 지역발전을 위하여 교통정책은 어떻게 추진되어야 하는지에 대하여 토론하여 보 시오.

참고문헌

권영종·이주연(2015). KTX 네트워크 확충과 사회경제 파급효과, 한국철도학회 철도저널, 18(6): 10−13.

권혁구·권태우(2016). 2014 국가물류비 조사 및 산정, 한국교통연구원 수시연구 2016−10.

김원배(2002). 서해안고속도로 개통이 대전, 충남 지역경제에 미치는 파급효과, 국제무역연구, 8(1):87−112

김윤식(2009). 고속도로 개통이 지역경제에 미치는 영향: 빨대효과를 중심으로, 35(3): 129−145

김종학(2013). 고속도로 성과와 창조경제시대의 과제, 국토연구원 국토정책 브리프 No.728.

성현곤(2012). 주거입지선택에서의 대중교통 접근성과 직주균형의 구조적 관계가 가구수준의 통행행태에 미치는 영향, 국토계획, 47(4): 265−282.

안근원·한상진·김자인·김상일·김흥배·이영성(2014). 교통인프라가 지역발전에 미치는 실증적 효과 분석, 한국교통연구원, 연구총서 2014−14.

안홍기·김민철(2006). 교통기반시설투자의 지역간 배분과 지역경제성장에 관한 연구, 국토연구원, 국토연 2006−35.

이상호(1996). 교통네트워크−도시 및 지역개발효과 통합모형의 구축, 국토계획, 31(6); 161−176.

전경구(1997). 고속도로가 낙후지역경제에 미치는 영향: 유통업을 중심으로, 한국지역개발학회지 9(2): 17−28

최준섭·정다운·김흥순(2011). 통제집단을 활용한 고속도로 개통의 지역개발 효과 분석: 대전−통영 간 고속도로를 중심으로, 국토연구 68(1): 25−41

한국교통연구원(2012). 2030 교통정책 혁신방안 추진 연구, 한국교통연구원 연구총서.

한국교통연구원(2013). 2013 KTX 경제권 특성화 개발 연구, 총괄보고서 일반사업 2013−05−01.

한국교통연구원(2016). 한국의 교통: 한국교통연구원 30년사, 한국교통연구원 기획도서 2016−08−10.

허재완(2010). 고속철도(KTX)의 빨대효과에 대한 비판적 검토, 도시행정학보, 23(4): 59−74.

Behrens, K., Lamorgese, A.R., Ottaviano, G. and Tabuchi, T.(2007). Changes in transport and non−transport costs: Local vs global impacts in a spatial network, Regional Science and Urban Economics, 37A(6): 625−648.

Eddington, R.(2006). The Eddington Transport Study: The Case for Action. Sir Rod Eddington's Advice to Government. Pages 13, 14.

Jianga,X., Heb, X., Zhang, L., Qin, H., Sh, F.(2017). Multimodal transportation infrastructure investment and regional economic development: A structural equation modeling empirical analysis in China from 1986 to 2011, Transport Policy, 54: 43−52.

Kim, J., and Han, J.H.(2016). Straw Effects of New Highway Construction on Local Population and Employment Growth, Habitat International, 53: 123−132.

Kourtit, K.(2016). Super−Proximity and Spatial Development, Journal of Regional Research, 36: 215−223.

Lakshmanan, T.R., 2011, The Broader Economic Consequences of Transport Infrastructure Investments, Journal of Transport Geography, 19: 1−12.

Leunig, T.(2011). "Cart or Horse: Transport and Economic Growth," OECD−ITF Discussion Paper.

OECD(2012). Promoting Growth in All Regions: Lessons from across the OECD, (Source: https://www.oecd.org/site/govrdpc/49995986.pdf)

Ottaviano , G.(2008). Infrastructure and economic geography: An overview of theory and evidence, EIB Papers, 13(2): 8−35.

Park, B.(2000). Transport and Regional Development, Ballsbridge: Dublin.

Sung and Choi, 2017, The link between metropolitan planning and transit−oriented development: An examination of the Rosario Plan in 1980 for Seoul, South Korea, Land Use Policy 63: 514−522.

U.S. Department of Transportation(2016). Transportation Satellite Accounts, Bureau of Transportation Statistics.

지역개발과
지방재정

_ 이영성

지방재정은 좁게는 지방정부의 살림살이인 수입과 지출을 뜻하지만, 넓게는 지방정부의 수입과 지출에 대한 관리까지 포괄하여 지칭한다. 지방재정은 지역의 발전을 위한 수단이며, 이를 위한 과정인 동시에, 그 결과물이기도 하다. 여기에 지방재정의 중요성이 있다. 본 장에서는 분권화정리(Decentralization Theorem)를 통해 중앙정부가 아닌 지방정부가 스스로의 살림살이를 책임지고 맡아야 하는 이유를 먼저 살펴본 뒤, 어떤 원칙으로 지방정부의 규모를 설정할 것인지를 살펴본다. 지방정부의 의사결정이 중앙정부의 획일적인 결정보다 효율적이라고 해서, 지방정부의 의사결정이 그 자체로 최적이라고 단정할 수는 없다. 다수결에 의한 정치적 의사결정이 갖는 문제점 때문이다. 본 장에서는 이를 중위투표자 법칙을 통해서 살펴본다. 그런데, 티보가 주장한 발로 하는 투표(Voting by Feet)에 따르면, 주민들이 여러 지방정부의 세율과 지방공공서비스를 비교하여, 자신들의 선호에 부합되는 지방정부에 거주하게 되면, 중위투표자의 법칙에 의한 문제점은 극복가능하다.

지방정부의 수입에서 역시 중요한 것은 자체 세원이다. 지방정부의 자체 세입은 자본화(Capitalization) 현상 때문에, 많은 나라에서 토지와 건물에 대한 세금을 중심으로 이루어진다. 본 장에서는 이에 관한 이론을 고찰하고, 우리나라 지방정부의 세원구성을 살펴본다. 토지와 건물에 대한 세금이 지방정부 세입의 주축이 되면 지방정부들의 재정력에 큰 격차가 발생하기 때문에, 지방재정조정제도가 불가피하다.

예전에는 지방재정에서 수입에 관한 논의가 주를 이루었지만, 최근에는 지방정부의 지출에 더 많은 관심을 갖기 시작했다. 그에 따라 본 장에서는 우리나라 지방정부들이 지방 자치 이후 지역경제와 지역발전을 위해 어떠한 방식으로 재정지출을 변화시켜 왔는지를 고찰하고, 그러한 변화가 지니는 시사점을 살펴본다. 더불어 비교경쟁의 개념을 도입하여 지방정부들 사이의 경쟁이 재정 지출에 미치는 영향, 긍정적·부정적 효과를 검토한다.

마지막으로 본 장에서 다루는 주제는 민자유치이다. 공공부문의 재정 여력이 예전같지 않기 때문에 민간의 창의성과 효율성을 활용하기 위한 제도이다. 민자유치 방식 가운데 본 장에서는 주로 BTO(Build-Transfer-Operation) 방식과 BTL(Build-Transfer-Lease) 방식을 살펴본다.

지방재정은 지방정부의 재정을 줄여서 사용하는 표현이다. 재정(財政)은 직역을 하면 재물을 다스린다는 뜻이지만, 학술적으로는 주로 공공기관의 살림살이인 수입과 지출 또는 이를 관리하는 것을 포괄하여 지칭한다. 지방정부의 살림살이를 관리하는 것은 지역의 개발과 발전을 도모한다는 명확한 목적과 방향을 갖는다. 장기적으로는 이러한 과정을 거치고 쌓여서, 지방정부의 살림살이가 정해진다. 지방재정은 지역의 개발과 발전을 위한 수단이며, 이를 위한 과정인 동시에, 그 결과물이기도 하다. 여기에 지방재정의 중요성이 있다.

1 지방정부의 살림살이는 왜 지방정부가 하는 것이 바람직한가?

지방재정을 중앙정부가 책임지고 대신 관장하면 안 될까? 분권화정리(Decentralization Theorem)에 따르면 지방재정은 지방정부가 주도해서 관장하는 것이 자원의 효율적 배분에 더 도움이 된다. 지방정부마다 공공서비스에 대해 원하는 것(선호)이 다르기 때문이다. 어느 저녁 파티의 주최측이 100명에 이르는 참석자들에게 원하는 음식을 묻지 않고, 스테이크와 크림 파스타를 주식으로 하고, 달달한 라떼를 후식으로 하는 메뉴를 획일적으로 제공한다고 하자. 이 메뉴를 사랑하는 사람은 행복하겠지만, 얼큰한 한식과 녹차를 사랑하는 사람의 반응은 어떨까? 조금 먹는 시늉만 한 채 거의 그대로 남기는 사람도 있을 것이다. 이렇게 되면 스테이크, 크림 파스타, 라떼를 만들기 위해 투입된 노동, 자본, 재료가 아무런 의미없이 낭비되는 결과가 된다. 메뉴를 통일하면 준비하기는 수월하지만, 비싼 돈 들여서 대접하면서, 그 값을 하지 못하는 속상한 결과를 초래하기 쉽다. 중앙정부가 지방재정을 관할하면, 여건과 선호가 각기 다른 지방정부들의 바람을 반영하지 못한 채 획일적으로 하기 쉬운데, 이렇게 되면 자원이 의미없이 낭비된다는 것이 분권화 정리의 핵심이다.

다음 그림은 분권화 정리를 잘 보여준다. 한 나라에 두 개의 지방정부 A와 B가 있다고 하자. 한 지방정부 안에서는 주민들의 선호가 같지만, 두 지방정부 간에는 주민의 선호가 다르다고 가정하자. 그림에서 X축은 재화나 서비스의 양이고, Y축은 가격이다. 지방공공재에 대한 공급곡선은 편의상 수평으로 제시되어 있다. 공급곡선은 재화나 서비스를 한 단위 추가로 생산할 때 들어가는 추가적인 생산비용, 즉 한계비용을 보여준다. 공급곡선이 수평이라는 것은 지방공공서비스의 공급량이 증가하더라도 한계비용이 같은 수준에서 유지된다고 가정하는 것이다.

수요곡선은 지방정부마다 다르다. 선호가 다르기 때문이다. 수요곡선은 재화나 서비스에 대한 지불용의액을 보여준다. 지불용의액은 소비를 한 단위 추가로 늘릴 때에 소비자가 느끼는 효용의 크기, 즉 한계효용을 반영한다. 소비량이 증가할수록 한계효용은 감소하기 때문에, 지불용의액도 감소한다. 수요곡선이 소비가 증가할수록 아래로 내려가는 모습을 띠는 것은 그 때문이다. 이 그림에서는 지방정부 B에 거주하는 시민의 수요곡선 D_B가 지방정부 A에 거주하는 시민의 수요곡선 D_A보다 높은 곳에 있다. 수요곡선이 더 높이 있다는 것은 지방공공서비스에 대한 지불용의액이 더 크다는 것을 뜻한다. 지방정부 B의 주민들이 A의 주민보다 더 간절하게 지방공공서비스를 원한다는 것이다.

수요곡선과 공급곡선이 만나는 지점에서 결정되는 균형 수요 및 공급량은 지방정부 A에서는 Q_A이고 지방정부 B에서는 Q_B이다. 중앙정부가 획일적으로 의사결정을 한다면, A와 B가 밝힌 선호의 중간 지점을 선택할 가능성이 높다. 양쪽을 조금씩 반영하는 방식이다. 그에 따라 중앙정부의 수요곡선은 D_A와 D_B 사이에 위치한 D_C가 되고, 균형 수요 및 공급량은 Q_C가 될 것이다. 문제는 중앙

그림 12-1 분권화 정리(Decentralization Theorem)

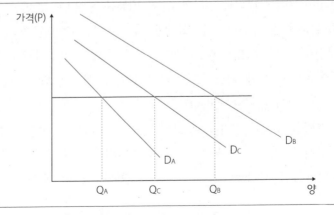

정부에 의해 결정된 Q_C에 대해 지방정부 A와 B의 주민 모두가 불만이라는 것이다. 지방정부 A의 주민들은 자신들이 원하는 것보다 훨씬 많은 양의 지방공공서비스가 제공되어서 불만이고, 지방정부 B의 주민들은 자신들이 원하는 것보다 훨씬 적은 양의 지방공공서비스가 제공되기 때문에 불만을 느끼게 된다. 지방정부 A에 살고 있는 주민의 입장에서 생각해보자. 자신들의 선호를 반영하면 Q_A가 가장 좋은데, 여기서 더 지방공공서비스를 늘려서 Q_C만큼이 공급된다면, 한계비용은 공급곡선을 따라 증가하지만, 한계효용은 수요곡선을 따라 증가한다. Q_A를 넘어서면 공급곡선이 수요곡선 위에 있는 것을 알 수 있다. Q_A를 넘어서서 지방공공서비스를 공급하고자 하면 지방정부 A의 주민들이 감내해야 하는 한계비용이 그들의 한계효용보다 크다는 것을 뜻한다. 후생의 관점에서 보면 손해를 보는 것이다. 따라서 중앙정부가 자신들의 선호를 반영하지 않고 일방적으로 정한 Q_C에 대해서 불만일 수밖에 없다.

이처럼 사람들이 원하는 바와 다르게 지방공공재가 공급되면, 사람들은 만족하지 못하고 불만을 느끼게 되고, 자원은 낭비될 수밖에 없다. 여러분이 아주 진한 빨간 색 스카프를 선물받았다고 하자. 별로 마음에 들지 않아서, 스카프가 일 년 내내 옷장에서 썩고 있다면, 그 새빨간 스카프를 만들기까지 투입된 원재료, 노동력, 디자인은 아무런 가치를 창출하지 못한 채 낭비되는 것과 같다.

2 지방정부 관할 구역의 크기는 어떠한 원칙으로 정해야 할까?

지방재정을 지방정부가 관장할 경우, 지방정부가 관할하는 영역은 어떻게 정해야 할까? 크게 하는 것이 좋을까? 아니면 작은 지방정부들로 세분해서, 관리하는 것이 좋을까? 이론적으로는 선호의 차이, 규모의 경제(economy of scale),[1] 외부효과(external effect)를 고려해서 정해야 한다. 위에서 예로 든 것처럼, 지방정부마다 선호가 다르면, 그에 맞게 지방정부를 작게 설정하는 것이 바람직하다.

---

[1] 규모의 경제라고 할 때 '경제'는 엄밀하게는 경제적 이득을 뜻한다. 따라서 규모의 경제라는 말은 규모에 따른 경제적 이득이라고 해석하면 더 쉽게 이해할 수 있다.

규모의 경제는 지방정부의 규모가 커지면서, 공공서비스의 공급단가가 낮아지는 현상이다. 파티 참석자마다 다른 메뉴를 선택한다면, 음식을 준비하는 사람들은 한 종류의 음식을 딱 1인분만 만들어서, 100인 100색의 다른 음식을 만들어야 한다. 일일이 다른 재료를 다듬어서, 각기 다른 요리법으로 만들어야 한다. 이 작업이 얼마나 힘든지는 음식을 만들어본 사람은 알 것이다. 한 메뉴로 100인분을 만드는 일은 훨씬 쉽다. 재료를 구매할 때, 한 번에 대량으로 구매하기 때문에, 재료비가 적게 들고, 수고를 덜 수 있다. 이러한 현상이 일종의 규모의 경제이다. 하나의 메뉴를 일인분씩 만들 때보다 한 메뉴로 100인분을 만들 때 생산단가가 더 내려가기 때문이다. 규모의 경제가 클수록 해당 공공서비스를 공급하는 지방정부의 규모를 크게 하는 것이 바람직하다. 규모의 경제가 아주 크면 결국에는 중앙 정부가 총괄하는 것이 바람직할 것이다. 규모의 경제가 뚜렷하지 않다면 굳이 지방정부의 영역을 크게 할 필요는 없을 것이다.

지방정부의 적정 규모를 고려할 때 마지막으로 생각해야 할 요소가 외부효과이다. 외부라는 것은 시장경제의 바깥에 있다는 것을 뜻한다. 이는 응분의 대가를 지불하지 않는다는 뜻이다. 시장에서는 원래 무언가 좋은 것을 누리려면 그에 따른 가격을 지불해야 하며, 다른 사람을 불편하게 하면 그에 대한 보상을 하는 것이 원칙이다. 여기에는 긍정적 외부효과와 부정적 외부효과가 있다. 단독주택이 밀집한 곳에서, 누군가 새벽마다 열심히 길거리를 청소해서, 그 주변을 지나갈 때마다 누구나 즐거워한다고 하자. 그런데, 그렇게 즐거워하며 지나가는 사람들이 정작 열심히 청소한 사람에게 걸쳐 아무런 보상을 하지 않는다고 하자. 긍정적인 것을 향유하지만, 아무런 대가를 지불하지 않는 '긍정적' 외부효과의 한 예이다. 이러한 상황이 지속되면, 새벽마다 열심히 일한 사람도 맥이 빠져서, 더 이상 일을 안 할 가능성이 높다. 길거리를 깨끗하게 하는 것은 우리 모두에게 이로운 행위이지만, 깨끗한 길거리를 만든 수고에 대해서 경제적으로 대가를 지불하지 않으면, 결국에는 길거리를 깨끗하게 하기 위한 노력을 사람들이 포기하게 된다. 긍정적 외부효과의 경우에는 사회적으로 바람직한 행위나 서비스가 과소공급된다. 반대로 그 길을 지날 때마다 쓰레기를 버리는 사람 때문에, 사람들이 불쾌해한다면, 부정적 외부효과의 대표적인 사례이다. 이렇게 좋지 못한 행동을 하는 사람들이 불쾌함을 느끼는 다른 사람에게 아무런 보상을 하지 않는다면,

쓰레기를 버리는 행위가 지속될 것이다. 부정적 외부효과의 경우에는 사회적으로 바람직하지 않은 행위나 서비스가 과다하게 공급되도록 한다. 외부효과가 발생하면 자원배분이 왜곡되는 것이다.

많은 돈을 들여서, 열심히 인재를 길러 낸 인재들이 다른 곳으로 떠난다고 하자. 열심히 인재를 길러 낸 곳은 고생만 하고 정작 혜택은 누리지 못하는 반면에, 다른 지방정부는 고생한 것 없이 혜택만 누리는 상황으로서, 긍정적 외부효과의 한 예이다. 우리나라의 비수도권에서 흔히 겪는 문제이다. 이런 문제가 지속되면 인재육성에 힘쓰는 지방정부는 없을 것이다. 한 지방정부의 산업단지에서 버리는 폐수가 강을 따라 다른 지방정부로 흘러 내려가서, 악취와 수질 오염을 일으킨다고 하자. 부정적 외부효과의 예이다. 산업단지를 버리는 지방정부에서 피해를 입는 지방정부에 보상을 하도록 조치를 취하지 않으면, 계속해서 오염물질을 버릴 것이다. 이렇게 외부효과가 발생하면 지방정부의 관할 구역을 세분화하는 것보다 외부효과가 영향을 미치는 영역을 포괄해서 광역적으로 관리하는 것이 바람직하다.

3 지방정부의 정치적 의사결정과 자원 배분의 효율성

(1) 중위투표자의 법칙(Median Voter Theorem)

위에서 분권화 정리를 다루면서, 중앙정부가 획일적으로 결정하는 것보다는 지방정부가 자신의 선호를 반영하여 결정하는 것이 자원배분의 효율성에 바람직하다는 것을 살펴봤지만, 그렇다고 해서 지방정부가 언제나 최적의 의사결정을 하는 것은 아니다. 다수결에 의한 의사결정이 지닌 맹점 때문에 그렇다. 이러한 현상은 중위투표자의 법칙에 의해 잘 설명된다. 투표권을 가진 사람들을 선호의 순서대로 줄을 세웠을 때, 중간 순위에 해당하는 사람이 중위투표자이다. 중위투표자의 법칙에 따르면, 다수결에 의한 정치적 의사결정에서는 결국에는 중위투표자의 선호대로 결정된다. 다음의 그림을 보면서 이러한 현상을 생각해보자. 한 지방정부에 주민이 세 사람 있다. s, m, b가 그들이다. 여기서 s는 small, m은

median을, b는 big을 대신 표현한 것이다. s는 지방공공서비스를 아주 조금만 원하는 사람이다. b는 명칭이 나타내듯이 지방공공서비스를 아주 강하게 원하는 사람이다. m은 세 사람 가운데, 중위 투표자이다. 이 세 사람의 수요 곡선은 각기 다르다. s는 지방공공서비스에 대한 수요가 약하기 때문에 수요곡선이 셋 중에서 가장 아래쪽에 있다. 가장 강한 수요를 갖고 있는 b의 수요곡선은 가장 높은 곳에 위치한다. m의 수요곡선은 s와 b의 중간에 자리 잡고 있다. 앞서 분권화 정리를 살펴볼 때처럼 공급곡선은 수평이라고 가정하자. 지방공공서비스의 공급곡선은 한계비용을 보여주는 곡선이다. 이 지방정부에서는 그 비용을 세 명의 주민이 각각 1/3씩 똑같이 부담한다고 가정하자. 그러면 s, m, b가 각각 원하는 지방공공서비스의 양은 각자의 수요곡선과 이 공급곡선이 만나는 지점인 Q_s, Q_m, Q_b가 된다. 세 사람은 모두 자기의 대안이 선택되기를 바랄 것이다.

이제 남은 것은 각자가 원하는 지방공공서비스의 양을 투표안으로 부쳐서, 다수결로 정하는 것이다. 먼저 Q_s와 Q_m을 표결에 부치자. 투표자는 s, m, b 세 사람이다. s는 당연히 Q_s에 표를 던질 것이다. b 또한 자신이 가장 좋아하는 대안인 Q_b에 투표할 것이다. 이런 상황에서 결국 캐스팅보트는 중위투표자인 m이 거머쥐게 된다. m은 자기가 가장 좋아하는 Q_m이 대안에서 빠져 있기 때문에, 여기에 좀 더 가까운 Q_s에 투표를 할 것이다. 여러분이 여기에 제시된 세 개의 대안들 가운데, 아무거나 임의대로 두 개를 골라서 투표에 부쳐보면, 그 어떠한 경우라도 결국에는 중위투표자가 캐스팅보트를 쥐게 되고, 그가 선호하는 대안

그림 12-2 중위투표자의 법칙

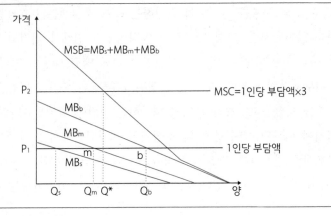

으로 결정된다는 것을 쉽게 알 수 있다.

그러면, 중위투표자 법칙의 핵심인 다음 질문을 생각해보자. 사회적으로 최적인 대안과 중위투표자가 가장 선호하는 대안, 즉 Q_m을 대안으로 놓고 표결에 부치면 어떤 결과가 나올까? 이에 답하기 앞서 먼저 사회적으로 최적인 대안이 무엇인지 생각해보자. 이를 위해서는 이 지방정부 전체 차원의 수요곡선과 공급곡선을 먼저 도출해야 한다. 흔히 사회적 수요곡선과 공급곡선이라고 부르는 곡선들이다. 사회적 수요곡선은 각 시민들의 지불용의액을 모두 더하여 얻을 수 있다. 사회적 공급곡선은 세 사람의 한계공급곡선에 3을 곱해서 얻을 수 있다. 그림에서 MB곡선은 한계편익(Marginal Benefit)곡선인데, 이것이 곧 수요곡선이다. MSB(Marginal Social Benefit)곡선은 개별 개인들의 한계편익을 모두 더하여 구한 곡선이다. MSC(Marginal Social Cost)곡선은 한계사회비용 곡선으로서, 사회 전체 차원에서의 공급곡선이며, 개인들이 직면한 한계비용을 모두 더한 곡선이다. 여기서는 지방정부내 시민들이 서로 균등하게 지불한다고 가정하고 있기 때문에, MSC는 1인당 부담액에 3을 곱한 것과 같다. 사회적으로 가장 바람직한 의사결정은 사회적 수요곡선과 공급곡선이 만나는 지점인 A*가 된다.

자, 이제, 사회적으로 가장 바람직한 A*와 중위투표자가 선호하는 대안인 Q_m을 투표에 부쳐보자. 어떤 결과가 나올까? s는 어느 대안에 표를 던질까? 그림에서 보면 s입장에서는 Q_m이 Q^*보다 자기가 가장 선호하는 Q_s에 더 가깝다. 따라서 s는 Q_m에 투표할 것이다. m은 두말할 나위없이 Q_m에 투표할 것이다. 아무리 Q^*가 최적이라고 해도, 사람들은 자기가 선호하는 쪽으로 투표한다. 이제 남은 시민은 b밖에 없다. b는 자기가 가장 원하는 대안인 Q_b에 Q^*더 가깝기 때문에, Q^*에 투표할 것이다. 그렇지만, 이미 s와 m이 이미 Q_m으로 투표한 상태이기 때문에, 과반수로 질 수 밖에 없는 운명이다. 이러한 결과는 지방자치가 중앙집권보다는 더 좋지만, 완벽할 수는 없다는 점을 뜻한다.

(2) 티보(Tiebout)의 가설과 지방정부 체계의 효율성

중위투표자의 법칙은 민주주의적 의사결정에 내재되어 있는 어두운 단면과 한계를 잘 보여준다. 그런데 혹시 중위투표자가 선호하는 대안인 Q_m과 Q^*가 일치하는 기가 막힌 상황은 없을까? 그렇다면, 지방정부에서 하는 의사결정은 최적의 의사결정으로 연결될 것이다. Tiebout는 여기에 아주 단순하면서도 명료한 대안을 제시한다. 중위투표자의 법칙을 설명한 그림에서, 사실 가장 근본적인 문제점은 한 지방정부 안에서 주민들의 선호가 각기 다르다는 점이다. 만약 한 지방정부 안에 있는 사람들의 선호가 완전히 같다고 하자. 이렇게 되면, 세 사람의 선호가 곧 중위투표자의 선호인 동시에 사회적으로 최적인 대안이 된다(왜 이렇게 되는지는 연습문제를 통해 생각해보자).

문제는 어떤 경우에 지방정부내에 거주하는 주민들의 선호가 똑같아 질 것인가이다. 여기서 티보는 다음과 같은 몇 가지 간단한 가정을 한다. 이러한 가정이 성립되는 도시를 다른 말로 열린도시체계(open city system)라고도 부른다.

1) 여러 지방정부가 존재하며, 이들은 서로 다른 세율과 지방공공서비스(tax and benefit package)를 제공한다.
2) 세율과 지방공공서비스의 측면에서 이들 지방정부들 사이의 차이점에 관해 사람들은 비교할 수 있다.
3) 사람들이 원하는 지방정부로 이주하는 비용은 없다(또는 크게 부담되지 않는 정도이다).

어떤 지방정부는 세율이 높은 대신에 지방공공서비스의 수준이 높은가 하면, 다른 지방정부는 세율이 낮은 반면에 지방공공서비스의 수준이 낮을 수도 있다. 이런 양극단 사이에 세금과 지방공공서비스의 매우 다양한 조합이 있을 것이다. 티보에 따르면 대략 위의 조건이 충족되면, 사람들은 자신에게 가장 적합한 지방정부를 선택하고, 그 곳으로 이주할 것이다. 사람들의 이주는 세율과 지방공공서비스의 수준에 관해서 지방정부와 이주자 간의 묵시적인 사회적 합의를 바탕으로 한다. 이러한 이주는 결국 사람들이 자신들이 원하는 세율과 지방공공서비스에 대해서 투표를 하는 것과 같다. 흔히 발로 하는 투표(voting by feet)라고 불리는 현상이다.

4 지방정부의 수입

(1) 지방정부 자체 재원의 핵심은?

정부의 핵심 재원은 역시 세금이다. 그에 따라 정부의 재원은 흔히 조세수입과 세외수입으로 나눈다. 세금을 이해할 때에는 왜 그 세금을 거두어야 하는지를 분명히 해야 한다. 대체로 중앙정부 또는 연방정부의 핵심 재원은 소득세이다.[2] 소득세는 왜 거두어야 할까? 한 나라의 국민이라면 누구라도 인권의 차원에서 누려야 하는 최소한의 삶의 질(Quality of life)이 있다. 넓게 보면, 삶의 질 안에는 교육, 의료, 국방, 치안, 안전, 환경 같은 많은 내용이 포함된다.[3] 시장경제에서는 삶의 질의 상당 부분을 시장에서 구매해야 한다. 현실에서는 이를 구매하기 힘든 계층이 많다. 장애인을 생각해보자. 장애인이 직접 일해서 소득을 올리는 것은 쉽지 않다. 최근 들어 급증하고 있는 절대 빈곤층이 고령의 1인 가구이다. 이들 역시 직접 일해서 소득을 창출하는 것은 힘들다. 이러한 애로사항을 겪는 수많은 집단들 역시 대한민국의 국민이며, 최소한의 삶의 질을 누려야할 권리가 있다. 그렇다면, 이를 위해 어떠한 원칙에 의해 국민들에게 세금을 부과해야 할 것인가? 결국 시장에서 경제적 능력이 좋은 사람이 더 많이 세금을 내고, 그렇게 거둔 재정수입으로 모든 국민이 최소한의 삶의 질을 누릴 수 있도록 하는 것이다. 그에 따라 소득세의 세율 체계 또한 소득이 높을수록 세율이 올라가는 누진세 체계로 운용되는 것이다. 이른바 응능(應能)의 원칙이다.

지방정부는 중앙정부와 존재의 이유가 다르다. 지방정부가 자율적으로 지방재정을 운용하는 것이 효율적 자원배분에 더 바람직하기 때문에 지방정부가 존재하는 것이다. 이러한 원칙에 부합되려면 자원의 효율적 배분에 기여한 지방정부가 더 많은 세금 수입을 거둘 수 있어야 한다. 토지와 건물에 대한 세금은 이

---

2 전세계 대부분의 나라에서 중앙정부 또는 연방정부의 또 다른 핵심 세원은 법인세이다. 그러나 본 교재에서는 지방재정에 초점을 맞추고 있고, 지방세 설명에 필요한 내용만을 다루기 때문에, 법인세까지는 논의하고 있지 않다.

3 중앙정부가 해야 하는 일은 이외에도 소득재분배, 경기의 조절 등 굉장히 많다. 그렇지만, 이 모든 것을 다 포괄해서 지칭할 수 있는 표현이 아마도 '삶의 질(Quality of Life)'일 것이다. 그에 따라 본 장에서는 중앙정부의 역할을 삶의 질로 설명하고 있다.

에 잘 부합된다. 자본화(capitalization) 현상 때문이다. 여러 지방정부 가운데 지방정부 A에서 주민의 세금 부담은 다른 지방정부와 같은데, 지방공공서비스의 질(質)은 유독 빼어나다고 하자. 주변에 있는 주민 대부분은 지방정부 A로 이주해서 살기를 원할 것이다. 그러나 지방정부 A에 있는 부동산은 제한적이기 때문에, 지방정부 A에 있는 부동산 가격은 상승할 것이다. 이렇듯 지방정부의 성과가 부동산 가격에 반영되는 현상이 자본화다. 지방정부 A에서 지방공공서비스의 질은 다른 지방정부와 같은데, 세금 부담이 다른 지방정부의 절반에 불과하다고 하자. 역시 마찬가지 현상이 발생할 것이다. 따라서 다수의 지방정부가 존재할 때에는 토지와 건물을 과세대상으로 하여 세금을 부과하면, 성과가 뛰어난 지방정부가 더 많은 조세 수입을 거둘 수 있다. 그에 따라 전세계의 많은 나라에서 지방세는 토지와 건물에 대한 과세를 지방세의 주요 세원으로 운용하고 있다.

세금을 운용할 때, 가장 큰 문제는 경제적 왜곡이 초래되는 것이다. 경제적 왜곡이란, 세금을 도입한 후에 사람들이 의사결정을 바꾸는 것을 뜻한다. 소득세율을 올리면, 소득이 많을수록 더 많은 세금을 지불해야 하기 때문에, 사람들은 열심히 일하기를 꺼리게 된다. 특정 품목을 구매할 때에 세금을 과중하게 부과하면 그 품목에 대한 소비가 줄어든다. 이러한 왜곡은 사람들이 세금을 피하기 때문에 나타난다. 그런데, 토지는 성격이 다르다. 일상생활에서는 토지를 사용하지 않을 수 없기 때문에 토지세율을 높여도 토지사용을 쉽게 줄이지 못한다. 그만큼 경제적 왜곡이 적다. 토지세의 중립성이라고 불리는 성질이다. Henry George는 경제적 왜곡을 불러 일으키는 세금을 없애고, 대신 토지에만 세금을 부과하자는 토지단일세론을 주장했다. 오늘날 국가가 수행해야 하는 수많은 기능과 역할을 생각하면 토지세 하나만으로 세금을 운용하기는 쉽지 않지만, 토지세가 지방정부의 세원으로 좋은 성질을 갖고 있는 것은 분명하다. 토지세는 결국 토지의 가치를 대상으로 세금을 부과하는 것이기 때문에 토지가치세라고 부르기도 한다.

건물에 대한 과세는 토지세보다 경제적 왜곡이 많다고 알려져 있다. 건물은 토지에 자본이 결합된 것이기 때문에, 건물에 대한 과세는 자본에 대한 과세와 비슷하다. 자본은 이동성이 높다. 물론 완성된 건물은 움직일 수 없다. 그러나 세금이 건물에 부과되면 건물을 지을 때의 수익성이 하락하므로, 다른 유형의 자산, 즉 은행의 예금, 채권, 주식 등의 자산으로 자본이 흘러간다. 장기적으로는 주택 공급이 감소해서, 오히려 저소득층이 손해를 본다는 것이 Dick Netzer 가 주장한 재산세에 관한 구견해(Old View)이다.[4] 그럼에도 불구하고, 위에서 언급한 자본화 현상을 고려하면 재산세가 지방공공서비스에 대한 과세로서, 효율적인 세금임을 밝힌 연구들이 많다. 즉 토지나 건물에 대한 과세를 지방세의 주축으로 하면 지방정부 체계 전반에 걸쳐 자원배분의 효율성 향상에 도움이 될 수 있다. 지방정부가 지방공공서비스를 관할하도록 하는 지방분권이 바람직한 이유를 분권화정리에 입각해서 생각한다면, 이는 지방세에 적합한 성질이다. 지방정부가 다른 지방정부보다 더 나은 양질의 공공서비스를 더 적은 비용으로 제공한다면, 지방정부는 더 많은 재정수입을 올릴 수 있다. 더 나은 성과에 대한 경제적 보상이 작동하는 것이다. 이러한 경제적 보상은 지방정부에만 그치지 않는다. 지방정부가 거둔 더 나은 성과는 지방정부 내 토지와 건물의 자산가치로 반영되기 때문에, 해당 지역의 지역주민들은 지방정부가 제대로 일하는지를 끊임없이 감시하게 되는 강력한 인센티브가 존재하게 된다. 지방정부 내에서 이른바 집합적 재산권이 형성되는 것을 뜻한다.[5]

이러한 취지에 잘 부합하려면 지방정부의 조세 수입이 토지나 건물의 가치 변화를 잘 반영할 수 있어야 한다. 지방정부가 열심히 일한 결과로 토지나 건물의 가치가 상승할 때, 지방세 수입이 증가할 수 있는 체계가 중요하다는 것을 뜻한다. 이렇게 볼 때, 우리나라의 지방세 체계에서는 몇 가지 아쉬운 점이 있다. 우선, 지방세는 대부분 토지나 건물에 대한 과세로 이루어졌는데도, 지방세 수입이 전체 재정수입에서 차지하는 비중이 높지 않다.[6] 이는 뒤에서 다시 살펴본다.

---

4 토지세와 재산세에 의한 이러한 효과는 지방정부마다 세율에 차이가 없다는 것을 전제로 한다. 지방정부마다 세율에 차이가 있다면 얘기는 복잡해진다. 예를 들어 MiesKauski와 Zodrow가 주장한 재산세의 신견해(New View)에 따르면 지방정부마다 재산세율이 다르면, 1) 재산세가 높은 곳이거나 낮은 곳이거나 관계없이 집주인은 손해를 보며, 2) 재산세가 높은 곳에서는 임차인이 손해를 보지만, 재산세가 낮은 곳에서는 임차인이 이득을 본다. 이에 대한 논의는 이영성·이정전(2007. "토지세와 재산세의 운용에 대한 소고." 환경논총 45: 75-96)을 참고할 것. 그런데 우리나라는 지방정부들의 재산세율이 다르지 않기 때문에, 재산세의 구견해가 더 맞다고 판단된다. 또한 응익세적 관점도 있지만, 본 교과서의 수준을 넘기 때문에 여기서는 생략한다.

5 물론 집합적 재산가치의 극대화는 지방정부내에서 재산가치를 떨어뜨릴 수 있는 토지이용, 시설, 기반시설 등을 주민들이 강력하게 반대하도록 하는 부작용을 초래하기도 한다. 또한 재산가치의 상승으로 인해 피해보는 사회적 계층이 발생하기도 한다.

6 기존에 토지나 건물에 대한 과세를 학계에서는 주로 보유과세의 측면에서 형평성 향상을 위한 방법으로 많이 논의했다. 하지만 여기에서는 토지나 건물에 대한 과세가 효율성 측면에서 바람직하다는 시각에서 논의하고 있다.

또한 토지나 건물에 대한 과세의 수입이 토지나 건물의 가치의 증가보다는 거래량의 증가에 더 민감하게 반응하도록 되어 있다. 대표적인 것이 광역자치단체의 조세수입에서 핵심인 취득세와 등록세이다. 취득세는 재산을 취득할 때, 등록세는 재산을 취득한 사람이 등기부등본에 올릴 때 부과되는 세금이다. 취득세와 등록세 수입은 부동산의 거래량에 의해서 좌우되며, 매년 지불하는 것이 아니라, 재산을 취득한 사람이 한 번 지불하는 세금이다. 토지나 건물의 가치에 하등의 변화가 없더라도 단지 거래량만 많으면 재정수입이 증가하도록 되어 있는 구조이다. 이러한 조세체계에서는 지방정부들이 양질의 지방공공서비스를 제공함으로써 토지나 건물의 재산가치를 향상시켜서 재정수입을 늘리기보다 단지 거래량을 늘리는 정책을 펼친다. 거래량을 늘리는 가장 손쉬운 방법은 지방정부 관할구역 내에서 새롭게 입주하는 주택이나 건물 수를 늘리는 것이다. 따라서 현재의 지방세체계에서는 기존의 자산가치를 높이는 도시재생보다는 신규개발과 난개발을 장려하는 유인책이 작동할 가능성이 있다.

지역개발과 조세담보금융(Tax Increment Financing)

지방정부의 조세 수입에서 중요한 역할을 하는 토지와 건물에 대한 세금이 지역개발을 위한 금융기법으로 활용되기도 한다. 대표적인 사례가 조세담보금융이다. 시카고를 비롯한 미국의 중서부 지역에서 많이 활용된다. 미래에 발생할 조세 수입의 증가분(tax increment)을 담보로 지방정부가 채권을 발행하여, 지역개발사업을 진행하는 방식이다. 여기서 말하는 지역개발사업이란, 주로 재개발이나 도시재생사업을 지칭한다. 지역개발사업이 성공적으로 진행된다면, 해당 지역의 부동산 가격이 상승할텐데, 그러면 세율이 지금과 똑같더라도 조세수입이 증가할 것이다. 이러한 조세수입의 증가분으로 채권의 원금과 이자를 갚아나가는 것이다. 학자들에 따라서는 직역을 해서 '조세증가금융'이라는 표현을 쓰기도 한다. 우리나라에서는 미래의 조세증가분을 '담보로 하여' 채권을 발행한다는 점에 주목해서 조세담보금융이라는 표현이 더 많이 쓰인다.

조세담보금융을 할 때에는 우선 해당 지역이 매우 심하게 낙후되었다는 것을 입증할 객관적인 지표가 있어야 한다. 현실적으로 조세담보금융이 성공하려면 지역개발사업을 한 뒤, 부동산가격이 사업 이전보다 가능하면 채권의 원금과 이자를 갚기에 충분할 만큼 상승해야 하는데, 그러려면 사업 이전의 부동산 가격이 충분히 낮은 수준에 머물러 있어야 한다.

조세담보금융은 Tax Increment Finance District를 지정하여 진행한다. 중요한 것은 이 Tax Increment Finance District가 별도의 과세권을 갖는다는 점이다. 그렇게 하기 위해, 기존의 지방정부들은 Tax Increment Finance District가 발행한 채권의 원금과 이자를 갚는 기간 동안의 재산세 과세 권한을 한시적으로 Tax Increment Finance District로 넘긴다. 따라서 Tax Increment Finance District는 과세권을 갖는 한시적인 독립적 지방정부라고 볼 수 있다.

조세담보금융이 금융시장을 통해 자금을 동원한다는 점도 매우 중요하다. 이 사업이 성공하려면 금융시장으로부터 신뢰를 얻어서, Tax Increment Finance District가 발행하는 채권의 이자율을 낮춰야 한다. 이를 위해 Tax Increment Finance District는 재개발이나 도시재생사업을 위한 혁신적이고도 수준 높은 계획을 만들어야 한다. 금융시장이 계획의 수준을 높이는 역할도 하는 것이다.

우리나라에서는 미국보다 재산세율이 낮기 때문에, 조세담보금융을 활용하는 데에 한계가 많다는 것이 학계의 중론이다. 그럼에도, 이를 적절하게 활용하면, 충분하지는 않지만, 재개발이나 도시재생사업에 일정 부분 도움이 될 수 있는 금융기법이다.

우리나라 지방세 체계가 지닌 또 다른 문제는 지방정부 사이의 격차이다. 토지나 건물에 대한 세금 위주로 지방정부가 살림살이를 운용하도록 하면, 토지나 건물의 가치가 떨어지는 지방정부는 재정수입을 거두어들이는 데 어려움이 많을 수밖에 없고, 주민이 필요로 하는 공공서비스를 정상적으로 제공하는 것이 힘들다. 효율성을 고려하면, 토지나 건물에 대한 가치를 중심으로 지방세를 부과하는 것이 필요하다고 했지만, 그러한 체계에서는 지방정부들 사이에서 양극화가 더 극심해질 가능성이 높다. 토지나 건물에 부과하는 세금이 지방정부의 재정수입에서 차지하는 비율이 높이 않은데도, 이미 지방정부들 사이의 양극화는 상당히 심하다.

지방정부의 전체 살림살이에서 스스로의 재원이 차지하는 비율을 재정자립도라고 부른다. 2017년 예산 기준으로 작성한 〈표 12−1〉을 보면 우리나라에서 지방정부들의 재정자립도에 차이가 크다는 것을 쉽게 알 수 있다. 토지와 건물의 가치가 떨어지는 군 지역의 경우에는 재정자립도의 평균이 17.7% 밖에 되지 않는다. 시와 구의 절반 수준이다. 시·구와 군 사이의 격차뿐 아니라, 시·군·구 내에서도 상당한 격차가 존재한다. 예를 들어 시를 보면 재정자립도의 최고와 최저가 72.2%인 반면에, 최저는 11.3%에 불과하다. 군도 마찬가지로 최고가 49.7%인 반면에, 최저는 8.6%이다.

표 12-1 지방정부들의 재정자립도(2017년 예산 기준)

	재정자립도의 평균	최고	최저
광역시도	46.0	83.3	21.3
시	35.4	72.2	11.3
군	17.7	49.7	8.6
구	30.0	68.5	13.5

한 나라의 국민이라면 누구든지 최소한의 삶의 질을 누릴 수 있도록 정책적으로 배려해야 하기 때문에 많은 나라에서 중앙정부가 거둔 세금으로 지방정부를 지원하는 방식을 취한다. 중앙정부의 지원이 없더라도, 지방정부가 자체 재원으로 스스로의 살림살이를 해결하는 것이 가장 좋지만, 그러나 근본적으로 지방정부들의 경제력에 큰 차이가 존재하기 때문에, 지방정부 스스로의 힘만으로 자체 세원의 양극화문제를 극복하는 것은 쉽지 않다. 위에서 보는 것처럼 완벽하게 스스로 자립을 이룬 지방정부는 없기 때문에, 지방정부는 중앙정부의 재정지원을 필요로 하지만, 지방재정조정제도에서는 재정자립도가 낮은 지방정부를 더 많이 배려해서 지원하게 된다. 또한 재정자립도가 완벽하게 100%인 지방정부는 없기 때문에, 아무리 여건이 좋은 지방정부라고 해도 어느 정도 중앙정부의 지원을 필요로 한다.

〈표 12-2〉는 우리나라 지방정부들의 재정 수입 현황을 보여준다. 세외수입은 세금 이외에 지방정부가 거두어들이는 각종 수수료 등의 수입이다. 지방교부세는 지방교부금이라고도 불린다. 지방교부세법에 따르면 여기에는 보통교부세와 특별교부세가 있다. 보통교부세는 기준재정수입액이 기준재정수요액에 미달하는 자치단체에 대해 그 미달분만큼을 지원하는 것이다. 특별교부세는 말 그대로 특별한 사유가 있을 때 지원하는 교부세이다. 조정교부금은 광역자치단체

내에서 기초자치단체들사이의 재정 격차를 조정하기 위한 교부금이다. 교부세 (금)와 달리 보조금은 사용 용도에 제한이 있는 지원액이다. 〈표 12-2〉를 보면, 재정력이 가장 약한 군의 경우, 전체 재정 수입에서 지방교부세와 보조금에 대한 의존도가 매우 높은 것을 알 수 있다. 지방교부세와 보조금이 차지하는 비중을 보면 군의 전체 재정수입 가운데 거의, 73%를 차지한다. 지방정부의 자체적인 재원이 매우 취약하다는 것을 알 수 있다. 구 또한 보조금이 전체 수입의 50%를 차지할 정도이다.

표 12-2 지방정부들의 수입 현황(2017년 예산 기준)

	광역시도 (십억 원)	비율(%)	시 (십억 원)	비율(%)	군 (십억 원)	비율(%)	구 (십억 원)	비율(%)
지방세수입	50065.8	38.1	14952.2	21.7	2312.9	7.5	4853.0	17.2
세외수입	10047.3	7.7	9334.3	13.6	1728.4	5.6	2637.0	9.3
지방교부세	9593.9	7.3	11970.7	17.4	11830.5	38.1	343.3	1.2
조정교부금등	-	-	3327.6	4.8	814.6	2.6	4506.4	16.0
보조금	1944.8	1.5	19318.8	28.1	10817.1	34.9	13962.3	49.5
지방채	44067.3	33.6	282.6	0.4	48.3	0.2	-	-
보전수입 등 및 내부거래	15615.4	11.9	9656.2	14.0	3480.9	11.2	1920.9	6.8
합계	131334.5	100.0	68842.4	100.0	31032.7	100.0	28222.9	100.0

5 지방정부의 재정지출과 그 효과

(I) 지방정부 재정지출의 중요성

지방재정에 관한 기존의 논의는 대부분 지방정부의 재정수입에 초점을 맞추었다. 그러나 지방정부의 존재 이유는 적절한 재정지출을 통해 효과적으로 지방공공서비스를 제공하고, 지역의 발전을 도모하는 것이다. 이렇게 보면 지방정부의 수입보다는 지출이 더욱 중요하다고 할 수 있다. 우리나라 지방정부의 경제 규모가 매우 작은 것을 고려할 때, 한 해 재정지출 규모가 적어도 수천 억 원

에 달하는 지방정부의 재정지출은 지역경제와 발전에 매우 중요하다.[7]

재정수입과 지출의 관계는 원인과 결과의 관계 또는 선후 관계를 명료하게 구분하기가 힘들다. 닭이 먼저냐 달걀이 먼저냐라는 관계와 비슷하다. 지역경제가 탄탄해서 재정수입이 넉넉하게 들어오는 지방정부는 재정지출 규모 또한 클 것이다. 이렇게 보면 재정수입이 재정지출을 좌우한다. 그러나 지방정부의 재정지출은 지역경제를 통해 지방정부의 재정수입에 영향을 미칠 것이다. 이런 시각에서 보면 지방정부의 재정수입은 과거에 지방정부가 관할하는 구역에서의 재정지출과 민간 투자가 축적된 결과라고 볼 수 있다. 그러나 굳이 얘기한다면 방금 말한 것처럼 재정지출은 미래지향적인 지역 발전을 도모하는 것이고, 재정수입은 그 결과물이라는 관점에서 볼 때, 재정지출이 원인에 해당하고, 재정수입은 그 결과라고 해도 크게 틀리지는 않는다.

지방정부의 재정지출이 지역경제와 지역발전에 미치는 영향에 관한 이론을 찾기는 쉽지 않다. 재정수입의 경우에는 어떻게 구성되는 것이 바람직한지 다양한 이론이 있는 것과 다른 부분이다. 지역발전과 지역경제에 보탬이 되기 위한 재정지출의 방향을 파악하려면, 실제 우리나라 현실에서 지방정부의 재정지출이 지역경제와 지역발전에 미치는 영향을 검토하는 것 외에 달리 방법이 없다.

(2) 지방정부 재정지출의 현황과 최근의 경향

이를 파악하기 위해 우선 지방정부의 재정지출 항목들을 살펴보자. 지방정부의 재정지출은 최근까지도 일반행정비, 사회개발비, 경제개발비로 나뉘었다. 최근에는 재정지출의 카테고리를 좀 더 세분하여 구분하고 있다. 〈표 12-4〉는 2017년 예산 기준으로 우리나라 지방정부들의 지출 항목별 규모를 보여준다. 일반행정비로 불렀던 항목이 이제는 일반공공행정, 공공질서 및 안전 지출로 세분화되었다. 사회개발비는 이제 교육, 문화 및 관광, 환경보호, 사회복지, 보건 지출로 세분화되었다. 경제개발비는 농림해양수산, 산업·중소기업, 수송 및 교통, 국토 및 지역개발, 과학기술 지출로 세분화되었다. 〈표 12-4〉를 보면 몇 가지 특징이 나타난다. 단일항목으로는 사회복지 항목이 광역지방정부와 기초지방정

---

7 이영성, 2009, 시군구의 사회개발비가 지역내총생산에 미치는 영향에 관한 실증분석, 지역연구, 25(3), pp. 5-23.

표 12-3 | 지방정부들의 재정 지출 현황(2017 예산 기준)

분야	광역시도 금액 (십억 원)	광역시도 비율 (%)	시 금액 (원)	시 비율 (%)	군 금액(원)	군 비율 (%)	구 금액(원)	구 비율 (%)
일반공공행정	18,352	14.0	4,422	6.4	1,803	5.8	1,549	5.5
공공질서및안전	5,379	4.1	677	1.0	664	2.1	165	0.6
교육	9,980	7.6	1,131	1.6	283	0.9	394	1.4
문화및관광	5,314	4.0	3,727	5.4	2,071	6.7	704	2.5
환경보호	8,461	6.4	10,302	15.0	3,867	12.5	1,319	4.7
사회복지	42,570	32.4	18,183	26.4	5,837	18.8	14,649	51.9
보건	1,935	1.5	1,204	1.7	563	1.8	798	2.8
농림해양수산	7,193	5.5	4,502	6.5	5,661	18.2	175	0.6
산업·중소기업	2,729	2.1	1,211	1.8	607	2.0	123	0.4
수송및교통	11,592	8.8	5,829	8.5	1,301	4.2	1,325	4.7
국토 및 지역개발	7,371	5.6	5,897	8.6	3,163	10.2	811	2.9
과학기술	485	0.4	11	0.0	0	0.0	0	0.0
예비비	1,042	0.8	2,778	4.0	688	2.2	400	1.4
기타	8,930	6.8	8,969	13.0	4,525	14.6	5,810	20.6
합계	131,334	100.0	68,842	100.0	31,032	100.0	28,223	100.0

표 12-4 | 지방정부 재정 지출 항목들의 비중 비교

분야	광역시도(%)	시(%)	군(%)	구(%)	시+군+구(%)
일반행정비	18.1	7.4	7.9	6.1	7.2
사회개발비	52.0	50.2	40.7	63.3	50.8
경제개발비	22.4	25.3	34.6	8.6	23.9
예비비 및 기타	7.6	17.1	16.8	22.0	18.1
합계	100.0	100.0	100.0	100.0	100.0

출처: 통계청

부 모두에서 가장 비중이 크다. 사회개발비에 포함되었던 지출 항목 가운데 사회복지 지출이 단연 돋보이지만, 다른 항목들의 비중 역시 높다. 경제개발비에 속해 있던 항목 가운데에서는 수송 및 교통, 국토 및 지역개발 지출이 여전히 높은 비중을 차지하고 있다. 수송 및 교통은 주로 도로 개설을 비롯한 기반시설 확충에 쓰인다. 국토 및 지역개발 지출에서는 주택 및 산업단지 관련 지출이 주로 큰 비중을 차지한다.

2017년의 재정 지출에 나타난 특징을 과거와 비교하면 많은 변화가 있다.

비교를 위해 위의 항목들을 과거의 일반행정비, 사회개발비, 경제개발비에 맞게 집계한 뒤, 이들 항목이 전체 예산에서 차지하는 비율을 〈표 12−4〉와 같이 살펴보자. 광역시·도, 시, 군, 구의 모든 경우에 사회개발비가 가장 많은 비중을 차지하는 것을 볼 수 있다. 광역시·도와 시에서는 사회개발비가 전체 재정지출에서 차지하는 비중이 절반을 넘고 있으며, 구에서는 63.3%에 이르는 수준이다. 대체로 경제력이 떨어지는 군에서만 40.7%로서 절반에 미치지 못한다. 그러나 이 역시 군의 일반행정비나 경제개발비보다 훨씬 많은 수준이다. 군은 대체로 광역시·도, 시, 구에 비해 경제력이 떨어진다. 아마도 그 때문에 군에서는 상대적으로 경제개발비를 많이 지출하고 있는 것을 볼 수 있다. 경제개발비가 군의 전체 예산에서 차지하는 비중은 34.6%이지만, 광역시·도, 시, 구에서는 훨씬 낮은 수준인 것을 알 수 있다.

이러한 경향을 이영성(2009)에서 정리한 〈표 12−5〉와 비교해보자. 위의 자료와 달리 시·군·구를 구분하지 않고 정리했다. 1996년부터 2007년까지를 다루고 있기 때문에, 2017년 자료를 이용한 위의 표와 비교하면 지난 20년 동안의

표 12-5 일반행정비, 사회개발비, 경제개발비의 비중 변화

	1996년 (십억 원)	비율 (%)	2000년 (십억 원)	비율 (%)	2005년 (십억 원)	비율 (%)	2007년 (십억 원)	비율 (%)
일반행정비	63,759	27	69,817	23	166,715	20	189,432	19
사회개발비	81,575	34	120,570	40	344,733	42	430,796	43
교육 및 문화비	9,869	12	17,786	15	59,721	17	73,335	17
보건 및 생활환경비	33,475	41	41,055	34	98,175	28	110,993	26
사회보장비	15,971	20	34,867	29	124,890	36	181,771	42
주택및지역사회개발비	21,259	26	26,863	22	61,946	18	64,697	15
경제개발비	82,539	35	96,587	32	251,889	30	288,290	29
농수산개발비	31,751	38	6,488	27	83,101	33	95,408	33
지역경제개발비	3,967	5	10,572	11	32,829	13	36,411	13
국토자원보존개발비	45,412	55	57,283	59	115,344	46	125,590	44
교통관리비	1,408	2	2,244	2	20,614	8	30,882	11
시·군·구 일반회계 총지출	238,976		304,139		826,015		991,340	
우리나라 국내총생산	4,485,964		5,786,645		8,652,409		9,750,131	

출처: 이영성(2009)

몇 가지 추세를 알 수 있다. 첫째, 1996년부터 2007년까지 일반행정비가 지속적으로 감소하고 있다. 1996년에 27%이던 일반행정비는 2007년에 19%으로 줄었다. 2007년에는 〈표 12−4〉에서 보는 것처럼 시·군·구의 전체 일반행정비가 시·군·구의 전체 예산에서 차지하는 비중은 7.2%에 불과하다. 둘째, 사회개발비의 꾸준한 증가이다. 사회개발비는 1996년에 34%에서 2007년에 43%로 증가했다. 2017년의 경우, 시·군·구의 전체 사회개발비는 시·군·구의 전체 예산의 50.8%에 이른다. 셋째, 경제개발비의 꾸준한 감소이다. 1996년에 35%이던, 경제개발비는 2007년에는 29%로 감소했다. 〈표 12−4〉의 2017년 자료를 보면, 경제개발비는 23.9%에 불과하다.

(3) 지방정부 재정지출의 효과

지난 20년 동안 우리나라의 지방 정부들은 일반행정비와 경제개발비의 비중을 줄이고, 사회개발비 비중을 늘린 것으로 이해할 수 있다. 교육, 문화, 관광, 환경보호, 사회복지, 보건 분야에 더 많은 자원을 배분한 것이다. 이러한 변화는 어느 한두 해에만 벌어진 것이 아니라, 지난 수십 년에 걸쳐 일관되게 나타난 것이다. 거대한 구조적 변화라고 볼 수 있다. 이러한 변화를 가능하게 한 원동력은 무엇일까? 그것은 결국 지방자치에 의한 것이다. 즉 지방정부들이 자율적으로 재정지출의 용처와 방식을 정할 수 있게 되면서, 중앙정부와 구별되는 지방정부의 선호가 반영된 결과이다. 지방정부의 선호에는 주민들의 바람이 적지 않게 반영되었을 것이다.

바라보기에 따라서는 사회개발비의 비중 증가는 장기적인 경제성장에 부정적이라고 생각할 수도 있다. 지방자치의 선거과정 속에서 지방정부의 의사결정이 주민들의 표를 얻기 위한 선심성 정책으로 치우친 결과라고 평가할 수 있기 때문이다. 그러나 지방정부의 재정지출이 경제성장에 미친 영향을 추정한 실증연구에 따르면, 반드시 부정적인 것만은 아니다. 이영성(2009)에 따르면 경제개발비보다는 사회개발비가 시·군·구의 지역내총생산에 더 도움이 되는 것으로 나타났다. 이영성(2009)은 자료의 한계 때문에 경기도, 강원도, 경상남도, 경상북도, 대전광역시의 시·군·구를 대상으로 연구했는데, 1인당 사회개발비가 1% 증가하면 1인당 지역내총생산은 0.24% 증가했지만, 1인당 경제개발비가 1% 증가하면 1인당 지역내총생산은 0.07%밖에 증가하지 않았다. 더욱 흥미로운 것은 1인당 지역내총생산 성장률이 평균 이상인 곳과 평균 이하인 곳으로 나누어 분석했을 때의 결과이다. 1인당 지역내총생산의 성장률이 평균 이상인 시·군·구에서는 1인당 경제개발비가 1% 증가하면 1인당 지역내총생산은 0.15% 증가했으며, 1인당 사회개발비가 1% 증가하면 1인단 지역내총생산은 0.18% 증가했다. 그러나 1인당 지역내총생산의 성장률이 평균 이하인 시·군·구에서는 경제개발비가 지역내총생산에 아무런 영향을 미치지 못했지만, 1인당 사회개발비가 1%증가하면 1인당 지역내총생산은 0.2% 증가하는 것으로 나타났다. 이는 지역개발과 지방정부의 재정에 관해서 매우 중요한 시사점을 던져준다. 사회복지, 교육, 문화, 환경 등에 대한 지출이 낭비성일 것으로 생각하는 시각이 많이 있지만, 실제로는 이러한 지출이 낙후지역의 경제성장에 더 도움이 된다는 것을 뜻한다.

과거에는 성장 자체가 지고지순한 가치였다. 성장 일변도의 정책에서는 대체로 형평성보다는 효율성을 중시한다. 그러나 지속가능성의 관점에서 보면, 경제·사회·환경의 세 가지 부문이 모두 소홀히 할 수 없는 소중한 가치이다. 어느 하나라도 소홀히 하면, 장기적으로 경제성장은 지속가능하지 않다. 이 중 사회부문은 현 세대의 사회적 형평성 측면에서 복지적 지출의 필요성을 강조한다. 복지적 지출은 ① 사회통합을 촉진하여 정치·사회적 안정에 도움이 되고, ② 유효수요를 창출하여 경제 성장의 토대가 되며, ③ 대중들의 생활형편 향상, 보편적인 교육과 의료 제공으로 인적자본이 형성되고, ④ 보육과 노인부양 같은 사회서비스 제공은 그만큼 일자리를 창룔하는 동시에, 여성이 경제활동에 참여할 수 있기 때문에 경제성장에 도움이 된다.[8] 낭비성의 복지지출은 바람직하지 않지만, 적어도 우리나라의 지방정부들에서는 사회개발비 지출이 경제개발비 못지않은 또는 그 이상으로 경제성장에 도움이 되는 것으로 나타났다. 특히 경제성장률이 낮는 지역에서는 더욱 효과가 좋았다. 사회개발비에는 사회복지뿐 아니라, 환경과 문화에 대한 지출도 포함되는데, 이들 지출 역시 지속가능성의 측면에서 나름의 역할을 하는 것으로 판단된다.

사회개발비가 지니는 이러한 효과를 감안하면, 그동안 지방정부의 의사결정

---

8 김태일, 2011, 복지국가는 비효율적인가?(참여연대 홈페이지. http://www.peoplepower21.org/welfare/672172)

은 장기적인 경제성장에 더 도움이 되면서 형평성을 충족시키는 방향으로 자원배분 방식을 전환해온 것으로 평가할 수 있다. 지방자치가 자원배분의 효율성을 제고시킨다는 것을 보여준다고 해석할 수도 있다. 그러나 재정지출을 통한 지방정부의 자원배분이 최적의 완벽한 결정은 아니었다. 시·군·구 가운데 가장 낙후한 곳은 군(郡)이다. 군은 주로 농촌과 낙후 지역이 많다. 평균적으로 경제 여건이 가장 좋은 곳은 구(區)이다. 구(區)는 대도시에서만 존재하는 자치단체이기 때문이다. 재정지출에서 경제개발비가 차지하는 비중은 시·군·구 가운데 군에서 가장 높다. 앞서 논의한 것처럼 경제개발비는 낙후한 곳에서는 경제성장을 이끌어내는데, 통계적으로 유의하지 않았는데도, 낙후 지역에서는 여전히 경제개발비에 더 많이 의존하고 있는 것이다. 낙후지역에서 미래의 경제발전을 위한 선택으로 판단되지만, 결과적으로는 그리 효과적인 결정은 아니라고 말할 수 있다.

(4) 지방정부의 비교경쟁(yardstick competition)

지방정부의 재정지출과 관련해서는 정치적 의사결정에 따른 효과를 검토하지 않을 수 없다. 선거를 거쳐 당선되어야 하는 자치단체장은 재정지출을 할 때, 시민들의 반응과 그들의 정치적인 지지를 신경쓰지 않을 수 없기 때문이다.[9] 이때 주목해야 하는 현상이 비교경쟁(yardstick competition)이다. 비교경쟁은 주민들이 자신들의 자치단체장을 이웃 지방정부와 비교하면서 시작한다(Besley and Case 1995). 자치단체장이 자신들의 선호를 반영하는 사람이라고 판단하면, 주민들은 그의 재선을 위해 투표하고, 그렇지 않다면 투표하지 않는다. 재선을 바라는 자치단체장이라면 주민의 선호를 반영하려고 노력할 것이다. 주민의 선호와 그에 따른 주민들의 요구는 일정 부분 주변 지방정부와의 비교를 통해 형성되기 때문에, 자치단체장의 정책은 이웃 지방정부와 비슷해지는 현상이 나타난다. 우리나라의 사회개발비에도 지방정부들 사이에서 이러한 동조화 현상이 관측된 바 있다(김용욱·이영성, 2013). 대체로 외국에서의 연구 결과에 따르면, 이러한 비교 경쟁은 효율성의 향상으로 이어진다. 주변 자치단체장과 비교당하는 상황에서 자치단체장들은 늘 주변을 참고하고, 때로는 모방하면서 좋은 정책을 개발하기 위해 노력할

---

9 이하, 비교경쟁에 관한 논의는 김용욱·이영성(2013), 이영성 외(2014)의 내용을 대부분 그대로 인용한 것임을 밝힌다.

수밖에 없는 상황이기 때문이다. 그런데, 이영성 외(2014)에 따르면 우리나라에서
는 이러한 비교경쟁에 따른 동조화가 효율성의 향상으로 이어지지는 않는 것으로
나타났다. 동조화는 있는데, 효율성 향상으로 이어지지 않는 것은 외형상으로만
모방을 할 뿐, 실질적인 성과의 경쟁으로 이어지지는 않고 있다는 것이다.

    그렇다면 비교경쟁이 효율성 향상으로 이어지려면 어떠한 조건이 필요할까?
그 가운데, 우리나라에서는 어떠한 조건이 충족되지 못하는 것일까? 이영성 외
(2014)에 따르면 비교경쟁이 효율성 향상으로 이어지기 위한 조건은 크게 네 가
지이다. 첫째, 자치단체장이 주민의 선호를 반영하면서 높은 성과를 보이는지를
유권자가 판단할 수 있어야 한다. 유권자가 이웃 지방정부의 공공서비스 수준과
효율성에 대한 정보를 충분하게 수집해서 자신의 지방정부와 비교하고, 정확하
게 판단하기는 쉽지 않다(Hindriks and Lockwood, 2009; Bradford et al. 1969). 둘째,
빼어난 성과를 보인 자치단체장이 재선에 성공하는 확률이 높아야, 그러한 자치
단체장을 주변에서 따라 하면서 효율성이 향상된다(Padovano and Petrarca, 2013).
Wolfers(2002)에 따르면 미국에서 호황기에는 성과가 떨어지는 주지사도 당선되
지만, 불황기에는 성과가 좋은 주지사도 떨어지는 경향이 있다. 어느 나라에서나
양극화의 심화(Solé-Ollé and Sorribas-Navarro 2008; Geys and Vermeir 2008; Kiss
2012), 경제불황 및 실업률의 증가(Howell and Vanderleeuw 1990; Hansen 1999), 인
종·도덕·사회적 이슈(Mooney and Lee 1995; Lublin 2004)가 쟁점으로 떠올라 선거
분위기를 좌우하면 자치단체장의 성과와 투표결과는 쉽게 어긋난다. 특정 정당
에 대한 충성도가 너무 강해서, 그 정당에 속한 자치단체장이 성과와 무관하게
무조건 당선되어도 효율성 향상을 기대하기 힘들다. 셋째, 이웃한 지방정부들의
재정여건에 차이가 크면 유권자가 판단을 그르칠 가능성이 높다(Kotsogiannis and
Schwager 2008; Allers 2012). 재정 여건이 좋은 지방정부의 단체장은 자신의 정치
적 야망을 달성하기 위한 정책을 펼쳐도 주민 요구를 충족시킬 수 있지만, 재정
력이 약한 지방정부의 단체장은 최선을 다해도 주민을 만족시키기가 힘들다. 후
자가 인정받아야 비교경쟁에 의한 효율성 향상이 가능하다. 넷째, 유권자들이 관
심을 갖고 투표해야 하지만(Kingdon 2003; Kiousis et al. 2006), 투표율은 대부분 너
무 낮다.[10] 우리나라에서의 비교경쟁에 의한 동조화가 효율성 향상으로 이어지지

---

10 이에 대한 더욱 상세한 내용은 이영성 외(2014)를 참고할 것.

않는 이유로는 위의 네 가지가 모두 조금씩 영향을 미치는 것으로 판단된다.

우리나라에서는 여전히 지방정부들의 재정격차가 상당하기 때문에 유권자들이 지방정부들을 비교하여 자치단체장의 성과를 판단할 때 오류가 발생하기 쉽다. 시·군·구의 선거결과는 자치단체장의 성과보다 중앙 정치의 동향에 크게 영향 받을 뿐 아니라, 지역에 따라서는 특정 정당에 대한 충성도가 선거결과에 막대한 영향을 미쳤다. 더구나 정당의 자치단체장 후보는 지역 당원들의 투표를 거치는 예비선거 대신 중앙당 공천을 통해 이루어지기 때문에 자치단체장은 지역주민에게 성과를 인정받는 것보다 중앙당의 공천을 받는 것이 더욱 절실하다. 이러한 여건들은 비교경쟁이 효율성 향상으로 연결되는 것을 방해할 수 있다. 요컨대, 주민들이 그러한 재정지출의 진정한 성과를 가능한 정확하게 판단하고, 진정으로 주민들을 위해 열심히 일해서 뛰어난 성과를 자치단체장이 당선되도록 하는 기제가 작동해야 지방정부들 사이의 비교 경쟁이 효율성 향상으로 이어질 수 있다는 것이다. 지방자치 이후 많은 변화가 있었고, 그 변화 가운데 긍정적인 성과도 많았지만, 앞으로도 더 많은 발전이 필요하다는 것을 뜻한다.

6 지역개발과 민자유치

최근 들어 공공부문의 재정여력이 예전 같지 않기 때문에, 공공부문이 직접 공공서비스를 모두 제공하는 것은 쉽지 않다. 또한 공공부문이 효율성을 향상시키기 위해 많은 노력을 해왔지만, 여전히 민간부문의 창의성과 활력이 필요하다. 그에 따라 민간의 자금과 노하우(know-how)를 활용하는 움직임이 많이 있다. 대표적인 것이 '민자유치'이다. 민간자본을 유치하여 공공서비스를 제공하는 것이다. 우리나라에서는 1994년에 '사회간접자본 시설에 대한 민자유치 촉진법'이 제정되면서 본격적으로 도입되기 시작했다. 민자유치에서 가장 중요한 것은 사회간접자본의 공공성을 유지하면서 민간부문이 참여할 수 있을 만큼의 수익성을 어떤 방식으로 어느 정도나 보장해주는가이다. 민자유치의 다양한 방법은 바로 이에 대한 대응책으로서 만들어진 것이다.

우리나라에서 그동안 활용된 민자유치 방식으로는 BTO(Build-Transfer-Operation)와 BTL(Build-Transfer-Lease)을 들 수 있다. BTO는 민간 기업이 사회간접자본을 건설(Build)하고, 소유권을 공공부문으로 넘긴(Transfer) 뒤에, 공공과 약정한 기간 동안 사회간접자본에 대한 운영권을 갖고, 사회간접자본 이용자에게 이용료를 부과하여 수익을 확보하는 방식이다. 도로와 터널에서 많이 활용되었다. 그런데 민간기업이 BTO 방식으로 민자사업에 참여할 때에는 리스크가 있다. 사회간접자본의 건설과 시공에는 상당히 큰 규모의 자금이 투입되어야 한다. 그 비용을 민간기업은 스스로 조달해서 지금 당장 지출해야 한다. 문제는 사회간접자본 시설이 완공된 뒤에, 민간 기업이 그 시설을 운용하여 과연 수익을 낼 수 있을 것인가이다. 이용료를 거두어들여서 수익을 거두는 데에는 길게는 수십 년이 소요되기 때문이다. 미래는 불확실하다. 기간이 길면 길수록 더욱 불확실하다. BTO 방식에서는 그러한 불확실성을 민간 기업이 짊어질 수밖에 없다. 운용기간 동안에 생각 이상의 뛰어난 수익을 거둘 수도 있다. 사회간접자본을 이용할 사람들이 미래에 몇 명이나 될 것인지에 대한 예측은 많은 경우 오류 투성이였다는 것을 우리 모두가 익히 알고 있는 바다.

그 때문에 고안된 방식이 최소수입보장제도(Minimum Revenue Guarantee)이다. 미래의 불확실성에 따른 위험을 민간 기업이 고스란히 짊어져야 한다면 민간 기업은 그런 사업을 할 수가 없다. 만에 하나 엄청난 손실이 발생할 수 있다면, 때로는 그 때문에 기업이 위태로운 상황에 처할 수 있다면, 그 어떤 기업도 사업에 참여하지 않을 것이다. 최소수입보장제도에서는 공공과 민간이 BTO사업을 계약할 때, 민간이 거두어야 하는 최소 수입을 정한다. 사회간접자본을 운영할 때, 민간 기업이 거두는 수입이 최소 수입을 밑돌면, 최소 수입과 실제 수입의 차이만큼을 공공이 민간에게 지원해주는 제도가 최소수입보장제도이다.

기업이 미래에 겪을 수 있는 불확실성과 그에 따른 위험을 사전에 원천적으로 제거하는 것이다. 그런데, 최소수입보장제도는 그동안 사회적으로 많은 논란에 휩싸였었다. 왜 그랬을까? 한번 생각해보자. 어떠한 이유에서든지, 공공과 민간이 체결한 계약에서 최소수입이 높게 책정되었다고 하자. 사실상 계약서상에 규정된 최소수입이 최소수입이 아니라 그 이상이 되는 것이다. 민자사업에 따른 위험을 과도하게 보상하는 상황이 되는 것이다.

이러한 문제의 대안으로 활용된 방식이 바로 BTL(Build−Transfer−Lease)이다. 민간 기업이 사회간접자본을 건설(Build)하여, 소유권을 공공부문으로 넘긴 뒤에(Transfer), 공공부문으로부터 임차료를 받는 것이다. 소유권을 넘긴 뒤에 임차료를 받는다는 것이 조금은 어색할 수 있다. 쉽게 생각하면, 민간 기업이 사회간접자본을 건설한 뒤, 그에 따른 비용을 매년 임대료 형식을 빌어서 되돌려 받는 것이다. 형식적으로는 민간 기업이 소유권을 공공부문으로 넘기지만, 내용상으로는 임대(Lease)하는 것과 같다. 여기서 핵심은 임대료 형식으로 돌려 받을 때, 이를 어떠한 방식으로, 그리고 어느 수준으로 설정할 것인가이다. 통상적으로 BTL사업에서는 시중 이자율에 약간의 프리미엄을 얹어서, 기업의 자본조달비용보다 조금 높은 수준에서 설정한다. 이러한 방식 역시 미래의 불확실성을 사전에 제거할 수 있다. 다만, 기업이 거두는 수익률을 자본비용보다 약간만 더 높은 수준으로 설정함으로써, 최소수입보장제도와 같은 폐해를 없애는 장치이다. 민간 기업 입장에서는 큰 수익을 거둘 수는 없지만, 오랜 기간에 걸쳐서 일정 수준 이상의 수익을 거두는 것이 큰 장점이다.

연습문제

❶ 앞에서 설명한 분권화정리 그래프를 보고 다시 생각해보자. 만약 중앙정부가 자신의 선호를 반영하는 수요곡선 D_C와 공급곡선이 만나는 지점인 Q_C에서 지방공공서비스 공급을 결정한다면, 지방정부 B에 사는 주민들은 왜 불만일까? 본문에서 지방정부 A에 사는 사람들이 왜 불만인지를 설명한 부분이 있는데, 이를 참고하여 답해보자.

❷ 앞에서 중위투표자 법칙을 설명한 그래프를 보고 다시 생각해보자. 투표의 대안이 Q_m과 Q_b라면 어떤 결과가 나올까? 투표의 대안이 Q_m과 Q_s라면 어떤 결과가 나올까? 본문의 설명을 참고하여, 답해보자.

❸ 티보의 가설에서 한 지방정부의 주민들이 완벽하게 똑같은 선호를 갖는다면, 중위투표자의 선호가 곧 사회적으로 최적인 결정이 된다는 것을 증명해보라.

❹ 비교경쟁이 효율성으로 연결되기 위한 조건을 본문에서 논의한 바 있다. 여러분이 생각하기에는 그 가운데 특히 어느 조건이 우리나라에서 문제가 되는 것으로 판단되는가?

❺ 민자유치시에 최소수입보장제도의 문제점을 확인해보자. 우리나라에서 나타난 실제 사례도 언론에 보도된 바를 중심으로 확인해보자. 민자유치 제도의 바람직한 운용 방향에 던지는 시사점은 무엇일까?

참고문헌

김용욱·이영성 (2013). "이웃한 지방정부들의 비교경쟁과 사회개발비 지출의 동조화", 『지역연구』, 29(3), pp. 3-18.

이영성(2009). "시군구의 사회개발비가 지역내총생산에 미치는 영향에 관한 실증분석", 『지역연구』, 25(3), pp. 5-23.

이영성·김용욱·박준영(2014). "지방정부의 비교경쟁에 따른 재정지출변화가 경제성장에 미치는 영향-사회개발비를 중심으로-", 『지역연구』, 30(3), pp. 27-51.

이영성·이정전(2007). "토지세와 재산세의 운용에 대한 소고", 『환경논총』, 45, pp. 75-96.

Allers, M. A.(2012). Yardstick Competition, Fiscal Disparities, and Equalization, Economics Letters, 117(1), pp. 4-6.

Besley, T. and A. C. Case(1995). Incumbent behavior: vote-seeking, tax-setting, and yardstick competition, American Economic Review, 85(1), pp. 25-45.

Bradford, D. F., R. A. Malt and W. E. Oates(1969). The Rising Cost of Local Public Services: Some Evidence and Reflections, National Tax Journal, 22, pp. 185-202.

Geys, B. and J. Vermeir(2008). Party cues and yardstick voting. European journal of political economy, 24(2), pp. 470-477.

Hansen, S. B.(1999). Life Is Not Fair: Governors' Job Performance Ratings and State Economies, Political Research Quarterly, 52, pp. 167-188.

Hindriks, J. and B. Lockwood(2009). Decentralization and Electoral Accountability: Incentives, Separation and Voter Welfare, European journal of political economy, 25, pp. 385-397.

Howell, S. E. and J. M. Vanderleeuw(1990). Economic Effects on State Governors, American Politics Research, 18, pp. 158-168.

Kingdon, J. M.(2003). Agenda, Alternative and Public Policies, Longman.

Kiousis, S., Mitrook, M., Wu, X. and Seltzer, T.(2006). First-and second-level agenda-building and agenda-setting effects: Exploring the linkages among candidate news releases, media coverage, and public opinion during the 2002 florida gubernatorial election, Journal of Public Relations Research, 18, pp. 265 – 285.

Kiss, Á.(2012). Divisive politics and accountability, European journal of political economy, 28(2), pp. 208 – 214.

Kotsogiannis, C. and R. Schwager(2008). Accountability and fiscal equalization, Journal of Public Economics, 92, pp. 2336 – 2349.

Lublin, D.(2004). The Republican South: Democratization and Partisan Change, Princeton and Oxford: Princeton University Press.

Mooney, C. Z. and M. H. Lee(1995). Legislative Morality in the American States: The case of Pre – Roe Abortion Regulation Reform, American Journal of Political Science, 39(3), pp. 599 – 627.

Oates, W. E.(1972). Fiscal Federalism, Harcourt Braceand Jovannovich.

Padovano, F. and I. Petrarca. 2014, Are the responsibility and yardstick competition hypotheses mutually consistent?, European Journal of Political Economy, 34, pp. 459 – 477.

Solé – Ollé, A. and P. Sorribas – Navarro(2008). Does partisan alignment affect the electoral reward of intergovernmental transfers?, XV Encuentro de Economía Pública: políticas públicas y migración.

Wolfers, J.(2002). Are Voters Rational?: Evidence from Gubernatorial Elections, Stanford University, Graduate School of Business Working Paper No. 1730.

지역개발의
회고와 전망

_ 소진광

지역개발은 정주공간(settlement) 관련 문제점을 개선하거나, 바람직한 공간현상을 실현하기 위한 집단적, 공공의 노력을 의미한다. 따라서 지역개발은 일정한 지리적 범위의 공간현상에 대한 문제점 확인, 바람직한 공간현상의 정의, 공간변화를 관리할 수 있는 정책수단의 선택 및 실천, 그리고 그 결과의 평가와 다음 단계로의 환류를 포함하는 일련의 순환인과 과정을 통해 진행된다. 여기서 지역개발 관련 가치판단은 공간현상을 보는 관점에 따라 달라질 수 있다. 가치판단이 달라지면 지역문제 인식과 지역발전 목표가 달라지고, 이를 해결, 실현하기 위한 실천논리도 달라진다. 이와 같이 가치판단에 따라 지역발전에 대한 설명과 해석은 달라진다. 가치판단은 '바람직한 상태'에 근거하고 있기 때문에 시간과 공간의 상호작용에 따라 다르다. 이러한 가치판단은 당대에 보편적으로 인정되는 신념과 가치체계를 포함한다. 따라서 지역개발에 대한 회고와 전망은 이러한 가치판단의 근거와 '바람직한 상태'의 범위로 구체화될 수 있다. 이러한 맥락에서 이 글은 지역개발정책의 범위를 정의하고, 그러한 범위에서 지역개발정책을 평가하며, 지역발전 관련 패러다임 변화에 따른 향후 지역개발정책 방향을 전망한다. 특히 이 글은 지역개발을 공동의 노력이라는 관점에서 접근하고 이와 관련하여 공공부문과 민간부문의 역할을 구분하여 접근한다. 이러한 관점은 국가운용방식과 밀접하게 관련되어 있다. 이 글의 서론 부분에서 민주주의와 지역개발의 관계가 논의되는 이유가 여기에 있다.

핵심용어: 민주주의, 지역개발, 지역발전 패러다임, 거버넌스, 사회적 자본, 지속가능한 발전, 공간현상.

* 제13장의 내용은 필자의 "삶의 질 개념과 도시정책적 함의(1998)", "사회적 자본의 측정지표에 관한 연구(2004)", "지역발전 패러다임 연구(2016)" 등 이미 다양한 학회지에 게재된 논문에 근거하여 수정, 보완한 것임.

1 민주주의와 지역개발: 공공부문의 지역개발 정당성

　　지역개발은 일정한 지리적 범위에서 거주, 활동하는 주민들의 삶의 질을 향상하기 위한 공동노력을 의미한다. 특히 일정 지리적 범위를 확인하는 과정에서 지역특성은 주민들의 삶의 방식에 영향을 미친다. 따라서 지역개발은 '공동노력'과 관련하여 공공부문과 민간부문으로 나누어 접근될 수 있고, 주민들의 '삶의 질'과 관련하여 다양한 내용을 다룬다. 정치제도나 국가이념이 과거 지역개발을 회고하고, 향후 지역개발을 전망하고자 할 때 먼저 검토되어야 하는 이유가 여기에 있다. 지역개발은 민주주의 체제나 전체주의 체제에서 분명 다르게 전개될 것이기 때문이다.

　　과거 2,500여 년간 민주주의에 관한 다양한 논쟁과 토론이 있었음에도 불구하고 모두가 동의하는 정의는 찾기 어렵다(Dhal, 2000: 2-3). 또한 민주주의 개념은 시대와 상황에 따라 다르게 인지되어 왔다. 그럼에도 불구하고 모든 사람들이 민주주의 가치를 신봉하고 이를 실현하기 위해 노력하고 있다. 민주주의와 관련한 이론과 실천의 간격이 좁혀지기 어려웠다는 증거가 여기에 있다. 민주주의를 설명하기 위해 적당한 대칭 혹은 대응 용어를 찾기는 어렵다. 그러나 민주주의를 이해하기 위해서는 다음과 같은 속성들이 검토되어야 할 것이다. 첫째는 개인과 전체 사회(마을, 지역사회 혹은 국가, 국제사회 등 다양한 수준을 모두 망라)의 존재영역에 관한 것이고, 둘째는 개인의 자유와 전체 사회의 유지, 관리에 필요한 공공규제에 관한 것이며, 셋째는 개인의 이익과 전체 사회의 이익에 관한 것이다.

　　우선 인간은 혼자 살 수 없기 때문에 '사회적 동물'로 지칭된다. 민주주의는 개인의 존재를 우선하고, 개인이 다른 사람과 사회적 관계를 이루면서 일정 범위의 공통사회를 이루는 과정을 의미한다. 즉, 민주주의 기본원칙은 '개인의 존재영역을 우선하고, 이를 합하여 일정 범위의 집단 혹은 사회의 존재영역을 형성한다'는 것이다. 실제로 개별 구성원이 존재하지 않는 사회나 집단은 없다. 결국 인간의 모든 집단이나 공동사회의 '틀'은 개인의 존재영역에서 다른 사람과 접촉할 때 발생하는 공통부문을 인지하고 이를 합하여 도출된다. 전체 사회의 범위를 분할하여 개인의 존재영역을 정의할 수 없다. 민주주의가 종종 '전체주의'와 대비되는 이유가 여기에 있다.

두 번째는 민주주의가 개인의 자유를 최우선하고 있다는 점이다. 다만 개인이 다른 사람과 접촉하면서 나타나는 개별 자유의 충돌과정에서 그들 충돌 당사자들이 구성하는 집단이나 사회의 유지, 관리방식이 논의된다. 다른 사람과의 충돌이 없다면 개인의 자유에는 어떠한 제한이 있을 수 없다. 마찬가지로 내부 구성원들끼리 충돌이 없는 집단이나 조직에 대해서는 외부의 어떠한 구속이나 간섭이 배제되어야 한다. 집단이나 사회의 유지, 관리방식은 개별 구성원을 보호하기 위한 장치이지 개인의 자유를 일정 부분 제한하기 위한 장치가 아니다.

세 번째는 개인의 이익이 전체의 이익에 선행된다는 점이다. 아무리 큰 전체사회의 이익이라 하더라도 결국 개별 구성원들의 이익으로 귀결되지 않는다면 이는 정당화될 수 없다. 따라서 전체사회의 보다 큰 이익을 도모하기 위한 개별 구성원들의 책임과 부담은 그에 상응하거나 그 이상의 개인 이익으로 환산될 수 있어야 한다. 즉, 개인에게 돌려줄 편익이 없는 공동노력은 정당화될 수 없다. 이는 민주주의가 '다수의 횡포'와 구분되어야 할 기준이기도 하다.

인간은 누구나 '자유'와 '평등'을 누리거나 표방하고 싶어 한다. '자유'는 생물 개체의 본능적 속성을 가리키며, 인간의 창의력과 발전에 영향을 미친다. 인간에게 있어 '자유'는 흔히 존재의 필요조건으로 논의되고 있다. 따라서 '자유'와 존재는 따로 떼어 논의할 주제가 아니다. 인간에게 '자유'가 특별한 의미를 가지는 이유는 인간이 사회적 동물이기 때문이다. 즉, 개별적 존재를 뒷받침하는 '자유'가 집단을 이루는 과정에서 나타낼 수 있는 상호충돌이 인류사회의 유형과 특성을 가늠한다. 한 사람의 자유는 다른 사람의 자유와 종종 충돌하며 갈등을 유발하고 이러한 갈등해결방식이 인간집단을 유형화한다.

개별 '자유'를 어느 수준에서 인정하느냐는 인간사회의 가장 원초적 과제였다. 또한 개인이 누려야 할 '자유'가 타고난 능력과 신분, 인종으로부터 영향 받지 말아야 한다는 주장은 오랜 시간이 걸려서야 통설이 되었다. 다른 한편 개별 인간을 모아 인간사회를 이루듯이 개인의 '자유'를 모두 합하고 그 합(合)을 모두에게 나누어 '평등'을 이루어야 한다는 명제에는 모두가 동의한다. 그러나 인간사회에서 '자유'처럼 '평등'을 개인의 태생적 존재근거로 인정하기엔 풀어야 할 과제가 많다. '정글의 법칙'에서와 같이 '평등'은 살아남은 자의 결과가 아니기 때문이다. 즉, 모두가 지향하고 주장하는 '평등'은 개인이 결정할 수 없는 집단논리를 필요로 하고, 개인 혼자로서는 지킬 수 없는 다른 구성원과의 관계로부터 정의된다. 따라서 '평등'은 집단사회의 갈등해결 기준이거나 인간사회 건강정도를 나타내는 지향점이지 반드시 실천되어야 할 덕목이 아닐 수도 있다.

이와 같이 '평등'은 구성원끼리의 관계를 관리할 수 있는 사회집단 관점에 근거하고 있다. 따라서 '평등'은 이해당사자의 협상에 의해 교환율을 정하는 시장원리로는 정의되거나 관리될 수 없다.[1] 고전적 '자유방임주의(laissez-faire)'조차도 공동사회의 질서유지를 시장원리에 맡기지 않고, 국가의 기본적인 의무로 정의한 것도 이 때문이다. 이와 같이 지극히 개인적인 '자유'와 사회적인 '평등'은 공존의 접점을 놓고 시대에 따라 다른 긴장관계를 유지하고 있다. '평등'은 이해당사자가 아닌 제3의 장치를 통해 정의되고 관리되기 시작하였으며 이러한 장치의 대표적 기관이 정부(government)다. 많은 나라가 이러한 '평등'의 속성을 공간차원에서 '균형발전'으로 정의하고 대규모 국가사업을 수행해오고 있다. 이러한 지역균형 감각은 종종 지역의 차원과 관련하여 갈등으로 표출된 바 있고, 시장원리를 작동하는 개인의 '자유'와 일종의 긴장관계를 유지하고 있다.

다른 한편, 공간현상은 공간의 범위, 물리적 거리와 이의 극복 수단, 공간에 내재되어 있는 자원, 그리고 그 안에서 자원을 활용하는 사람들의 경제, 사회, 문화적 특성에 따라 복잡하고 다양한 경우로 분류될 수 있다. 따라서 어느 곳도 동일한 공간현상을 보여주는 지역은 없다. 또한 공간현상은 주변과의 상호작용 관점에서 3차원 이상의 복합적 변수를 포함하고 있다. 결국 주변과의 상호작용에 따라 다를 수밖에 없는 공간현상의 절대 비교는 사실상 불가능하다. 그럼에도 불구하고 공간현상인 지역발전은 비교를 통해 인지되고, 평가된다. 특히 후기 산업사회나 정보화 시대엔 주민들의 선택기준에 따라 다양한 발전현상이 가능하다. 이와 같이 지역발전의 의미가 중요한 이유는 주민의 선택대상이기 때문이다.

이러한 맥락에서 지역개발은 인간 활동분야에 따라, 지역의 규모에 따라, 주민들의 사회, 경제, 문화적 태도 및 행태에 따라 달리 해석된다. 그럼에도 불구하고 지역개발이 추구하고 있는 '지역발전'에는 방향과 속도라는 인식 '틀'이

---

1 시장원리는 상대방과의 차이점과 다른 위상을 교환할 경우에 적용될 수 있다. 따라서 평등은 교환의 대상이 아니다.

내재되어 있어서 나름대로 이에 접근하는 관점이 구분될 수 있다. 예를 들면 지역발전을 소득증대의 관점에서 공간적으로 비교하거나, 시계열로 비교할 수도 있고, 환경의 질 관점에서 접근할 수도 있다. 즉 지역발전을 정의하는 관점이 시대에 따라 사람에 따라 혹은 정치, 사회, 문화적 맥락에 따라 다를 수 있다.

지역발전을 접근하는 관점은 실증적 사실관계에 더하여 가치판단의 준거를 필요로 한다. 이 글에서 지역개발은 이와 같은 공간현상의 가치판단 준거를 포함한다. 지역개발에 대한 회고와 전망은 지역발전에 관한 패러다임 맥락에서 접근되어야 한다. 패러다임은 특정 시대에 보편적으로 인정되는 신념과 가치체계를 포함한다(Kuhn, 1962). 이러한 맥락에서 지역발전은 진리와 허위의 차원이 아니라 가치판단의 차원에서 접근되어야 한다. 가치판단과 대상의 진위 여부는 별개의 것이다. 따라서 지역개발 패러다임은 자유, 평등과 같이 인간의 본유적인 가치체계 및 신념의 결합비율에 따라 변화한다. 또한 지역개발 패러다임은 지역발전의 의미, 지역발전 관련 공공부문과 민간부문의 역할분담, 지역발전 실천수단과 밀접하게 연계되어 있다. 지역개발의 회고와 전망이 민주주의에 관한 다양한 논의를 외면할 수 없는 이유가 여기에 있다.

이 글은 이와 같이 다양한 민주주의 논의와 관련하여 공간현상의 가치판단 준거, 즉 패러다임 변화를 검토하고, 이와 관련한 쟁점을 논의하여 미래 지역발전 정책방향을 전망하기 위한 것이다. 이러한 맥락에서 이글은 지역발전의 의미 변천을 검토하고, 지역발전 분야에서 공공부문과 민간부문의 역할 분담에 관한 쟁점변화를 고찰한다. 지역발전은 개인과 가정을 뛰어 넘는 주민들의 집단적 공간현상에 속하기 때문에 본질적으로 공공부문에 속한다. 하지만 지역발전의 혜택은 지역발전의 성분을 어떻게 정의하느냐에 따라 공평하게 분배되지 않고, 개인이 추구하는 자유 및 평등과 반드시 일치하지 않을 수 있다. 따라서 과거 지역개발을 회고하고 미래 지역개발 정책방향을 제시하기 위해서는 개인과 집단 공동사회의 관계를 민주주의 이상과 관련하여 검토하고 지역발전에 관한 공공부문과 민간부문의 역할분담이 논의되어야 한다.

2 지역발전 의미와 관련한 지역개발 회고

　　지역개발은 지역발전을 통해 궁극적으로 주민들의 '삶의 질'을 향상하기 위한 변화관리 방식이다. 여기서 지역발전은 '지역(region)'과 '발전(development)'의 복합어로서 지역에서의 공간현상에 대한 가치판단을 포함하고 있다. 따라서 '발전'에 포함된 가치가 변하면 지역발전의 의미도 달라진다. 특히 '발전'의 의미는 인간 거주와 관련하여 다양한 분야에 따라 각기 다르게 정의될 수 있다. 산업혁명은 인류문명의 발전을 주로 경제성장을 통해 이해하고 설명하는 데 기여하였다. 또한 산업혁명은 경제발전을 주로 생산활동 중심으로 접근하였다. 산업혁명 초기 소비는 무한정인 것처럼 여겨져, 기업가의 관심은 주로 효율적인 생산에 있었다. 그러나 '발전'은 사람들의 생활과 관련하여 복잡한 변수의 조합으로 구성되어 있다.

　　사람들의 생활은 분야별로 다른 특성을 지니고 있고, 분야별 활동이 상호충돌하거나 보완해준다. 즉 경제와 환경은 상호충돌할 수 있고, 사회발전과 경제발전이 전혀 다른 궤적을 그릴 수 있으며, 반대로 서로를 보완해줄 수도 있다. 또한 경제발전이 문화발전으로 이어지는 사례는 많다. 다른 한편 경제활동과 사회구조는 밀접한 관계를 가지고 있어서 자유방임에 근거한 고전적 자본주의조차도 사회안정을 공공부문의 핵심역할로 인정하고 있다. 즉, 공공부문(즉 정부)은 민간부문의 경제성장 과실의 일부를 조세로 거두어 사회안정을 도모해야 할 의무를 수행한다. 당시 사회안정은 각종 범죄에 국한한 것으로 빈곤과 빈부격차로 인한 사회구조의 안정성은 고려 대상이 아니었다.

　　경제발전도 시대와 지역특성에 따라 전혀 다른 관점에서 접근될 수 있다. 동물의 개체 수는 항상 먹이의 양에 의해 제약받아 왔다. 마찬가지로 특정 지역의 인구분포도 식량확보의 가능성과 연계되어 있었다. 이와 같이 인구규모와 식량 혹은 가용 자원과의 오랜 함수관계는 산업사회부터 급격히 변화하기 시작하였다. 사람을 대신한 기계장치의 활용으로 재화생산이 급속도로 증가하였고, 같은 맥락에서 농업기술의 발전이 농업생산, 즉 식량생산을 증대시켰다. 항상 부족하던 재화의 공급은 산업혁명을 통해 생산을 늘리는 자극제가 되었고, 시장에서 공급은 수요를 창출하는 것처럼 보였다(Say's law).

산업혁명이 인류사회에 미친 영향은 양 극단으로 갈린다. 하나의 극은 물질적 풍요와 생활 편리성을 증대시킨 점이고 다른 하나의 극은 다양한 경제활동과 노동분업을 강조하여 공동체 혹은 지역사회를 파괴시켰으며, '발전'에 대한 편견과 편향성을 초래했다는 점이다. 다양한 경제활동과 노동분업은 한국의 농촌에서 사람 중심의 '품앗이'를 생산성 위주의 '품삯'으로 전환하였다. 모든 농촌 사람에게 적용되었던 '하루의 품'이 노동시장의 다양화와 전문화로 인해 누구에겐 '2일의 품'이 되었고, 누구에겐 '반나절의 품'이 되었다. 이와 같이 경제활동의 다양화와 노동분업은 인간의 능력을 계량화하고, 농업사회에서 일반적으로 통용되던 획일적 임금책정을 거부하였다. 또한 '발전에 대한 편견'이란 양적인 성장의 긍정적 측면만 강조하여 '성장'이 곧 '발전현상'의 대표적 척도로 인식되는 경우를 의미한다. 즉, 오랫동안 '발전'의 양적인 측면만 강조되어 계량화할 수 없는 삶의 질이 간과되었다. '발전의 편향성'이란 부족한 재화를 보충하는 기술혁명에 과도하게 의존함으로써 경제발전에서 소득의 재분배와 소비로 인한 구조적 건전성을 고려하지 못하는 경우를 의미한다.

이러한 경제활동 관련 편견과 편향성으로 인해 시장에서는 공급과잉현상이 나타나기 시작하였고, 주민들의 일상생활에서 사회, 문화적 측면이 간과되곤 하였다. 이 경우 고전적 자본주의는 시장작동에 관한 필요조건을 충족할 수 없어 구조적 결함을 드러내게 된다. 특히 공급과 소비에 영향을 미치는 시간함수가 달라, '수요-공급'의 일치에 의한 시장가격 형성은 허구에 지나지 않는다. 이와 같이 시장에서의 공급과 수요의 구조적, 특히 시간적 마찰은 자원활용의 최적화와도 거리가 있고, 노동시장을 왜곡한다. 노동시장에서의 수요는 주로 '현재의 상황'에 기초하고 있지만, 공급은 노동의 질과 관련하여 수요 인식으로부터 상당한 시차를 두어야 가능하다. 수요, 공급과 관련한 노동의 질 차이는 노동자를 육성하기 위한 교육·훈련 기간과 연계되어 있다.

다른 한편 노동시장이 공간적으로, 그리고 노동의 질에 따라 다양한 하위시장(sub market)으로 구성되어 있어서 총체적 수요, 공급의 일치에 의한 완전고용이라 하더라도 삶의 만족도와 차이를 보일 수 있다. 또한 시장에서 재화의 소비로 인한 최종 효용이 공급에 영향을 미치지 못하는 경우도 나타났다. 사람이 당장의 필요를 위해 재화를 소비하는 것이 아니라 미래의 소비를 위해 재화를 미리 구입하거나 재화를 소비가 아닌 거래의 수단으로 구입하는 경우가 여기에 속한다. 따라서 시장에서 현시되는 소비는 부풀려지기 시작하였고, 소비에 의한 효용은 유보되는 성향을 지니고 있으며, 생산자는 이러한 가수요를 충족시키기 위해 Say(19세기 프랑스의 경제학자)의 예언을 반박하듯, 과잉생산으로 시장원리를 무력화시켰다. 기술고도화 시대 노동시장도 공급과 수요의 구조적 시차로 탄력을 잃고 자원배분의 적정화에 기여하지 못했다.

경제성장의 분배문제를 시장(market)에 맡길 수 없다는 주장은 이미 19세기부터 제기되었다. 자본주의가 사회주의 일부 장점을 도입하여 수정되어야 할 근거는 19세기 중반부터 지식인들 사이에 감지되었던 것이다. Karl Marx(1818-1883)는 그의 저서 「자본론(Das Kapital, 1867)」을 통해 '자본'의 오작동 가능성을 기술하였다. 당시 자본축적의 마술에 걸린 다수의 생산자들은 그가 지적한 자본 오작동 경우를 믿고 싶지 않았다. 산업혁명이 성숙되면서 Karl Marx의 일부 주장은 사실로 나타났으나 이를 시정할 수단을 마련해야 한다는 주장은 사회계몽 수준에 머물렀다. 산업혁명을 통한 경제성장에 고무되어 자본주의 명분은 생산현장에서의 갈등을 과소평가하였기 때문이다. 그러나 생산과 분배(distribution)는 서로 맞물려 있어서 경제활동의 중요한 부분을 차지하고 있다.

Karl Marx는 '자본'의 오작동 과정을 너무 과장하여 표현하였고, 노동시장에서의 갈등을 선동하여 20세기 후반 그의 추종자들(구 소련체제 등)을 멸망에 이르게 하였다. 인류 지성사(知性史)는 이와 같이 이론과 실천이 시간함수를 통해 일종의 긴장관계를 유지하고 있음을 보여준다. 20세기 후반 중국과 베트남은 Karl Marx의 과장되고 선동적인 표현을 수정하기 위해 시장경제를 수용함으로써 (수정)사회주의 명맥을 유지할 수 있었다. 이러한 수정에 이르기까지 거쳐야 했던 시행착오는 자본주의 경우도 마찬가지다. 다만 자본주의는 유연한 시장체계를 통해 오차범위를 줄일 수 있었고, 이상적인 공동체 형성에 너무 집착한 대다수 사회주의는 탄성한계를 넘어 붕괴되었다.

경제활동의 성장과 분배를 복지를 통해 연결하려는 시도는 20세기 초에 이루어졌다. Pigou(1877-1959)는 1920년 「복지경제학(The Economics of Welfare)」 출판을 통해 복지(welfare)를 정상과학에 합류시켰다. 그의 저서는 종래 실증적인 경제학에 가치판단의 필요성을 포함시키는 데 기여하였다. 그는 '발전'의 무임승차자(free rider) 문제를 외부효과(externality) 개념으로 설명하고, 이러한 문제를 세금(a Pigovian tax)으로 해결하는 방안을 제시하였다. 이와 같이 복지정책은 국가가 시장에 개입할 이유를 추가하였다. Pigou의 외부효과 개념은 오늘날에도 환경문제의 핵심으로 자리 잡고 있고, 탄소세(carbon tax)의 근거로 활용되고 있다.

이와 같이 '발전현상'에 대한 혁명적 논의에도 불구하고, 제1, 2차 세계대전은 '발전'의 핵심을 생산 위주의 경제활동으로 되돌려 놓았다. 전후 복구사업이 주로 경제회복을 중심으로 추진되었기 때문이다. 1920년대 말 'Say의 법칙'은 현실을 외면하기 시작하였고, 공급과잉으로 인한 시장의 실패(market failure)현상이 나타났다. 이러한 대공황(great depression)의 여파로 이제까지의 생산, 공급 위주 시장경제가 소비, 수요 측면을 강조하기 시작하였다. John Maynard Keynes(1883 – 1946)는 Say의 법칙에 내재되어 있는 오류를 지적하고 이를 극복할 수 있는 대안을 제시하였다. 수요가 공급을 창출하는 경우에 대한 관심이 고조되기 시작하였고, 시장의 창출이 '발전의 동력'으로 인식되게 되었다. 그러나 공급과잉으로 나타난 '생산 축소 – 해고 – 소비감소 – 재고(在庫) 누적 – 대량실업'이라는 악순환의 고리를 끊기 위해서는 공공부문(즉 정부)의 시장개입으로 유효수요를 창출해야 했다. 정부에 의한 대규모 공공투자사업이 유휴 노동력을 흡수하면서 수요가 증가하기 시작하였고, 수요가 증가하면서 민간부문에서의 고용도 늘어나 결국 시장의 실패는 어느 정도 교정되었다.[2] 이러한 일련의 과정이 고전적 자본주의가 수정되게 된 배경이다. 시장의 실패를 예방하고, 고용을 늘려 유효수요를 관리하는 기능이 정부의 정상업무에 포함되게 된 것이다.

한편 재화의 생산은 물질 변형을 초래하고 이 과정에서 변형된 물질은 인간

---

2 미국은 1929년부터 대공황(Great Depression)을 겪기 시작하는데, 이의 원인은 공급과잉으로 인한 시장의 실패였다. 미국의 Franklin D. Roosevelt(1882-1945) 대통령(재임기간 1933-1945)은 대공황을 타개하기 위해 New Deal 정책을 채택하고, 이를 통해 연방정부가 시장에 직접 관여하기 시작하였다. 이러한 관여의 대표적 사례는 테네시 강 유역개발공사(T.V.A, Tennessee Valley Authority)다. TVA는 대공황의 피해가 큰 테네시 강 유역의 항해, 홍수통제, 전력생산, 비료공장 건설 및 경제개발을 목적으로 1933년 5월 발족되었다. TVA는 미 연방정부 소유의 공기업으로 Keynes 경제이론에 근거하여 대규모 공공투자사업을 통해 실업을 흡수하고 유효수요를 창출하여 시장의 실패를 교정한 사례로 종종 인용된다. 따라서 공공부문(정부)의 시장개입은 주로 지역개발사업에 대한 공공투자를 통하여 이루어졌다. New Deal 정책은 공공부문과 민간부문의 경계를 크게 바꾸고, 정부를 개혁하였지만 그 성과에 대해서는 논란의 여지를 안고 있다. TVA는 막대한 공공부채 때문에 Obama 행정부에서 민간화 방안이 검토되기도 하였다.

에게 편익과 비용을 동시에 부과한다는 사실이 밝혀지기 시작하였다. 경제활동은 환경계로부터 자원을 투입하여 가공하고, 재화를 생산한다. 즉, 자원은 에너지를 통해 소비에 충당하기 위한 재화로 전환되는데, 이러한 에너지 소비는 지구환경을 변화시킨다. 또한 재화는 소비를 통해 쓰레기로 전환되고, 이의 처리방식에 따라 인간의 거주환경변화는 커다란 비용으로 다음 세대에 전가된다. 이러한 상황에서 경제활동과 환경의 상호관계가 다시 검토되기 시작하였다. 즉, 인간의 삶의 만족도는 경제적인 요인에 의해서만 결정되는 것이 아니라 환경적 요인에 의해서도 큰 영향을 받는다. 경제와 환경은 비용과 편익을 통해 서로 맞물려 있다. 경제를 성장시키기 위해서는 환경을 비용으로 지불해야 될 경우도 있고, 환경을 위해서는 경제를 희생해야 할 경우가 나타난다. 결국 인류문명의 지속가능성(sustainability)이 인류발전의 새로운 목표로 등장하게 되었다.

인류문명의 지속가능성도 분야에 따라 다른 의미를 지니고 있다. 즉, 인류문명의 지속가능성은 경제 분야, 환경 분야, 사회 분야,[3] 문화 분야에 따라 각기 다른 성분으로 구성되어 있다.[4] 특히 지구환경의 오염은 인류 모두에게 커다란 비용을 부과하고 편익을 위협하며 인류존재방식에 영향을 미치고 있다. 이와 같이 경제성장의 한계, 지구환경의 위기, 사회적 조화의 상실, 문화적 갈등은 모두 '발전현상'과 관련하여 새롭게 검토되어야 할 또 다른 공간현상의 '혁명'[5]에 속한다. 따라서 인류발전의 편익과 비용의 적정선을 정의하고 구분하는 일이 매우 중요해졌다.

또한 지역발전은 공간규모에 따라 다른 의미를 포함한다. 1970년대 한국의 새마을운동 성과가 컸던 이유 중의 하나는 새마을운동이 주민들의 일상생활 무대인 마을(village)을 기본단위로 추진되었기 때문이다. 마을에서는 구성원들의 접촉빈도가 높아 공동체 운영과 관련한 비용과 편익의 부담(share)과 분배(distribution)

---

3 UNESCO는 1995년 세계의 11개 도시를 대상으로 "사회적으로 지속가능한 도시" 연구를 시작하였다. 이 연구의 목적은 핵심적인 지역정책을 분석하고, 공간계획과 사회적 관점의 통합을 시도하고, 도시정책을 비교하여 도시의 지속가능성을 증진하기 위한 구체적인 단계와 지침을 제시하는 것이다(Bailly, A. S., et al(eds), 2000: 1).

4 인류문명의 지속가능성도 다차원적이다. 즉, 지속가능성은 경제적 지속가능성, 환경적 지속가능성, 사회적 지속가능성, 문화적 지속가능성 등으로 나누어 접근될 수 있다.

5 Kuhn(1962)은 패러다임 변화를 '혁명(revolution)'으로 표현한다. 당연시 되던 패러다임이 근거를 상실하게 되는 계기는 '혁명'처럼 여겨진다는 의미를 담고 있다.

가 공정하게 이루어질 가능성이 높다. 공동체 운영과 관련하여 비용부담과 편익 분배가 공정하면 인류문명의 지속가능성에 대한 개별 구성원의 책임과 권한을 일치시킬 수 있다. 이러한 개별 구성원의 권한과 책임의 일치는 지역사회를 건강하게 형성하고, 유지, 관리하며 나라발전으로 연계하는 원동력이다.

다른 한편 경제활동 위주의 지역발전전략도 다양한 분야를 포함하여 재구성되기 시작하였고, 양적으로 표현하기 어려운 주민들의 삶의 질(QOL, quality of life)에 대한 관심이 고조되기 시작하였다. 이러한 삶의 질 향상을 도모할 수 있는 실천수단과 과정논리에 대한 관심이 고조되면서 사회적 자본(social capital)의 축적과 협치(協治, governance)체제의 구축이 지역발전의 새로운 의미로 추가되었다. 따라서 금전과 건물 등 부동산을 포함한 전통적인 자본, (경제적, 환경적, 사회적 및 문화적) 지속가능성(sustainability), 협치(governance), 그리고 사회적 자본(social capital)은 21세기 '발전'의 중요 성분이다.

돈이라든가 부동산 등 전통적인 자본은 소유의 관점에서 분류되어 갈등과 상대적 박탈감의 원천이었다. 소유 자체가 삶의 만족도를 담보하지 않는다. 특히 인간은 사회적 관계를 관리함으로써 삶의 만족감을 증대시킬 수 있다. 이와 같이 인간의 사회적 관계를 관리할 수 있는 역량은 '사회적 자본'으로 개념화되었고, 이는 소유가 아니라 활용의 관점에서 인지되고 측정된다. 또한 개인의 자유와 집단의 평등은 종종 충돌하는 경우가 있다. 이 경우 이러한 개인과 집단이익의 상호충돌 가능성은 모든 이해당사자가 의사결정 단계부터 공통기반을 마련하고, 공동의 이익을 추구하는 협치(governance)를 통해 완화, 극복될 수 있다. 개인의 이익과 집단의 이익을 일치시키지 않으면 인류문명의 지속가능성은 실현될 수 없다.

3 지역개발 관련 공공부문 역할에 대한 회고

지역개발과 관련한 집단 혹은 공동노력은 인간의 사회적 속성을 근거로 한다. 인간의 사회적 속성을 충족시키기 위해서는 개인이 가정을 이루고, 집단화하는 과정에 주목할 필요가 있다. 이러한 과정은 전적으로 개인적 활동에 속하는 영역과 다른 사람들과의 공동이해를 형성하는 영역으로 구분된다. 전적으로 개인적 활동영역에 속하는 부문은 개인의 능력과 역량에 의해 관리되어도 다른 사람의 이해에 영향을 미치지 않는다. 이 부문은 공동관리의 대상이 아니다. 의사표현의 자유, 신념의 자유, 선택의 자유, 종교의 자유와 같은 기본권은 대부분 이러한 부문을 개인에 맡겨두어야 한다는 원칙에 근거하고 있다. 자유는 개인의 존재가치를 가늠하는 기준이고, 표현하는 방식에 속한다. 그러나 전적으로 개인적인 영역을 넘어 다른 사람과의 관계를 형성하는 과정에서라면 문제가 달라진다. 개인끼리의 상호작용과정에서 개별 '자유'는 충돌한다. 따라서 개인의 '자유' 총량을 집단규모로 나누어 산출되는 '평등'을 기준으로 구성원의 개별 자유는 제한된다. 결국 '평등'은 집단의 존재를 가늠하는 기준이자, 표현방식이다.

개인이 다른 사람과의 관계를 맺기 위해서는 상호 역할분담이 전제되어야 한다. 이러한 역할분담은 종종 이해득실과 연계되어 있고, 이러한 이해득실 연계는 전적으로 역할 분담자의 관계로만 한정하는 것과 그렇지 않고 다른 사람의 이해에 영향을 미치는 것으로 구분된다. 후자의 경우 이해득실을 역할분담 당사자에게 전적으로 맡길 경우 그로 인해 불특정 다른 사람의 권리와 자유가 무단히 침해될 가능성이 있다. 따라서 이러한 경우는 불특정 다수 사람들의 가능성을 위해 현재 드러난 당사자가 아닌 제3자 해결방식으로 관리되어야 한다. 이러한 제3자 해결방식의 대표적인 장치가 정부(government)다.

그리고 이와 같이 인간관계에서 이해득실의 역할분담이 당사자에 국한하지 않고 불특정 다수의 사람들에게 영향을 미치는 경우를 공공부문(public sector)이라 한다. 그리고 공동이익은 이러한 공공부문의 존재영역과 역할을 정당화할 수 있는 모든 구성원의 이익으로 정의된다. 이에 반하여 역할분담으로 인한 영향 범위가 전적으로 역할분담 당사자에 한정되는 경우는 민간부문(private sector)에 속한다. 민간부문은 당사자와 이들의 행위영향이 분명하기 때문에 상호 교환율을 협상을 통해 정하더라도 다른 사람의 권리나 이익을 침해하지 않는다. 이해 당사자가 상호 교환율을 협상을 통해 정하는 경우는 소위 시장원리(market principle)에 기초하고 있다.

따라서 주민이 생활하는 정주환경은 시장원리에 의해 관리되어도 다른 사람들의 권리나 이익을 침해하지 않는 민간부문과 제3자 해결방식으로 관리되어야 불특정 다수 사람들의 공동이익을 보호할 수 있는 공공부문으로 구분될 수 있다. 그러나 이들 공공부문과 민간부문의 구분은 생활공간의 사회, 경제, 문화적 배경에 따라 다를 것이다. 이러한 양자의 구분과 함께 지역발전과 관련한 정부의 역할에 대한 논쟁은 산업혁명 이후 지속되고 있다. 산업혁명은 개인의 '자유'를 광범위하게 인정함으로써 성공했다.

이렇듯 초기 자본주의의 성공은 새로운 권력으로 떠오른 자본의 힘 때문이었다. 새롭게 권력화한 '자본의 힘'은 정치, 사회, 문화 등 모든 분야를 지배할 것처럼 보였다. 시장(market)이 정치와 사회, 문화를 조정하게 된 것이다. 다만 개인의 '자유'가 상호충돌하여 사회체제의 안정을 위협할 경우에 한하여 공공관리가 인정되었다. 신장된 개인의 '자유'는 선택과 집중을 통해 노동분업을 가능하게 하였고, 노동분업은 개인의 '자유'를 통해 공동체 '평균'을 증대시켰다. 또한 이러한 '평균'이 부문간, 지역간, 계층간 불평등을 미화시키는 도구로 활용되기도 하였다. 낙후지역 주민들도 전혀 체감하지 못하는 '국가평균' 상승으로 환호해야 했고, 가난한 사람들도 국가 평균소득 수준향상에 만족해야 했다.

그러나 자본주의의 성공은 사람의 성공이라기보다 자본의 성공에 지나지 않았다. 사람이 자본에 종속되는 경우가 종종 나타났다. 이러한 현상은 Karl Marx (1818-1883)에 의해 분석되고 정리되어 사회주의(socialism) 씨앗이 되었다. 그러나 산업혁명은 생산성 증대에 매료되어 자본의 횡포를 묵과하고 있었다. 독점이 출현하고, 과점으로 인한 폐해가 나타났으나 전체적인 국부(national wealth)의 증진으로 사회주의 씨앗은 싹을 틔우지 못했다. 다만 1884년 1월 4일 영국 런던에서 설립된 The Fabian Society는 Marxism 이론을 자본주의 틀 안으로 끌어들여 산업혁명으로 나타난 영국 현실문제와 접목시키려고 노력하였다. The Fabian Society 회원들은 1900년 영국 노동당 창당에 기여했고, 회원이었던 Sidney Webb은 영국 노동당 당헌을 작성했지만 그들이 지향했던 국가형태는 '자본주의 복지국가(a capitalist welfare State)'였다.

The Fabian Society는 1900년대 초기 사회정의(social justice)를 옹호했고, 1906년 최저임금제를 도입하였으며, 1911년 보편적 보건관리체계 구축하였고, 1917년 세습적 귀족신분제도 철폐를 제안하였다. 특히 이 협회는 Henry George

의 사상적 영향을 받아 지주가 챙기는 지대(land rent)를 불로소득으로 간주하고 국유화할 것을 주장하였다. 현재에도 이 협회는 영국의 노동당 조직에 큰 영향력을 행사하고 있는데, 1994년 Tony Blair 영국 노동당 당수 선출에 결정적 역할을 수행하였다. 이 협회의 추진 전략은 일반 Marxist 들과는 달리 점진적 사회주의로 평가된다.[6] '요람에서 무덤까지'라는 영국식 복지개념은 이들 협회의 노력과 맥락을 같이하며 영국에서 정부의 규모를 확대하였다.

정부의 시장개입은 시장의 실패를 계획적으로 방지하기 위한 공공투자사업 등 각종 개발사업을 통해 정당화되었다. 1929년부터 시작된 미국에서의 대공황은 공급과잉으로 인한 해고 및 수요 감소, 대량실업으로 이어지는 악순환의 고리를 끊기 위해 미국정부로 하여금 TVA(테네시강 유역 개발공사)를 설립하여 시장에 개입할 빌미를 제공하였다. 이러한 정부의 시장개입은 John Maynard Keynes (1883-1946)의 저술, *The General Theory of Employment: Interest and Money* (1936)에 근거하고 있다. 특히 Keynes는 당시까지 생산과 공급이 강조되던 자본주의 경제이론을 수요 측면을 추가하여 시장의 실패 요인을 분석하고, 유효수요를 창출할 수 있는 정부의 역할을 제시하며 고전적 자본주의를 수정하는 데 기여하였다.

유효 수요를 창출하기 위한 정부의 노력은 대규모 공공투자사업을 통해 접근되었는데, 이들 공공사업은 사전 계획을 통해 정당화 되었다. 공공계획이 공익을 도모하기 위한 수단으로 도입되었고, 이러한 계획이 지역발전과 국가발전으로 이어진다고 믿게 되었다. 이러한 맥락에서 다양한 지역발전계획이 지역문제를 해결하기 위해 수립되고, 실천되었다. 그러나 이러한 공공계획에 대한 비판도 만만치 않았다. Hayek(1944)는 정부의 경제계획을 통한 시장개입이 어떻게 악영향을 미치는지를 예시하였다. 민주주의는 개인의 자유에 근거하고 있고, 이러한 개인의 자유가 시장(market)을 자동적으로 조절하여 자원배분의 적정화를 도모한다.

그러나 Hayek(1944)는 계획이 이러한 시장원리를 대체할 경우 시장에서 개인의 선택과 의사결정 자유는 박탈된다고 보았다. 그는 시장의 실패를 교정하기 위해 도입된 공공계획이 오히려 시장의 실패를 초래할 가능성을 주장한 셈이다.

---

6 이 협회의 이름은 로마의 Fabius Maximus 장군의 이름을 본떴다. Fabius 장군의 전략은 카르타고의 Hanibal 장군과 맞서 지구전을 펴는 것이었다. 따라서 The Fabian Society는 명칭에서부터 Marxism의 혁명이 아니라 점진적 사회개혁을 추구했음을 알 수 있다.

그의 주장이 모든 경우에 타당하다고 인정하기는 어렵지만 제도나 공공계획에 근거하여 복잡한 생산함수와 소비함수로 구성된 시장을 관리하는 일은 분명 한 계를 지니고 있다. 원인이 분명하게 밝혀지지 않았거나, 다양한 변수끼리의 상호 작용을 예측할 수 없는 문제를 계획을 통해 접근하다보면 상황을 더욱 어렵게 만들 수 있기 때문이다. 또한 종종 공공조직은 공공계획의 한계를 인식하지 못 하거나 왜곡하여 과도한 규제를 통해 권한을 강화하는 성향을 지니고 있다.

제2차 세계대전이 끝나자, 전후 복구사업을 빌미로 생산활동의 효율화와 이 로 인한 경제성장이 오랫동안 '발전현상'의 상당부분을 차지하고 있었다. 지역발 전은 경제활동의 투입요소에 집착하였고, '성장(growth)'이라는 결과로 평가되곤 하였다. 지역은 생산요소의 유입이 용이하고, 생산을 효율화하는 적정 입지(proper location)로 탈바꿈하였다. 그러나 경제는 지극히 개인적인 선택의 자유에 의한 자원배분(resources' allocation)과 소득분배(income distribution)로 맞물려 있다.[7] 소 득분배가 시대상황에 적정하지 않거나, 공정하지 못할 경우 개인의 자유선택에 의한 시장체계는 실패하게 될 것이다. 이러한 거래의 공정성은 다수가 동의하는 규칙에 근거하여 정부에 의해 관리되어야 한다.

또한 시장의 실패는 경제적인 요인에 의해서만 나타나지 않는다. 즉, 시장 의 실패는 사회구조와도 맞물려 있다. 따라서 시장의 실패를 예방하고, 경제발전 을 이끌어내기 위해서는 재화의 수요와 공급만이 정책대상이 아니다. 시장 친화 적인 사회구조는 개인의 자유로운 선택으로 형성, 유지 및 관리될 수 없다. 이러 한 관점에서 공공부문이 기본수요(basic needs) 충족, 고용 창출, 소득재분배, 환 경관리, 사회복지 등을 통해 시장의 실패를 방지하고, 발전의 궁극적인 목표를 충족시킬 수 있다고 믿기 시작하였다. 그러나 이들 기본수요, 고용, 소득재분배, 환경관리, 사회복지는 다수의 사람들 이해와 관련되어 있어서 종종 민주주의 폐 단인 '공동이익의 사유화'를 초래한다.[8]

---

7 Samuelson(1948)은 경제학의 탐구영역 세 가지로 구분하고 있다. 즉, 첫째는 '무엇을 얼마만큼 생산 할 것인가?'이고, 둘째는 '어떻게 생산할 것인가?'이며, 셋째는 '누구를 위하여 생산할 것인가?'이다. 여기서 둘째 영역은 노동과 자본의 결합비율을 의미하는 것으로 첫째 영역과 함께 자원배분방식을 의 미한다. 그리고 셋째는 생산된 재화의 수요와 자본가, 경영자, 지주, 노동자 등 생산활동에 참여한 이 해당사자들의 소득분배방식을 의미한다.

8 '공동이익의 사유화'는 소수의 권력자가 다수의 이익을 선동하면서 추가 이익의 상당부분을 취득하는 현상을 가리킨다. 다른 한편 이러한 '공동이익의 사유화'가 권력을 얻기 위한, 즉, 민주주의에서 주민

이와 같이 '공동이익의 사유화'와 공공부문의 영역확대로 인한 추가 비용은 결국 공공재 시장의 실패, 즉 정부의 실패(governmental failure)를 초래한다. 정부의 실패는 첫째, 정부가 하지 말아야 할 업무를 하거나, 둘째, 정부가 하지 않아도 되는 업무를 할 경우, 셋째, 정부가 반드시 해야 할 일을 하지 않는 경우로 구분된다. 따라서 정부혁신은 우선 정부가 하지 말아야 할 업무를 파악하고, 반드시 해야 할 일을 챙기는 방식으로 진행되어야 한다. 또한 정부는 공공부문의 관리자로서 민간부문이 주도하는 시장에서의 행위자가 되어서는 아니 된다. 시장의 실패를 방지하기 위해 공정한 규칙을 만들고, 그러한 규칙을 관리하는 업무가 정부의 고유영역으로 인정된다 하더라도 그러한 규칙을 만든 정부가 민간부문과 경합한다면 공정한 경쟁을 기대하기 어렵다. 정부라고 하여 공정하지 않아도 되는 경우는 없다. 공익에 관한 한 정부도 엄연히 이해당사자다.

공공부문과 민간부문의 획일적인 구분기준은 없다. 주민으로서, 또 국민으로서 누려야 할 권한과 혜택도 나라 특성에 따라 다르다. 국가의 정치, 행정, 경제, 사회, 문화적 배경에 따라 공익의 정의도 다르고, 공공재의 특성이나 공급량이 다르다. 공공부문과 민간부문의 구성비율은 상대적이라서 일률적인 기준으로 비교나 판단이 어렵다. 권력의 속성은 공공부문을 부풀리고, 민간부문을 축소한다. 정부조직의 역기능은 권력의 임기를 초월하는 것이어서 사후 평가만 가능하다. 따라서 주민이나 국민의 지지를 바탕으로 선출된 대표들은 공공재 공급을 확대하고, 하는 일을 늘린다. 공공재 공급과잉에 수반되는 비용은 몇 번의 회계연도를 넘기고서야 주민부담으로 귀결되기 때문에 당장의 이익을 바라는 주민이나 국민들은 공공재 혹은 공공서비스 확대를 환영한다.

이와 같이 공공재의 범위, 공공부문의 상대적인 비율과 규모는 시장원리를 크게 인정하는 자본주의(capitalism)와 계획을 신봉하는 사회주의(socialism) 사이에서 큰 차이를 보인다. 사회주의는 계획의 비탄력성[9]과 계급(class) 관리에 드는

들의 지지를 얻어내기 위한 수단으로 전락하는 경우가 종종 발생한다. '공동이익'을 도모하기 위한 개별 구성원의 비용은 당장의 '공동이익'과 비용부담의 시차로 은폐되기 쉽다. 이러한 공동이익과 개별 구성원의 비용부담은 장기적으로 일치할 수밖에 없는데, 외부효과나 비용부담의 시차를 이용한 무임승차자(free rider) 때문에 개별 구성원으로 보면 일치하지 않고, 집단의 공동이익이 왜곡되기 일쑤다.

9 계획은 사전에 정당화되어야 하는데, 이러한 이유로 계획은 태생적으로 미래 가능성을 수용하는 데 한계를 지니고 있다. 일단 결정된 계획은 그러한 계획을 수립, 결정한 주체의 권력에 편승하여 경직적으로 운용될 가능성이 높아 다양한 구성원의 잠재력을 지원하기보다 이를 기속하여 사람이 계획의 노예가

비용이 매우 크고, 개별 구성원의 창의적이고 능동적인 책임감을 떨어뜨려 사회 전체적인 생산성을 감소시켰다. 사회주의 체제에서 모든 구성원이 공동소유로부터 기대하는 혜택과 공동소유를 일구기 위한 비용의 차이는 당연하다. 특히 공동체의 범위와 규모가 커지면 개별 구성원의 평균적 책임은 지켜지지 않는다. 공공재와 공공서비스 규모를 확대하면 외부효과로 인한 비용 마련도 어렵다. 사회주의 체제에서 공공재와 공공서비스의 만족도가 떨어지는 이유가 여기에 있다.

마찬가지로 자본주의를 표방하더라도 정부의 할 일을 부풀리면, 즉 공공부문을 늘리면 외부효과로 인한 무책임한 국민을 양산할 것이고, 민간부문의 창의력을 떨어뜨려 결국 사회 전체적인 생산성도 감소하게 된다. 공공부문을 확대하고, 정부 역할을 부풀리면 사회주의 몰락의 교훈을 망각하고 스스로 사회주의 결함을 답습하게 될 것이다. 그러나 다수결의 원칙으로 탄생하는 권력은 탐욕스럽고, 국민들은 당장의 편익을 추구하며 장기적인 자기 책임을 인식하지 못하는 성향이 있다. 따라서 어느 정치체제도 개인의 '자유'와 집단 공동체의 '평등'을 일치시키지 못한다.

그렇다고 하여 무조건 작은 정부가 좋은 것도 아니다. 공공부문과 민간부문의 적정한 구분은 무정부주의(anarchism) 맥락과도 다르다. 공공부문과 민간부문의 적정한 구분과 정부의 적정한 역할은 경제발전 단계, 역사, 문화적 특성, 국가안보와 사회 안전망의 실질 수요에 따라 다를 수 있다. 그러나 복지수준과 범위를 결정하는 기준은 사회 전반적인 생산성과 체제유지 지속성, 그리고 민간부문의 창의성과 유연성을 고려하여 접근되어야 한다. 공동체 집단적, 평균적 '평등'을 강요하는 복지 범위와 수준은 이미 사회주의를 멸망에 이르게 한 원인을 제공한 바 있다.

복지국가를 표방했던 많은 자본주의 나라들도 공공부문이 책임져야 할 '평등'의 수준을 낮추고, 단순히 최종 소비에 충당했던 복지 개념을 생산성 향상을 위한 생산복지(productive welfare) 개념으로 전환하였다. 개인의 '자유'와 집단의 '평등'을 조화시키지 못하면 좋은 정치라 할 수 없다. 지역균형발전정책도 개인 혹은 부분의 '자유'와 지역균형의 '평등' 수준을 고려하여 접근되어야 한다. 따라서 공공부문과 민간부문의 적정 구분은 '자유'와 '평등'의 배합비율을 어떻게 접근하느냐에 따라 다르다.

된다(Hayek, 1944).

4 지역개발 패러다임의 전망

지역개발 관련 패러다임의 변화는 지역문제의 정의와 그러한 지역문제를 해결, 완화, 극복하는 접근방식 관점에서 검토될 수 있다. 우선 지역문제는 구조와 기능의 불일치로 인해 발생한다. 따라서 지역문제는 경제수준, 사회제도, 문화에 따라 다르다. 종래 시설 위주로 추진되었던 지역개발이 주민들의 삶의 질 향상에 한계를 드러냈다는 비판이 많았다. 따라서 향후 지역개발 패러다임은 인간 중심으로 전환될 것이다.

지역개발 접근방식과 관련한 패러다임은 하향식으로부터 상향식으로의 전환과 협치(거버넌스)방식의 대두로 요약된다. 하향식으로부터 상향식으로의 지역발전 접근방식 전환은 공동체 운용에 있어서 개별 구성원의 권리와 책임을 일치시키는 데 기여하였다. 지역개발에서 협치 개념의 도입은 지역발전과 관련한 공동이익을 실현하기 위한 비용분담 기준을 명확히 하는 데 기여하였다. 또한 지역개발 수단의 효율성 제고 및 지역개발 효과의 공정한 분배와 관련하여 균형발전과 불균형발전의 관점이 중요하다. 균형발전과 불균형 발전은 분석대상인 공간규모에 따라 전혀 다른 의미를 지니고 있고, 공간정의(spatial justice)의 범위에도 영향을 미친다. 결국 지역개발 패러다임은 사람 중심, 생태중심, 공동노력을 통해 인류 공동체의 지속가능성을 확보하는 과정으로 진화하고 있다.

(1) 지역개발 패러다임 전망의 관점

지역개발 관련 패러다임[10]은 지역발전의 의미를 정의하는 맥락과 지역발전

---

10 Thomas S. Kuhn(1962)은 과학혁명의 구조를 논의하는 가운데, 분야별 과학집단이 공유하는 지식체계를 패러다임(paradigm)으로 정의하고 이를 '정상과학(normal science)'의 작동 범위로 인식하였다. 그는 '정상과학'을 특정 과학집단의 미래 연구활동에 기반을 제공하고 있는 것으로 인정받는 한 개 이상의 과거 과학적 업적에 근거한 연구(활동 범위)로 정의한다(Kuhn, 1962: 10). 그러한 과학적 업적은 두 가지 본질적인 특성을 충족시켜야 하는데, 하나는 과학활동에서 경쟁방식과는 달리 지속적으로 옹호집단을 끌어들일 수 있도록 충분히 전대미문의 특성이 인정되어야 하고, 동시에 다른 하나는 모든 종류의 문제해결은 같은 분야 다른 종사자들에게도 맡겨질 수 있도록 목표 개방적이어야 한다는 것이다. 이러한 두 가지 특성을 지닌 (과학적) 업적은 '패러다임'으로 정의되고, 과학탐구의 특정 전통을 탄생시키는 모형을 제공한다. 따라서 패러다임은 과학탐구의 두 가지 접근방식, 즉 '발견의 맥락(the context of discovery)'과 '정당화의 맥락(the context of justification)' 중에서 후자에 의해 유지, 관리된다. 종종 패러다임 변화가 나타나는데, 이러한 패러다임 변화는 '발견의 맥락'에 근

을 추구하기 위한 실천수단의 맥락으로 구분될 수 있다. 여기서 지역발전 의미와 관련한 패러다임은 다시 '지역(region)'의 수준 혹은 차원과 관련한 논의(Charls Gore, 1984; John Glasson, 1974; Dickinson, 1964; Boudeville, J. R., 1966)와 '발전(development)'의 의미요소에 관한 논의(U.N. Expert Report, 1951; Morse, David A., 1970; Allen V. Kneese, Robert U. Ayres & Ralph C. D'arge, 1970; Sachs, Ignacy, 1974)로 구분하여 접근될 수 있다.

또한 지역발전의 실천수단과 관련한 패러다임은 특정 지역의 현실문제와 정의된 지역발전 목표를 연결하는 도구적 논리(the logic of instruments)에 관한 것이다. 지역발전을 도모하기 위한 공공부문(주로 정부)의 적정 역할에 관한 논쟁(Yonn Dierwechter and Andy Thornley, 2012; Friedmann, J. and Weaver, W., 1979; Karl Mannheim, 1954; F. A. Hayek, 1944; Lewis Mumford, 1938, 1961), 상향식 혹은 하향식 접근방식(Walter B. Stöhr & D. R. Fraser Taylor, 1981), 각종 지역개발의 계획전통(Andreas Faludi,(ed), 1973; Nigel Taylor, 1998) 등이 이러한 도구적 논리를 다루고 있다.

지역발전 관련 패러다임은 우선 실증적 분석을 통해 공간현상에 대한 정확한 이해와 사실관계로부터의 문제점을 도출하고, 이의 해결, 완화, 극복 방안을 마련하는 과정에 영향을 미친다. 따라서 패러다임이 바뀌면 지역문제의 정의도 달라지고, 이에 대한 처방도 달라진다. 결국 지역발전 패러다임은 '다양한 이론의 묶음' 혹은 현재로서는 논쟁의 대상이 되지 않는 관점과 사고의 틀로 정의될 수 있다.

소득증대를 위해 토지이용계획을 세우거나, 환경보전을 위해 공간 상호작용을 조절하기 위한 정책수단을 선택하는 일은 다양한 관련 이론을 융합하여 이루어지겠지만 시대나 나라별로 관점은 같을 수 있다. 이 경우 소득증대 혹은 환경보전은 지역발전 관련 패러다임의 표현인자에 해당한다. 소득증대를 위한 지역발전 패러다임에는 수출기반이론(North, 1955), 경제성장 단계이론(Rostow, 1959), 산업입지에 관한 다양한 이론(Isard, 1956; Smith, 1966; Michael J. Healey & Brian W. Ilbery, 1990) 등을 포함하고 있다. 같은 맥락에서 환경보전 관련 지역발전 패러다임도 다양한 이론을 포함하고 있다. 이와 같이 패러다임은 논리실증주의 관점에

거한 과학혁명을 통해 일어난다.

서 분석의 틀을, 그리고 규범지향적 관점에서 가치판단의 준거를, 마지막으로 실천지향적 관점에서 문제와 목표의 연결수단을 모두 포함한다.[11]

결국 지역발전도 다차원적이고 계층적이라서 지역단위 혹은 공간수준별로 패러다임이 상호 충돌할 가능성을 안고 있다. 마을 단위에서의 소득증대와 도(道) 단위에서의 소득증대는 분명 대상과 수단이 달라질 수 있다. 또한 전국 수준에서 도(province) 단위끼리의 균형발전을 도모하다 보면 특정 도(道) 수준에서 시·군끼리의 균형발전이 간과되고 상호충돌할 수 있다. 따라서 지역발전 패러다임은 다양한 공간현상에 열려 있어야 하고, 다양한 경제주체 혹은 생산요소를 수용하여 일종의 '다발 혹은 묶음'으로 존재한다.

이와 같이 지역발전은 공간현상의 변화를 의미하는 것으로 이의 패러다임은 첫째, 공간현상을 접근하는 관점, 둘째, 변화의 수단과 관련한 관점으로 구분하여 검토될 수 있다. 공간현상은 주로 지역발전의 내용에 관한 것으로 인간의 삶의 방식에 다양하게 영향을 미치고 있는 경제, 환경, 정치, 사회, 문화 등 분야(sector)와 이들 분야의 상호작용, 배합과 관련되어 있다. 지역발전에서 변화와 관련한 패러다임은 발전의 주체, 추진조직, 자원투입방식과 발전혜택의 분배방식 등의 관점에서 검토될 수 있다.

(2) 공간현상과 관련한 지역개발 패러다임 전망

지역발전과 관련한 공간현상은 인간의 어떠한 활동에 기준을 두고 접근하느냐에 따라 다르다. 예를 들어 주민들의 발전 혹은 번영을 경제적 활동을 중심으로 접근하는 것과 지역 환경의 질을 중심으로 접근하는 것은 결과를 확연히 다르게 한다. 경제적으로 발전한 지역이 환경 측면에서는 낙후될 경우도 있을 수 있다. 이러한 발전의 공간현상은 지역특성과 밀접한 연관성을 지니고 있어서 문제와 해답 역시 지역특성을 반영한다. 또한 지역발전의 공간현상에 영향을 미치는 중요

---

11 학문은 다양한 기준에 의해 분류될 수 있지만 방법론 관점에서 규범지향적 학문, 실증지향적 학문, 실천지향적 학문으로 구분될 수 있고, 이러한 분류기준은 인식론적 판단에 근거하고 있다. 인식론적 판단은 도덕적(가치) 판단, 사실적 판단, 논리적 판단으로 구분된다. 도덕적 판단과 논리적 판단을 결합하여 접근하면 규범지향적 학문, 사실적 판단과 논리적 판단을 동시에 충족시키면 실증지향적 학문, 그리고 규범지향적 학문으로 도출한 바람직한 상태(목표)를 실증지향적 학문으로 검증된 수단으로 실현하려는 노력은 실천지향적 학문으로 정의된다. 따라서 실천지향적 학문은 도덕적 판단과 사실적 판단 그리고 논리적 판단 모두를 융합하여 접근한다.

한 요소는 척도(scale or measure)로서 여기에는 물리적 척도(physical scale)와 인간 척도(human scale)가 포함된다.

우선 지역발전과 관련한 공간현상에서 가장 중요시 됐던 분야는 경제였다. 경제성장은 곧 '발전'의 동의어처럼 여겨졌다. 그러나 경제성장은 경제의 생산 측면만 강조하여 소비 측면이 간과되고 있었다. 지역에서의 경제활동을 기반활동(basic activity)과 비(非)기반활동(non-basic activity)으로 구분하고 지역발전을 기반활동으로만 설명하던 '틀'은 경제발전의 반쪽만 다루고 있는 셈이다. 소비활동이 지역발전에 기여하는 맥락은 사람 중심의 경제논리에 근거하고 있다. 생산 중심의 장소의 번영(place's prosperity)이 경제활동 주체인 주민의 번영(people's prosperity)과 분리되어 검토되기 시작한 것이다. 경제발전은 각종 경제활동 공간 조건과 시설 위주로 접근되고, 측정되어 경제활동 주체인 사람은 이들 물리적 지표에 종속되는 결과를 초래하였다. 이와 같이 지역발전이 주로 물리적 척도(physical scale) 관점에서 접근되다보니 발전의 최종 수혜자에 대한 다양한 의문점이 제기되기 시작하였다.

〈그림 13-1〉과 같이 지역경제의 성장은 인간의 경제활동과 경제활동 공간의 상호작용을 통해 지역의 특성에 맞는 생산요소 특히 자본, 노동, 정보, 기술과 같은 유동적 생산요소를 끌어들임으로써 가능하다(소진광, 2006: 5). 이러한 유동적 생산요소는 배합비율에 따라 지역의 경제활동 내용을 달리할 것이고, 이러

그림 13-1 **지역경제발전 작동체계**

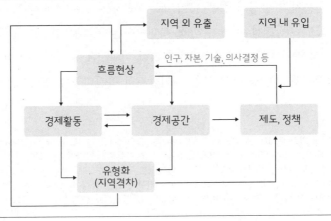

출처: 소진광(2006: 5).

한 경제활동은 기존 공간조건(입지인자)에 의해 영향을 받고, 다른 한편 새로운 경제공간을 형성하게 될 것이다(Healey and Ilbery, 1990: 3).

새로운 경제공간은 유동적 생산요소의 흐름방향과 속도에 영향을 미쳐 또 다른 경제활동을 촉진하거나 기존 경제활동을 변화시킬 것이다. 이 과정에서 지역의 생산요소가 외부로 유출되기도 하고, 외부의 생산요소가 지역으로 유입되기도 할 것이다. 이러한 지역발전의 개념은 지역 안에서의 전체적인 자본축적 관점에서 혹은 생산의 극대화 관점에서 접근한 것이다.

Allen V. Kneese, Robert U. Ayres & Ralph C. D'arge(1970)는 지구환경의 순환체계를 물질균형(material balance) 관점에서 접근하고, 지구상에서 물질 총량은 변화가 없으며 단지 변형되어 인간환경에 다른 영향을 미친다고 주장하였다. 인간의 지구환경은 경제계와 환경계로 구분되고, 다시 경제계는 생산의 주체인 기업, 소비주체인 가계(households), 재활용 단위로 구성되어 있다. 기업은 환경계로부터 자원을 채취하여 경제계로 유입하고, 생산활동에 투입하여 재화를 생산한다.

이 과정에서 자원의 일부는 경제적 가치를 상실하고 환경계로 버려진다. 기업에서 생산된 재화는 소비주체인 가계로 팔려서 소비되고, 남는 쓰레기는 일부 재활용되거나 일부는 경제적 가치를 부여받지 못하고 환경계로 버려진다. 소비활동 결과로 남는 일부는 재활용 단계를 거치는데, 이 과정에서 일부는 경제적 가치를 인정받지 못하고 환경계로 버려지고, 나머지는 다시 생산활동에 재활용 자원으로 투입된다.

이러한 물질순환과정에서 경제적 가치가 인정되는 재화, 재활용 자원의 합(合)은 각 나라별로 경제성장의 결과(GNP 혹은 GDP)가 된다. 따라서 경제성장은 경제계 내부에서 순환하는 재화, 재활용 자원의 순환속도와 양에 의해 결정된다. 만약 재활용 자원의 연결고리가 미약하다면 재화를 생산하기 위해 기업은 환경계로부터 자원투입량을 늘려야 한다. 문제는 경제계의 세 주체 즉, 기업, 가계, 재활용은 각각의 활동(생산활동, 소비활동, 재활용 과정)에 투입되는 자원의 양과 밖으로 배출하는 쓰레기의 양이 균형을 이룬다는 점이다.

결론적으로 환경계에서 경제계로 유입되는 자원의 총량은 경제계로부터 환경계로 배출되는 쓰레기의 양과 동일하다. 따라서 재활용 없이 경제성장을 도모하고자 하면 환경계로부터의 자원투입을 늘려야 할 것이고, 환경계로부터 경제계로 투입된 자원의 양이 늘어나면 경제계로부터 환경계로 배출되는 쓰레기의 양 또한 늘어날 것이다. 또한 환경계로부터 경제계로 유입될 수 있는 자원의 양은 유한하다. 일부 자원은 재생 가능하더라도 재생에 필요한 시간을 감안하면 경제성장은 한계를 지니고 있다. 결국 물질균형론은 자원의 고갈이 환경오염으로 이어진다는 경고 메시지를 담고 있다. 단시간의 풍요 추구가 인류문명의 멸망을 초래할 수 있다는 논증은 자원의 재생기간과 인간 생애주기의 오차를 통해 확연하다. 발전의 방향이 발전의 속도보다 더 중요한 이유가 여기에 있다.

이러한 물질균형론에 근거하여 '발전'의 의미가 경제와 환경을 동시에 고려하기 시작하였다. 즉, 원래 어족자원의 고갈을 막기 위해 거론되었던 지속가능성(sustainability)은 인간의 경제발전과 거주환경에도 그대로 적용될 수 있음이 밝혀졌다. 독일의 the Volkswagen Foundation이 후원하고, 로마클럽(the Club of Rome)이 기획한 인류문명의 미래에 대한 연구 결과물은 1972년 '성장의 한계(*The Limits of Growth*)'라는 제목으로 출간되었다. 이 연구는 Donella H. Meadows 교수가 주도하고 Dennis L. Meadows, Jørgen Randers, William W. Behrens III 등이 참여하여 수행되었는데, 경제활동의 자원투입 특성이 조만간 경제성장의 한계를 초래할 것이라고 예측하였다. 뿐만 아니라 이러한 경제성장의 한계는 물질변형을 통해 인간환경에도 악영향을 미칠 것이라고 경고한다.

국제연합(UN)은 1972년 6월 5일부터 스웨덴 스톡홀름에서 '하나밖에 없는 지구'란 주제로 '인간환경에 관한 UN회의'를 개최하고, 「인간환경선언」(Declaration on the Human Environment)을 채택하였다. 이는 지구환경에 관한 최초의 국제 환경선언으로 환경 관련 권리와 의무, 천연자원 보호와 대량 살상무기 파기 등 26개 항목으로 구성되어 있다. 이와 같이 경제와 환경의 상호작용 관계가 밝혀지면서 종래 인간 중심의 발전현상에 관한 관점도 바뀌기 시작하였다. Sachs(1974)는 인간의 거주환경에 미치는 다양한 환경변수를 포함하는 생태중심발전(eco-development)을 대안으로 제시하였다. Sachs(1974)가 주장한 발전의 대안은 Allen V. Kneese, Robert U. Ayres & Ralph C. D'arge(1970)와 맥락을 같이 하고 있다.

다른 한편 제2차 세계대전 이후 산업혁명의 유전자(DNA)는 규모의 경제(scale economies)를 통해 빠르게 전파되고 있었다. 1930년대 서구사회가 겪은 대공황은 공공부문의 관리기술 진전으로 더 이상 나타날 것 같지 않았다. 생산자의 유연 생산방식(flexible production) 도입으로 시장에서의 공급과잉 현상은 반복될 것 같지 않았다. 표준품의 대량생산은 곧 시장에서 살아남기 위한 경쟁방식이었으나 이 역시 자본의 또 다른 횡포였다. 그러나 규모의 경제(scale economies)는 생산을 효율화하는 이론이지 재화 소비를 통한 효용을 설명하는 논리가 아니다. 한계효용 체감의 법칙(Law of Diminishing Marginal Utility)은 생산의 효율성과 소비의 효용성이 전혀 다른 차원에서 작동하고 있음을 보여준다.

또한 시장에서 경쟁자를 배제하고 특권을 차지하기 위한 특허권(patent right) 경쟁이 치열해졌다. 특허경쟁으로 기술의 진전은 가속도가 붙었고, 이로 인해 첨단기술이 폭주하게 되었다. 기술의 첨단화가 곧 미래 경제성장의 필요조건처럼 여겨졌다. 그러나 첨단기술과 공급측면에서의 규모의 경제는 자원낭비를 부추기는 부작용을 낳았다. 이에 대해 Schumacher(1911-1977)는 그의 저서 *Small is beautiful*(1973)에서 적정기술(appropriate technology) 개념을 도입하고 기술의 첨단화와 규모의 경제 이론으로 간과되었던 자원낭비[12]와 기술 사용자의 수준을 반영하기 시작하였다.

경제는 생산과 소비로 구성되어 있는데도 여전히 생산자의 역할과 능력이 중요시되고 있다. 첨단기술의 개발과 활용은 공급이 수요를 창출한다고 주장한 고전 경제학자 Jean-Baptiste Say(1767-1832)의 법칙을 부활시키는 것처럼 보였다. 특히 생산과 부(富)의 축적, 기반시설의 형성에만 관심을 두었지 소득의 재분배와 문명의 찌꺼기를 해체하는 측면은 간과되고 있었다. Dudley Seers(1920-1983)는 그의 연구(1967), "The New Meaning of Development"를 통해 발전의 의미를 경제성장 위주에서 사회발전으로 전환하였다. 그가 제시한 새로운 발전 의미는 첫째, 가계소득이 가족의 기본수요(의식주 등)를 충족시키기에 적당하여야 하고, 둘째, 모든 가족에게 일자리가 제공되어야 하며, 셋째, 교육을 받을 수 있어야 하고 문해력(literacy)이 증진되어야 하며, 넷째, 서민들도 정부에 참여할 수

---

12 흔히 대규모 장치와 체계는 사용자의 측면에서 일부의 '불필요성'을 포함하고 있다. 다기능 첨단장비도 마찬가지로 사용자가 사용하지 않는 기능은 사장되어 자원의 낭비와 같은 결과를 낳는다. Fordism 생산 방식도 표준품의 대량생산을 가능하게 한 측면도 있지만 그러한 생산장치는 일단 구축되면 이의 수선이나 변경과 관련한 비용은 매우 크다. 특히 개발도상국 기술지원 프로그램과 관련하여 그들 개발도상국 수준과 여건에 맞는 적정기술을 지원하지 않으면 지원 후 관리비용을 감당하지 못하거나 운영능력이 모자라 무용지물이 되는 경우가 많다.

있어야 하고, 다섯째, 다른 나라가 내정에 간섭하지 않는 수준의 개별 국가 독립
성이 보장되어야 한다는 내용을 포함하고 있다. 국제노동기구(ILO)가 주창한 기
본수요(basic needs), 고용 지향적 성장 등의 발전전략은 정치적 선전 문구처럼
선언되는 데 그쳤지만 발전의 공간현상을 새롭게 조명해야 된다는 필요성을 담
고 있었다.

경제와 환경은 모두 물리적 지표를 통해 감지되는 인간 삶의 여건에 지나지
않는다. 자본과 좋은 환경 등은 수단이지 인간 삶의 궁극적인 목표가 아니다. 삶
의 만족도는 주관적이라서 동일한 물리적 여건에 처해 있다고 하여 동일한 수준
으로 평가되지 않는다. 이러한 차이는 인간의 사회적 속성에서 비롯된다. 재화나
화폐가 시장을 통해 소비로 이어지고, 그러한 소비가 효용과 연계되듯이 인간의
사회적 관계에서 재화나 화폐와 달리 삶의 만족도를 높이는 또 다른 수단에 대
한 탐색은 학계의 호기심을 자극하였다. 양적인 재화와 자본으로 설명할 수 없
는 삶의 만족도는 단순히 '삶의 질(quality of life)'이라는 가치 지향적 용어로 실
천수단과 연계되지 못하는 경우가 많다(소진광, 1998).

'삶의 질'은 인류가 공동으로 추구하는 가치로서 공공부문의 존재이유를 설
명하기 위해 거론되곤 하였다. 그러나 '삶의 질'은 지극히 주관적이라서 공공부
문의 정책목표로 표현되기에는 한계를 지니고 있다. 특히 '삶의 질'은 인간의 정
주방식과 상황에 따라 구성요소를 달리하고, 실천수단도 다르다. 시대에 따라
'발전현상'을 접근하는 관점도 바뀌었다. 전통적인 자본이 삶의 만족도와 연계되
는 과정은 매우 복잡하여 획일적인 설명이 불가능하다. 다만 인간의 사회적 관
계를 관리할 수 있는 역량 즉, 사회적 자본(social capital)의 구성요소는 이제까지
정책방향만 제시하던 '삶의 질'을 구체적이고 단계적인 실천수단과 연계하는 데
기여하였다. 이러한 실천수단은 변화의 속도와 관련되어 있어서 온전한 지역발
전을 설명하기 위해 반드시 필요한 성분이다.

따라서 공간현상을 설명하기 위해서는 실천될 수 있는 새로운 개념이 필요
했고, 이러한 과정에서 사회적 자본 개념이 탄생하였다. Putnam(1993)은 이탈리
아의 남·북 경제격차에 호기심을 갖고 지방자치가 도입되기 시작한 1970년대부
터 다양한 이해 집단을 대상으로 면접조사를 실시한 바 있다. Putnam은 오랜 기
간의 조사결과를 분석하는 과정에서 고전적 경제학이 설명할 수 없는 새로운 공

간현상에 주목하였다. 종래의 규격화된 학문은 경제현상을 경제요소만으로 설명할 수 없다는 분명한 사실을 간과하고 있었다. 경제활동의 주체는 사람이기 때문에 생산요소의 배합비율과 소비의 선택, 그리고 입지의 선택이 반드시 경제원리만으로는 설명되지 않는 것은 당연하다. 경제활동의 주체 즉, 사람끼리의 관계가 생산요소의 흐름방향과 속도에 큰 영향을 미치고 있다. 따라서 종래 생산요소의 경제적 배합과 공간선택에 중요한 영향을 미쳤던 자본(capital)처럼 인간의 '사회적' 관계를 관리할 수 있는 역량은 경제현상에 영향을 미치고, 나아가 발전현상을 설명할 수 있는 또 다른 수단으로 이를 사회적 자본(social capital)이라 부르게 되었다.

표 13-1 **사회적 자본의 구성요소와 기능**

개념요소	표현인자	기능
신뢰	- 공적 신뢰 - 사적 신뢰	공통기반 확보(공동체 형성)
참여	- 공적 참여 - 사적 참여	공동의 목표정립(공동가치 창출)
연결망 (네트워크)	- 공적 네트워크 - 사적 네트워크	이웃과 지역사회 유지
제도 및 규범 역량	- 범죄율 - 미풍양속	자원동원 및 사회안전망 확보
이타주의	- 자원봉사활동 - 나눔 수혜자	미래의 공동이익 창출

출처: 소진광(2004: 110)

사람들의 사회적 관계를 관리할 수 있는 역량은 신뢰라든가, 참여, 연결망, 자원봉사 등 다양한 의미요소로 표현되고 측정된다. 따라서 사회적 자본은 새로운 현상에 대한 설명도구가 아니라 경제변수로는 설명되지 않던 기존 현상에 대한 새로운 설명도구일 뿐이다(소진광, 2004). 사회적 자본의 일부 구성요소가 공공부문에 도입되면서 종래의 정부독점 방식도 변화하게 되었다. 모든 이해당사자가 공익이라는 공동 목표를 정의하고 실현하는 데 함께 할 수 있는 과정논리를 필요로 한 것이다. 이러한 과정에서 협치(協治, governance)라는 용어가 만들어졌고, 이를 통해 공익추구는 더 이상 정부의 전유물이 아니라 모든 이해당사자를 포함한 공동노력의 대상이 되었다. 따라서 협치는 공공부문과 민간부문의 전통적인 경계를 허물고, 공익의 최종 수혜자를 이해당사자로 정의하면서 출발한다. 협치 개념은 모든 이해당사자를 공동 생산자(co-producer)인 동시에 공동 소비자(co-consumer)로 전환하는 데 기여하였다.

다른 한편 개인의 주관적 만족도가 인류 공동의 이익을 담보하지 않는다는 주장이 설득력을 얻기 시작하였다. 이러한 관점에서 경제와 환경의 맞물림 현상으로 인해 인류문명의 지속가능성(sustainability)에 대한 관심이 커졌다. 특히 이러한 인류사회 공동이익은 실천되지 않으면 실현될 수 없다. 지구환경의 관점에서 인류문명의 지속가능성은 어느 특정 지역과 주민들에게만 국한한 과제가 아니다. 따라서 공동이익을 실현하기 위해서는 모든 이해당사자가 역할을 분담하고, 실천할 것이 요구된다. 이러한 실천은 협치(協治)를 통해 가능하다. 따라서 21세기 '발전'의 핵심용어는 협치(governance), 사회적 자본(social capital), 그리고 지속가능성(sustainability)으로 요약될 수 있다. 인류문명의 지속가능성은 공동이익과 부합하는 최종 목표에 해당하고, 협치는 그러한 최종 목표를 실현하기 위한 실천수단이며 사회적 자본은 실천수단의 동력(에너지)에 해당한다.

발전현상을 물리적 척도로부터 인간척도(human scale) 중심으로 전환하는데에는 파키스탄의 경제학자 Mahbub ul Haq(1934-1998)와 인도의 경제학자 Amartya Sen(1933-)의 기여가 컸다. Haq는 1985년부터 1988년까지 파키스탄 정부의 제13대 재무장관을 역임하고, 1988년부터 미국에 위치한 UNDP의 특별 자문관으로 활동하면서 인간발전지수(HDI, Human Development Index)를 개발하였다. UNDP는 매년 세계 각국의 인간발전지수를 측정하여 발표하고 있는데, 인간발전지수는 건강하고 오랜 생애(long and healthy life), 지식(knowledge), 상당한 생활수준(a decent standard of living) 등 세 가지 핵심적인 지표들로 구성되어 있다. 이러한 HDI는 발전의 주체와 수혜자를 장소와 물리적 시설로부터 인간으로 되돌려 주었다. 특히 Haq(1995: 14)는 발전의 궁극적인 목적을 '주민의 선택을 확대'하는 것으로 정의하고 있다. 따라서 부(富), 장소와 시설 등은 사람들의 선택 대상이지 사람들을 측정하는 지표가 아니다.

Sen은 1998년 노벨 경제학상을 수상하였고, 복지경제학, 사회선택이론, 경제 및 사회정의 분야에서 크게 기여하였다. Sen은 그의 저서 *Poverty and Famines:*

An Essay on Entitlement and Deprivation(1982)에서 기근은 식량부족 뿐만 아니라 식량분배체계에 내재되어 있는 불평등 때문이기도 하다고 주장한다. Sen(1982)은 임금하락, 실업, 식량가격상승, 취약한 식량분배 등 사회, 경제적 요인이 기아(starvation)에 영향을 미친다고 진단하였다. 특히 Sen(1999)은 개발도상국 경제발전과 관련하여 역량강화의 접근방식(capabilities approach)을 강조한다. 역량강화의 접근방식이란 종래 경제학에서 당연시 했던 불간섭(non-interference)에 근거한 부정적 자유(negative freedom)가 아니라 개인의 가능성에 기초하여 능력발휘를 극대화할 수 있는 긍정적 자유(positive freedom)를 강조하는 발전의 실천수단이다. Sen의 '긍정적 자유'는 발전에 대한 인간의 주도권을 의미하는 것으로 Haq와 함께 지역발전 관점을 물리적 척도로부터 인간척도로 전환하는 데 크게 기여하였다.

한국은 1962년부터 산업화를 추진하였는데, 통상 산업화는 기반시설이 어느 정도 갖춰져 있는 도시를 중심으로 일어나서 도시와 농촌의 격차가 벌어지게 되었다. 이러한 도·농간의 격차가 과도하게 벌어지면 도시과밀과 농촌의 상대적 박탈감이라는 이중의 공간문제가 발생한다. 또한 분야별 격차 혹은 공간격차는 민주주의 체제에서 정권을 창출하고 유지하는 데 많은 비용을 수반한다. 이러한 정치적 비용은 고스란히 국민의 몫으로 이전되고 이로 인한 사회 생산성 저하 역시 국민생활과 연계되어 있다.

1970년 우선 농촌빈곤문제를 해결하고자 출발한 한국의 새마을운동은 주민들의 의식개혁을 통해 긍정적 자유를 촉발하고, 역량을 강화하여 농촌, 농업의 문제뿐만 아니라 도시와 공장 및 직장의 업무 효율화에 기여하였다. 특히 새마을운동은 주민의 역량에 근거하여 공동이익을 창출하는 과정에서 분야별로 진화를 거듭했다. 새마을운동은 초기 경제공동체를 형성하여 빈곤문제를 해결하였고, 사회공동체와 문화공동체를 형성하여 삶의 질 향상에 기여하였으며, 환경공동체와 지구촌 공동체를 통해 인류문명의 지속가능성을 모색하고 있다. 공장새마을운동은 작업반별로 분임조 토의(group discussion)를 통해 제품의 불량 원인을 찾아내고, 이를 시정하기 위한 해법을 스스로 찾아, 실천함으로써 한국 제품의 불량률을 현저히 낮추고 품질을 향상하는 데 기여하였다.

한국의 새마을운동은 이미 1970년대 마을 단위의 협동사업을 통해 사회적

자본을 축적하고, 주민들이 주도적으로 사업을 결정하고 추진하여 협치, 즉 거버
넌스를 구축하였다. 따라서 한국의 새마을운동은 UNDP가 '인간발전지수(HDI)'
를 개발하기 20년 전에 지역(사회)발전을 인간 척도(human scale)로 접근하였고,
Sen(1999)이 긍정적 자유에 기초한 역량강화 접근방식(capabilities approach)을 제
시하기 30여 년 전에 이를 실천했다. 또한 한국의 새마을운동은 세계가 지구환
경에 대한 관심을 촉구하고 있을 무렵 환경정화운동, 자연보호운동, 산림녹화사
업을 통해 인류문명의 지속가능성을 확보하기 위한 방안을 주민들의 일상생활
무대인 마을 단위에서 만들고 실천하였다.

　　이러한 지속가능성 관련 지역발전 패러다임 변화는 도시개발과 농촌개발
등 지역개발 실천에도 영향을 미쳤다. 미국에서는 도시의 외연 확장에 따른 토
양오염과 대기오염을 방지하고, 도심 공동화를 방지하기 위해 스마트 도시(smart
city) 개발이 나타나기 시작하였다. 이탈리아에서는 사회적 자본 훼손을 방지하
고, 사회적 지속가능성을 실현하기 위해 느린 도시(slow city) 관리방식이 도입되
었다. 미국의 실리콘 밸리(Silicon Valley) 성공에 고무되어 첨단산업단지 조성이
국가의 미래발전 동력으로 여겨지게 되었다.

　　그러나 스마트 도시, 느린 도시, 첨단산업단지 등은 국가와 지역의 복잡한
'가치사슬(value chain)'에 토대를 두고 있어서 이들의 공간현상은 쉽게 복제되지
않는다. 겉으로 드러난 현상을 복제하여 같은 효과를 거두기가 매우 어렵다. 이
러한 사회 저변의 '가치사슬'은 시설, 공간구조 및 환경과 같은 물리적 여건만으
로 구성되어 있지 않다. 기술생태계는 기술진화를 주도할 수 있는 인력과 이러
한 고급인력이 능력을 발휘하고 생활할 수 있는 복합적 경제, 사회, 문화 및 환
경적 요소들을 포함한다. 결국 사람의 가치관, 태도, 행태가 뒷받침 되지 못하면
어떠한 시설도 제대로 작동하기 어렵다. 따라서 향후 지역개발 관련 패러다임
변화는 '인간 중심'으로 일어날 것이다. 제4차 산업혁명도 결국 인간 중심 사고
체계의 확립으로부터 출발한다.

(3) 변화와 관련한 지역개발 패러다임 전망

　　변화와 관련한 지역개발 패러다임 전망은 지역발전을 위한 공동노력의 접
근방식과 관련되어 있다. Stöhr & Taylor(1981)는 지역개발 관련 두 가지 서로

다른 접근 패러다임을 비교하였다. 하나는 고전 경제학 맥락에서 지역개발 관련 권한이 계층적으로 행사되는 '위로부터의 발전(development from above)', 즉 하향식 접근이고 다른 하나는 주민들로부터 의사결정이 이루어지고 권한이 행사되는 '밑으로부터의 발전(development from below)', 즉 상향식 접근이다. 하향식 접근은 '긍정적 자유'를 촉발하기 어려워 내부자원을 동원하는 데 있어서 한계를 지니고 있고, 편익분배 과정에서 갈등을 초래할 가능성이 많다. 반면 상향식 접근은 Sen(1999)이 강조한 주민들의 역량강화를 통해 내부자원 동원이 가능하고, 지역발전 단위마다 비용과 편익을 일치시키기가 상대적으로 쉬워서 민주주의 작동에 기여한다.

지역발전의 접근방식과 관련한 패러다임에서 가장 두드러진 것은 협치(governance)개념의 도입이다. 지역발전은 분석단위가 기본적으로 일정 공간규모 이상의 공동체이기 때문에 공동이익의 증진이 우선이다. 따라서 지역발전의 관리주체는 정부에 속한다. 이러한 맥락에서 지역발전과 관련한 문제점의 확인, 내용의 수준과 관련한 목표의 정립과 지역의 제약요인 확인, 대안의 형성과 비교 및 최적 대안의 선택에 이르는 일련의 과정은 모두 정부활동에 속했다. 그러나 민주주의에서 정부의 구성은 주민이나 국민의 다수 지지에 의존하고 있기 때문에 정부가 지역발전 최종 수혜자인 주민과 국민의 요구를 무시하기 어렵다.

다만 주민과 국민의 지역발전 요구는 공공재정 혹은 공급능력을 초과하여 발생하는 경향이 있어서 거대 정부(giant government) 출현을 부추긴다. 이러한 거대 정부의 출현은 결국 주민과 국민 부담을 가중시켜 정부의 실패(governmental failure)로 이어진다. 특히 정부가 중앙집권적으로 운영될 경우 '평균적 평등'은 가장 편리한 국민 설득기준이 된다. 이러한 '평균적 평등'은 국민 누구도 만족시키지 못하는 내부적 결함을 지니고 있어서 재원의 낭비, 기회의 낭비, 자원의 낭비를 초래한다. 따라서 지역발전을 실현하기 위한 변화의 방향설정과 변화속도를 적절한 범위 안에서 관리하기 위해서는 지역문제의 확인과 지역발전 목표의 설정, 지역이나 국가가 안고 있는 제약요소의 확인과 미래예측, 목표를 충족시킬 수 있는 대안의 형성 및 최적 대안의 선정에 이르는 일련의 계획과정을 모든 이해당사가 공유할 필요가 있다. 이러한 계획과정의 공유는 주민이나 국민들에게 지역발전과 관련한 비용분담 및 편익분배의 공정성을 이해시키는 도구적 의미를 지니고 있다.

이러한 맥락에서 협치는 공공재 공급과잉 현상을 방지하고, 자원의 최적화를 가능케 해줄 것으로 기대된다. 이에 비해 정부가 지역발전을 독점적으로 시행할 경우 이로 인한 혜택의 최종 수혜자인 주민이나 국민은 외부효과에 편승하여 비용부담은 줄이고 편익의 분배 몫을 늘리려 할 것이다. 이러한 상황에서라면 정부의 재정건전성은 유지될 수 없고, 누적된 부채는 다음 세대로 전가될 것이다. 이러한 과정에서 우선은 경제적 지속가능성이, 그리고 장기적으로는 환경적 지속가능성이 실천되지 못할 것이다.

결국 가장 근본적인 인류 공동의 목표이자, 인류문명의 대전제에 속하는 지속가능성은 모든 이해당사자가 의사결정 단계부터 참여하고 과정에서의 권리와 책임을 일치시킬 경우에 실현 가능하다. 이러한 맥락에서 공동이익의 추구는 정부독점방식이 아닌 또 다른 방식 즉, 모든 이해당사자가 결정하고 과정을 공유하는 협치(governance)방식을 통해 접근되어야 한다. 협치를 구축하기 위해서는 권한과 책임을 일치시키기 위해 이해당사자를 정의하는 단계가 중요하다. 이해당사자가 정의되지 않는 협치는 실천력을 담보하지 못한다.

지역발전을 실천하기 위해서는 추진조직과 추진방식에 대한 명확한 구분이 필요하다. 여기서 추진조직은 조직형태, 지도층 구성, 조직가치, 조직의 공동목표 관점에서 정의될 수 있다. 한편 지역발전 추진방식은 관련 권한의 행사방식, 의사결정방식, 정보생산능력, 시민의 역할, 그리고 자원조달체계의 관점에서 정의될 수 있다. 협치가 종래의 정부독점방식과 다른 특성은 이들 지역발전 관련 추진조직 및 추진방식의 차이점 비교를 통해 분명해진다.

우선 추진조직의 특성에 있어서 정부독점방식은 집중형태의 조직, 공무원 출신 위주의 지도층 형성, 전통가치 축적에 초점을 둔 조직가치, 그리고 국가형성에 조직의 목표를 두고 있다. 이에 비해 협치방식은 분산형 조직형태, 모든 이해당사자간 협상의 주도자가 지도층으로 충원되고, 사회적 자본을 축적하는 데 조직가치를 두고, 시민사회를 구축하는 데 조직의 공동목표를 둔다는 측면에서 정부독점방식과 차이를 보인다.

다른 한편 지역발전의 추진방식에서 정부독점은 권한을 계층적, 일방적으로 행사하고, 다수결에 의한 지시와 통제로 의사결정이 이루어지며, 공공부문의 정보생산에 의존하고, 시민을 정부가 생산한 공공재의 단순 소비자로 간주하고, 주민이나 국민을 외부 자원배분의 대상으로 보는 특성을 보인다. 이에 비해 협치는 관련 권한을 모든 이해당사자가 공유하고, 역할에 따른 다자간 협상을 통해 의사결정이 이루어지며, 민간부문에서 생산한 정보에 대한 의존율을 높이고, 시민을 공공재 생산에 끌어들여 공동 생산자(co-producer)로 간주하며, 내·외생적 자원을 결합하고 내부 자원을 동원하는 성향을 띠고 있다. 이러한 차이는 〈표 13-2〉에서 정리하고 있다.

표 13-2 지역발전 관련 협치(governance)와 정부 독점방식 비교

구분		통치(정부독점 방식)	협치(거버넌스)
추진 조직	조직형태	집중형태	분산형태
	지도층	정부 공무원	모든 이해당사자간 협상 주도자
	조직가치	전통적인 자본의 추적	사회적 자본 축적
	조직의 공동 목표	국가형성	시민사회 구축
추진 방식	권한행사 방식	계층적, 일방적	모든 이해당사자간 공유
	의사결정 방식	다수결에 의한 지시와 통제	역할에 따른 다자간 협상
	정보생산능력	공공부문>민간부문	공공부문<민간부문
	공공재 생산에 있어서 시민의 역할	소비자 혹은 의뢰인	소비자인 동시에 공동 생산자
	자원조달체계	외생적 자원투입 위주	내·외생적 자원결합

출처: 소진광(2007: 98)

다른 한편 공간규모에 따른 균형과 불균형의 의미 차이도 중요한 지역발전 관련 패러다임 변화에 속한다. 전국적 차원에서의 균형도 일부 지역 안에서는 불균형을 포함하고 있고, 전국 단위에서의 불균형 상태도 일부 단위 지역에서는 균형상태를 보여줄 수 있다. 즉, 지역발전의 공간단위를 어느 규모로 확정하고 접근하느냐 따라 집단 공동의 '평균적 평등' 수준은 달라진다.

이러한 맥락에서 특정 지역에 투자가 집중되는 현상은 국가 전체적으로 투자의 효율성을 높여줄 것이지만 당장은 지역격차를 심화시키고, 일부 지역의 자원활용을 제한할 수 있다. 공간형평성을 높이기 위해 이러한 집중현상을 시정하기 위한 조치가 필요할 수도 있는데, 문제는 이러한 개입의 적절한 시기를 결정

하기가 쉽지 않다는 것이다. 이와 같이 전체적인 효율성 증대방안이 장기적으로
는 공간 형평성 제고에 기여할 것이다(Gore, 1984: 51).

　　또한 지역발전은 특정한 물리적 현상으로 접근하는 경우와 그러한 물리적
상황을 활용하는 사람들의 관점에 따라 다른 의미를 지닌다. 즉, 지역발전은 물
리적 척도(physical scale)로 접근하면 장소의 번영(place's prosperity)으로 인지되
고, 인간척도(human scale)로 접근하면 주민의 번영(people's prosperity)으로 인지
된다. 장소의 번영은 각종 생산시설이나 편의시설이 특정 장소에 들어서는 자체
를 발전현상으로 여기는 것이고, 주민의 번영은 실제 생활하는 사람들의 생활
만족도에 관심을 두고 있다. 동일한 물리적 조건이라고 하여 그 안에서 생활하
는 주민들의 만족도가 모두 같은 것은 아니다.

　　물리적 조건은 생활주체의 욕구와 필요에 의해 반사되어 삶의 만족도로 나타
난다. 이 과정에서 생활주체의 반사적 반응은 주관적이라서 조건과 결과를 단선적
으로 연결하지 않는다. 하지만 특정 장소에 입지한 생산시설이나 편의시설의 혜택
이 주민들에게 미치는 영향은 어느 정도 측정 가능하다. 따라서 장소의 번영과 주
민의 번영은 같을 수도 있고, 전혀 다를 수도 있다. 내부자원과 주민들의 노력에
기초한 장소의 번영은 전적으로 주민의 번영으로 연계될 것이고, 외부 자원에 의
한 지역개발은 실제 주민들의 삶의 만족도를 높이는 데 한계를 지닐 수 있다.

표 13-3　**장소의 번영과 주민의 번영**

구 분		지역개발 투입자원 속성	
		내생자원 투입 증대	외생자원 투입증대
지역수요반영정도	커질 경우	주민의 번영	다양한 평가
	작아질 경우	다양한 평가	장소의 번영

　　〈표 13-3〉은 지역발전 관련 투입자원의 속성과 지역수요 반영 정도에 따
라 달라질 수 있는 장소의 번영과 주민의 번영의 상관관계를 보여준다. 지역수
요를 반영한 지역발전의 혜택은 주민들의 만족도를 높여줄 것이기 때문에 주민
의 번영을 증대할 것이고, 지역수요와 무관한 지역발전은 주로 외부수요에 의존
할 것이기 때문에 장소의 번영에 그칠 가능성이 높다. 마찬가지로 주민들의 내

생자원 위주로 접근한 지역개발 혜택은 주로 주민들에게 분배될 것이기 때문에 주민 만족도를 높여줄 것이고, 외생자원 투입에 의한 지역개발 혜택은 외부로 유출될 가능성이 높아 장소의 번영에 그칠 수 있다. 성장거점이론(growth center theory)은 번영한 지역으로 일자리를 찾아 이동하는 인구이동 현상을 정당화하였고, 정주권 전략(settlement strategy)은 주민들의 실제 거주공간에서 일자리를 창출해야 한다고 주장한다.

다른 한편 지역발전과 관련한 근본적인 문제는 하나의 공간단위로서 지역 자체의 발전과 관련한 것과 지역끼리의 상호작용과 관련한 것으로 구분하는 일이다. 전자의 경우는 지역을 하나의 고립된 폐쇄사회(closed society)로 보는 견해이고, 후자의 경우는 지역을 열린사회(open society)로 접근하는 견해이다. 지역구분을 어떻게 하더라도 국경 안에서의 공간현상은 자본, 정보, 기술, 의사결정 등 유동적 생산요소로 인해 열려있다.[13] 그렇더라도 정도의 차이는 있겠지만 지역의 폐쇄적 단위 성격은 완전히 무시될 수 없는 현실이다. 네트워크 공간현상에서도 특정 도시의 자족성이 강조되고 있는 이유가 여기에 있다. 또한 공간현상을 주도하는 유동적 생산요소도 거리(distance)라는 물리적 마찰로부터 자유롭지 않고, 이러한 유동적 생산요소의 이동은 사람의 의사결정을 통해 방향과 속도가 정해진다. 사람의 의사결정도 공간의 위치와 면적으로부터 자유롭지 않다.

이러한 맥락에서 공간정의(spatial justice)는 공간활용의 효율성과 상호충돌하는 경우가 발생한다. 여기서 공간효율성은 투입과 산출의 비율, 그리고 공간단위의 규모에 따라, 공간정의는 산출물의 분배에 따라 달리 해석될 수 있다. 효율적인 공간활용은 국가 전체의 성장률을 극대화하는 관점에서 접근할 수 있고, 공간정의 혹은 균등한 공간활용방식(equitable spatial pattern)은 소득의 공정한 분배 측면에서 접근될 수 있다(Gore, 1984: 50). 이러한 맥락에서 공간정의(산출물의 공정한 분배)와 효율적인 공간활용의 상호관계는 〈표 13-4〉와 같이 요약될 수 있다. 즉, 지역개발 공간단위가 커지면 분배의 공정성은 감소하는 성향을 띠고, 투자의 효율성은 증대된다. 반대로 지역개발 공간단위가 작아지면 분배의 공정성은 증대되고, 투자의 효율성은 감소한다.

---

13 나라마다 제도와 관습이 달라 재화의 이동은 국경을 통해 걸러진다. 하지만 나라 안에서 재화나 자원의 이동은 상대적으로 자유롭다. 이와 같이 한 나라 안에서의 지역과 지역은 서로 열려 있다.

표 13-4 　공간규모에 따른 공간정의와 공간활용도

구　분	공간규모(단위)	
	커질 경우(광역 경제권)	작아질 경우(마을, 지역사회)
분배의 공정성(공간정의)	감소함	증대됨
투자의 효율성(공간활용)	증대됨	감소함

(4) 제4차 산업과 관련한 지역개발 전망: 사람 중심의 지역개발

이제까지 지역개발은 특정 시설 공급위주로 접근되어 왔다. 그러다보니 시설을 통한 공간기능 수요측면이 간과되어 왔다. 시설은 구조에 해당하고 공간기능은 인간의 활동을 의미한다. 따라서 구조와 기능이 서로 맞물리지 않는다면 공공시설 공급과잉 혹은 주민생활의 불편을 초래한다. 공공시설은 단기간에 공급되지 않기 때문에 공공시설 수요를 충족시키기란 어렵다. 결국 지역발전을 물리적 척도(시설) 위주로 정의한다면 구조와 기능을 일치시키기 어렵다. 따라서 공간기능 수준을 정하고 그에 상응한 조건을 충족시키는 지역개발 접근방식이 필요하다. 이러한 공간기능은 사람의 역할을 집합적으로 표현한 개념이다.

특히 향후 공간기능은 제4차 산업혁명과 관련하여 새로운 지역발전을 이끌 것으로 기대된다. 제1차 산업혁명은 18세기 영국에서의 증기기관 발명과 섬유, 제철산업의 발전을 중심으로 정의되고 있다. 제2차 산업혁명은 1870년대부터 제강, 석유화학, 전기산업의 발전을 중심으로, 그리고 제3차 산업혁명은 소위 '디지털 혁명'이라 하여 정보통신기술혁신을 중심으로 논의되어 왔다. 이와 같이 이제까지의 산업혁명은 특정 기술혁신과 관련하여 인식되어 왔다. 특히 이들 산업혁명은 모두 시장에서의 '공급'관련 측면에서 큰 변화를 가져왔다.

산업혁명 단계별 시대구분에 모두가 동의하는 기준은 없다. 현 시대를 제4차 산업혁명의 초기단계로 보는 견해도 있고, 아직도 현 시대를 제3차 산업혁명 단계로 규정하는 견해도 있다. 그럼에도 불구하고 산업혁명의 진화 관점에서 제4차 산업혁명을 특정기술과 공급측면을 중심으로 논의하는 견해가 지배적이다. 즉, 제4차 산업혁명은 인공지능기술과 관련하여 '디지털'의 한계를 벗어나 인간을 표방할 수 있는, 어느 경우에는 인간의 한계를 뛰어 넘는 공급체계에 무게를 두고 정의되고 있다. 이러한 제4차 산업혁명은 이제까지의 산업혁명이 그러했듯이, 분명 새로운 세상을 열고 그간의 인간생활을 크게 변혁시킬 것이다. 그러나 제1, 제2, 제3 등 순서를 나타내는 것은 양적인 함수가 아니다. 따라서 제4차라고 하여 제2차의 두 배가 아니다.

이러한 맥락에서 제4차 산업혁명은 이제까지의 제1, 2, 3차 산업혁명과는 다른 차원에서 다가올 것이다. 첫째, 제1, 2, 3차 산업혁명이 특정 기술에 의한 인간생활의 변화로 인지되었다면 제4차 산업혁명은 제품, 공정, 유통기술의 융합을 통해 인간의 생활터전에 대한 인식을 바꿀 것이다. 즉, 제4차 산업혁명은 단순 인공지능 관련 기술혁신뿐만 아니라 생활터전에 대한 공간인식을 가상공간으로 확대할 것이다. 이렇듯 제4차 산업혁명은 생산과 소비를 아우르는 새로운 '가치사슬'과 관련되어 있다.

둘째, 제1, 2, 3차 산업혁명은 생산기술, 공급관련 기술 위주로 인식되었다면, 제4차 산업혁명은 생활기술 관점에서 인간활동의 외연을 확대하게 될 것이다. 즉, 제4차 산업혁명은 생활혁신과 관련되어 있고, 생활현장에서의 변화와 관련한 새로운 기술혁신을 촉발하게 될 것이다. 따라서 제4차 산업혁명은 생활이 생산이고, 소비가 생산인 생활방식으로 다가온다.

셋째, 이제까지의 산업혁명은 과학기술과 인문현상을 물리적 척도 관점에서 별도로 다루어오고 있었다. 그러나 제4차 산업혁명은 과학기술이 인문현상을 포용하는 방향으로 진행될 것이다. 이럴 경우 제4차 산업혁명은 인간척도의 부활을 의미하고 감성적 표현을 중요시 하게 될 것이다. 즉, 제4차 산업혁명은 특정 기술에 한정하지 않고, 인간생활의 과학화, 과학기술의 인문화에 기여할 것이다. 따라서 제4차 산업혁명은 초감성 사회의 '생활혁신'과 밀접하게 관련되어 있다.

제4차 산업혁명은 '삶의 질'과 관련하여 새로운 교환율을 형성하고 이를 통해 국제질서를 재편할 것이다. 가장 작은 마을 공동체부터 회복하여 생활변혁을 이끌어갈 추동력을 확보해야 되는 이유가 여기에 있다. 사회적 자본 축적을 통해 생활혁신을 도모하고 제4차 산업혁명을 생활화할 필요성이 강조될 것이다. 향후 지역개발이 인간 중심으로, 특히 인간의 사회적 활동과 관련하여 가장 작은 공동체 회복과 관련하여 접근할 필요성이 여기에 있다.

연습문제

❶ 지역개발은 공공이익을 증진하기 위한 집단노력이기 때문에 사전 계획을 통해 정당화되어야 한다. 이 경우 계획은 절차적 정당성과 내용의 정당성을 확보해야 하는데, 계획의 절차적 정당성 요소를 단계별로 기술하라.

❷ 사회적 자본의 개념요소를 열거하고 각각의 기능을 설명하라.

❸ 협치(governance)의 개념을 지역개발정책 수립절차와 관련하여 설명하라.

❹ 지속가능성 개념을 설명하고 유형을 구분하라.

❺ 지역개발 관점에서 개인의 자유와 집단의 '평균적 평등'이 충돌하는 경우를 들고, 이의 해결방안을 논하라.

참고문헌

고병호(2010). 국가균형발전을 위한 지역정책 패러다임의 변화와 방법론. 도시행정학보, 23(2), 169-197.

곽현근(2009). 지역발전의 보완적 패러다임으로서 동네 거버넌스의 실험. 한국지방정부학회 학술대회자료집, pp.53-93.

김정렬(2005). 지역발전 패러다임의 전환과 지방정부의 책임성. 한국거버넌스학회 학술대회 자료집, pp.3-34.

박양호(2002). 지역균형과 지방분권의 통합 패러다임과 전략. 국토(구 국토정보), (구 국토정보다이제스트), pp.6-13.

변필성·이동우(2008). 영국 지역정책 변화 동향과 우리나라에의 시사점. 한국경제지리학회지 제11권 제1호, pp.111-129.

소진광(1998). 삶의 질 개념과 도시정책적 함의. 지역사회개발연구, 23(1): 65-84.

소진광(1999). 사회적 자본 형성을 위한 지역사회개발논리. 지역사회개발연구, 24(1): 29-47.

소진광(2000). Social Capital and Regional Development Paradigm. 한국지역개발학회지, 12(3): 1-16.

소진광(2004). 사회적 자본의 측정지표에 관한 연구. 한국지역개발학회지, 16(1); 89-118.

소진광(2006). 지역균형발전 정책대상으로서 지역격차인식과 개별 기업의 공간선택 한계. 한국지역개발학회지, 18(4): 1-24.

소진광(2007). 지역사회 거버넌스와 한국의 새마을운동. 한국지방자치학회보, 19(3): 93-112.

소진광(2009). Cultural Sustainability in Urban Management: A Theoretical Framework of Functional Structure for Sustainable Development. 「도시행정학보」, 22(2): 265-289.

소진광(2016). 지역발전 패러다임 연구. 지방행정연구, 30(1): 3-39.

엄한진·안동규(2009). 사회적 경제와 대안적인 지역개발 패러다임. 한국사회학회 사회학대회 논문집, pp.517-526.

원광희(2000). 변화시대 지역정책 패러다임의 전환. 충북발전연구원 학술세미나(뉴밀레

니엄시대의 지역경제 경쟁력강화 전략, pp.65－91.

윤원근(2013). 농촌지역 개발정책의 새로운 패러다임. 국토(구 국토정보), (구 국토정보
다이제스트), 2－4

이양수(2007). 참여정부 지역발전정책 패러다임의 평가: 지역혁신체제이론을 중심으로.
한국지방자치연구 제9권 제1호(통권18호), pp.1－17.

이윤재·최승훈·허목화(2009). 낙후지역 발전 패러다임의 변화와 낙후성 전환에 관한 탐
색적 분석. 한국사회학회 사회학대회 논문집, 935－958.

조남건(2004). 국토연구원－노무라종합연구소 공동세미나－한국의 고속철도개통에 따른
국토지역개발의 신패러다임. 국토(구 국토정보), (구 국토정보다이제스트), 126－134.

조명래(2007). 생태적 지역발전 패러다임의 모색. 한국지역개발학회지, 19(3), pp.87－106.

조진철·김일석(2009). 세계은행－국토연구원 공동정책세미나. 국토(구 국토정보), (구 국
토정보다이제스트), pp.164－169.

좌승희(2009). 국토 및 지역발전정책의 새로운 패러다임. 경기개발연구원 CEO Report
1009, No.3, 1－17.

하성규(2011). 지역개발학의 정체성과 발전방향. 한국지역개발학회지 23(4), pp.1－17.

Arndt, H. W.(1987). *Economic Development: The History of an Idea.* The University
of Chicago Press.

Bailly, Antoine S., Philippe Brun., Roderick J. Lawrence.. Marie－Claire Rey. eds.(2000),
Socially Sustainable Cities; Principles and Practices. ECONOMICA.

Barnett, Jonathan. (ed).(2001). *Planning for a New Century: the regional agenda.*
Island Press.

Bloomfield, Pamela.(2006). The Challenging Business of Long－term Public－Private
Partnerships: Refelections on Local Experience. *Public Administration Review,*
Volume 66, Issue 3, pp.400－411.

Boudeville, J. R.(1966). *Problems of Regional Economic Planning.* Edinburgh U. P.

Brown, Lawrence A.(1988). Reflections on third world development: ground level
reality exogenous forces, and conventional paradigms. *Economic Geography,*
Vol.64. No.3, pp.255－278.

Carroll, Michael C. and James Ronald Stanfield.(2001). Sustainable Regional Economic
Development. *Journal of Economic Issues,* Vol.35, No.2, pp.469－476.

Dhal, Robert A.(2000). *On Democracy*. a Yale Nota Bene book. Yale University Press.

Dickinson, R. E.(1964). *City and Region: A Geographical Interpretation*. Routledge and Kegan Paul.

Dierwechter, Yonn and Andy Thornley.(2012). Urban Planning and Regulation: The Challenge of the Market. In Rachel Weber & Randall Crane. (eds). *The Oxford Handbook of Urban Planning,* Ch.3. Oxford University Press.

Forrer, John, James Edwin Kee., Kathryn E. Newcomer. and Eric Boyer.(2010). Public−Private Partnerships and the Public Accountability Question. *Public Administration Review,* Volume70, Issue3, pp.475-484.

Friedmann, John. and Clyde Weaver.(1979). *Territory and Function: The Evolution of Regional Planning.* University of California Press.

Ghosh, Arun.(1995). Development Paradigms: China and India since 1949. *Economic and Political Weekly,* Vol.30, No.7/8, pp.355＋357−358.

Glasson, John.(1974). *An Introduction to Regional Planning.* Hutchinson.

Gore, Charles.(1984). *Regions in Question: Space, Development Theory and Regional Policy.* Methuen.

Guoli, Gao.(2002). Urban and Regional Development in china and new Paradigm for 21 Century. 도시행정학보, 15(1), 219−231

Haq, Mahbub ul.(1995). *Reflections on Human Development,* Oxford University Press.

Hayek, F. A.(1944). *The Road to Serfdom.* The University of Chicago Press.

Healey, Michael J. & Brian W. Ilbery.(1990). *Location & Change: Perspectives on Economic Geography.* Oxford University Press.

Hodge, Graeme A. and Carsten Greve.(2007). Public−Private Partnerships: An International Performance Review, *Public Administration Review,* Volume67, Issue3, pp.545-558.

Kneese, Allen V., Robert U. Ayres & Ralph C. D'arge.(1970). *Economics and the Environment: A Materials Balance Approach,* RfF.

Koppenjan, Joop F. M. and Bert Enserink.(2009). Public−Private Partnerships in

Urban Infrastructures: Reconciling Private Sector Participation and Sustainability. *Public Administration Review,* Volume69, Issue2, pp.284-296.

Kuhn, Thomas S.(1962). *The Structure of Scientific Revolutions.* The University of Chicago Press.

Martin, Ron and Peter Sunley.(1998). Slow Convergence? The New Endogenous Grow Theory and Regional Development. *Economic Geography,* Vol.74. No.3, pp.201－227.

Martin, Ron. and Peter Sunley.(1996). Paul Krugman's Geographical Economics and Its Implications for Regional Development Theory: A Critical Assessment. *Economic Geography,* Vol.72. No3, pp.259－292.

Meadows, Donella H., Dennis L. Meadows., Jørgen Randers. and William W. Behrens III.(1972), *The Limits to Growth: A Report for the Club of Rome's Project on the Predicament of Mankind.*

Morse, David A.(1970). Unemployment in Developing Countries. *Political Science Quarterly,* Vol.85. No.1 pp.1－16.

Moulton, Stephanie. and Charles Wise.(2010). Shifting Boundaries between the Public and Private Sectors: Implications from the Economic Crisis. *Public Administration Review,* Volume70, Issue3, pp.349-360.

Park, Yung Chul.(2002). Does East Asia Need an New Development Paradigm?. Brookings Trade Forum, pp.211－226.

Putnam, Robert(1993). *Making Democracy Work: Civic Traditions in Modern Italy.* Princeton University Press.

Reynaers, Anne－Marie.(2014). Public Values in Public－Private Partnerships. *Public Administration Review,* Volume 74, Issue1, pp.41-50.

Roberts, Peter.(2004). Wealth from Waste: Local and Regional Economic Development and the Environment. *The Geographical Journal,* Vol. 170, No. 2, Environment and Development in the UK, pp.126－134.

Rostow, W. W.(1959). The Stages of Economic Growth. *The Economic History Review,* Vol. 12, Issue 1, pp.1－16.

Sachs, Ignacy.(1974). Alternative Patterns of Development; Environment and

Development. *SCOPE,* pp. 385－390.

Samuelson, Paul.(1948). *Economics: An Introductory Analysis.*

Schumacher, E. F.(1973). *Small is beautiful.* William Collins Sons & Co Ltd.

Seers, D.(1967). *The Meaning of Development. IDS Communication 44, Brighton, UK: Institute of Development Studies.*

Sen, Amartya.(1999). *Development as freedom (1st ed.).* New York: Oxford University Press.

Sen, Amartya.(1982). *Poverty and Famines: An Essay on Entitlement and Deprivation.* Oxford University Press.

Shaffer, James D.(1984). Elements of a Paradigm for Rural Development: Discussion. *American Journal of Agricultural Economics,* Vol.66, No.5, Proceedings Issue, pp.701－702.

Smith, D. M.(1966). A theoretical framework for geographical studies of industrial location. *Economic Geography,* Vol. 42, pp. 95－113.

Stöhr, Walter B. & D. R. Fraser Taylor.(1981). *Development from Above or Below?.* John Wiley and Sons.

Taylor, Nigel.(1998). *Urban Planning Theory since 1945.* SAGE Publications.

United Nations.(1951). *Measures of the Economic Development of Underdeveloped Countries.* New York.

Virmani, Arvind.(2002). A New Development Paradigm: Employment, Entitlement and Empowerment. *Economic and Political Weekly,* Vol.37, No.22, pp.2145－2154.

Yin, Wang.(2009). A Broken Fantasy of Public－Private Partnerships, *Public Administration Review,* Volume69, Issue4, pp,779‑782.

INDEX
찾아보기

저자약력

강명구
서울대학교 토목공학과(도시전공) 학사
미국 MIT 도시및지역계획 석사
미국 MIT 도시및지역계획 박사
서울시 국제도시개발협력단 단장
세계은행(World Bank) 도시및지역계획전문가
서울시립대 국제도시과학대학원 부원장
서울시립대 국제교육원 원장
현) International Journal of Urban Sciences (IJUS) 편집위원장
　　서울시립대학교 교수
　　스마트도시연구센터 센터장

구교준
고려대학교 행정학과 학사
University at Albany 경제학과 석사
University of North Carolina at Chapel Hill 도시계획과 박사
세계은행(World Bank) 컨설턴트
Cleveland State University, College of Urban Affairs 교수
고려대학교 정부학연구소 소장
현) 고려대학교 행정학과 교수

기정훈
서울대학교 농업생명과학대학 농학사
서울대학교 환경대학원 도시계획학석사
미국 University of Southern California 도시계획학박사
Milken Institute 지역개발부 연구분석가
한동대학교 공간시스템공학부 객원교수
현) 명지대학교 행정학과 교수

박승규
홍익대학교 도시공학과 공학사
서울시립대학교 도시공학과 도시공학석사
연세대학교 도시공학과 도시계획 및 공학박사
서울대학교 농경제사회학부 지역정보전공 경제학박사
미국 일리노이 주립대(UIUC) 지역경제분석연구실 faculty and staff
Texas A&M University 농경제학과 박사과정
현) 한국지방행정연구원 지역경제분석센터 센터장

박종화
경북대학교 법과대학 행정학과 학사
경북대학교 일반대학원 행정학과 석사
미국 Rutgers University 도시계획학 박사(PhD)
국립싱가포르대(NUS) 건물 및 부동산학부 펠로우쉽 교수
한국정부학회 회장
현) 경북대학교 행정학부 교수

ー 배정환
　서울대학교 농경제학과 경제학사
　영국 University College London Department of Economics 환경자원경제학석사
　미국 Pennsylvania State University Agricultural, Environmental, and Regional Economics
　　　경제학 박사
　에너지경제연구원 신재생에너지실 책임연구원
　현) 전남대학교 경제학부 교수

ー 성현곤
　한양대학교 도시공학과 공학사
　한양대학교 도시공학과 공학석사
　미국 UCLA(University of California, Los Angeles) 도시계획과 철학박사
　한국교통연구원 연구위원
　현) 충북대학교 공과대학 도시공학과 교수

ー 소진광
　서울대학교 사범대학 지리교육과 문학사
　서울대학교 환경대학원 행정학박사(지역개발, 지방자치 전공)
　내무부 지방행정연수원 교수
　경원대학교 지역개발학과 교수, 법정대 학장, 행정대학원장
　한국지방자치학회 제11대 회장, 한국지역개발학회 제14대 회장
　현) 가천대학교 행정학과 교수(대외부총장 역임)
　　　새마을운동중앙회 제23대 회장

ー 이영성
　서울대학교 사회과학대학 지리학과 문학사
　서울대학교 환경대학원 도시계획학 석사
　미국 Cornell University 도시 및 지역계획학 박사
　현) 서울대학교 환경대학원 환경계획학과 교수(도시 및 지역계획학 전공)

ー 이종화
　서울대학교 사범대학 사회교육과 학사
　서울대학교 환경대학원 도시계획학 석사
　서울대학교 환경대학원 행정학 박사
　전) 국토교통부 중앙도시계획위원회 위원
　　　한국지역개발학회 부회장
　　　한국지역학회 부회장
　현) 국토교통부 도시개발위원회 위원
　　　목포대학교 도시및지역개발학과 교수

ー 이태동
　연세대학교 정치외교학과 학사
　서울대학교 환경대학원 도시및지역계획학 석사
　미국 워싱턴대학교 정치학 박사
　전) 홍콩 시티 대학 조교수
　현) 연세대학교 정치외교학과 부교수
　　　동서문제연구원 환경-에너지-인력자원연구 센터장

━ **최충익**

한양대학교 공과대학 공학사
서울대학교 환경대학원 도시계획학 석/박사
미국 Hazard and Vulnerability Research Institute (HVRI) 연구원
미국 Cal Poly Pomona 객원연구원
미국 Southern California Association of Governments 자문위원
한국지역개발학회 부회장
현) 강원대학교 행정학과 교수

━ **황지욱**

성균관대학교 문과대학 철학사
독일 도르트문트 대학교 (TU Dortmund) 국토 및 도시계획(Raumplanung), 공학사
독일 도르트문트 대학교 (TU Dortmund) 국토 및 도시계획(Raumplanung), 공학석사
독일 도르트문트 대학교 (TU Dortmund) 국토 및 도시계획(Raumplanung), 공학박사
전) 국토연구원 교통 및 SOC 연구부, 연구원
　　경기연구원 도시 및 지역계획부, 책임연구원
현) 전북대학교 도시공학과 교수
　　대한국토도시계획학회 상임이사 및 지자체정책자문단장
　　한국지역개발학회 상임이사

지역개발론

초판발행	2017년 12월 1일
중판발행	2021년 10월 30일
엮은이	한국지역개발학회
펴낸이	안종만·안상준
편 집	전채린
기획/마케팅	송병민
표지디자인	조아라
제 작	우인도·고철민

펴낸곳	(주) **박영사**
	서울특별시 금천구 가산디지털2로 53, 210호(가산동, 한라시그마밸리)
	등록 1959. 3. 11. 제300-1959-1호(倫)
전 화	02)733-6771
f a x	02)736-4818
e-mail	pys@pybook.co.kr
homepage	www.pybook.co.kr
ISBN	979-11-303-0466-3 93350

* 파본은 구입하신 곳에서 교환해 드립니다. 본서의 무단복제행위를 금합니다.

정 가   29,000원